Stefan Schmitz

W0249803

Psychologie

Eine umfassende Darstellung aus ganzheitlicher Sicht

Band 1

via nova
Verlag Via Nova

Stefan Schmitz

Psychologie

Eine umfassende Darstellung aus ganzheitlicher Sicht

Band 1

Grundlagen – Persönlichkeit
Bedürfnisse – Entwicklung

Ich widme dieses Buch meiner Frau

Verlag Via Nova

1. Auflage 1999

Verlag Via Nova, Neißer Straße 9, 36100 Petersberg

Telefon und Fax: (06 61) 6 29 73

Satz: typo-service kliem, 97647 Neustädtles

Druck und Verarbeitung: Rindt-Druck, 36037 Fulda

Alle Rechte vorbehalten

ISBN 3-928632-56-6

Inhaltsverzeichnis

Einleitung

Dieses Buches handelt von den vielfältigen Erkenntnissen der Psychotherapie über das Seelenleben des Menschen. In der Psychotherapie gibt es verschiedene Schulrichtungen wie beispielsweise die Psychoanalyse, die Verhaltenstherapie und die Gesprächstherapie, die Transaktionsanalyse, die Gestalttherapie und die Bioenergetik. Diese und noch viele weitere Therapie-Schulen haben jeweils wichtige Erkenntnisse über das Seelenleben des Menschen gewonnen und daraus wertvolle Konzepte entwickelt, also Bausteine für unterschiedliche Theorien des menschlichen Seelenlebens. In dem hier vorliegenden Buch werden alle grundlegenden Erkenntnisse und Konzepte der verschiedenen Psychotherapie-Schulen dargestellt – allerdings oftmals nicht in ihrer ursprünglichen Form: Stattdessen wurden jene Erkenntnisse und Konzepte für dieses Buch aneinander korrigiert und miteinander verknüpft. So ist schließlich ein Gesamtbild des menschlichen Seelenlebens entstanden, eine umfassende Darstellung von dem, was wir aus den verschiedenen Psychotherapie-Schulen darüber wissen, wie die Seele des Menschen aufgebaut ist und wie sie funktioniert.

Das hier vorliegende Buch ist dabei allerdings nur ein Teil von einem Werk, das aus insgesamt drei Bänden besteht. Viele Fragen, die im ersten Band noch offen bleiben müssen, werden im zweiten oder im dritten beantwortet. Band 1 erläutert vor allem die Grundlagen des menschlichen Seelenlebens, das Wechselgeschehen zwischen Psyche und Körper, die Funktionsweise der Archetypen, den Aufbau der Persönlichkeit, die Vielfalt der menschlichen Bedürfnisse und die Entwicklung des Menschen in Kindheit und Jugend. Wichtige Themen dieses Bandes sind dabei unter anderem die unbewußten seelischen Komplexe, die verschiedenen Teilpersönlichkeiten des Ichs und das Enneagramm als ein Modell der menschlichen Charaktertypen. Weiterhin handelt der hier vorliegende Band von der Sozialisation des Menschen, von den unterschiedlichen Arten des Lernens, von der Trotzmacht des Geistes und nicht zuletzt von der inneren Ausrichtung des Menschen auf Selbstverwirklichung und Identitätsfindung.

1 Grundlagen

Die Existenz des Menschen, sein Dasein in der Welt, läßt sich in vier Dimensionen aufgliedern: Hierbei handelt es sich um die materielle, die seelische, die mitmenschliche und die spirituelle Dimension. In der folgenden Abbildung ist diese Aufgliederung graphisch dargestellt.

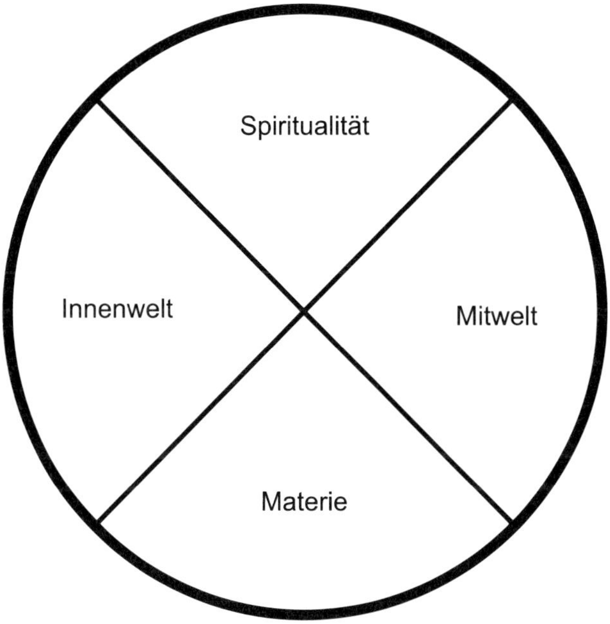

Abbildung 1: Die vier Dimensionen der menschlichen Existenz

Zur materiellen Dimension gehört zunächst einmal die Materie im engeren Sinn. Diese läßt sich in drei Arten unterteilen, und zwar in die anorganische, die organische und die lebende Materie. Zur anorganischen Materie gehören beispielsweise das Eisen und der Sauerstoff, sowie Wasser, Salz und Gold. Beispiele für organische Materie sind Alkohol und Zucker. Alle Pflanzen und alle Tiere sowie auch der menschliche Körper bestehen aus lebender Materie.

Neben der Materie im engeren Sinne gehören zur materiellen Dimension aber auch die verschiedenen physikalischen Kräfte und Energien, wie beispielsweise die Schwerkraft, die Elektrizität, der Magnetismus, die Wärmeenergie und die Atomenergie. Schließlich umfaßt die materielle Dimension noch alle Informationen, zumindest insofern sie an Materie oder Energie gebunden sind. Hierzu gehören beispielsweise alle Geschichten, die in Büchern stehen, oder auch jede Radiosendung, die mit elektromagnetischen Wellen übertragen wird.

Die zweite Dimension der menschlichen Existenz ist die seelische. Diese Dimension bezieht sich auf die Innenwelt des Menschen: Sie umfaßt alle seine Gedanken, Phantasien, Erinnerungen, Gefühle, Bedürfnisse, Körperempfindungen und Sinneswahrnehmungen.

Der Mensch besteht aber nicht nur aus Gedanken und Gefühlen sowie aus einem Körper, mit dem er in die materielle Dimension hineinverwoben ist, sondern er besteht auch aus sozialen Beziehungen. Jeder Mensch wird in ein Sozialgefüge hineingeboren, in eine Familie oder in eine Kommune, in eine Sippe oder in ein Volk. Daraus ergibt sich die mitmenschliche Dimension seiner Existenz: Sie bezieht sich auf seine Mitwelt, also auf die anderen Menschen, mit denen er lebt.

Die materielle, die soziale und die mitmenschliche Dimension können zusammengefaßt auch als weltliche Dimensionen bezeichnet werden. Ihnen steht die spirituelle Dimension der menschlichen Existenz gegenüber. Diese Dimension besteht in erster Linie darin, daß der Mensch letztendlich in einem überweltlichen, spirituellen Sein gründet. Die Verwurzelung des Menschen in diesem Sein bedeutet zugleich auch andersherum, daß das spirituelle Sein im Menschen anwesend ist, und zwar als der innerste Kern seiner Existenz. Dieser innerste, spirituelle Kern des Menschen ist sein eigentlicher Mittelpunkt. Er wird heutzutage oft als spirituelles Selbst bezeichnet. Es handelt sich hierbei um ein Zentrum von spiritueller Energie und von reiner Bewußtheit – jenseits aller Gedanken und Gefühle, Phantasien und Erinnerungen. Das spirituelle Selbst kann in Seinserfahrungen unmittelbar erlebt werden. Neben solchen direkten Erfahrungen des überweltlichen Seins sind dem Menschen auch transpersonale Erfahrungen möglich. Hierbei handelt es sich um Erfahrungen, in denen des Wahrnehmungsvermögen des Betreffenden die Grenzen überschreitet, die den Sinnesorganen seines Körpers gesetzt sind. Ein Beispiel für eine solche Erfahrung liegt etwa dann vor, wenn ein Mensch in einer inneren Vision ein völlig unerwartetes Ereignis vorhersieht, das dann einige Zeit später auch tatsächlich genauso eintritt, wie er es vorhergesehen hat. Durch solche Erfahrungen kommt der Betroffene ebenfalls mit der spirituellen Dimension seiner Existenz in Berührung, wenn auch eher indirekt.

Ein weiterer Aspekt der spirituellen Dimension besteht darin, daß jeder Mensch nicht nur in seinem gewöhnlichen Körper existiert, der aus Knochen, Fleisch und Blut besteht, sondern darüber hinaus auch noch in verschiedenen feinstofflichen Körpern, die er allerdings für gewöhnlich weder spürt, noch auf irgendeine andere Weise wahrnimmt. Hierzu gehören beispielsweise der Ätherleib und der Astralleib. Im Ätherleib befinden sich unter anderem die Meridiane, feinstoffliche Energiekanäle, die besonders bei der Akupunktur eine wichtige Rolle spielen. Außerdem haben beide feinstofflichen Körper auch Organe, die als Chakras bezeichnet werden. Die Chakras des Ätherleibes wirken über das Hormonsystem auf den gewöhnlichen Körper ein. Die Chakras des Astralleibes hingegen stehen mit dem Seelenleben in Zusammenhang, mit unserem Denken und Fühlen sowie mit unseren Bedürfnissen und Fähigkeiten. Den feinstofflichen Körpern gegenüber kann der gewöhnliche Körper des Menschen auch als physischer Körper bezeichnet werden.

Die Situation des Menschen

Der Mensch ist ein Lebewesen: Er ist ein seelisches Wesen, das heißt, er ist ein empfindendes, fühlendes und denkendes Wesen. Er ist aber auch ein leibliches Wesen, das heißt, seine Existenz in dieser Welt ist untrennbar verbunden mit seinem physischen Körper. Er ist ein Organismus, in dem Seele und Körper auf so vielfältige Weise ineinander verwoben sind, daß sie letztendlich eine Einheit bilden. Dieser Organismus ist das psychosomatische Sein des Menschen.

Der menschliche Organismus hat zwei grundlegende Ausrichtungen: Er ist einerseits auf seine Erhaltung hin ausgerichtet und andererseits auf seine Verwirklichung: Jeder Mensch hat einen starken inneren Drang danach, am Leben zu bleiben. Außerdem neigt jeder Mensch dazu, wenigstens einige der Möglichkeiten zu verwirklichen, die in ihm angelegt sind, also beispielsweise einige der Fähigkeiten, mit denen er geboren wurde.

Jeder lebende Organismus ist untrennbar hineinverwoben in seine Umwelt. Dies gilt auch für den Menschen: Menschliches Leben ist nicht möglich ohne Wasser und Luft, Mineralien, Pflanzen und Tiere, Eltern und andere Mitmenschen. Auf diese Weise ist die Umwelt absolut notwendige Voraussetzung dafür, daß der menschliche Organismus existiert und sich selbst erhalten kann. Darüber hinaus hat sie aber auch einen wichtigen Einfluß darauf, welche seiner Möglichkeiten der menschliche Organismus verwirklicht. So entscheidet die Umwelt zum Beispiel darüber mit, ob ein Mensch wirklich lernt, von seinem Denkvermögen einen guten Gebrauch zu machen, oder ob er tatsächlich in der Lage ist, eine eventuell vorhandene musikalische Begabung auch zu entfalten.

Obwohl wir alle untrennbar in unsere Umwelt hineinverwoben sind, hat doch jeder Mensch auch seine eigene Existenz. Er hat seine eigene Lebensgeschichte, aus der seine eigene, ganz individuelle Persönlichkeit erwachsen ist. So ist jeder Mensch ein einmaliges Individuum.

Der menschliche Organismus verfügt über Handlungsvermögen und über Selbstbewußtsein. Handlungsvermögen bedeutet, daß der Mensch aus sich selbst heraus absichtsvoll handeln kann. Oft reagiert er einfach nur auf Reize, seien es nun solche aus der Umwelt oder innere Reize wie Hunger oder Durst. Doch der Mensch hat auch die Möglichkeit, selbst Auslöser seiner Handlungen zu sein. Er kann zumindest grundsätzlich selbst entscheiden, ob er in einer bestimmten Situation so oder anders handelt. Dadurch wird er zum Subjekt seiner Handlungen, zur handelnden Person. Dies bedeutet aber auch, daß jeder Mensch für sein Handeln normalerweise selbst verantwortlich ist.

Häufig paßt sich der Mensch im Handeln seiner jeweiligen Umwelt an, doch er ist auch dazu in der Lage, seine Umwelt absichtlich zu verändern, um sie seinen eigenen Bedürfnissen anzupassen. Außerdem kann er sich seinen eigenen Bedürfnissen auch verweigern: So vermag er beispielsweise trotz Hunger zu fasten.

Der Mensch ist jedoch nicht nur Subjekt seiner Handlungen, sondern auch Subjekt seines Erlebens. Er selbst ist es, der seine Gedanken denkt, seine Gefühle spürt und das wahrnimmt, was seine Sinne ihm vermitteln. Dies bedeutet aber auch, daß sein Erleben stets subjektiv ist: Jeder Mensch erfährt die Welt um sich herum auf seine eigene Weise. Außerdem erlebt er zugleich auch stets sich selbst als Mittelpunkt seiner individuellen Erfahrungswelt.

Schließlich verfügt der menschliche Organismus über Selbstbewußtsein: Er ist sich seiner selbst bewußt. Der Mensch existiert nicht nur, sondern er weiß auch, daß er existiert. Auf diese Art wird er ebenfalls zum Subjekt seiner Handlungen und seines Erlebens: Er handelt nicht nur, sondern er weiß dabei zugleich auch, daß er selbst es ist, der seine Handlungen ausführt; er denkt und fühlt nicht nur, sondern er weiß auch, daß er selbst es ist, der seine Gedanken produziert und seine Gefühle erlebt.

Der Mensch existiert auf dieser Welt in Raum und Zeit. Raum bedeutet, daß es verschiedene Orte gibt. Alles, was in dieser Welt existiert, hat seinen Ort. Für den Menschen bedeutet dies, daß sich sein Leben in dieser Welt zu jedem Augenblick stets an einem ganz bestimmten Ort abspielt. Er kann mit seinem physischen Körper nicht an mehreren Orten gleichzeitig sein.

Zeit bedeutet Veränderung; Veränderung bedeutet Wandel und Vergänglichkeit: Alles, was in dieser Welt existiert, ist dem Wandel unterworfen und vergeht irgendwann einmal. Auch der Mensch verändert sich ständig und stirbt irgendwann unweigerlich. Sein Körper verändert sich, seine Gefühle kommen und gehen, seine Überzeugungen wandeln sich.

Das Leben des Menschen enthält sowohl kreisförmige Prozesse, in denen ein Gleichgewicht immer wieder neu hergestellt wird, als auch Entwicklungsprozesse, in denen wir von einer Stufe zur nächsthöheren voranschreiten. Kreisförmige Prozesse schwingen in der Zeit hin und her zwischen zwei Polen, wie beispielsweise die Atmung zwischen den Polen Einatmen und Ausatmen. Hier verbrauchen wir Sauerstoff und atmen wieder neuen ein, verbrauchen diesen wieder und atmen wieder neuen ein. Andere Kreisprozesse im menschlichen Leben schwingen zwischen den Polen Essen und Verdauen oder Wachen und Schlafen. In solchen Kreisprozessen geht ein und dieselbe Stufe eines inneren Gleichgewichtes immer wieder verloren und wird immer wieder neu aufgebaut: Während wir wach sind, verausgaben wir unsere Kräfte, und wenn wir schlafen, erholen wir uns wieder.

In Entwicklungsprozessen hingegen wird eine Stufe des Gleichgewichts verlassen, um eine höhere Stufe zu erreichen: Als Kind verlassen wir etwa im Alter von einem Jahr die Stufe, auf der Krabbeln die hauptsächliche Art unserer Fortbewegung ist: Wir lernen in dieser Zeit zu laufen. Als Jugendliche oder junge Erwachsene beginnen die meisten Menschen in unserer Kultur, selbst für ihren

Lebensunterhalt zu sorgen. Damit verlassen sie die Stufe, auf der andere für ihren Lebensunterhalt zuständig sind. Eine weitere Entwicklungsstufe besteht darin, wirklich zu begreifen, daß man selbst irgendwann einmal sterben muß. Diese Stufe wird von vielen Menschen erst im Alter erreicht.

Entwicklungsprozesse und Kreisprozesse haben unterschiedliche Funktionen für den Organismus: Kreisprozesse dienen in erster Linie seiner Selbsterhaltung. In Entwicklungsprozessen hingegen verwirklicht der Organismus jedesmal etwas von dem, was an Möglichkeiten in ihm angelegt ist.

Das Leben des Menschen verläuft oft nicht so, wie er es sich wünscht oder vorstellt: Es fließt nach seiner eigenen Gesetzmäßigkeit. Letztendlich hat der Mensch in Hinblick auf seine Zukunft nur eine Gewißheit, und die besteht darin, daß er irgendwann einmal sterben wird. Ansonsten erweist sich die Existenz wohl für fast jeden Menschen als wechselhaft: Manchmal trägt sie uns, so daß wir uns im Leben geborgen fühlen, und zu anderen Zeiten erscheint sie brüchig, so etwa, wenn wir schwer krank werden, in finanzielle Not geraten oder einem Verbrechen zum Opfer fallen. Daraus ergeben sich weitere Pole, zwischen denen das Leben des Menschen verläuft: Wohlergehen und Leiden, Gesundheit und Krankheit, Erfolg und Scheitern, Sehnsucht und Erfüllung.

Auch der Mensch selbst verkörpert immer nur einen von zwei Polen: Es gibt ihn stets nur als Mann oder Frau. Diese Polarität ist die Grundlage für Sexualität und Fortpflanzung des Menschen. Aus ihr resultiert eine besondere Art von Anziehungskraft zwischen den Menschen, und zwar die erotische Anziehung. Außerdem erwächst aus dieser Polarität auch eine besondere Form der Liebe, nämlich die erotische Liebe, also die Liebe zu einem Menschen, den man zugleich auch sexuell begehrt.

Die menschliche Seele

Die Seele des Menschen umfaßt alle seine Gefühle, Empfindungen, Gedanken, Wünsche, Absichten, Phantasien und Erinnerungen. Der Begriff der Seele wird hier dementsprechend im Sinne einer inhaltlichen Seele gebraucht: Die Seele besteht aus den Inhalten des menschlichen Seelenlebens und stellt deren Gesamtheit dar.

Die Empfindungen, die Gefühle und das Denken

Eine Art von Inhalten des Seelenlebens sind die Empfindungen. Hierbei handelt es sich einerseits um die Wahrnehmung von dem, was in der Außenwelt gegeben ist, und andererseits um die direkte Wahrnehmung von Zuständen und Veränderungen innerhalb des eigenen Körpers. Zu den Empfindungen gehören also beispielsweise die Sinneswahrnehmungen, wie sie uns durch unsere Augen und Ohren vermittelt werden, die Temperaturempfindungen wie kalt, warm und heiß, Druckempfindungen wie hart und weich und körperliche Empfindungen wie Jucken, Kribbeln oder Stechen. Eine besondere Art von Körperempfindungen sind die kinästhetischen Empfindungen, also diejenigen Empfindungen, die uns über die Haltung und die räumliche Ausrichtung unseres Körpers informieren: Durch diese Empfindungen können wir auch bei geschlossenen Augen spüren, in welcher Position sich unsere Arme und Beine momentan befinden oder welche Art von Bewegung wir gerade mit ihnen machen. Schließlich gehören zu den Empfindungen auch solche vielschichtigen inneren Reize wie Hunger, Durst, Lust, Befriedigung, Schmerz, Angst und sexuelle Erregung.

Bei den Gefühlen handelt es sich um seelische Vorgänge, die durch zwei Merkmale charakterisiert sind: Erstens wurzeln sie in unseren Empfindungen, und zweitens drückt sich in ihnen aus, wie wir unsere gegenwärtige Umweltsituation gerade erleben, und zwar relativ zu unseren momentanen Bedürfnissen. Betrachten wir zunächst das erste Merkmal der Gefühle, ihre Verwurzelung in den Empfindungen. Wir können unsere Gefühle als leibliche Empfindungen in unserem Körper spüren. Sie gehen einher mit Veränderungen im Blutdruck, in der Atmung und in der Muskelanspannung. Auf diese Weise führen sie zu spürbaren inneren Reizen. So ist zum Beispiel das Gefühl der Traurigkeit verbunden mit einer warmen, schweren Empfindung in der Brust, einer Anspannung des Zwerchfells und einer Einschnürung der Kehle. Wenn ein Mensch sich hingegen sehr freut, dann verspürt er oft in seinem Körper einen Impuls hochzuspringen.

Unsere Gefühle sind aber nicht einfach nur Empfindungen, sondern sie haben darüber hinaus noch eine eigene Qualität, die sie von den eigentlichen Empfindungen unterscheidet. Diese besondere Qualität resultiert daraus, daß sich die Gefühle einerseits auf unsere Bedürfnisse beziehen und andererseits auf die Gegebenheiten in unserer Umwelt. Solche Gegebenheiten bestehen beispielsweise darin, wie sich unsere Mitmenschen uns gegenüber verhalten. In den Gefühlen drückt sich das Verhältnis aus, in dem die vorliegenden Umweltgegebenheiten jeweils zu unseren eigenen Bedürfnissen stehen. So erleben wir beispielsweise dann Freude, wenn die Umweltgegebenheiten es uns plötzlich ermöglichen, daß wir ein wichtiges Verlangen befriedigen können – also beispielsweise, wenn wir auf einmal bei einem Mitmenschen die lang ersehnte Anerkennung finden. Wir erfahren hingegen Enttäuschung oder Wut, wenn die Gegebenheiten in der Umwelt eine Bedürfnisbefriedigung immer wieder vereiteln. Wir verlieben uns manchmal, wenn wir in unserer Umwelt einen Menschen finden, der unserem inneren Sehnsuchtsbild entspricht: Jeder von uns hat in seinem Inneren eine Vorstellung von dem Menschen, nach dem er sich sehnt. Diese innere Vorstellung wird beim Mann auch als Anima-Bild bezeichnet und bei der Frau als Animus-Bild. Wenn wir einem Menschen begegnen, der diesem Bild entspricht, dann neigen wir leicht dazu, uns in ihn zu verlieben – zumindest insofern wir nicht schon in einer festen Partnerschaft gebunden sind. Wenn wir einen Menschen verlieren, den wir geliebt haben, dann fühlen wir Traurigkeit.

Manche Körperempfindungen sind den Gefühlen bereits sehr ähnlich. Hierzu gehören besonders die Empfindungen von Schmerz, Angst, Lust und Befriedigung.

Diese Empfindungen werden hier gemeinsam mit den Gefühlen auch zusammengefaßt als Emotionen bezeichnet.

Denken heißt zunächst einmal, Erkenntnisse gewinnen aus dem, was wahrgenommen oder erlebt wird. Darüber hinaus liegt Denken auch immer dann vor, wenn jemand bereits vorhandene Erkenntnisse verwendet, um damit Probleme zu lösen oder um daraus neue Ideen zu entwickeln.

Es lassen sich ganz allgemein zwei Arten des Denkens unterscheiden, und zwar das begriffliche und das nonverbale Denken. Bei dem begrifflichen Denken geschieht das Denken mit Hilfe von sprachlichen Begriffen. Diese Art des Denkens findet immer dann statt, wenn im Inneren Wörter und Sätze verwendet werden, um mit ihrer Hilfe beispielsweise eigene Erfahrungen darzustellen, auszuwerten, einzuordnen und zu beurteilen. Außerdem liegt begriffliches Denken stets vor, wenn ein Mensch mit Hilfe von sprachlichen Begriffen Probleme löst, Entscheidungen trifft oder neue Ideen entwickelt.

Neben dem begrifflichen Denken gibt es noch eine andere Art des Denkens, und zwar das nonverbale. Hier werden Bilder, Töne oder Gefühle verwendet, um Erkenntnisse zu gewinnen, Probleme zu lösen oder neue Ideen hervorzubringen. Tatsächlich entwickeln wir in unserer Kindheit zunächst die Fähigkeit zu diesem nonverbalen Denken, bevor wir dann später das begriffliche Denken erlernen. Das nonverbale Denken läßt sich noch einmal in verschiedene Arten unterteilen. Zu den wichtigsten gehören hier das visuelle, das auditive und das emotionale Denken.

Das visuelle Denken ist ein Denken in inneren Bildern. Hierbei stellen wir uns etwas in Bildern vor, verändern diese Bilder dann in unserer Vorstellung und entwickeln so Schritt für Schritt eine neue Erkenntnis, eine Lösung für ein Problem oder auch eine neuartige Idee. Diese Art des Denkens ist beispielsweise hilfreich, wenn es darum geht, in einem Geschäft eine Vase auszusuchen, die von ihrer Form und ihrer Farbgestaltung her möglichst gut in eine schon bestehende Wohnzimmer-Einrichtung passen soll. Mit Hilfe des visuellen Denkens können wir uns die Wohnzimmer-Einrichtung in unserer Phantasie bildhaft vergegenwärtigen, und dann können wir uns von verschiedenen Vasen vorstellen, wie diese jeweils zu jener Einrichtung passen würden.

Eine spezielle Form des visuellen Denkens ist die Imagination. Diese Form des Denkens liegt immer dann vor, wenn ein Mensch in sich aktiv innere Bilder aufbaut und ihnen dann mehr oder weniger passiv zuschaut, wie sie sich aus sich selbst heraus weiterentwickeln.

Das auditive Denken ist ein Denken in Tönen, Klängen und Geräuschen. Menschen, die hierfür eine Begabung haben, können in ihrer inneren akustischen Vorstellung beispielsweise Töne verändern oder sie zu unterschiedlichen Klangfolgen anordnen. Diese Art des Denkens ist etwa notwendig, um ein Musikstück zu komponieren.

Bei dem emotionalen Denken handelt es sich um ein Denken in Gefühlen. Hier ergibt sich das Fühlen nicht aus der Wechselwirkung zwischen den eigenen Bedürfnissen und den jeweiligen Umweltgegebenheiten, sondern es ist stattdessen darauf ausgerichtet, Erkenntnisse zu gewinnen, Probleme zu lösen oder neue Ideen zu entwickeln. So ist emotionales Denken beispielsweise die unumgängliche Voraussetzung für Einfühlungsvermögen: Wir können uns nur in dem Ausmaß wirklich in einen anderen Menschen einfühlen, in dem wir dazu fähig sind, mit Hilfe von Gefühlen zu denken. Wir verwenden dann unsere eigenen Gefühle, um uns mit ihrer Hilfe vorzustellen, wie sich der andere wohl fühlen mag.

Weitere Arten des nonverbalen Denkens sind etwa das Denken in Geschmacksempfindungen oder auch das kinästhetische Denken, also das Denken in körperlichen Druckempfindungen, Spannungsreizen und Bewegungsimpulsen.

Das Denken findet also keineswegs immer nur in sprachlichen Begriffen statt, sondern oft auch über innere Bilder und manchmal sogar über Töne, Gefühle oder Körperempfindungen. Die häufigsten Formen des Denkens sind jedoch, zumindest beim Erwachsenen, das begriffliche und das visuelle Denken. Die begrifflichen Gedanken und die inneren Bilder werden manchmal auch zusammengefaßt als Kognitionen bezeichnet.

Eine wichtige Besonderheit des Denkens besteht darin, daß es nie wirklich auf den gegenwärtigen Augenblick bezogen ist. Dies gilt sowohl für das begriffliche Denken als auch für das nonverbale: Unser Erleben verändert sich genau genommen in jedem Augenblick. Jetzt erleben wir etwas, und im nächsten Moment hat es sich schon gewandelt, und wir erleben etwas anderes. Sobald wir unser augenblickliches Erleben gedanklich verarbeiten, ist es auch schon vergangen. So ist das Denken immer entweder auf die Vergangenheit bezogen, oder es beschäftigt sich mit Gegebenheiten, die möglicherweise in der Zukunft einmal eintreffen oder die sowieso nur in der eigenen Vorstellung stattfinden und niemals Wirklichkeit werden können. Diese Besonderheit des Denkens hat sowohl Vorteile als auch Nachteile. Ein wichtiger Vorteil liegt darin, daß es dem Menschen so möglich ist, sich denkend aus der Gegenwart zu erheben: Er kann sich immer wieder neu mit seiner Vergangenheit auseinandersetzen, er vermag sein zukünftiges Handeln vorauszuplanen, und er kann sogar vor den Belastungen der Gegenwart in eine innere Phantasiewelt entfliehen.

Die Fähigkeit des Menschen, sich denkend aus der Gegenwart zu erheben, bringt aber auch Nachteile mit sich. So ist unser Gefühlsleben gerade durch diese Besonderheit des Denkens wesentlich komplizierter, als es bisher dargestellt wurde: Unsere Gefühle beziehen sich nämlich nicht nur auf die Umweltgegebenheiten, wie unsere Sinne sie wahrnehmen, sondern auch darauf, wie diese Gegebenheiten in unserem Inneren durch das Denken dargestellt werden. Diese Darstellung der Umweltgegebenheiten kann nun aber durch Phantasievorstellungen verzerrt sein, so daß wir auf Gegebenheiten reagieren, die in Wirklichkeit gar nicht vorliegen. Vielleicht erleben wir in der Phantasie, daß unser Ehepartner fremdgeht, und so reagieren wir mit Eifersucht, ohne daß wir dafür einen realen Grund haben. Oder das Denken beschäftigt sich mit Umweltgegebenheiten, die möglicherweise irgendwann einmal eintreffen könnten. Auch auf solche ausgedachten Umweltgegebenheiten reagieren wir manchmal gefühlsmäßig, als seien sie bereits zur Realität geworden. Vielleicht stellen wir uns vor, daß das Flugzeug abstürzen könnte, mit dem wir im nächsten Monat fliegen wollen, und so geraten wir jetzt schon in Angst über ein Ereignis, das wahrscheinlich überhaupt nie Wirklichkeit wird.

Eine wichtige Aufgabe des Denkens besteht darin, von der äußeren Umgebung eine innere Darstellung aufzubauen, die uns zur Orientierung in der Welt dient. Bei dieser inneren Darstellung handelt es sich sozusagen um eine kognitive Landkarte, die unser Wissen von der äußeren Welt enthält: Jeder von uns hat in seinem Inneren eine mehr oder weniger genaue Vorstellung von der Welt, in der wir leben, so beispielsweise davon, welche Tierarten es auf der Welt gibt und wie diese jeweils aussehen – oder auch davon, wie die Gesellschaft funktioniert, in der er lebt. Dieses Wissen wird hauptsächlich mit Hilfe des begrifflichen Denkens erworben. Dementsprechend handelt es sich bei der kognitive Landkarte, die jenes Wissen umfaßt, in erster Linie um eine sprachlich formulierte Darstellung der Welt. Ähnlich wie ein Stadtplan enthält die kognitive Landkarte ebenfalls beispielsweise unsere Vorstellung davon, wie die Straßen unserer Heimatstadt verlaufen und wo dort etwa das Rathaus steht. Darüber hinaus gehört zu ihr aber auch unser Wissen aus der Physik, der Chemie oder der Geschichte. Außerdem enthält sie alles, was wir über das Tagesgeschehen zur Kenntnis nehmen, und zwar sowohl das, was wir zum Beispiel aus der Zeitung erfahren, als auch das, was wir selbst erleben. So ist in dieser Landkarte nicht zuletzt jeder Mensch dargestellt, den wir kennen. Wir entwickeln von jedem Menschen, dem wir begegnen, in unserem Inneren sogleich ein gedankliches Bild, eine Vorstellung darüber, wie er aussieht und wie er sich verhält. Wenn wir uns später an diesen Menschen erinnern, dann ist es praktisch jenes innere Bild, an das wir uns erinnern; es repräsentiert den betreffenden Menschen in unserer inneren Darstellung der äußeren Welt.

Die kognitive Landkarte ist immer nur so genau wie unser Wissen von der Welt. Sie wächst mit den Erfahrungen, die wir machen, und mit den Informationen, die wir aufnehmen, doch sie bleibt immer unvollständig. Außerdem wird sie leicht verzerrt durch unsere eigenen Erwartungen, Hoffnungen und Befürchtungen: Selbst bei sachlichen Informationen sind wir nur selten dazu in der Lage, sie auch annähernd objektiv auszuwerten – und bei unseren eigenen subjektiven Erfahrungen gelingt uns eine solche objektive Auswertung so gut wie nie. Dies gilt besonders für diejenigen Erfahrungen, die wir mit unseren Mitmenschen machen. So existieren in uns von einigen unserer Mitmenschen nur sehr verzerrte Darstellungen, in denen wir ihnen Charaktereigenschaften zuschreiben, die sie in Wirklichkeit überhaupt nicht haben.

Die seelischen Funktionen

Empfindungen, Gefühle und Gedanken sind die grundlegenden Inhalte der Seele. Außerdem verwirklichen sich in jenen Inhalten zugleich auch wesentliche Funktionen des Seelischen: Diese Funktionen bestehen hier darin, Empfindungen zu spüren, Gefühle zu erleben und Gedanken zu produzieren. In diesem Sinne gehört zum Denken die Denkfunktion, zu den Gefühlen die Funktion des Fühlens und zu den Empfindungen die Wahrnehmungsfunktion. Bei der letzteren lassen sich noch einmal drei Arten der Wahrnehmung unterscheiden, und zwar die extrinsische, die intrinsische und die außersinnliche. Extrinsische Wahrnehmung ist die sinnliche Wahrnehmung von Gegebenheiten der Außenwelt. Diese Art der Wahrnehmung findet beispielsweise beim Sehen und Hören statt, oder auch beim Riechen und Tasten. Intrinsische Wahrnehmung bezieht sich auf die sinnliche Wahrnehmung von inneren Reizen des eigenen Körpers, also von Reizen, die aus den eigenen Muskeln, Sehnen, Eingeweiden und Körperflüssigkeiten stammen. Solche inneren Reize können mitunter als Körperempfindungen gespürt werden, etwa in Form von Druck, Schmerz, Hunger oder Wohlbehagen. Die intrinsische Wahrnehmung wird manchmal auch als coenästhetische Wahrnehmung bezeichnet.

Bei der außersinnlichen Wahrnehmung handelt es sich um Wahrnehmungen der Außenwelt, die nicht über die körperlichen Sinnesorgane vermittelt werden. Beispiele hierfür sind das Hellsehen und die Präkognition. Hellsehen ist die direkte visuelle Wahrnehmung von Vorgängen, die sich zur gleichen Zeit an weit entfernten Orten abspielen oder die in anderer Weise den Augen des betreffenden Menschen unzugänglich sind. Ein Beispiel hierfür liegt etwa vor, wenn jemand ein Gemälde wahrnehmen kann, das in einem Tresor eingeschlossen ist. Präkognition ist die Wahrnehmung von Ereignissen, die erst in der Zukunft stattfinden werden.

Die verschiedenen Wahrnehmungsarten lassen sich noch genauer unterscheiden, wenn wir hier zusätzlich zwischen den einzelnen Sinneskanälen differenzieren: Dem Sehen entspricht dabei der optische oder visuelle Kanal, und das Hören findet über den akustischen oder auditiven Kanal statt. Weitere Sinneskanäle sind der Geschmack und der Geruch. Zum Tastsinn gehört der taktile Kanal, und die intrinsische Wahrnehmung der eigenen Körperempfindungen verläuft über den propriozeptiven Kanal. Die außersinnliche Wahrnehmung bildet hier ebenfalls einen eigenen Kanal, nämlich den parapsychischen.

Die Funktionen der extrinsischen und der intrinsischen Wahrnehmung werden zusammengenommen manchmal auch als sensorische Funktion bezeichnet. Im Vergleich zu diesen beiden Arten der sinnlichen Wahrnehmung treten außersinnliche Wahrnehmungen relativ selten auf. Bei allen drei Arten von Wahrnehmungen brauchen die Wahrnehmungsinhalte nicht unbedingt bewußt zu werden, um eine Wirkung zu erzielen: Oftmals werden wir in unserem Fühlen, Denken oder Handeln beispielsweise durch Gerüche oder Körperempfindungen beeinflußt, die wir gar nicht bemerken. In diesem Zusammenhang spricht man auch von unterschwelliger Wahrnehmung: Die Wahrnehmung ereignet sich hier unterhalb der Schwelle zur Bewußtwerdung.

Neben der Wahrnehmungsfunktion, der Denkfunktion und der Funktion des Fühlens gibt es noch weitere seelische Funktionen. Eine davon ist die Aufmerksamkeit. Diese Funktion entscheidet darüber, welche unserer Sinneswahrnehmungen, Körperempfindungen, Gefühle, Phantasien und Gedanken uns bewußt sind und welche nicht. Wir erfahren immer nur diejenigen seelischen Inhalte bewußt, auf die sich unsere Aufmerksamkeit richtet. So kann es zum Beispiel vorkommen, daß uns nichts von den Sinnesreizen bewußt wird, die unsere Augen und Ohren wahrnehmen, weil unsere Aufmerksamkeit gerade in einem hohen Maße auf innere Tagtraumphantasien gerichtet ist. Wir sind dann erlebensmäßig so sehr von einem Tagtraum absorbiert, daß wir nichts mehr von dem hören und sehen, was um uns herum geschieht. Es gibt allerdings auch bestimmte Arten von seelischen Inhalten, die unsere Aufmerksamkeit regelrecht auf sich ziehen und die sich dadurch von selbst in den Vordergrund unseres bewußten Erlebens drängen. Hierzu gehört beispielsweise die Empfindung von starkem körperlichem Schmerz.

Die Funktion der Aufmerksamkeit ist eng verbunden mit dem Bewußtsein. Dieses ist einerseits in gewisser Hinsicht die Gesamtheit der seelischen Inhalte, die uns zu einem bestimmten Zeitpunkt gerade bewußt sind. Hierbei kann es sich um Gedanken handeln, aber auch um Phantasien, Erinnerungen, Gefühle, Körperempfindungen oder Sinneswahrnehmungen. Andererseits ist das Bewußtsein aber auch sozusagen der Raum, der diese Inhalte umfaßt und enthält.

Bei den bewußten seelischen Inhalten handelt es sich um all jene Inhalte unseres Seelenlebens, auf die in einem gegebenen Augenblick gerade unsere Aufmerksamkeit gerichtet ist. Von diesen Inhalten wissen wir von daher zugleich auch jeweils, daß sie gerade in uns vorhanden sind. Das entsprechende Wissen entsteht hierbei oft in der Weise, daß wir die jeweiligen Inhalte in begriffliche Gedanken fassen – insofern es sich bei diesen Inhalten nicht bereits um solche Gedanken handelt. Jenes Wissen kann aber auch einfach dadurch zustande kommen, daß wir diese Inhalte direkt auf nonverbale Art im Feld unserer Aufmerksamkeit wahrnehmen. Das Aufmerksamkeitsfeld selbst erleben wir dabei jeweils als unseren seelischen Bewußtseinsraum.

Unsere Aufmerksamkeit kann sowohl auf innere Gegebenheiten gerichtet sein, wie zum Beispiel auf die eigenen Gefühle, als auch auf Gegebenheiten in der Außenwelt, so etwa auf einen Baum, den wir betrachten, oder auf ein Musikstück, dem wir zuhören. Wenn unsere Aufmerksamkeit auf eine Gegebenheit in der Außenwelt gerichtet ist und wir diese unmittelbar wahrnehmen, dann bedeutet dies nichts anderes, als daß unsere innere Aufmerksamkeit hier auf die visuellen oder akustischen Wahrnehmungsinhalte gerichtet ist, über die wir jene Gegebenheit uns der Außenwelt in unserem Bewußtsein erfahren. Es dringen hier also über den jeweiligen Sinneskanal entsprechende Sinnesreize aus der Außenwelt in unser Bewußtsein ein, und diese nehmen wir dann über unsere Aufmerksamkeit in uns wahr.

Bei den meisten Menschen in unserer Kultur ist ihre innere Aufmerksamkeit fast ausschließlich auf ihre begrifflichen Gedanken gerichtet. Dies bedeutet unter anderem auch, daß sie von den Inhalten ihrer extrinsischen Wahrnehmung und damit von der äußeren Welt immer nur das wirklich bewußt erfahren, was von ihrem Verstand in sprachliche Begriffe gefaßt wird und daraufhin in ihrem Aufmerksamkeitsfeld in Form von begrifflichen Gedanken vorliegt. Viele von uns sehen also beispielsweise einen Baum nicht unmittelbar, sondern ihr Verstand faßt ihre Wahrnehmung des Baumes erst in Worte, und sie nehmen dann den Baum praktisch über diese Worte wahr.

Grundsätzlich ist dem Erwachsenen genauso wie dem Kind ein direktes bewußtes Erleben von allem möglich, was mit den Sinnen wahrgenommen wird. Tatsächlich geschieht jedoch in unserer Kultur ein solches unmittelbares Erleben für gewöhnlich ab einem bestimmten Alter kaum noch. Die meisten Menschen in unserer Kultur nehmen spätestens ab der Jugend nicht mehr die Wirklichkeit selbst wahr, sondern nur noch eine begriffliche Darstellung von dieser Wirklichkeit. So wird von ihrem Verstand zum Beispiel alles, was sie sehen oder hören, sofort und quasi automatisch mit Worten benannt und gedanklich verarbeitet. Dadurch nehmen sie dann das, was sie sehen oder hören, nicht mehr direkt wahr, sondern nur noch vermittels ihrer Gedanken. Auf diese Weise sind die meisten Menschen in unserer Kultur der direkten sinnlichen Wahrnehmung entfremdet. Sie leben eher in einem Netz von Worten als in der Wirklichkeit, so wie sie sich direkt den Sinnen offenbart. Ähnliches gilt auch für die Körperempfindungen: Hier beschränkt sich die bewußte Wahrnehmung meistens sowieso nur auf solche Empfindungen, die sehr stark sind, wie beispielsweise Durst, Hunger oder Schmerzen – und diese werden dann ebenfalls sofort in sprachliche Begriffe gefaßt. Dadurch sind die meisten Menschen in unserer Kultur auch von ihren körperlichen Empfindungen entfremdet, und damit letztendlich von ihrem Körper selbst.

Die meisten erwachsenen Menschen unserer Kultur haben also die Neigung, alle ihre sinnlichen Wahrnehmungen sofort automatisch mit Worten zu benennen und in Gedanken zu verarbeiten. Diese Neigung bewirkt eine Entfremdung sowohl von der direkten Unmittelbarkeit des eigenen Erlebens als auch vom eigenen Körper. Außerdem führt die automatische gedankliche Verarbeitung von allen Wahrnehmungen stets zu Verzerrungen in den entsprechenden Erfahrungen: Die Betroffenen erfahren ihre Wahrnehmungen des Körpers und der Außenwelt nicht einfach so, wie sie sind, sondern sie beziehen diese Wahrnehmungen sogleich automatisch auf ihre eigenen Überzeugungen und Wertvorstellungen. Dies wird zum Beispiel sehr deutlich, wenn wir ein Kunstwerk betrachten: Die meisten Menschen aus unserer Kultur sind nicht dazu in der Lage, ein Kunstwerk einfach auf sich wirken zu lassen, ohne es gleich zu bewerten. Die scheinbar unvermeidliche Bewertung erfolgt dabei auf der Grundlage von Überzeugungen, die sie sich früher einmal angeeignet haben. Auf diese Weise werden bei vielen Menschen alle ihre gegenwärtigen Erfahrungen von Inhalten geprägt, die aus ihrer Vergangenheit stammen.

Eine wichtige Qualität des Bewußtseins ist dessen Klarheit. Diese wird oft auch Bewußtheit genannt. Der Begriff der Bewußtheit bezeichnet damit das Ausmaß, in dem wir unsere seelischen Inhalte wirklich bewußt erleben, also unsere Sinneswahrnehmungen, Körperempfindungen, Gefühle, Phantasien, Erinnerungen und Gedanken. Es gibt nun in bezug auf das Bewußtsein verschiedene Zustände, für die jeweils ein unterschiedliches Ausmaß an Bewußtheit charakteristisch ist. Die verschiedenen Bewußtseinszustände unterscheiden sich aber nicht nur in ihrem Ausmaß an Bewußtheit, sondern oft auch noch in der Art, wie die einzelnen Inhalte des Bewußtseins jeweils zustande kommen, und in der Weise, wie das Bewußtsein selbst und dessen Inhalte von dem Betreffenden jeweils erlebt werden. Zwei Beispiele für solche Bewußtseinszustände sind das gewöhnliche Wachbewußtsein und das Traumbewußtsein. Bei dem Wachbewußtsein handelt es sich um denjenigen Bewußtseinszustand, in dem sich fast alle Menschen für gewöhnlich befinden, wenn sie körperlich wach sind. Es umfaßt jeweils alle seelischen Inhalte, die uns in einem bestimmten Augenblick unseres Wachseins gerade bewußt sind. Das Traumbewußtsein ist derjenige Bewußtseinszustand, in dem wir uns befinden, wenn wir während des Schlafens träumen. Auch beim Träumen verfügen wir über ein zwar geringes, aber doch vorhandenes Ausmaß an Bewußtseinsklarheit. Diese Bewußtseinsklarheit zeigt sich darin, daß die Träume nicht nur einfach in uns ablaufen, sondern daß wir sie währenddessen auch erleben. Dennoch unterscheiden sich die beiden Bewußtseinszustände in den drei aufgeführten Merkmalen deutlich voneinander. So ist unsere Bewußtheit in der Regel wesentlich höher, wenn wir wach sind, als im Schlaf, während wir träumen. Außerdem kommen die Inhalte unseres Wachbewußtseins anders zustande als die Inhalte unserer Träume – sie entstehen nämlich in einem sehr viel größeren Ausmaß aus unseren äußeren Sinneswahrnehmungen heraus: Wenn wir wach sind, dann nehmen wir unsere Umwelt normalerweise ständig auf vielfältige Art wahr. Während des Schlafes hingegen dringen nur wenige Reize aus der Außenwelt in unser Traumbewußtsein. Die Inhalte unseres Traumbewußtseins entstehen in erster Linie aus unseren Erinnerungen heraus. Schließlich gibt es auch noch deutliche Unterschiede in der Art, wie wir bestimmte Inhalte unseres Bewußtseins erleben, je nachdem, ob wir wach sind oder ob wir schlafen und dabei träumen. So erfahren wir zum Beispiel unsere inneren Bilder im Wachbewußtsein normalerweise ganz eindeutig als Phantasien, während wir sie in unseren nächtlichen Träumen für gewöhnlich so erleben, als gehörten sie tatsächlich zur äußeren Wirklichkeit. Wir können durchaus auch träumen, wenn wir wach sind, aber dann wissen wir in der Regel, daß wir uns irgendwelchen Tagtraumphantasien hingeben. In unseren nächtlichen Träumen hingegen erkennen wir normalerweise nicht, daß unsere Träume nur Phantasien sind. Stattdessen halten wir sie, zumindest während des Träumens, für Realität.

Das Gegenteil vom Wachbewußtsein ist, zumindest in gewisser Hinsicht, das Unbewußte. Hierbei handelt es sich um die Gesamtheit derjenigen seelischen Inhalte, die der bewußten Erfahrung nicht zugänglich sind – oder zumindest nicht ohne weiteres. Von dem Unbewußten wird noch einmal das Vorbewußte unterschieden, das hier sozusagen eine mittlere Position einnimmt, zwischen dem Wachbewußtsein und dem Unbewußten. Das Vorbewußte ist die Gesamtheit derjenigen seelischen Inhalte, die zwar der bewußten Erfahrung ohne weiteres zugänglich sind, die aber in dem jeweils gegebenen Augenblick gerade nicht bewußt erfahren werden. So haben wir in unserem Wachbewußtsein beispielsweise nicht ständig den eigenen Namen präsent, können uns aber doch zu jeder Zeit an ihn erinnern. Auch die innere Darstellung der äußeren Welt ist zu einem großen Teil vorbewußt –

bewußt wird uns davon immer nur derjenige Teil, den wir gerade benötigen, um uns in der Außenwelt zu orientieren.

Das Wachbewußtsein ist eng verbunden mit einer bestimmten seelischen Funktion, nämlich mit der Aufmerksamkeit. Daneben gibt es aber auch noch weitere wichtige Funktionen. Hierzu gehören die Intuition, das Gedächtnis, die Identifikation, die Verdrängung und die Abwehr sowie die Bewegungsfunktion, die sexuelle Funktion und der Wille.

Für die Intuition ist charakteristisch, daß hier Wahrnehmungen oder Erkenntnisse vorbewußt verarbeitet werden und nur das Ergebnis dieser Verarbeitung in das Wachbewußtsein tritt. Der Betreffende merkt also bei der Intuition nichts davon, wie sein Gehirn Wahrnehmungen oder Erkenntnisse verarbeitet – er hat irgendwann eine Einsicht, von der er gar nicht weiß, wie sie zustande gekommen ist. Bei dieser Einsicht mag es sich dann beispielsweise um die Lösung für ein wichtiges Problem handeln, um die charakterliche Einschätzung eines Mitmenschen, um die Erfassung von Möglichkeiten, die eine Situation enthält, oder auch um eine Ahnung, die sich auf zukünftige Ereignisse bezieht. Dieses Ergebnis der Intuition kann in hohem Maße zutreffend sein, es kann aber auch teilweise oder sogar völlig falsch sein. Manchmal liegt der Intuition eine Art von außersinnlicher Wahrnehmung zugrunde, wie etwa Hellsehen oder Präkognition. Hier bleiben dann die Inhalte dieser Wahrnehmung unterhalb der Schwelle zur Bewußtwerdung; trotzdem werden dem Betreffenden in seinem Wachbewußtsein Einsichten zuteil, die auf diesen Inhalten beruhen.

Die Gedächtnisfunktion bewirkt die Einspeicherung von Sinneswahrnehmungen, Empfindungen, Gefühlen, Phantasien und Gedanken in das Gehirn. Dadurch können diese seelischen Inhalte später wieder erinnert werden. Es lassen sich hierbei drei verschiedene Formen oder Stufen des Gedächtnisses unterscheiden, und zwar das Gegenwarts-Gedächtnis, das Kurzzeit-Gedächtnis und das Langzeit-Gedächtnis. Das Gegenwarts-Gedächtnis faßt unsere gegenwärtigen Erfahrungen jeweils zu etwas länger andauernden Einheiten zusammen. Im Grunde genommen verändern sich unsere Wahrnehmungen und unsere Erlebensinhalte nämlich ständig innerhalb von Sekundenbruchteilen. Doch unser Gehirn integriert sie jeweils zu Einheiten, die bis zu drei Sekunden dauern können. Alles, was wir in diesem Zeitraum erfahren, findet für uns in der Gegenwart statt. Die Gegenwart oder das Jetzt hat somit für uns eine zeitliche Ausdehnung von bis zu drei Sekunden. Das Gegenwarts-Gedächtnis ist dabei der Mechanismus innerhalb unseres Gehirns, der unsere Wahrnehmungen und unser Erleben jeweils zu Einheiten von drei Sekunden integriert. Im Kurzzeit-Gedächtnis werden ausgewählte Inhalte unserer gegenwärtigen Erfahrung noch etwas länger festgehalten, so daß wir sie bewußt bearbeiten können – etwa indem wir über sie nachdenken. Die Zeitspanne hierfür beträgt zunächst ungefähr zwanzig Sekunden; sie kann aber noch sehr viel weiter ausgedehnt werden, und zwar dadurch, daß wir die Inhalte, auf die es uns ankommt, auch über diese zwanzig Sekunden hinaus im Mittelpunkt unserer Aufmerksamkeit behalten. Bei dem Langzeit-Gedächtnis schließlich handelt es sich um das, was wir für gewöhnlich auch einfach als Gedächtnis bezeichnen. In ihm sind alle unsere Wissensbestände gespeichert: alle Erfahrungen, die wir gemacht haben, alle Informationen, die wir aufgenommen haben, und auch alle Fertigkeiten, die wir gelernt haben.

Die Identifikationsfunktion bewirkt ein Erleben des Identischseins mit dem, worauf sich diese Funktion jeweils gerade bezieht. Normalerweise identifizieren sich Menschen zum Beispiel mit ihrem Verstand und mit ihrem Körper. Dadurch erleben sie sich als identisch mit diesen beiden Aspekten ihrer selbst. Das Ausmaß der Identifikation ist hierbei fast immer unterschiedlich: So identifizieren sich die meisten Menschen in unserer Kultur sehr viel mehr mit ihrem Verstand als mit ihrem Körper. Die Identifikation kann sich darüber hinaus aber auch auf einzelne seelische Inhalte beziehen, beispielsweise auf eine bestimmte Überzeugung, die jemand hat. Wenn dies der Fall ist, dann erlebt der Betreffende die entsprechende Überzeugung als einen sehr wichtigen Teil von sich selbst. Darüber hinaus bezieht sich die Identifikation für gewöhnlich auch auf Dinge in der Außenwelt. So identifizieren sich Menschen beispielsweise oft mit ihren Besitztümern, mit dem Land, in dem sie leben, oder mit dem Helden eines Kinofilms. Die Identifikation mit etwas aus der Außenwelt kann auch als äußere Identifikation bezeichnet werden, im Gegensatz zur inneren Identifikation, die sich auf die eigene Innenwelt und den eigenen Körper bezieht. Normalerweise ist die äußere Identifikation nicht so stark wie die innere. Wenn die betreffende Person darüber nachdenkt, erkennt sie sofort, daß sie nicht identisch ist mit dem Helden des Kinofilms, den sie gerade sieht. Aber trotzdem fühlt sie sich angespannt, wenn dieser Held bedroht wird, fast als ginge es um ihr eigenes Leben.

Die Funktion der Verdrängung bewirkt, daß bestimmten seelischen Inhalten die Möglichkeit zur Bewußtwerdung verwehrt wird. Sie kann sich sowohl auf Inhalte der gegenwärtigen Erfahrung beziehen als auch auf Gedächtnisinhalte, die aus früheren Erfahrungen stammen. So widerfahren uns zum Beispiel in der Kindheit manchmal sehr schmerzliche Erlebnisse, an die wir uns dann später als Erwachsene beim besten Willen nicht mehr erinnern können. Diese Erlebnisse sind jeweils der Verdrängung anheimgefallen. Doch auch im Erwachsenenalter neigen wir des öfteren dazu, besonders solche Inhalte zu verdrängen, die mit unserem eigenen Selbstverständnis unvereinbar sind. Die seelischen Inhalte, die der Verdrängung anheimfallen, bleiben uns von dem Zeitpunkt an unbewußt, zu dem die Verdrängungsfunktion wirksam wird. Nur unter ganz speziellen Bedingungen kann die Verdrängung später wieder aufgehoben werden.

Die Verdrängung stellt einen Abwehrmechanismus dar. Damit gehört sie zur Abwehrfunktion. Genau gesagt bildet sie sogar den grundlegenden Mechanismus dieser Funktion. Darüber hinaus umfaßt die Abwehrfunktion aber auch noch andere Mechanismen. Diese unterstützen die Verdrängungsfunktion und werden besonders dann wirksam, wenn die Verdrängung versagt. Ganz allgemein besteht die Aufgabe der Abwehrfunktion darin, bei bestimmten seelischen Inhalten zu verhindern, daß diese vollständig und unverfälscht in das Wachbewußtsein eindringen. In diesem Sinne können Abwehrmechanismen beispielsweise bewirken, daß jemand, der Angst hat, diese Empfindung nicht als Angst erlebt, sondern nur in Form von innerer Unruhe; oder sie führen etwa dazu, daß jemand, der sehr geizig ist, nicht erkennt, wie geizig er selber ist, sondern statt dessen fälschlicherweise seinen Nachbarn für geizig hält.

Die Bewegungsfunktion bezieht sich auf die Steuerung der Motorik und wird dementsprechend oft auch als motorische Funktion bezeichnet. Zu dieser Funktion gehören beispielsweise das Gehen und das Zugreifen. Die motorische Steuerung kann sowohl bewußt und absichtlich ausgeführt werden, als auch unbewußt und automatisch vonstatten gehen. Die Empfindung eines Juckreizes führt oft ganz automatisch dazu, daß wir unsere Hand zu der entsprechenden Körperstelle führen und uns dort kratzen. Wir können unsere Körperbewegungen aber auch absichtlich durch unsere Gedanken steuern, um beispielsweise ganz bewußt mit der rechten Hand nach einer Tasse zu greifen.

Eine spezielle Funktion ist in diesem Zusammenhang die sexuelle: Sie gehört sowohl zur motorischen Funktion als auch zur sensorischen und umfaßt hier jeweils diejenigen Anteile, die zum sexuellen Erleben und Verhalten gehören, also zum Beispiel solche Verhaltensweisen wie Flirten und Schmusen, körperliche Reaktionen wie die Erektion des männlichen Gliedes und das Anschwellen der weiblichen Brüste, sowie diejenigen Wahrnehmungen, durch die wir beispielsweise den Körpergeruch unseres Geschlechtspartners riechen oder die sexuellen Lustempfindungen im eigenen Leib spüren.

Die Funktion des Willens ermöglicht es uns, bestimmte körperliche und seelische Vorgänge selbst absichtlich zu steuern. Auf der körperlichen Ebene befähigt sie uns beispielsweise dazu, unsere Augen bewußt nach rechts zu drehen oder eine Hand absichtlich zu heben. Auf der seelischen Ebene können wir über die Funktion des Willens beispielsweise unsere Aufmerksamkeit aktiv auf bestimmte seelische Inhalte lenken oder den Ablauf unseres Denkens gezielt in eine erwünschte Richtung steuern.

Der menschliche Organismus

Die Seele ist so sehr in den physischen Körper hineinverwoben, daß beide als Einheit zu betrachten sind. Diese Einheit aus Körper und Seele wird auch als der menschliche Organismus bezeichnet. Der menschliche Organismus ist das psychosomatische Sein des Menschen.

Die Verwobenheit von Körper und Seele wird sehr deutlich, wenn wir einige der seelischen Funktionen etwas genauer betrachten: Sinnliche Wahrnehmung beispielsweise findet statt mit Hilfe der körperlichen Sinnesorgane wie Augen oder Ohren. Unsere Gefühle gehen immer einher mit körperlichen Geschehnissen wie beispielsweise Veränderungen im Blutdruck, in der Atmung und in der Muskelanspannung. Selbst das Denken wird begleitet von körperlichen Vorgängen wie insbesondere elektrischen Prozessen im Gehirn. Umgekehrt führt beispielsweise das körperliche Bedürfnis des Hungers zu entsprechenden seelischen Empfindungen – und über diese Empfindungen zu Gedanken an Essen oder zu inneren Bildern von

Speisen. Jede Bewegung der Arme, der Beine oder der Gesichtsmuskulatur geht ebenfalls mit einer Vielzahl von Empfindungen einher – auch wenn wir diese meistens nicht bewußt wahrnehmen.

Sogar seelische Gesundheit und emotionale Probleme haben ihre Entsprechungen im Körper: Wenn ein Mensch seelisch in sich ruht und dem Leben gelassen gegenübersteht, dann ruht er auch körperlich in sich selbst: Er ist dann in seiner Leibesmitte verankert, also in seinem Bauch und in seinem Becken. Gewohnheitsmäßig hochgezogene Schultern hingegen zeigen an, daß die betreffende Person unbewußt ständig Angst hat. Ein solcher Mensch hält sich selbst krampfhaft in seinen Schultern fest und ist nicht in der Lage, sich in seinen Bauch-Becken-Raum hinein niederzulassen, um dort in sich zu ruhen.

Auch unterdrückte Gefühle gehen jeweils einher mit Anspannungen in der Muskulatur. Es werden dabei stets diejenigen Muskeln angespannt, die für den Ausdruck der jeweiligen Gefühle zuständig sind. Wenn beispielsweise die Eltern einem kleinen Jungen das Weinen verbieten, dann muß er jedesmal seinen Impuls zu weinen unterdrücken, sobald er traurig ist. Er macht dies, indem er diejenigen Muskeln anspannt, die mit dem Weinen verbunden sind. Hierbei handelt es sich um Muskeln in der Kehle, im Zwerchfell und im Bereich der Augen. Wenn er diese Muskeln immer wieder anspannen muß, um ein Weinen zu verhindern, dann werden die Muskelanspannungen bei ihm schließlich dauerhaft und unbewußt. Außerdem verdrängt er auf diese Weise zugleich seine Traurigkeit, und zwar nicht nur die Traurigkeit, die während der jeweiligen Situationen in ihm entsteht, sondern mit der Zeit auch ganz allgemein seine Fähigkeit, überhaupt Traurigkeit erleben zu können. Die Folge davon ist, daß er später als Erwachsener weder traurig werden noch weinen kann. Außerdem weiß er oft als Erwachsener auch gar nicht mehr, warum er nicht weinen kann, und ist vielleicht sogar stolz darauf, daß er nicht weinen muß, wenn er seelisch verletzt wird. In Wirklichkeit aber hat er eine seelische Störung: Er ist unfähig, Traurigkeit zu erleben. Diese seelische Störung drückt sich in denjenigen körperlichen Muskelverspannungen aus, die bei ihm das Weinen verhindern.

Je nachdem, welche Gefühle unterdrückt werden müssen, können Muskelverspannungen an verschiedenen Stellen im Körper auftreten. Unter bestimmten Umständen sind sie so stark, daß sie im Laufe der Jahre sogar auf das Skelettsystem einwirken und dadurch zu Veränderungen in der Körperstruktur führen: Manch einem beispielsweise ist der Rücken krumm geworden von seelischen Konflikten, die er viele Jahre unbewußt mit sich herumgetragen hat.

Die drei Zentren und das Gehirn

Das Seelenleben des Menschen ist über drei Zentren mit dem Körper verwoben. Hierbei handelt es sich um das Denkzentrum, das Gefühlszentrum und das Körperzentrum. Jedes dieser drei Zentren ist in einem anderen Bereich des menschlichen Körpers lokalisiert.

Das Denkzentrum befindet sich im Kopf. Dieses Zentrum ist der Sitz der Denkfunktion und des menschlichen Geistes. Der Mensch hat nicht nur einen Verstand und die Fähigkeit zu denken, sondern er ist auch in der Lage, über sich selbst nachzudenken. Er kann sich selbst sozusagen denkend gegenübertreten und zu sich selbst in Gedanken Stellung nehmen. In dieser Fähigkeit zur Selbstreflexion gründet sich jene innere Instanz des Menschen, die als sein Geist bezeichnet wird. Die Bedeutung dieser Instanz für das menschliche Seelenleben wurde insbesondere von dem Psychotherapeuten V.E. Frankl herausgearbeitet: Der Geist ist einerseits ein Teil der Seele. Andererseits ist er aber auch genau derjenige Teil von ihr, aus dem heraus der Mensch allen anderen Inhalten und Vorgängen seines bewußten Seelenlebens gegenübersteht. Aus seinem Geist heraus kann der Mensch seinem Seelenleben entgegentreten. So ist es nicht zuletzt die Instanz des Geistes, die den Menschen wenigstens in einem gewissen Ausmaß dazu befähigt, seine Gedanken zu steuern, seine Gefühle zu unterdrücken und auf die Befriedigung von eigenen Bedürfnissen zu verzichten. Auf die gleiche Art steht der Mensch in seinem Geist auch seinem eigenen Körper gegenüber sowie seiner sozialen Umwelt und der geschichtlichen Epoche, in der er lebt. Dadurch ist er diesen Gegebenheiten seiner Existenz ebenfalls keineswegs nur ausgeliefert, sondern er vermag ihnen auch entgegenzutreten. Er kann durch sein eigenes Handeln auf seinen Körper einwirken sowie auf seine soziale Umwelt und auf die geschichtliche Epoche, in der er lebt. So kann er beispielsweise etwas tun gegen sein eigenes Übergewicht oder gegen den Hunger in den armen Ländern dieser Welt. Doch auch wenn ihm jede Möglichkeit zu handeln verwehrt ist, kann er immer noch wenigstens in Gedanken auf seine eigene Weise Stellung beziehen zu den seelischen, körperlichen, sozialen und historischen Gegebenheiten seiner Existenz. Er kann sie billigen, verurteilen oder wertschätzen – und er vermag ihnen gegenüber manchmal sogar noch unter schwierigsten Umständen eine geistige Haltung zu entwickeln, aus der heraus er zumindest seine eigene Würde bewahren kann. Dies alles bedeutet einerseits, daß der Mensch in seinem Geist frei ist – doch es heißt andererseits auch, daß er aus seinem Geist heraus verantwortlich ist. Weiterhin stellt der Geist jene Instanz dar, aus der die Suche nach einem Sinn im Leben entspringt: Dem Menschen ist es zwar möglich, sich in seinem Geist von den verschiedenen Gegebenheiten seiner Existenz zu distanzieren. Doch gerade deshalb sehnt er sich zugleich auch nach einem übergeordneten Bezugsrahmen, nach einer Philosophie oder Religion, die ihm sowohl eine Erklärung dafür gibt, warum er existiert, als auch ein Ziel, auf das hin er sein Leben ausrichten kann. Damit aber ist der Geist nicht zuletzt jene Instanz, in der einerseits jeder religiöse Glaube an einen Gott wurzelt und andererseits alles philosophische Streben, das auf die letzten Wahrheiten abzielt. Der Geist verkörpert somit insgesamt gesehen unsere Fähigkeit zur Selbstreflexion, unsere innere Freiheit, unsere Verantwortlichkeit, unser Streben nach einem Sinn sowie unser Interesse für Philosophie und Religion. Das Denkzentrum ist, wie schon gesagt, sowohl der Sitz des Geistes als auch der Sitz des Verstandes.

Das zweite Zentrum ist das Gefühlszentrum. Dieses befindet sich im Brustraum und hat seine Mitte im Herzen. Hier haben alle unsere Gefühle ihren Sitz. Zu den wichtigsten Gefühlen des Menschen gehören Liebe, Freude, Glück, Fröhlichkeit, Erfüllung, Gelassenheit, Interesse, Wertschätzung, Ehrfurcht, Faszination, Geborgenheit, Vertrauen, Überraschung, Sehnsucht, Enttäuschung, Traurigkeit, Einsamkeit, Verzweiflung, Neid, Mißtrauen, Eifersucht, Wut, Zorn, Haß, Ekel, Minderwertigkeit, Überlegenheit, Verachtung, Abscheu, Furcht, Scham, Schuld und Reue. Gefühle können stark sein oder schwach, angenehm oder unangenehm, klar oder verschwommen. Intensive Gefühle, die plötzlich auftreten, werden auch als Affekte bezeichnet. Stimmungen sind Gefühlszustände, die über einen längeren Zeitraum hinweg bestehen bleiben.

Das dritte Zentrum ist das Körperzentrum. Es ist im Bauch-Becken-Raum lokalisiert und befindet sich damit genau dort, wo der menschliche Körper seinen Schwerpunkt hat. Im Körperzentrum wurzeln die instinktive Lebenskraft, die Bewegungsfunktion und die Sexualität. Dementsprechend wird dieses Zentrum bisweilen noch einmal in drei einzelne Zentren untergliedert. Das erste Zentrum ist hier das Instinktzentrum. In ihm ist die grundlegende Vitalität des Menschen verankert sowie die meisten seiner körperlichen Grundbedürfnisse und hier besonders sein instinktiver Überlebensdrang. Das zweite Zentrum ist das Bewegungszentrum. Dieses Zentrum ist die Mitte, aus der heraus im günstigsten Fall jede Bewegung des Körpers erwächst: Bei einem Menschen, der im Einklang mit seinem Körper ist, gehen alle Bewegungen der Arme und Beine von Muskeln aus, die sich im Inneren des Beckens befinden. Das dritte Zentrum innerhalb des Körperzentrums ist das Geschlechtszentrum. Hier wurzeln die sexuelle Energie, der Fortpflanzungstrieb und die sexuelle Anziehung. Das Körperzentrum im Bauch-Becken-Raum, welches die drei aufgeführten Zentren umfaßt, wird oft auch mit seinem japanischen Namen als Hara bezeichnet. Ihm ist als seelische Funktion diejenige der Empfindungen zugeordnet.

Die Abbildung 2 auf Seite 30 zeigt die Lage der drei Zentren im physischen Körper des Menschen.

Zu jedem der drei Zentren gehört ein bestimmter Bereich des Gehirns. Ausgehend von den Forschungsergebnissen des Gehirnforschers P. MacLean kann man sagen, daß das menschliche Gehirn eigentlich aus drei Hirnen besteht, die ineinander verschachtelt sind und die jeweils unterschiedliche Funktionen haben. Diese drei Hirne entsprechen den drei Zentren, so daß jedes Zentrum sein eigenes Hirn hat. Deshalb sollen diese drei Hirne hier auch entsprechend den drei Zentren bezeichnet werden, und zwar als Körperhirn, als Gefühlshirn und als Denkhirn.

Das Körperhirn ist dem Körperzentrum zugeordnet. Es liegt tief im Inneren des Gehirns, im sogenannten Gehirnstamm und den benachbarten Hirngebieten. Dieser Teil des Gehirns steuert die grundlegenden Funktionen des Körpers wie Atmung, Herztätigkeit, Blutdruck, Stoffwechsel, Wasserhaushalt, Darmfunktion, Hormonregulierung und andere. Weiterhin findet im Körperhirn eine erste grundlegende Verarbeitung der Sinnesempfindungen statt, und von hier aus werden auch die

Körperbewegungen koordiniert, die Körperhaltung kontrolliert und das körperliche Gleichgewicht aufrechterhalten. Außerdem ist dieser Teil des Gehirns ganz wesentlich für die Sexualität zuständig. Von den seelischen Funktionen gehört zum Körperhirn besonders die Empfindungsfunktion.

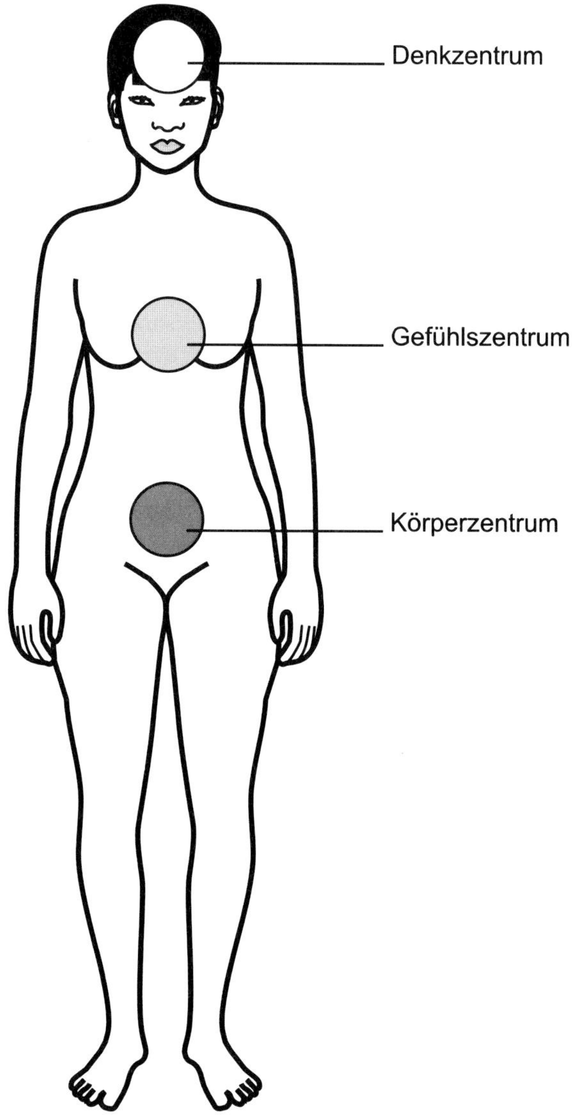

Abbildung 2: Die Lage der drei Zentren im menschlichen Körper

Das Gefühlshirn ist mit dem Gefühlszentrum verbunden. Es liegt um das Körperhirn herum innerhalb einer Gehirnregion, die auch als limbisches System bezeichnet wird. Dieses Hirn ist für unser Gefühlsleben zuständig. Es läßt uns emotional reagieren und emotionale Bindungen eingehen. Außerdem produziert das Gefühlshirn unsere nächtlichen Träume und die inneren Bilder unserer Tagträume und Phantasien. Es steuert den Ausdruck unserer Gefühle in der Mimik, in der Körperhaltung und in unseren Körperbewegungen. Schließlich enthält es unsere Kindheitserinnerungen.

Das Denkhirn liegt um das Gefühlshirn herum. Es entspricht dem Großhirn. Dieses Hirn ist für das begriffliche und für das nonverbale Denken zuständig, für Logik, für Imagination und für das Lösen von Problemen. Es verwendet Sprache, Klänge und innere Bilder, und es speichert Fakten und Zahlen. Das Denkhirn stellt die kognitive Landkarte her und ist Sitz des Ichbewußtseins und des Geistes.

Das Großhirn ist in zwei Hälften geteilt, und zwar in eine rechte und eine linke. Diese beiden Hälften werden auch als Hemisphären bezeichnet. Sie sind durch einen dicken Strang aus Nervenfasern miteinander verbunden. Die Teilung des Großhirns betrifft zugleich auch das Denkhirn; und zwar hat in jeder Großhirn-Hemisphäre eine andere Art des Denkens ihren Hauptsitz: In der linken Hemisphäre findet das begriffliche Denken statt und in der rechten das nonverbale Denken in Bildern, Geschmacksempfindungen, Tönen oder Gefühlen.

Die Abbildung 3 zeigt die drei Hirne des menschlichen Gehirns.

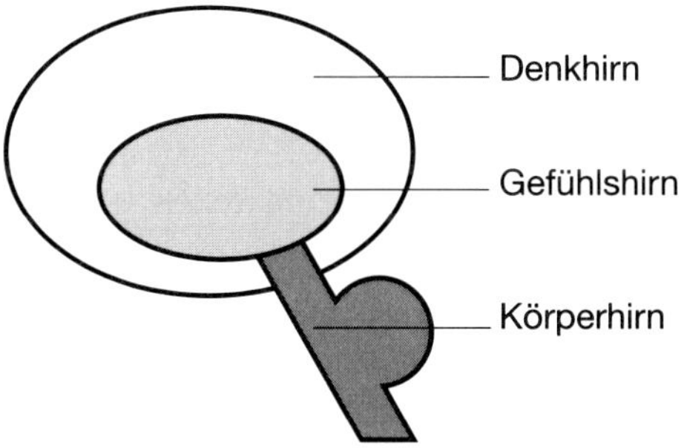

Abbildung 3: Die drei Hirne des menschlichen Gehirns

Das menschliche Gehirn kann also sehr gut in drei Hirne untergliedert werden, von denen jedes andere Funktionen hat. Dennoch sind diese drei Hirne in vielfältiger Weise miteinander gekoppelt. Jedes der drei Hirne wirkt ständig auf die anderen beiden ein. So steht zum Beispiel das Gefühlshirn andauernd in einem intensiven Austausch mit dem Körperhirn und bewirkt auf diese Weise etwa, daß sich in unseren Körperbewegungen auch unsere Gefühle ausdrücken. Das Körperhirn hingegen wirkt unter anderem auch aktivierend und lenkend auf die Aufmerksamkeitsfunktion des Denkhirns ein. Im Denkhirn wiederum gibt es beispielsweise Regionen, die es uns ermöglichen, Sinneswahrnehmungen gedanklich zu verarbeiten und Körperbewegungen absichtlich zu steuern.

Die verschiedenen Arten der Intelligenz

Die Leistungsfähigkeit der drei Zentren kann auch als Intelligenz bezeichnet werden. So liegt es nahe, drei verschiedene Formen der Intelligenz zu unterscheiden, und zwar die kognitive, die emotionale und die somatische. Jede dieser drei Formen von Intelligenz setzt sich aus verschiedenen Fähigkeiten zusammen. Je besser ein Mensch in diesen Fähigkeiten ist, desto höher ist auch seine entsprechende Intelligenz.

Kognitive Intelligenz ist das, was wir für gewöhnlich auch einfach als Intelligenz bezeichnen. Sie umfaßt im wesentlichen folgende Fähigkeiten und Eigenschaften: sprachliche Intelligenz, räumliches Vorstellungsvermögen, mathematische Intelligenz, schlußfolgerndes Denken, Alltagswissen und den sogenannten gesunden Menschenverstand. Die sprachliche Intelligenz eines Menschen findet ihren Ausdruck hauptsächlich darin, wie gut er seine Muttersprache beherrscht und wie gewandt er mit Worten umzugehen vermag. Räumliches Vorstellungsvermögen ist die Fähigkeit, sich etwas in der Phantasie dreidimensional vorstellen zu können, so beispielsweise konkrete geographische Landschaften oder auch abstrakte geometrische Figuren. Bei der mathematischen Intelligenz geht es in erster Linie darum, wie gut und schnell jemand rechnen kann. Das schlußfolgernde Denken bewährt sich in der Fähigkeit, sachliche Probleme zu lösen. Alltagswissen ist das Wissen, welches wir benötigen, um uns in unserem Alltag zurechtzufinden. Bei dem gesunden Menschenverstand handelt es sich um die Fähigkeit, dieses Wissen jeweils in passender Weise anwenden zu können.

Die wichtigsten Aspekte der emotionalen Intelligenz sind die emotionale und die soziale Kompetenz. Die emotionale Kompetenz bezieht sich auf den Umgang mit den eigenen Gefühlen. Sie umfaßt besonders solche Fähigkeiten wie Introspektion, Selbstbeherrschung, Leidensfähigkeit und Selbstwertregulation. Introspektion ist die Fähigkeit zur sensiblen und differenzierten Wahrnehmung der eigenen Gefühle, Phantasien und Bedürfnisse. Selbstbeherrschung bedeutet im besten Fall, den Ausdruck der eigenen Gefühle bewußt steuern zu können. Die Leidensfähigkeit eines Menschen ist umso größer, je mehr er dazu in der Lage ist, auch unangenehme Gefühle und Empfindungen in sich zu ertragen. Über die Gabe zur Selbstwertregulation verfügt ein Mensch in dem Maße, in dem es ihm möglich ist, sogar unter widrigen Umständen immer wieder neu ein positives Gefühl der Wertschätzung für sich selbst zu entwickeln.

Die soziale Kompetenz kann auch als soziale Intelligenz bezeichnet werden. Sie bezieht sich auf den Umgang mit anderen Menschen. Zu den wichtigsten Bestandteilen der sozialen Intelligenz gehören Empathie, Beziehungsfähigkeit, Menschenkenntnis, Konfliktfähigkeit und Durchsetzungsvermögen. Empathie bedeutet Einfühlungsvermögen, also die Gabe, sich in die Gefühlswelt von anderen Menschen einfühlen zu können. Über Beziehungsfähigkeit verfügt ein Mensch in dem Maße, in dem er zu anderen soziale Beziehungen herstellen und aufrechterhalten kann. Menschenkenntnis beruht auf Intuition. Durch sie ist ein Mensch gegebenenfalls dazu in der Lage, den Charakter von anderen Personen intuitiv zu erfassen. Die soziale Kompetenz der Konfliktfähigkeit besteht darin, zwischenmenschliche Konflikte lösen zu können. Über Durchsetzungsvermögen verfügt ein Mensch in dem Maße, in dem es ihm immer wieder gelingt, seine eigenen Interessen gegenüber anderen durchzusetzen.

Die somatische Intelligenz schließlich läßt sich in drei verschiedene Formen untergliedern, und zwar in die motorische, die vegetative und die sexuelle Intelligenz. Die motorische Intelligenz eines Menschen kommt beispielsweise darin zum Ausdruck, wie genau er feine Bewegungen auszuführen vermag, also solche Bewegungen, wie sie etwa nötig sind, um einen Faden durch ein Nadelöhr zu führen. Ein anderes Beispiel für motorische Intelligenz ist die Fähigkeit, musikalische Rhythmen in entsprechende Bewegungsmuster umzusetzen. Diese Fähigkeit findet beispielsweise beim Tanzen ihren geeigneten Ausdruck.

Zwei Beispiele für vegetative Intelligenz sind einerseits die Entspannungsfähigkeit und andererseits das Leistungsvermögen des körpereigenen Immunsystems: Wir Menschen unterscheiden uns durchaus auch in der Hinsicht voneinander, wie leicht und wie schnell wir uns entspannen können oder wie effektiv unser Immunsystem Krankheitserreger zu bekämpfen vermag.

Die sexuelle Intelligenz eines Menschen kommt unter anderem darin zum Ausdruck, wie sensibel er sexuelle Reize wahrnehmen kann, also beispielsweise zärtliche sexuelle Berührungen an verschiedenen Stellen seines Leibes oder auch den Körpergeruch, den sein Geschlechtspartner ausströmt, wenn er sexuell erregt ist. Ein anderer Aspekt der sexuellen Intelligenz bezieht sich auf die Bewegungsimpulse, die das eigene Geschlechtszentrum in sexuellen Situationen aussendet. Wenn zwei Menschen sexuell miteinander verkehren, dann treten im Körper eines jeden von ihnen Impulse auf, die ihn zu sexuellen Bewegungen oder Handlungen anregen, also beispielsweise dazu, den Geschlechtspartner hier oder dort zu streicheln oder zu küssen. Diese Impulse gehen jeweils von dem eigenen Geschlechtszentrum aus, welches sich im Bauch-Becken-Raum befindet. Wir Menschen unterscheiden uns nun sehr darin, wie gut wir diese Impulse in uns spüren können und in welchem Ausmaß die entsprechenden Bewegungen und Handlungen dazu geeignet sind, im Partner oder auch in uns selbst sexuelle Lustempfindungen hervorzurufen. Insgesamt gesehen ist die sexuelle Intelligenz eines Menschen damit um so größer, je empfänglicher er für äußere sexuelle Reize ist, je deutlicher er seine eigenen sexuellen Impulse spüren kann und je lustvoller die Bewegungen und Handlungen sind, zu denen ihn diese Impulse anregen.

Was die Zuordnung der verschiedenen Intelligenzformen zu den drei Zentren angeht, so wird die kognitive Intelligenz ausschließlich von dem Denkzentrum erbracht und die somatische Intelligenz in erster Linie von dem Körperzentrum. Bei der emotionalen Intelligenz jedoch handelt es sich um Fähigkeiten, die nur zum Teil vom Gefühlszentrum verwirklicht werden, zum Teil aber auch vom Denkzentrum, und zwar über das emotionale Denken, also über das Denken in Gefühlen. Außerdem neigen gerade in unserer Kultur viele Menschen dazu, einige Leistungen der emotionalen Intelligenz durch das begriffliche Denken nachzuahmen. So bemühen sich beispielsweise einige Menschen um Empathie, indem sie mit Hilfe des begrifflichen Denkens versuchen, sich in die Gefühlswelt einer anderen Person hineinzuversetzen – statt daß sie sich tatsächlich in diese einfühlen.

Die organismische Selbstregulation

Jeder Organismus hat die Tendenz, sich selbst zu erhalten und zu verwirklichen: Er ist einerseits daraufhin ausgerichtet, am Leben zu bleiben, und andererseits daraufhin, die Möglichkeiten zu entfalten, die in ihm angelegt sind. Außerdem hat jeder Organismus die Fähigkeit, sich selbst zu regulieren. Diese Fähigkeit ist notwendig, damit er sich erhalten und verwirklichen kann; sie wird sowohl im Körper wirksam als auch in der Seele.

Ein relativ einfaches Beispiel für die Funktionsweise der Selbstregulation ist die Temperaturregulation. Der menschliche Organismus muß, um am Leben bleiben zu können, eine konstante Körpertemperatur aufrechterhalten, die bei ungefähr 37 Grad Celsius liegt. Diese Körpertemperatur wird für gewöhnlich dadurch erreicht, daß der Körper in sich Fett verbrennt, welches er aus seiner Nahrung bezieht. Wenn die Temperatur trotzdem unter ihren normalen Wert zu sinken droht, dann versucht der Organismus, sie durch Muskelkontraktionen zu erhöhen. Hierbei handelt es sich dann um das Zittern, das beim Frieren auftritt. Droht die Körpertemperatur hingegen über den normalen Wert anzusteigen, dann gibt der Körper Wärme über die Hautoberfläche ab. Reicht diese Maßnahme nicht aus, so gerät er ins Schwitzen. Der Organismus scheidet nun über die Hautoberfläche Schweiß aus, dessen Verdunstung dann einen noch stärkeren Kühleffekt bewirkt als die einfache Wärmeabgabe über die Hautoberfläche. So reguliert der Körper seine eigene Temperatur selbst immer wieder neu dahingehend, daß sie nahezu konstant bei ungefähr 37 Grad Celsius bleibt.

Ein anderes Beispiel für die Selbstregulation ist die Bedürfnisregulation, wie sie von dem Psychotherapeuten F.S. Perls beschrieben wurde. Hierbei geht es ganz allgemein um die Regulierung unserer Bedürfnisse. Wenn der Körper beispielsweise Flüssigkeit benötigt, dann verspüren wir jene Körperempfindungen, die wir als Durst erleben, also beispielsweise einen trockenen Mund. Diese Körperempfindungen werden mit der Zeit stärker und ziehen unsere Aufmerksamkeit immer mehr auf sich. Sie veranlassen uns dazu, an Getränke zu denken, und sie drängen uns dazu, unser Bedürfnis nach Flüssigkeit zu befriedigen. Wenn wir dann etwas trinken, gehen die Durstempfindungen zurück, und wenn wir genug getrunken haben, verspüren wir angenehme Empfindungen der Befriedigung. Die Bedürfnisregulation hat nun ihr Ziel erreicht: Sie hat dazu geführt, daß der Flüssigkeitshaushalt des Körpers durch eine entsprechende Handlung wieder ausgeglichen wurde, und zwar durch die Aufnahme von neuer Flüssigkeit. Bei dieser Art der Selbstregulation sind ganz deutlich auch psychische Prozesse beteiligt: Durstempfindungen werden verspürt, Gedanken an Getränke treten auf, es werden absichtlich Handlungen unternommen, um Flüssigkeit aufzunehmen. Die Bedürfnisregulation funktioniert dabei ganz allgemein in der Weise, daß immer dasjenige Bedürfnis die Aufmerksamkeit auf sich zieht, welches für die Erhaltung des Organismus am dringlichsten ist. Wenn wir zum Beispiel Durst haben und es bricht dann in unserer Nähe ein Feuer aus, so gerät das Bedürfnis nach Flüssigkeitsaufnahme sofort in den Hintergrund unserer Aufmerksamkeit, und ein anderes Verlangen tritt in den Vordergrund, nämlich das Bedürfnis, durch Flucht das eigene Leben zu retten. Wenn für alle wichtigen Bedürfnisse der Selbsterhaltung die Befriedigung gewährleistet ist, treten Bedürfnisse der Selbstverwirklichung in den Vordergrund: Hier kann dann beispielsweise der Wunsch auftreten, ein Bild zu malen oder eine Fremdsprache zu erlernen.

Es gibt auch einen körpereigenen Mechanismus zur Selbstregulierung, der dazu dient, um die nervöse Spannung aufzulösen, die im eigenen Organismus in belastenden Situationen entsteht. Dieser Mechanismus wurde von der Psychotherapeutin G. Boyesen entdeckt. Sie hat herausgefunden, daß der Darm die Fähigkeit hat, seelische Spannung, die aus Streß resultiert, regelrecht zu verdauen. Diese Fähigkeit zur Spannungsregulation kann aber nur dann wirksam werden, wenn es dem Betreffenden möglich ist, die Streßsituation zu verlassen und in eine Situation zu gelangen, in der er einen gewissen Grad an Wohlbefinden erreicht. Beim Teetrinken etwa, beim Zeitunglesen oder auch beim Baden geht der Organismus dazu über, im Darm die seelischen Spannungen abzubauen, die von der vorhergehenden Streßsituation verblieben sind.

Auch unser seelisches Gleichgewicht wird durch Mechanismen zur Selbstregulation aufrechterhalten. Diese Mechanismen kommen beispielsweise zum Einsatz, wenn wir eine Kränkung erleben, die unser seelisches Gleichgewicht erschüttert, so daß wir uns daraufhin wertlos fühlen. Unter solchen Umständen treten oft spezielle Mechanismen in Aktion, um unser Selbstwertgefühl wieder zu stabilisieren: Wir erinnern uns jetzt vielleicht an frühere Situationen, in denen wir sehr viel Bestätigung erfahren haben, oder wir ergehen uns in Phantasien von eigenen Heldentaten oder von ganz großen Auftritten. Auf diese Art führt eine spezielle Selbstwertregulation dazu, daß wir uns alsbald wieder besser fühlen.

Ein weiterer Bereich, in dem die Selbstregulation wirksam wird, ist die Einschätzung der Lebenssituation, in der wir uns jeweils befinden. Wenn unsere bewußte Vorstellung von dieser Situation sehr verzerrt ist, dann versuchen die Mechanismen zur Selbstregulation jene Verzerrung zu korrigieren. So kann es beispielsweise vorkommen, daß uns ein anderer Mensch wesentlich wichtiger ist, als wir es bewußt wahrhaben wollen – oder wir haben in einer Situation Ängste, die wir uns nicht eingestehen mögen. Unter solchen Umständen führen die Selbstregulations-Mechanismen oft zu nächtlichen Träumen, durch die sie versuchen, uns auf diese Verzerrungen aufmerksam zu machen. Wir träumen dann im ersten Fall vielleicht davon, wie jener Mitmensch zum König gekrönt wird, und im zweiten Fall, wie in jener Situation auf einmal schwarze Panther auftauchen, die uns auffressen wollen.

Die Selbstregulation zielt auch darauf ab, daß bisher noch nicht gelebte Anteile der eigenen Persönlichkeit in das bewußte Leben eingefügt werden. Fast jeder Mensch hat solche Anteile in sich. Die Selbstregulation wird hier oft ebenfalls über entsprechende Träume wirksam. Dabei handelt es sich dann um Träume, die solche Anteile immer wieder in bildhafter Form darstellen. Nehmen wir als Beispiel eine Frau, die in ihrem Beruf Computerprogramme herstellt und die auch ansonsten ihr Leben fast ausschließlich von ihrem Verstand her führt. Diese Frau träumt vielleicht des öfteren davon, wie sie auf einem Pferd durch die Landschaft galoppiert. Das Traummotiv enthält hier im wesentlichen eine leidenschaftliche Reiterin und ihr galoppierendes Pferd. Damit zeigt es letztendlich die wilde Leidenschaftlichkeit der Träumerin. Diese Leidenschaftlichkeit ist ein Anteil ihrer eigenen Persönlichkeit, den sie bisher noch nicht bewußt gelebt hat. Was nun die Selbstregulation betrifft, so geht es bei einem solchen Traum erstens darum, seine Botschaft zu verstehen, und zweitens darum, jener Botschaft zu folgen, also in diesem Fall den wilden, leidenschaftlichen Teil der eigenen Persönlichkeit mehr und mehr zu verwirklichen. Wenn der Frau aus unserem Beispiel beides gelingt, dann hat die Selbstregulation hier ihr Ziel erreicht.

Das Hormonsystem und das Nervensystem

Auf der körperlichen Ebene steuert sich die Selbstregulation besonders durch zwei Systeme, und zwar durch das Hormonsystem und durch das Nervensystem. Beide Steuerungssysteme haben als ihr zentrales Organ das Gehirn.

Im Hormonsystem werden körperliche und seelische Prozesse mit Hilfe von chemischen Wirkstoffen, den Hormonen, gesteuert. Für verschiedene Prozesse sind dabei jeweils unterschiedliche Hormone zuständig: So gibt es im Organismus beispielsweise Streßhormone zur raschen Aktivierung des Körpers bei Gefahr, Geschlechtshormone zur Steuerung der sexuellen Erregung und Wachstumshormone zur Steigerung des körperlichen Wachstums in Kindheit und Jugend. Die einzelnen Hormone werden jeweils von speziellen Hormondrüsen in den Blutkreislauf abgegeben und gelangen dann über die Blutbahn schließlich zu jenen Regionen des Körpers, wo sie ihre Wirkung entfalten. Die wichtigsten Drüsen des Hormonsystems befinden sich am und im Gehirn. Es handelt sich hierbei um die Hypophyse und um die Zirbeldrüse. Eine weitere bedeutende Hormondrüse ist die Schilddrüse im Hals. Auch die Hoden des Mannes und die Eierstöcke der Frau dienen jeweils unter anderem als Hormondrüsen; von hier aus gelangen die Geschlechtshormone in den Blutkreislauf.

Das zweite Steuerungssystem des Körpers ist das Nervensystem. Dieses System besteht aus dem Gehirn als seinem Zentralorgan, aus dem Rückenmark und aus einer Vielzahl von Nervenfasern, die sich vom Gehirn oder vom Rückenmark aus über den gesamten Körper erstrecken: Jede Stelle der Haut, alle Muskeln, die Augen und die Ohren, das Herz und die Nieren sowie auch alle anderen Organe sind über Nervenfasern mit dem Gehirn verbunden.

Für gewöhnlich werden beim Nervensystem zwei Teile unterschieden, und zwar das zerebrospinale Nervensystem und das autonome oder vegetative Nervensystem. Beide Teile haben jedoch ein gemeinsames Zentralorgan, nämlich das Gehirn.

Das zerebrospinale Nervensystem ist auf die Umwelt bezogen. Durch dieses Nervensystem können wir beispielsweise im Gehirn wahrnehmen, was unsere Augen sehen und was unsere Ohren hören. Außerdem können wir mit seiner Hilfe die Muskeln unserer Arme und Beine steuern und auf dieses Weise unseren Körper zu jenen Handlungen veranlassen, die wir in der Umwelt vornehmen wollen.

Das autonome oder vegetative Nervensystem reguliert die Tätigkeit der inneren Organe und steuert hier beispielsweise die Atmung, den Blutkreislauf und die Verdauung. Es arbeitet unabhängig von unserem Willen und kann durch diesen auch nicht direkt beeinflußt werden, sondern höchstens indirekt. Über das zuvor beschriebene zerebrospinale Nervensystem sind wir durchaus dazu in der Lage, per Willensentschluß einen Arm zu heben. Doch es ist uns nicht möglich, über das autonome Nervensystem in ähnlicher Weise einfach absichtlich unseren Blutdruck zu senken.

Das autonome Nervensystem läßt sich noch einmal in zwei Teilsysteme untergliedern, und zwar in das sympathische und in das parasympathische Nervensystem. Beide Systeme wirken in der Regel entgegengesetzt zueinander. Das sympathische Nervensystem wirkt leistungssteigernd: Es beschleunigt Herzschlag und Atmung und regt ganz allgemein den Organismus dazu an, seine Energie in Tätigkeit und Arbeit umzusetzen. Das parasympathische Nervensystem hingegen wirkt wiederherstellend: Es verlangsamt Herzschlag und Atmung und ermöglicht dem Organismus darüber hinaus, sich zu erholen, aufgenommene Nahrung zu verdauen und zu schlafen. Auf diese Weise sorgt es dafür, daß der Körper wieder neue Energie für weitere Aktivitäten ansammeln kann. Obwohl die beiden Teile des autonomen Nervensystems in der Regel entgegengesetzt zueinander wirken, gibt es doch auch eine Ausnahme zu dieser Regel, und zwar die Sexualfunktion des männlichen Gliedes: Hier ergänzen sich beide Teile in der Weise, daß die Erektion parasympathisch gesteuert wird und der darauf folgende Samenerguß sympathisch.

Ein besonderer Teil des autonomen Nervensystems ist das sogenannte enterische Nervensystem. Hierbei handelt es sich um ein engmaschiges Netz aus Nervenzellen und Nervenfasern, das zum Magen und zum Darm gehört. Magen und Darm bilden zusammen einen schlauchförmigen Trakt, und das enterische Nervensystem befindet sich sozusagen in der Wand dieses Traktes. Die Funktion des enterischen Nervensystems bezieht sich einerseits auf die Verdauung von Nahrung. So steuert es beispielsweise die Durchblutung der Schleimhäute von Magen und Darm, die

Absonderung der Verdauungssäfte und auch die Peristaltik, also die Bewegung der Nahrung durch jene beiden Organe. Andererseits ist das enterische Nervensystem aber auch zuständig für die vegetative Verarbeitung von emotionalem Streß. Wie schon angedeutet wurde, ist der menschliche Organismus dazu in der Lage, in seinem Darm belastende Emotionen wie Angst, Trauer oder Wut regelrecht zu verdauen. Diese Art der Verdauung von seelischem Streß wird auch als Psychoperistaltik bezeichnet.

Wechselwirkungen mit der Umwelt

Der menschliche Organismus befindet sich in einem ständigen Austausch mit seiner Umwelt. Es werden hierbei oft drei Arten der Umwelt unterschieden. Die erste Art ist die materielle Umwelt. Sie besteht zum Beispiel aus Erde, Wasser und Luft, aus Werkzeugen, Häusern und Autos. Die zweite Umwelt des Menschen ist seine biologische Umwelt der Pflanzen und Tiere, und bei der dritten handelt es sich um die soziale Umwelt seiner Mitmenschen. Jeder Mensch ist nun einerseits ein Individuum, das sich von allen anderen Wesen und Dingen unterscheidet. Andererseits ist er aber doch auch auf so innige Weise in seine Umwelt hineinverwoben, daß Mensch und Umwelt als eine Einheit zu betrachten sind: Es gibt keinen Menschen, der nicht von einer Mutter geboren wird oder der ohne die Pflege durch andere Menschen die ersten Monate seines Lebens überlebt. Es gibt keinen Menschen, der leben kann, ohne zu atmen, und es gibt für den Menschen keine Atemluft in seiner Umwelt ohne die Pflanzen, die sie immer wieder neu produzieren. Es gibt kein Stehen, Gehen oder Liegen des Menschen ohne Schwerkraft und tragenden Boden. Es gibt kein Hören ohne Schallwellen, kein Sehen ohne Licht, kein Tasten ohne Gegenstände, die sich berühren lassen. Auf diese Weise offenbart sich die innigliche Verwobenheit des Menschen mit seiner sozialen, biologischen und materiellen Umwelt.

Der Austausch des Menschen mit seiner Umwelt vollzieht sich als ein ständiges Nehmen und Geben. Genau dies ist es, was die menschlichen Bedürfnisse ausmacht: Sie betreffen die verschiedenen Bereiche jenes Austausches. Zwei Beispiele hierfür sind das Bedürfnis nach Nahrung und dasjenige zur Kooperation. Das Bedürfnis nach Nahrung bezieht sich darauf, daß der Mensch aus seiner Umwelt Substanzen aufnehmen muß, die er in seinem Körper verdauen und verwerten kann. Bei dem Bedürfnis zur Kooperation will der Mensch etwas hineingeben in seine soziale Umwelt, er will hier einen hilfreichen Beitrag leisten zu gemeinsamen Unternehmungen mit seinen Mitmenschen.

Es gibt in der Umwelt mehrere Faktoren, die nahezu ununterbrochen auf den Menschen einwirken. Einer davon ist die Anziehungskraft der Erde. Die Wirkung dieses Faktors auf den menschlichen Körper wurde insbesondere von M. Feldenkrais und von I. Rolf beschrieben: Die Erdanziehungskraft zwingt unseren Körper beinahe ständig, auf sie zu reagieren. Mit jeder Bewegung, die wir machen, verlieren wir für einen kurzen Augenblick unser Gleichgewicht in bezug auf die Schwerkraft – und sofort reagiert der Körper automatisch mit ausgleichenden Bewegungen, durch die wir unser Gleichgewicht wiedererlangen. Sogar dann, wenn wir ganz ruhig stehen oder sitzen, finden im Körper ständig viele sehr feine Bewegungen statt, durch die er sich in der Balance hält. Eine Ausnahme bilden hier lediglich jene Situationen, in denen wir flach liegen, sei es auf dem Boden oder auch auf einem Bett: In diesen Situationen ist der Körper vorübergehend von den Notwendigkeit befreit, sich ständig neu der Schwerkraft anpassen zu müssen.

Beim Gehen, Stehen oder Sitzen jedoch reagiert der Körper ununterbrochen auf die Schwerkraft. Allerdings unterscheiden wir Menschen uns voneinander in dem Ausmaß, in dem hier entsprechende Reaktionen notwendig sind: Natürlicherweise ist der menschliche Körper so aufgebaut, daß sich beim aufrechten Stehen folgende Teile senkrecht untereinander befinden: das Ohr, das Schultergelenk, das Hüftgelenk, das Knie und das Sprunggelenk. Wenn dies der Fall ist, dann liegen auch die Schwerpunkte von Kopf und Rumpf genau senkrecht untereinander, und es besteht ein ausgewogenes Verhältnis zwischen der Vorderseite und der Rückseite des Körpers. Unter solchen idealen Umständen hat die Schwerkraft eine unterstützende Wirkung auf die aufrechte Haltung des betreffenden Menschen. Sie wird dann auch von ihm selbst innerlich als eine Art Auftrieb erlebt.

Bei fast allen Menschen aber haben chronische Muskelverspannungen mit der Zeit zu dauerhaften, negativen Veränderungen in der Struktur ihres Körpers geführt. So nehmen die meisten Menschen, wenn sie aufrecht stehen, für gewöhnlich eine Körperhaltung ein, bei der ihr Kopf nach vorne verschoben ist, so daß sich ihre Ohren nicht einfach nur oberhalb von den Schultergelenken befinden, sondern zugleich auch deutlich vor diesen. Für die hiervon Betroffenen ist es in der Regel anstrengend und unbequem, ihren Kopf und ihre Schultern so zurechtzurücken, daß Ohren und Schultergelenke genau senkrecht übereinander liegen – manchmal ist ihnen dies sogar unmöglich. Wenn aber die Ohren gewohnheitsmäßig schräg vor den Schultergelenken liegen, dann bedeutet dies zugleich auch, daß sich bei den Betroffenen der Schwerpunkt ihres Kopfes um einiges vor dem Schwerpunkt ihres Rumpfes befindet. Dies aber hat zur Folge, daß die Erdanziehungskraft ständig am vorderen Teil ihres Kopfes zieht und ihn nach vorne zu kippen droht. Dadurch ist der Körper gezwungen, auf diese Zugkraft ununterbrochen mit einer ausgleichenden Aktion zu reagieren: Diese besteht hier in einer chronischen Verspannung der Nackenmuskulatur.

Der menschliche Organismus ist aber nicht nur ununterbrochen der Erdanziehungskraft ausgesetzt, sondern er braucht auch ständig neue Energie, um sich selbst erhalten zu können. Diese Energie wird vom Körper aus der Umwelt aufgenommen, und zwar über die Atemluft sowie über Flüssigkeit und über feste Nahrung. Sie kann dann sowohl in körperlichen Prozessen wirksam werden als auch in seelischen: Auf der körperlichen Ebene wird die Energie beispielsweise gebraucht, um die normale Körpertemperatur aufrechtzuerhalten, oder sie wird etwa in körperliche Aktivität umgesetzt. Seelisch wird diese Energie zum Beispiel durch Denken verbraucht, oder sie kommt in der Intensität unserer Gefühle zum Ausdruck. Außerdem kann die Energie des menschlichen Organismus beispielsweise auch als innere Erregung in Erscheinung treten oder sich als sexuelle Energie im Orgasmus entladen.

Eine der wichtigsten Formen von Energieaufnahme ist die Atmung: Mit der Atmung nimmt der menschliche Organismus Sauerstoff aus der Umwelt auf und scheidet Kohlendioxyd aus. Der Sauerstoff wird benötigt, um aus Nahrung Energie zu gewinnen; das Kohlendioxyd entsteht bei dieser Energiegewinnung als Abfallprodukt.

Die Atmung selbst ist eine rhythmische Bewegung, die sich in vier Phasen einteilen läßt: in das Einatmen, das Ausatmen und in die beiden Pausen dazwischen. Beim Einatmen nimmt der Organismus sauerstoffreiche Luft in sich auf. Daraufhin folgt eine ganz kurze Pause, in der die Atembewegung vom Einatmen zum Ausatmen wechselt. Das Ausatmen dient dazu, das entstandene Kohlendioxyd loszuwerden. Nach dem Ausatmen folgt die Atemruhe, eine etwas längere Pause, in der die Atemmuskulatur Kraft sammelt für das nächste Einatmen.

Bei jeder Atembewegung greifen zwei Bewegungen ineinander, und zwar die Bauchatmung und die Brustatmung. Die Bauchatmung wird hauptsächlich durch das Zwerchfell erzeugt. Hierbei handelt es sich um eine Muskelwand, die sich zwischen Brustkorb und Bauchraum befindet. Diese Muskelwand senkt sich beim Einatmen und erweitert dadurch die unteren Teile der Lungen, so daß diese Luft in sich einsaugen. Die Brustatmung hingegen wird in erster Linie durch eine Spreizung der Rippen hervorgerufen. Die Rippen werden hier durch entsprechende Muskeln gespreizt, und diese Bewegung bewirkt beim Einatmen eine Ausdehnung des Brustkorbes. Dadurch erweitern sich die mittleren und oberen Teile der Lungen und füllen sich ebenfalls mit Atemluft. Beim Ausatmen schwingen das Zwerchfell und die Rippen wieder in ihre Ausgangslagen zurück.

Eine vollständige Atembewegung umfaßt sowohl Bauchatmung als auch Brustatmung. Dennoch sind beide Formen der Atmung jeweils in einem unterschiedlichen Ausmaß an der Atembewegung beteiligt, je nachdem, ob wir aktiv sind oder passiv: Wenn wir handeln, verstärkt sich die Brustatmung, wenn wir uns entspannen, atmen wir automatisch tiefer in den Bauchraum hinein.

Die Atembewegung findet in erster Linie im Rumpf statt. Dennoch setzt sie sich durch den ganzen Körper hindurch fort – zumindest unter günstigen Umständen. Sie wird nämlich von dem sogenannten Fasziensystem auf den gesamten Körper übertragen: Jeder Muskel des Körpers ist von einer Schicht aus Bindegewebe eingehüllt, die als Faszie bezeichnet wird. Die einzelnen Faszien bilden dabei ein zusammenhängendes System, das sich in mehreren Schichten über den gesamten Körper erstreckt und neben den Muskeln auch sämtliche Knochen und Organe umgibt. Dieses Fasziensystem leitet die Atembewegung von denjenigen Muskeln, die sie hervorbringen, zu jeder anderen Stelle des Körpers weiter. Dadurch schwingt der gesamte Körper ständig sehr sanft im Rhythmus der Atembewegung.

Gesteuert wird die Atembewegung in erster Linie vom autonomen Nervensystem. Sie geschieht normalerweise unwillkürlich und unbewußt. Dennoch oder vielleicht auch gerade deshalb reagiert sie äußerst sensibel auf innere und äußere Einflüsse. Zu den inneren Einflüssen gehören hier besonders die eigenen Empfindungen und Gefühle: so beschleunigt sich die Atembewegung ganz automatisch bei Freude, Wut oder sexueller Erregung – und sie wird von selbst langsamer, wenn wir uns behaglich fühlen und uns entspannen. Daneben verändert sich die Atembewegung auch aufgrund von äußeren Einflüssen wie Hitze oder Kälte, Regen oder Sonnenschein. Warmes, sonniges Frühlingswetter beispielsweise begünstigt eine gelöste und entspannte Atmung, während kaltes, regnerisches Herbstwetter hier eher den gegenteiligen Effekt hat.

Obwohl die Atembewegung im Grunde genommen unwillkürlich geschieht, läßt sie sich doch auch leicht durch den Willen verändern: Wir können absichtlich schneller oder langsamer atmen oder auch den Atem für ein paar Minuten anhalten. Gerade bei der Atembewegung greifen körperliche und seelische, bewußte und unbewußte Prozesse sehr deutlich ineinander. Erstens dient sie der Versorgung des Körpers mit Sauerstoff, zweitens kommen in ihr unsere Gefühle unwillkürlich zum Ausdruck, und drittens können wir sie durch gedankliche Befehle auch ganz bewußt steuern.

Bei Menschen mit seelischen Störungen ist die Atembewegung meistens eingeschränkt. Die Wurzeln von seelischen Störungen liegen für gewöhnlich in sehr schmerzhaften Kindheitserfahrungen. Solche Erfahrungen werden auch als Kindheitstraumata bezeichnet. Beispiele für Kindheitstraumata liegen etwa dann vor, wenn ein kleines Mädchen von seinem Vater sexuell mißbraucht wird oder wenn ein Kind von seinen Eltern ständig geschlagen wird. Auch das Beispiel von dem kleinen Jungen, der nie weinen durfte, ist ein Beispiel für ein Kindheitstrauma: Niemals weinen zu dürfen, wenn man traurig ist, wird von jedem Kind als sehr schmerzhaft erlebt. Die Betroffenen reagieren nun auf solche traumatischen Erfahrungen in der Regel damit, daß sie die jeweiligen seelischen Schmerzen zu einem großen Teil verdrängen. Sie erleben also während solcher Erfahrungen nur einen Teil des Schmerzes, und der andere Teil fällt der Verdrängung anheim. Dadurch aber verbleibt er in ihrem Organismus. Der Körper des jeweils Betroffenen reagiert nun auf den Schmerz, der in ihm verbleibt, oftmals unter anderen damit, daß er sich in seinen Muskeln gegen jenen Schmerz verspannt. Diese Verspannungen betreffen dabei häufig auch die Atemmuskulatur. Außerdem bleiben sie meistens bis in das Erwachsenenleben hinein bestehen. So führen sie dazu, daß der Atem bei den Betroffenen relativ flach ist. Letztendlich haben solche Verspannungen eine Schutzfunktion: Die Betroffenen halten ihre Atemmuskulatur unbewußt angespannt und vermeiden es so, daß sie die schmerzlichen Emotionen doch noch erleben müssen, die damals in ihrer Kindheit aufgetreten sind.

Traumatische Kindheitserfahrungen haben für gewöhnlich nicht nur chronische Muskelverspannungen zur Folge, sondern sie führen in der Regel auch dazu, daß sich die Elastizität in den Faszien ebenfalls reduziert. Dadurch kommt es zu

Verhärtungen oder Verspannungen im Fasziensystem. Diese Verspannungen sind die Ursache dafür, daß sich bei vielen Menschen die Atembewegung nicht über den gesamten Körper ausbreitet, so wie es natürlicherweise der Fall wäre.

Eine ganz andere rhythmische Bewegung, die ebenfalls ständig im Körper geschieht, ist die sehr subtile Bewegung der Gehirn-Rückenmark-Flüssigkeit. Diese Flüssigkeit wird in den Hohlräumen zwischen den beiden Gehirnhälften erzeugt. Sie fließt sowohl in diesen Hohlräumen als auch um das Gehirn herum und innerhalb der Wirbelsäule um das Rückenmark herum. Der Körpertherapeut W. G. Sutherland und der Arzt V. E. Upledger haben nun unabhängig voneinander entdeckt, daß sich die Gehirn-Rückenmark-Flüssigkeit bewegt; und zwar schwingt sie in einem ganz bestimmten Rhythmus, mit einen Puls zwischen sechs und zwölf Zyklen pro Minute. Diese rhythmische Bewegung hat ihre Ursache darin, daß die Hohlräume des Gehirns immer wieder neue Gehirn-Rückenmark-Flüssigkeit produzieren und ausstoßen. Über das Fasziensystem wird die rhythmische Bewegung der Gehirn-Rückenmark-Flüssigkeit auf den ganzen Körper übertragen. So ergeben sich überall sehr feine Bewegungen, bei denen sämtliche Körperteile ständig im Rhythmus der Gehirn-Rückenmark-Flüssigkeit hin und her schwingen. Das Ausmaß dieser Bewegungen ist allerdings sehr gering: es beträgt nur etwa einen halben Millimeter. Deshalb sind die entsprechenden Bewegungen normalerweise unmerklich.

Kommunikation

Eine besondere Form der Wechselwirkung zwischen dem menschlichen Organismus und seiner Umwelt ist der zwischenmenschliche Austausch von Mitteilungen. Diese Art von Wechselwirkung wird auch als Kommunikation bezeichnet. Es lassen sich hierbei verschiedene Arten oder Aspekte der Kommunikation unterscheiden, und zwar einerseits die natürliche und die technische Kommunikation, und andererseits die verbale, die nonverbale und die paraverbale Kommunikation.

Unter der technischen Kommunikation soll hier jede Form von Kommunikation verstanden werden, bei der irgendwelche Hilfsmittel zum Einsatz kommen, wie beispielsweise Trommeln, Federhalter und Papier, Schreibmaschine, Verkehrsschilder, Telefon oder Computer. Natürliche Kommunikation hingegen ist die ursprüngliche Form der Kommunikation, bei der wir direkt mit einem anderen Menschen Mitteilungen austauschen, ohne solche Hilfsmittel zu verwenden.

Verbale Kommunikation ist der Austausch von Botschaften mit Hilfe von Sprache, also durch Wörter und Sätze, die gesprochen, gesungen oder auch geschrieben werden. Die entsprechenden Botschaften können dabei sowohl direkt ausgetauscht werden als auch über technische Hilfsmittel, wie beispielsweise durch ein Telefon.

Eine andere Art der Kommunikation ist die nicht-sprachliche oder nonverbale. Hiermit ist die Körpersprache gemeint, also der Austausch von Botschaften über Gestik und Mimik sowie über Körperhaltung und Körpergeruch. Dieser Austausch kann sowohl absichtlich erfolgen als auch unwillkürlich. So vermag ein Mann beispielsweise seiner Ehefrau auf nonverbalem Wege absichtlich mitzuteilen, daß er sie immer noch liebt, beispielsweise indem er sie zärtlich streichelt oder leidenschaftlich küßt. Weitere Anwendungsmöglichkeiten der Körpersprache werden etwa dann mit Absicht verwirklicht, wenn wir in einem Restaurant den Kellner mit der Hand herbeiwinken oder wenn wir uns selbst mit dem Finger an den Kopf tippen, um auf diese Weise jemand anderem mitzuteilen, daß wir ihn für einen Dummkopf halten. Darüber hinaus findet nonverbale Kommunikation aber stets auch unabsichtlich statt: So verschränken wir beispielsweise oft unwillkürlich die Arme vor unserer Brust, wenn wir uns in der Gegenwart eines anderen Menschen unsicher fühlen; wir werden manchmal vor Scham rot im Gesicht, ohne daß wir es verhindern können, wir gehen ganz von selbst aufrechter und beschwingter, wenn wir glücklich sind, und wir verströmen automatisch den Geruch von Angstschweiß, wenn wir einmal wirklich in Panik geraten. Im Grunde genommen ist jede Gestik, die wir machen, jede Mimik auf unserem Gesicht und jede Körperhaltung, die wir einnehmen, immer auch ein nonverbaler Ausdruck unserer selbst, mit dem wir etwas über uns mitteilen. Nun ist es aber so, daß wir mit unserem Körper immer irgendeine Haltung einnehmen und daß unser Gesicht stets irgendeinen Ausdruck hat. Dadurch ist es uns praktisch unmöglich, nicht zu kommunizieren: Auch wer nichts sagt, teilt dennoch stets etwas mit. Deshalb gilt gerade, was die Körpersprache angeht, der doppelt verneinte Satz des Psychotherapeuten P. Watzlawick: Wir können nicht nicht kommunizieren.

Die paraverbale Kommunikation ist eine Mischform zwischen der verbalen und der nonverbalen. Sie umfaßt einerseits alle nicht-sprachlichen Laute, die wir von uns geben, beispielsweise wenn wir vor Schmerz aufschreien, über einen Witz lachen oder vor Freude jauchzen. Andererseits bezieht sich die paraverbale Kommunikation auch auf die Art und Weise, wie wir die Wörter und Sätze aussprechen, mit denen wir uns auf sprachlichem Wege mitteilen – also beispielsweise auf die Lautstärke, die Sprechgeschwindigkeit und die Betonung. So kommt etwa in der Lautstärke und in der Sprechgeschwindigkeit immer auch die gefühlsmäßige Stimmung des betreffenden Menschen zum Ausdruck. Wir sprechen in der Regel lauter und schneller, wenn wir voller Tatendrang sind, als wenn wir uns niedergeschlagen fühlen. Außerdem haben viele Sätze ganz unterschiedliche Bedeutungen, je nachdem, welche Wörter in ihnen besonders betont werden. Bei solchen Sätzen enthält dann die Betonung, also ein paraverbaler Aspekt, immer auch eine Botschaft darüber, wie der jeweilige Satz gerade gemeint ist.

Die verschiedenen Arten der Kommunikation können auch als Kanäle oder genauer als Ausdruckskanäle bezeichnet werden: Was wir in Wörtern und Sätzen ausdrücken, übermitteln wir durch den verbalen Kanal, während Gestik, Mimik und Körperhaltung dem nonverbalen Kanal entsprechen. Zwischen beiden liegt der paraverbale Kanal, durch den besonders unser gefühlsmäßiges Erleben immer wieder ganz unbeabsichtigt zum Ausdruck gelangt, so etwa über die Höhe unserer Stimme und über die Geschwindigkeit, mit der wir sprechen.

Besonders bei der direkten Kommunikation ohne irgendwelche technischen Hilfsmittel ist die verbale Kommunikation immer mit paraverbaler verwoben. Außerdem wird sie hier auch stets von nonverbaler Kommunikation begleitet. Jede sprachliche Mitteilung, die wir auf diese Art von uns geben, enthält somit nicht einfach nur das, was wir direkt in Wörtern oder Sätzen sagen, sondern immer zugleich auch noch andere Botschaften, die zum Beispiel ausgesandt werden über die Betonung und die Sprechgeschwindigkeit sowie über Gestik und Mimik. Alle Botschaften einer Mitteilung lassen sich dabei vier verschiedenen Aspekten zuordnen. Hierbei handelt es sich um den Inhaltsaspekt, den Selbstoffenbarungsaspekt, den Beziehungsaspekt und den Appellaspekt. Die folgende Abbildung zeigt diese vier Aspekte als vier Seiten einer Mitteilung, die zwischen einem Sender und einem Empfänger ausgetauscht wird. Das Modell der Kommunikation, das in dieser Abbildung dargestellt ist, wurde von dem Psychologen F. Schulz von Thun entwickelt.

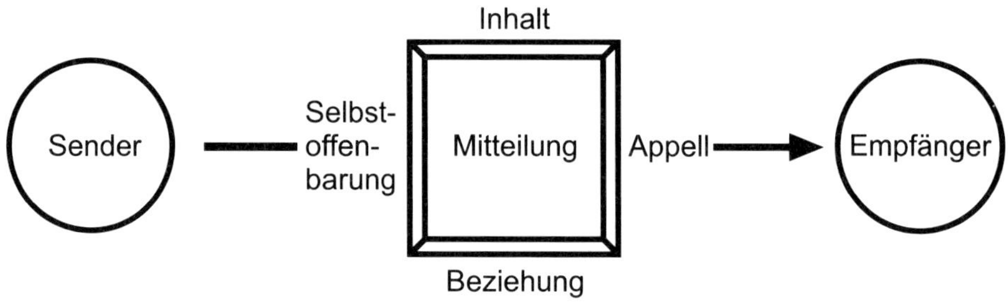

Abbildung 4: Die vier Aspekte einer Mitteilung

Bei jeder sprachlichen Mitteilung besteht der offensichtlichste Aspekt in dem, was ausdrücklich gesagt wird, also in dem, was den direkten Inhalt der gesagten Wörter und Sätze ausmacht. Dieser Aspekt heißt dementsprechend Inhaltsaspekt oder auch Sachaspekt. Alles, was ein Mensch direkt sagt, gehört zum Inhaltsaspekt seiner Mitteilung, ganz gleich, ob er über das Wetter redet, von einem Streit aus der Nachbarschaft berichtet, ein Märchen erzählt oder einen physikalischen Sachverhalt erläutert.

Darüber hinaus werden aber mit jeder sprachlichen Mitteilung auch noch weitere Botschaften ausgesandt, die sich den drei anderen Aspekten zuordnen lassen. So offenbart jeder Mensch, der eine Mitteilung macht, immer auch etwas von sich selbst. Hierbei handelt es sich um den Selbstoffenbarungsaspekt der Mitteilung. Die meisten Botschaften, die diesem Aspekt zugehören, werden paraverbal oder nonverbal ausgesandt, und zwar besonders über die Sprechgeschwindigkeit und die Lautstärke sowie über Gestik, Mimik und Körperhaltung. Meistens handelt es sich hier um unfreiwillige Selbstenthüllungen, so beispielsweise, wenn jemand in wütender Erregung unabsichtlich sehr schnell und laut spricht oder wenn er aus dieser Erregung heraus ungewollt die Hand zur Faust ballt, während er etwas sagt. Auch wenn er nicht direkt über seine Wut spricht, offenbart sie sich doch häufig durch solche para- und nonverbalen Botschaften. Oftmals kommen unsere Gefühle auch in unserer Mimik zum Ausdruck. Gerade im Gesicht sind Dutzende von Muskeln vorhanden, die in ihm eine Vielzahl von Gefühlen in allen Abstufungen darstellen können.

Neben der unfreiwilligen Selbstenthüllung gibt es auch die gewollte Selbstdarstellung, bei der Gestik, Mimik und Stimme ganz bewußt eingesetzt werden, um einige Facetten der eigenen Person absichtlich hervorzuheben oder zu verbergen. Auf diese Weise versuchen wir immer wieder, bei den Empfängern unserer Mitteilungen jeweils einen ganz bestimmten Eindruck hervorzurufen. So kann ein Mensch beispielsweise gezielt mit einer kraftvollen Stimme sprechen, um seine Entschlossenheit zu demonstrieren oder auch um seine Unsicherheit zu überspielen.

Der Selbstoffenbarungsaspekt einer Mitteilung wird aber nicht nur paraverbal und nonverbal übermittelt, sondern stets zum Teil auch auf indirekt-verbale Art: Die entsprechenden Botschaften sind dann mit in dem enthalten, was ausdrücklich gesagt wird, und zwar einerseits in der Weise, wie es formuliert wird, und andererseits auch in der Tatsache, daß es überhaupt gesagt wird. Wenn jemand über ein kompliziertes Thema aus der Kernphysik spricht, dann offenbart er allein schon mit der Tatsache, daß er überhaupt darüber spricht, zugleich auch etwas über sich selbst – nämlich beispielsweise, daß er selbst sich mit diesem Thema schon beschäftigt hat. Gelingt es ihm darüber hinaus sogar, die entsprechenden Sachverhalte verständlich darzustellen, so offenbart er mit dieser Art der Darstellung zugleich, daß er selbst diese Sachverhalte verstanden hat. Auf diese Art ist der Selbstoffenbarungsaspekt einer Mitteilung wenigstens teilweise immer auch in der verbalen Kommunikation mit enthalten.

Schließlich bleibt es jedem Menschen unbenommen, sogar direkt über sich selbst zu sprechen. In diesem Fall verschmilzt dann der Selbstoffenbarungsaspekt zum Teil mit dem Inhaltsaspekt: Der betreffende Mensch offenbart sich hier direkt mit dem Inhalt dessen, was er in Wörtern und Sätzen sagt. Doch sogar in einem solchen Fall sendet er immer zusätzlich weitere Botschaften nonverbaler, paraverbaler und indirekt-verbaler Art. Mit diesen Botschaften offenbart er stets noch mehr über sich als nur das, was er direkt in Wörter und Sätze faßt.

Ein weiterer Aspekt ist der Beziehungsaspekt: In jeder Mitteilung teilt der Sender immer auch etwas darüber mit, was er von dem Empfänger hält und wie er die Beziehung zwischen sich und dem Empfänger versteht und erlebt. Ähnlich wie beim Selbstoffenbarungsaspekt werden die Botschaften des Beziehungsaspekts ebenfalls in erster Linie paraverbal und nonverbal übermittelt: Unsere Körperhaltung und unsere Gestik, unsere Mimik und unsere Sprechweise, all dies verändert sich ständig und sendet jeweils andere Botschaften über die Beziehung, je nachdem ob wir uns mit einer fremden Person unterhalten oder mit einem

Menschen, der uns schon lange vertraut ist, je nachdem, ob wir mit einem Vorgesetzten reden oder mit einem Untergebenen, und je nachdem, ob wir mit jemandem sprechen, den wir wertschätzen, oder mit jemandem, den wir im Grunde genommen verachten.

Darüber hinaus kommt der Beziehungsaspekt stets auch indirekt-verbal zum Ausdruck, also über die Art, wie etwas formuliert wird, oder durch die Tatsache, daß es überhaupt gesagt wird. Wenn wir einen Wunsch äußern, dann können wir unseren Respekt vor der anderen Person etwa dadurch ausdrücken, daß wir das Wort „bitte" verwenden. Außerdem teilen wir ihr mit der Äußerung unseres Wunsches zugleich auch mit, daß wir sie für fähig halten, diesen Wunsch zu erfüllen. So enthält die Äußerung des Wunsches gleichzeitig eine Einschätzung der anderen Person.

Schließlich können Menschen ihre Beziehung auch unmittelbar zum Inhalt ihres Gespräches machen. Sie können in einem solchen Beziehungsgespräch sogar direkt darüber reden, wie sie miteinander kommunizieren. Dieser Spezialfall eines Beziehungsgespräches wird manchmal auch als Metakommunikation bezeichnet. Metakommunikation liegt also immer dann vor, wenn Menschen unmittelbar darüber sprechen, wie sie miteinander kommunizieren.

Der vierte Aspekt einer jeden sprachlichen Mitteilung ist der Appellaspekt. Wenn ein Mensch etwas sagt, dann will er damit in der Regel auch etwas bewirken. Wenn wir einer anderen Person einen Befehl geben, dann erwarten wir, daß sie diesen befolgt; wenn wir ihr unsere Meinungen erläutern, dann wollen wir, daß sie diese versteht; und wenn wir ihr von einem erfreulichen Erlebnis erzählen, dann wünschen wir uns, daß sie sich mit uns freut. Die Botschaften des Appellaspektes können ebenfalls sowohl direkt verbal geäußert werden als auch indirekt-verbal, paraverbal oder nonverbal. Vielleicht macht jemand einem anderen Menschen Vorwürfe und lächelt dabei zugleich freundlich: Hier enthalten die verbal geäußerten Vorwürfe einen indirekten Appell dahingehend, daß der andere sein Verhalten ändern soll. Darüber hinaus übermittelt in einem solchen Fall aber auch das freundliche Lächeln ebenfalls einen Appell. Dieser besteht hier für gewöhnlich in dem Wunsch, daß der andere die Vorwürfe wohlwollend aufnehmen möge, ohne auf sie nun seinerseits aggressiv zu reagieren.

Zum Abschluß soll jetzt eine Mitteilung auf alle vier Aspekte hin betrachtet werden. Nehmen wir einmal an, daß ein Freund mit ärgerlich erregter Stimme zu mir sagt: „Ich habe schon fünfmal versucht, bei dir anzurufen." Der Inhaltsaspekt besteht hier, wie immer, in dem, was direkt mit Wörtern oder Sätzen gesagt wird – also in diesem Fall in der Botschaft des Freundes, daß er schon fünfmal versucht hat, bei mir anzurufen. Daneben offenbart er mit seiner erregten Stimme noch etwas über sich selbst, nämlich daß er ärgerlich ist. Außerdem enthält sein Ärger zugleich auch eine Botschaft über unsere Beziehung. Diese Botschaft besteht darin, daß ich ihm offenbar wichtig bin – wenn ich ihm gleichgültig wäre, dann wäre es ihm auch egal, ob er mich erreicht hätte, und er würde sich nicht darüber ärgern, daß ihm dies mißlungen ist. Schließlich hat seine Mitteilung auch einen Appellaspekt: So mag er sich von mir vielleicht wünschen, daß ich in Zukunft für ihn leichter zu erreichen bin. Oder er erwartet von mir, daß ich mir zumindest jetzt, wo er mich angetroffen hat, Zeit nehme für sein Anliegen.

Streß und Entspannung

Das Leben des Menschen in seiner sozialen, biologischen und materiellen Umwelt ist nicht immer einfach und des öfteren sogar mit regelrechtem Streß verbunden. Was den letzteren angeht, so wird hier für gewöhnlich unterschieden zwischen den Streßsituationen in der Umwelt und der Streßreaktion des Organismus. Zu den wichtigsten Erforschern des Stresses gehören besonders H. Selye und R. Lazarus.

Bei den Streßsituationen handelt es sich um Umweltsituationen, die tatsächlich oder auch nur scheinbar eine Bedrohung enthalten, und zwar entweder für unser Wohlbefinden oder für unsere Gesundheit oder sogar für unser Überleben. Die jeweilige Bedrohung selbst wird dabei oft auch als Stressor bezeichnet. Die Streßsituationen lassen sich ganz grob in drei Arten einteilen. Da gibt es zunächst einmal den gewöhnlichen Alltagsstreß, wie er zum Beispiel auftritt, wenn wir etwas Wichtiges erledigen wollen und die Zeit dafür sehr knapp ist. Auch der heftige Streit mit unserem Lebenspartner ist eine Form von gewöhnlichem Alltagsstreß. Eine andere Art von Streßsituationen sind jene, in denen tatsächlich unser Leben bedroht ist, beispielsweise im Krieg oder bei einem schweren Unfall. Die dritte Art von Streßsituationen umfaßt alle schwerwiegenden Veränderungen im Leben, die mehr oder weniger abrupt auftreten. Beispiele für solche Veränderungen sind etwa der Verlust des Arbeitsplatzes oder der Tod eines Elternteils. Streßsituationen dieser Art werden manchmal auch als kritische Lebensereignisse bezeichnet.

Die Streßreaktion ist ein körperliches Reaktionsmuster, mit dem der Organismus auf Sreßsituationen antwortet. Dieses Muster beginnt mit einer massiven Anregung des sympathischen Nervensystems. Als Folge jener Stimulierung treten im Körper vielfältige Veränderungen auf: Die Muskeln spannen sich an, die Atmung wird schneller und flacher, der Herzschlag beschleunigt sich, die Leber gibt Energiereserven frei, und die Blutgefäße werden enger. Mit dieser körperlichen Streßreaktion gehen vielfältige seelische Veränderungen einher: Die betroffene Person wird entweder gereizt bis aggressiv oder ängstlich bis verzweifelt. Außerdem engt sich ihre Aufmerksamkeit ein, ihre Konzentrationsfähigkeit nimmt ab, ihr Denken wird starr, und ihr Erinnerungsvermögen läßt nach. Insgesamt gesehen, handelt es sich bei diesen seelischen und körperlichen Veränderungen um eine Alarmreaktion, die den Organismus in einer Gefahrensituation darauf vorbereiten soll, entweder zu fliehen oder, wenn dies nicht möglich ist, um das eigene Überleben zu kämpfen. Deshalb heißt die Streßreaktion manchmal auch Kampf-Flucht-Reaktion. Durch diese Reaktion wird im Organismus eine Streß-Energie aufgebaut, die ihn zum Kampf oder zur Flucht befähigt. Sie wird allerdings oft in Situationen ausgelöst, die zwar als bedrohlich erlebt werden, in denen aber weder eine Flucht möglich erscheint, noch ein Kampf ums Überleben notwendig ist. Kommt es jedoch weder zu einem Kampf, noch zu einer Flucht, dann verbleibt die Streß-Energie oftmals ungenutzt im Organismus des Betroffenen, und zwar in Form von nervöser Spannung.

Ob bei einem Menschen eine Streßreaktion auftritt und wie stark diese ist, das hängt allerdings nicht nur von der jeweiligen Situation selbst ab, sondern auch noch von einigen anderen Faktoren. Hierzu gehören insbesondere erstens kognitive Bewertungen und zweitens Vorbelastungen durch traumatische Kindheitserfahrungen.

Die kognitiven Bewertungen beziehen sich einerseits auf die Situationen und andererseits auf die eigene Person. Fast alle Menschen neigen dazu, so gut wie jede Situation in Gedanken daraufhin einzuschätzen, ob und in welchem Ausmaß sie harmlos oder gefährlich ist. Hierbei kann sich ein Mensch auch deutlich verschätzen. So mag er eine gefährliche Situation vielleicht für ziemlich harmlos halten und eine ungefährliche als bedrohlich einschätzen. In diesem Fall wird er dann in der ersten Situation deutlich weniger Streß erleben als in der zweiten, obwohl die erste viel gefährlicher ist. In bedrohlichen Situation beurteilen wir auch stets unsere eigenen Möglichkeiten, über die wir gerade verfügen, um sie zu bewältigen. Manche Situationen schätzen wir zwar als bedrohlich ein, aber wir haben doch zugleich auch den Eindruck, daß wir sie erfolgreich meistern können. Solche Situationen lösen in uns dann viel weniger Streß aus als Bedrohungen, denen wir uns hilflos ausgeliefert fühlen.

Die Reaktion des Menschen auf eine Streßsituation wird aber nicht nur von seinen gegenwärtigen Bewertungen beeinflußt, sondern auch von längst vergangenen Kindheitstraumata. Hierbei handelt es sich um sehr schmerzliche Kindheitserfahrungen, die in der Regel so gut verdrängt sind, daß der Betroffene als Erwachsener nichts mehr von ihnen weiß. Dennoch können sie zu einer deutlichen Verschärfung der Streßreaktion führen. Eine solche Verschärfung tritt besonders dann auf, wenn die gegenwärtige Streßsituation den Betroffenen unbewußt an ähnliche Erfahrungen aus seiner Kindheit erinnert, die für ihn damals sehr schmerzlich waren. Ein Beispiel hierfür wäre ein Mann, der als Kind während seines ersten Lebensjahres von seinen Eltern häufig alleine gelassen wurde. Obwohl er sich an jene traumatischen Kindheitserfahrungen nicht mehr erinnern kann, reagiert er nun auch als Erwachsener mit sehr viel mehr Streß auf jede Situation, in der seine Lebenspartnerin ihn zu verlassen droht.

Unter langandauernden Streßbelastungen reagieren manche Menschen mit einem sogenannten Nervenzusammenbruch. Hierbei handelt es sich um eine emotionale Krise, in der die Betroffenen immer wieder von ausgeprägten Ängsten und depressiven Verstimmungen heimgesucht werden. Sie sind während einer solchen Krise nur noch in einem deutlich verringerten Ausmaß dazu in der Lage, den gewöhnlichen Anforderungen ihres Alltags gerecht zu werden.

Im Extremfall trägt eine intensive Belastung durch Streß mit dazu bei, daß der Betroffene früher oder später entweder eine körperliche Erkrankung entwickelt, wie beispielsweise ein Magengeschwür, oder eine seelische Störung, wie etwa eine Depression oder eine Angstneurose. Bei der Entstehung solcher Störungen spielen stets mehrere Ursachen eine Rolle, von denen die gegenwärtige Belastung durch Streß nur eine ist. Trotzdem kann die Belastung durch Streß hier zum entscheidenden Auslöser werden, denn oft reichen die anderen Ursachen, für sich genommen, nicht hin, um die jeweilige Störung auch tatsächlich hervorzurufen.

Das Gegenteil zur Streßreaktion ist, zumindest in gewisser Hinsicht, die Entspannungsreaktion. Diese Reaktion wird vom parasympathischen Nervensystem hervorgerufen und manifestiert sich dann sowohl körperlich als auch seelisch. Auf der körperlichen Ebene läßt sich Entspannung als ein Zustand charakterisieren, in dem die Atmung ruhig und tief ist, das Herz langsam schlägt und die Muskeln weich und elastisch sind. Besonders die Arme und die Beine werden dabei meistens auch als angenehm schwer und warm empfunden. Seelisch gesehen, handelt es sich bei der Entspannung um einen Zustand der inneren Ruhe und Gelassenheit. In diesem Zustand fühlt sich der Betreffende in sich selbst wohl und mit sich selbst zufrieden. Der Entspannungszustand führt in der Regel auch zu einer Aktivierung der Selbstheilungskräfte im Organismus. Damit übt er einen heilsamen Einfluß auf Körper und Seele aus.

So wird in einem Zustand der Entspannung unter anderem auch die Psychoperistaltik aktiv: Wenn es einem Menschen gelingt, sich in eine entspannende Situation zu begeben, dann beginnt in dieser Situation alsbald sein Darm damit, die nervösen Spannungen abzubauen, die aus vorangegangenen Streßsituationen in seinem Organismus verblieben sind.

Die Entspannungsreaktion kann allerdings nicht einfach durch den eigenen Willen ausgelöst werden. Dennoch gibt es inzwischen eine Vielzahl von Methoden, die man anwenden oder praktizieren kann, um sie in sich selbst absichtlich hervorzurufen. Die Grundlage dieser Methoden besteht meistens in einer indirekten Stimulation des parasympathischen Nervensystems. Ihre Durchführung gelingt in der Regel umso besser, wenn der Praktizierende dafür einen ruhigen Ort aufsucht, sich an diesem Ort entweder hinlegt oder bequem hinsetzt und wenn er während der Anwendung die Augen geschlossen hält. Außerdem müssen solche Methoden für gewöhnlich erst einmal eingeübt werden, bevor ihre Durchführung dann regelmäßig zum Erfolg führt.

Zu den bekanntesten Entspannungsmethoden gehört das Autogene Training, das von dem Arzt H. J. Schultz entwickelt wurde. Hier wird das parasympathische Nervensystem durch Autosuggestionen angeregt. Suggestionen sind spezielle Aussagen, mit deren Hilfe versucht wird, bei anderen Menschen oder auch bei sich selbst Veränderung herbeizuführen. Und zwar wird hier von den erwünschten Veränderungen einfach behauptet, daß sie sich bereits ereignen würden oder sogar schon stattgefunden hätten. Die Veränderungen, um die es dabei geht, können sich sowohl auf die Überzeugungen eines Menschen beziehen als auch auf seine Gefühle oder auf seinen Körper. Wenn ein Mensch Suggestionen auf sich selbst anwendet, dann spricht man auch von Autosuggestionen oder Selbstsuggestionen.

Beim Autogenen Training werden Suggestionen benutzt, um bei sich selbst einen Zustand der Entspannung herbeizuführen. Die entsprechenden Suggestionen bestehen hier aus kurzen, genau festgelegten Sätzen, die auch als Formeln bezeichnet werden. In ihnen wird beispielsweise behauptet, daß die eigenen Arme bereits ganz schwer sind oder daß die Atmung bereits ganz ruhig ist. Auf diese Weise suggeriert sich der Praktizierende selbst, daß er sich bereits in einem Zustand der Entspannung befindet. Die jeweiligen Behauptungen werden dabei während der Durchführung des Autogenen Trainings in Gedanken mehrmals aufgesagt. In der Regel läßt sich so das parasympathische Nervensystem tatsächlich dazu stimulieren, daß es die Entspannungsreaktion einleitet.

Die Archetypen

Der Mensch trifft nicht unvorbereitet auf die Welt, in die er hineingeboren wird. Ganz im Gegenteil enthält der menschliche Organismus in Körper und Seele von vornherein ein umfassendes ererbtes Wissen. Dieses Wissen ermöglicht es ihm überhaupt erst, in der Umwelt zu existieren, die er auf der Erde antrifft. Auf der körperlichen Ebene handelt es sich hierbei um das Wissen, welches notwendig ist, damit die inneren Organe in der richtigen Weise funktionieren können. Durch dieses Wissen ist der Körper des Menschen auf die materiellen und biologischen Gegebenheiten seiner Umwelt vorbereitet, wie beispielsweise auf Atemluft, Wasser und Salz, auf Schwerkraft und Sonnenlicht, auf die Früchte der Pflanzen und das Fleisch der Tiere, auf Viren und Bakterien. So hat beispielsweise das Verdauungssystem des Körpers unter anderem die Aufgabe, aus Früchten die für den Organismus notwendige Nahrung zu beziehen und diese Nahrung angemessen zu verwerten. Dazu aber ist Wissen notwendig: Das Verdauungssystem muß wissen, wie es dies bewerkstelligen kann. Dieses Wissen ist dem Körper angeboren; es kommt in der Art und Weise zum Ausdruck, wie das Verdauungssystem funktioniert. Auch das Immunsystem verwendet Wissen, welches dem Körper angeboren ist. Durch dieses Wissen ist es beispielsweise fähig, feindliche Bakterien zu erkennen und zu zerstören. Es handelt sich bei dem angeborenen Wissen des Körpers allerdings nicht um Inhalte, die in Form von Gedanken auftreten, wie jenes Wissen, das wir in der Schule gelernt haben. Sondern es ist ein Wissen, welches im Funktionieren des Körpers in Erscheinung tritt. Es kommt in der Tatsache zum Ausdruck, daß der Körper überhaupt zu leben vermag, und auch in der Art und Weise, wie er funktioniert. Das angeborene Wissen befähigt den menschlichen Körper dazu, sich selbst zu erhalten und sich zu entwickeln.

Eine ähnliche Art des Wissens wohnt auch der menschlichen Seele inne. Das angeborene Wissen der Seele bezieht sich auf die großen, ewigen Themen und Gegebenheiten der menschlichen Existenz. Es handelt sich hierbei ebenfalls um ein Wissen, welches nicht erst durch Erfahrungen gelernt werden muß, sondern das dem menschlichen Organismus schon von vornherein mitgegeben ist. Auch dieses

Wissen ist nicht in begrifflichen Gedanken abgespeichert, sondern es erscheint in der menschlichen Seele meistens auf bildhafte Weise.

Das archetypische Wissen

Durch das der Seele innewohnende Wissen ist der Mensch auch psychisch von Anfang an auf die Gegebenheiten seiner Existenz vorbereitet. So weiß die menschliche Seele beispielsweise von vornherein um Mutter und Vater. Sie ist von Geburt an auf das Vorhandensein einer Mutter und eines Vaters eingestellt, und sie weiß auch von Anfang an um die Bedeutung, die Mutter und Vater für die eigene Existenz haben. Doch das Wissen, welches der menschlichen Seele innewohnt, reicht noch weit darüber hinaus: Es ist zugleich ein Wissen um Mann und Frau, Kindheit und Jugend, Erwachsensein und Alter, Geburt und Tod, Werden und Vergehen, Wiedergeburt und Transzendenz. Es ist ein Wissen um die Vielschichtigkeit und Polarität der menschlichen Persönlichkeit sowie um Lebensstile und Entwicklungsstufen des Menschen. Es ist ein Wissen um Verstand und Gefühl, Vernunft und Leidenschaft, Sexualität und Aggression, Animalität und Spiritualität, Erotik und Weisheit. Es ist ein Wissen um Einsamkeit und Geborgenheit, Partnerschaft und Familie, Freundschaft und Feindschaft, Trennung und Heimkehr, Anpassung und Eigenständigkeit, Führung und Gefolgschaft, Liebe und Haß, Freude und Leid. Es ist ein Wissen um Arbeit und Erholung, Scheitern und Erfüllung, Gefährdung und Rettung, Krise und Wandlung, Krankheit und Heilung, um Schuld und Vergebung, Schicksal und Erlösung. Es ist ein Wissen um Raum und Zeit, Materie und Bewußtsein, Energie und Veränderung, um Chaos und Sinnhaftigkeit, Integration und Zerfall, Einheit und Vielfalt, um Schöpfung und Fruchtbarkeit, Gut und Böse, Welt und Gott.

Bei dem angeborenen Wissen der Seele handelt es sich um eine dem Menschen innewohnende Weisheit, die ihm zunächst einmal unbewußt ist. Diese unbewußte Weisheit hat jeder von uns mit allen anderen Menschen gemeinsam. Sie wurde von dem Psychotherapeuten C. G. Jung entdeckt. Deshalb soll hier in bezug auf sie mit Jung von einem kollektiven Unbewußten gesprochen werden. Außerdem handelt es sich bei dieser unbewußten Weisheit um eine, die auf die typischen Gegebenheiten der menschlichen Existenz bezogen ist und die dem menschlichen Organismus schon seit archaischen Zeiten innewohnt. Dementsprechend wird sie hier in Anlehnung an C. G. Jung als archetypische Weisheit bezeichnet.

Das archetypische Wissen ist kein passives Wissen, welches lediglich im kollektiven Unbewußten ruht, sondern es handelt sich dabei um ein aktives Wissen, das ständig auf das Seelenleben des Menschen einwirkt. Es läßt sich hier innerhalb des kollektiven Unbewußten eine Vielzahl von Wirkfaktoren unterscheiden, die jeweils das Wissen zu einem ganz bestimmten Thema verkörpern und die entsprechend diesem Wissen wirksam werden. Diese Wirkfaktoren wurden von ihrem Entdecker C. G. Jung als Archetypen bezeichnet. So gibt es beispielsweise einen Archetypus des Mannes, einen der Mutter, einen der Aggression, einen der Zeit und so fort. Auf diese Weise befindet sich im kollektiven Unbewußten für jedes der großen, ewigen Themen der menschlichen Existenz ein eigener Archetypus.

Die archetypischen Symbole

Obwohl das archetypische Wissen des Menschen ihm zunächst unbewußt ist, kann es sich doch seinem Wachbewußtsein mitteilen, und zwar in symbolischer, bildhafter Form. Entsprechende archetypische Symbole und Motive erscheinen dem Menschen mitunter in seinen Träumen und Phantasien. Außerdem haben sie in den Märchen und Mythen der verschiedenen Kulturen ihren Niederschlag gefunden. Beispiele für archetypische Symbole sind der Priester, der Baum, der Rabe, die Schlange, das Haus und der Zauberstab, außerdem Zahlen wie die Eins, die Zwei und die Drei, mythologische Gottheiten wie der römische Mars und die griechische Aphrodite, aber auch ganze Motive wie der Kampf gegen den Drachen oder die Suche nach dem verborgenen Schatz.

Betrachten wir einige solcher Symbole etwas genauer. Der Schmetterling symbolisiert die Seele, und das Haus steht für die Persönlichkeit des Menschen. Der Zauberstab ist ein archetypisches Symbol für das innere Wissen darum, daß es schöpferische Wandlungsmöglichkeiten gibt, solange man lebt. Das Symbol des Priesters und auch dasjenige der Eule sind beide ein Ausdruck für das Wissen davon, daß in der Seele des Menschen eine ihr innewohnende archetypische Weisheit existiert. Die Uhr ist unter anderem ein Symbol für den Archetypus der Zeit. Das innere Wissen um die menschlichen Leidenschaften findet seinen Ausdruck beispielsweise im Symbol des Blutes. Das Thema der Führung wird im Bild des Königs symbolisiert. Die Zahl Eins symbolisiert die ursprüngliche Einheit von allem, die Zwei die Polarität sowie die Vielfalt, und die Drei die Integration der gegensätzlichen Pole. Das Wissen um Gut und Böse findet seinen Ausdruck etwa in den Symbolen von Engel und Teufel.

Umfassende Motive symbolisieren oft vielschichtige Zusammenhänge. So kann im Seelischen eine neue Struktur oft erst dann entstehen, wenn sich die alte aufgelöst hat. Dieser Zusammenhang wird symbolisch dargestellt durch den Phönix, jenen Vogel aus der Mythologie, der sich jeweils nach bestimmten Zeitabständen selbst verbrennt, um immer wieder neu aus seiner Asche aufzusteigen. Das Motiv des Drachenkampfes enthält den Kampf eines Helden gegen einen Drachen, wobei der Held im Falle seines Sieges den Schatz erringt, den der Drache bewacht. Dieses Motiv symbolisiert unter anderem verschiedene Phasen der menschlichen Persönlichkeitsentwicklung, denen gemeinsam ist, daß der Mensch hier darum kämpft, sich auf einer neuen Entwicklungsstufe zu stabilisieren. So steht das Drachenkampf-Motiv in der Jugend für denjenigen Prozeß, in dem es darum geht, daß der Jugendliche sich von seinen Eltern löst und sich auf einer Entwicklungsstufe stabilisiert, auf der er fähig ist, eine liebevolle Bindung an einen gleichaltrigen Partner des anderen Geschlechtes einzugehen. Der errungene Schatz symbolisiert dabei die erreichte Stabilität und die damit verbundenen neuen Fähigkeiten. Der Drache steht für die innerpsychischen Kräfte, die den Jugendlichen auf der vorhergehenden Stufe festhalten wollen und gegen die er ankämpfen muß, um die neue Entwicklungsstufe zu erreichen.

Ein archetypisches Wissen um verschiedene Lebensstile wohnt der menschlichen Seele ebenfalls inne. Es findet seine symbolische Darstellung in verschiedenen Gottheiten und mythologischen Gestalten: Die römische Gottheit Mars etwa symbolisiert das Wissen um einen tatkräftigen und kämpferischen Lebensstil. Die griechische Göttin Aphrodite hingegen steht für einen Lebensstil, der durch solche Merkmale charakterisiert werden kann wie Kontaktfreudigkeit, Harmoniestreben und diplomatisches Geschick.

Nicht immer sind die Symbole den einzelnen Archetypen auf eindeutige Weise zugeordnet. Im Grunde genommen kann jeder Archetyp durch verschiedene Symbole bildhaft vermittelt werden, und die meisten Symbole können jeweils unterschiedliche Archetypen darstellen. Dies gilt zum Beispiel auch für das archetypische Wissen um den Drang des Menschen zur Selbstentfaltung. Das Wissen um jenen Drang wird manchmal durch das archetypische Symbol des Baumes dargestellt und manchmal auch durch das Symbol des Kindes. Auf der anderen Seite ist der Baum jedoch nicht immer ein archetypisches Symbol für die Selbstentfaltung, sondern oft auch ein Mutter-Symbol. Das Kind symbolisiert ebenfalls nicht nur die Selbstentfaltung, sondern häufig auch die eigene, ursprüngliche Kindlichkeit, die in jedem Erwachsenen noch vorhanden ist, wenn auch oft sehr verborgen. Die Schlange kann in Erscheinung treten als ein Symbol für das archetypische Wissen um Heilung, als ein archetypisches Symbol für das Wissen um Wandlung oder auch als ein Symbol für das Wissen um Sexualität. Darüber hinaus tritt sie mitunter in der Form auf, daß sie sich in den eigenen Schwanz beißt. Dieses Schlangen-Symbol wird als Uroboros bezeichnet. Es steht unter anderem für das innere Wissen um jenes sehr frühe Entwicklungsstadium des Kindes, in dem es sich noch als eins erlebt mit seiner Mutter. Das Wissen um dieses Entwicklungsstadium wiederum wird manchmal auch durch das Symbol des Paradieses dargestellt, welches seinerseits nicht selten darüber hinaus für das Wissen um Erlösung steht. Der Mond ist in der Regel ein Symbol für das Weibliche, für die Mutter oder auch für das Gefühl. Der Rabe ist manchmal ein Symbol der Melancholie, manchmal aber auch eines der tiefen, archetypischen Weisheit.

Die Gestalt des Christus ist häufig ein archetypisches Symbol für das Wissen um das göttliche Fünklein, das spirituelle Selbst in uns. Dieses göttliche Fünklein kann aber auch beispielsweise dargestellt werden durch einen Edelstein oder durch Gold. Das archetypische Motiv der Suche nach dem verborgenen Schatz steht oftmals für die Suche nach jenem göttlichen Fünklein. Viele Menschen jedoch sind noch viel zu sehr ihren eigenen ursprünglichen Gefühlen und Bedürfnissen entfremdet, als daß für sie schon eine Suche nach dem göttlichen Fünklein anstünde. Für diese Menschen symbolisiert das Motiv der Suche nach dem verborgenen Schatz zunächst die Suche nach dem wahren Selbst, also nach den eigenen ursprünglichen Gefühlen und Bedürfnissen.

Die Beziehungen zwischen den einzelnen Archetypen und ihren Symbolen sind zwar vielfältig, sie sind jedoch nicht beliebig: Der Schmetterling ist kein archetypisches Symbol für Haß, die Eule ist kein Symbol für die ursprüngliche Kindlichkeit, und das Thema der Führung wird nie durch den Mond symbolisiert. Der Zauberstab ist kein Symbol für Krankheit, die Zahl Zwei symbolisiert nie die ursprüngliche Einheit, und der Priester ist kein archetypisches Symbol für die menschlichen Leidenschaften.

Im Grunde genommen handelt es sich bei der archetypischen Weisheit um ein Wissen, das letztendlich niemals vollständig in Worten dargestellt werden kann, sondern bei dem das Eigentliche, Wesentliche intuitiv erfaßt werden muß. So enthält jedes archetypische Symbol immer viel mehr an Bedeutung, als durch Sprache ausgedrückt oder durch den Verstand erfaßt werden kann. Die alte weise Frau oder die Eule sind archetypische Symbole für diese Art von intuitiver Weisheit. In den folgenden Beispielen soll an Hand von einigen Symbolen dennoch versucht werden, jene Weisheit wenigstens ein Stück weit in sprachliche Begriffe zu fassen und durch Worte zu vermitteln.

Das archetypische Symbol des Baumes ist in erster Linie ein Symbol für das archetypische Wissen um die Selbstentfaltung des Menschen. Die verschiedenen Facetten dieses Symbols stellen dabei unterschiedliche Inhalte jenes Wissens dar. So wächst zum Beispiel aus einer Eichel immer eine Eiche und nie eine Birke oder eine Buche. Dieser Zusammenhang symbolisiert das innere, archetypische Wissen davon, daß es bei der Selbstentfaltung letztendlich darum geht, das zu verwirklichen, was im eigenen Organismus tatsächlich an Möglichkeiten angelegt ist. Das Ziel der Selbstentfaltung besteht darin, das eigene wahre Selbst zu realisieren, und nicht darin, irgendwelche Idealvorstellungen zu verwirklichen, die man von sich hat, oder irgendwelche Erwartungen, die andere Menschen an einen richten.

Verschiedene Aspekte des Baum-Symbols weisen auf Details der Selbstentfaltung hin. So steht der Stamm des Baumes für den männlichen Penis und stellt somit ein Phallus-Symbol dar, während die Tatsache, daß der Baum Früchte trägt, seine weibliche Seite symbolisiert. Damit symbolisiert der Baum als Ganzes das archetypische Wissen darum, daß die Selbstentfaltung immer hinzielt auf eine Verwirklichung sowohl der weiblichen als auch der männlichen Anteile der eigenen Persönlichkeit. Laubbäume verlieren im Herbst ihre Blätter und bekommen im Frühling neue. Dieser Zusammenhang symbolisiert das innere Wissen davon, daß die Selbstverwirklichung immer wieder tiefgreifende Wandlungen beinhaltet, in denen alte, erstarrte Überzeugungen und Gewohnheiten losgelassen werden müssen, um sich für neue Lebensmöglichkeiten zu öffnen. Die in den Himmel wachsende Krone des Baumes und seine gleichermaßen in die Erde wachsenden Wurzeln symbolisieren das archetypische Wissen darum, daß eine Verwirklichung in den geistigen Bereich hinein für den Menschen nur in dem Ausmaß gesund ist, in dem er auch in der materiellen Alltagsrealität und im eigenen Körper verwurzelt ist.

Die Schlange als Symbol der Heilung vermittelt ein archetypisches Wissen darum, daß gerade auch das, was giftig ist, unter ganz bestimmten Umständen heilsam sein kann. Daneben ist die Schlange aber, ähnlich wie der Baum, ebenfalls ein archetypisches Symbol der Wandlung: In ihren periodischen Häutungen symbolisiert sich das archetypische Wissen darum, daß die seelische Entwicklung des Menschen im Grunde genommen ein lebenslanger Prozeß ist, der von ihm immer wieder neue Wandlungen abverlangt.

Der Diamant und das Gold sind Symbole des spirituellen Selbst. Sie stehen für ein archetypisches Wissen darum, daß der Mensch letztendlich in einem überweltlichen Sein gründet, welches ewig und unwandelbar ist. Das Feuer als Symbol für die Leidenschaften steht sowohl für das Wissen um ihre positiven, belebenden Effekte, als auch für das Wissen um ihre negative, zerstörerische Wirkung.

Die aus verschiedenen Mythen bekannte Unterwelt symbolisiert das innere Wissen um die Abgründe der eigenen Seele, also das Wissen um die verborgenen Schattenseiten der Persönlichkeit. Die Kindheitsentwicklung eines jeden Menschen führt normalerweise dazu, daß in seiner Seele auch dunkle Bereiche entstehen, die von seiner bewußten Persönlichkeit abgespalten sind und die seine bösartigen, gemeinen, niederträchtigen Impulse enthalten. Das Motiv der Unterwelt symbolisiert das innere Wissen um diese Gegebenheit. Außerdem steht jenes Symbol auch für das archetypische Wissen um den Tod, also für das Wissen darum, daß jeder von uns zu seiner Zeit unweigerlich sterben muß.

Die Sonne hingegen ist ein Symbol des menschlichen Geistes. Sie stellt das archetypische Wissen um das helle Ichbewußtsein dar, welches den dunklen, unbewußten Bereichen der Seele gegenübersteht. Von unserem Planeten aus gesehen scheint die Sonne um die Erde zu kreisen: Jeden Abend geht sie unter, und jeden Morgen geht sie wieder auf. Bei diesem scheinbaren Lauf der Sonne um die Erde beginnt in der dunkelsten Stunde der Nacht jene Bewegung, die zum hellen Morgen des nächsten Tages führt. Auf diese Weise symbolisiert der Sonnenlauf ein inneres Wissen darum, daß gerade auch die dunkelste Verzweiflung letztendlich den Keim für einen schöpferischen Neubeginn in sich birgt. Schließlich steht der Sonnenlauf ganz allgemein für ein archetypisches Wissen um den Zusammenhang von Tod und Wiedergeburt.

Zwei besondere Symbol-Gruppen sind diejenigen von Anima und Animus: Diese archetypischen Symbole können auf sehr vielfältige Weise in Erscheinung treten. Die Anima-Symbole stellen das archetypische Wissen um das Weibliche dar und beziehen sich hier besonders auch auf das Weibliche im Mann. Sie spiegeln die Vielfältigkeit des Weiblichen wieder, die ja nicht nur von verschiedenen Frauen in unterschiedlicher Weise verkörpert wird, sondern die auch in der Seele des Mannes wiedergefunden werden kann. In diesem Sinne gibt es beispielsweise das Anima-Symbol der zärtlichen Geliebten, dasjenige der wunscherfüllenden Fee oder dasjenige der geborgenheitsspendenden Mutter. Darüber hinaus tritt die Anima aber auch in Erscheinung als starke, selbstbewußte Amazone, als leidenschaftliche, sinnliche Verführerin, als weise, heilkundige Schamanin oder als gefährliche, heimtückische

Hexe. Anima-Symbole vermitteln dem Mann genauso wie der Frau ein tiefes Wissen um die weiblichen Möglichkeiten, die sie beide in sich tragen: Auch ein Mann kann, ebenso wie eine Frau, zärtlich, sinnlich, weise oder heimtückisch sein. Entsprechendes gilt für die Animus-Symbole, die das archetypische Wissen um das Männliche darstellen und dabei insbesondere auch für das Männliche in jeder Frau stehen: Hier gibt es beispielsweise die Animus-Symbole des mutigen Helden, des romantischen Liebhabers oder des logischen Denkers. Darüber hinaus kann der Animus auch in Erscheinung treten als beschützender Vater, als wortgewaltiger Redner, als weiser Medizinmann, als skrupelloser Verbrecher oder als tyrannischer Machthaber.

Die Funktionen der Archetypen

Die wichtigste Funktion des archetypischen Wissens besteht darin, daß es uns eine Orientierung gibt bezüglich der ewigen Gegebenheiten der menschlichen Existenz: Die einzelnen Archetypen organisieren alle unsere Erfahrungen ganz automatisch entsprechend dem inneren Wissen, das sie verkörpern. Außerdem bildet dieses Wissen die Grundlage für die seelische Selbstregulation des Organismus. Und schließlich enthält es eine Weisheit, die uns immer wieder hilfreich sein kann auf unserem Lebensweg, etwa wenn es in schwierigen Lebenssituationen gilt, einen Ausweg zu finden, oder wenn es nach einem schweren Schicksalsschlag darum geht, sich wieder heimisch zu fühlen in dieser Welt. Oft verlaufen die seelischen Prozesse unbewußt, in denen archetypisches Wissen wirksam wird. Doch manchmal spiegeln sie sich auch in unseren Träumen oder Phantasien wider und können von dort her in unser Wachbewußtsein gelangen.

Schon im neugeborenen Kind organisieren sich die ersten Lebenserfahrungen um Archetypen herum, beispielsweise um diejenigen von Gut und Böse: Gut ist für den Säugling alles das, was seinem Leben förderlich ist und seine Bedürfnisse befriedigt; böse oder schlecht ist, was seinem Leben schädlich ist und seine Bedürfnisse unbefriedigt läßt.

Auch der Archetypus der Mutter ist von Anfang an sehr wichtig: Er vermittelt bereits dem Neugeborenen ein Wissen um die vielfältigen Möglichkeiten und Erscheinungsweisen des Mütterlichen. Um dieses Wissen herum organisieren sich die Erfahrungen, die das Neugeborene mit seiner eigenen Mutter macht. In jedem Menschen ist bereits vor allem eigenen Erleben ein Wissen vorhanden um das ernährende und pflegende Mütterliche, um das anklammernde oder gar verschlingende Mütterliche, um das dominierende und überwältigende Mütterliche sowie um das kalte, abweisende Mütterliche. Während sich jeder Mensch als Kind nach dem guten Mütterlichen sehnt, weiß er doch zugleich auch um das böse Mütterliche. Manche Menschen erleben in der Kindheit an ihrer eigenen Mutter hauptsächlich das kalte, abweisende Mütterliche. Doch auch diese Menschen tragen in sich das Wissen um eine nährende, liebevolle Mutter, die sie damals schmerzlich vermißt haben – sie haben eine solche Mutter nicht zuletzt gerade deshalb um so schmerzlicher vermißt, weil sie tief in ihrer Seele um jenes nährende, liebevolle Mütterliche wußten.

Der Archetypus des Vaters vermittelt dem Kind ebenfalls vor aller eigenen Erfahrung bereits ein tiefes Wissen, welches sich hier auf die vielfältigen Formen des Väterlichen bezieht, auf das helfende und beschützende Väterliche, auf das ordnende und unterweisende Väterliche, auf das anspornende und fordernde Väterliche, auf das grausame, herrschsüchtige Väterliche und auf das kalte, destruktive Väterliche.

Das Kind macht nun ständig neue Erfahrungen mit seiner Mutter und seinem Vater und organisiert diese eigenen Erfahrungen jeweils um die entsprechenden Archetypen herum. Alle Erlebnisse mit dem Vater ordnen sich in seiner Seele um den Archetypus des Vaters: Wie der eigene Vater sich verhält, was er sagt und welche Gefühle er zeigt, sowie auch die Emotionen und Phantasien, die das Kind selbst ihm gegenüber erlebt oder über ihn hat. Dadurch entsteht um den Archetypus des Vaters herum ein komplexes Gebilde aus Erinnerungen, Gefühlen, Phantasien und Gedanken. Dieses seelische Gebilde wird als Vater-Komplex bezeichnet. Der Vater-Komplex ist dementsprechend eine Ansammlung von seelischen Inhalten, denen allen gemeinsam ist, daß sie sich auf den eigenen Vater beziehen. In gleicher Weise ordnen sich die Erfahrungen mit der Mutter um den Mutter-Archetypus herum und bilden so den Mutter-Komplex.

Früher oder später wird das Kind durch entsprechende Erlebnisse auch mit allen anderen ewigen Themen der menschlichen Existenz konfrontiert. Bei solchen Konfrontationen organisieren sich dann seine Erfahrungen, Gefühle, Phantasien und Gedanken, die mit jenen Themen zusammenhängen, ebenfalls um die entsprechenden Archetypen. Dies ist beispielsweise auch der Fall, wenn das Kind erkrankt und wieder gesund wird oder wenn es beginnt, Zeit bewußt zu erleben. Hier organisieren sich seine Erfahrungen dann um die Archetypen der Krankheit und der Heilung oder um den Archetypus der Zeit. Dadurch entstehen in seiner Seele zugleich auch die entsprechenden Komplexe, also etwa ein Krankheits-Komplex und ein Heilungs-Komplex oder ein Zeit-Komplex. Diese Komplexe enthalten von da an alle seine eigenen Erfahrungen, Gefühle, Phantasien und Gedanken, die sich auf jene Themen beziehen; sie werden im Verlaufe des weiteren Lebens immer wieder mit neuen Inhalten angereichert.

Die Archetypen organisieren aber nicht nur die Erfahrungen des Menschen, die er in den unterschiedlichsten Situationen seines Lebens macht, sondern sie vermitteln ihm auch ein Wissen um die Gegebenheiten, auf die er in diesen Situationen trifft. Dieses Wissen hilft ihm immer wieder dabei, die Bedeutung intuitiv zu erfassen, die einzelne Situationen für sein Leben haben. Das archetypische Wissen kann dem Kind und auch dem Erwachsenen beispielsweise ein intuitives Verständnis dafür vermitteln, was eigentlich Krankheit ist oder Zeit, und welche Bedeutung, welcher Sinngehalt in diesen Phänomenen liegt. Gerade Kinder sind häufig noch sehr empfänglich für jene Weisheit, die ihnen aus dem kollektiven Unbewußten durch archetypische Symbole vermittelt wird. Erwachsene hingegen sind innerlich oft ausschließlich auf ihren Verstand und das begriffliche Denken bezogen – und haben gerade dadurch keinen Zugang mehr zu dem archetypischen Wissen des kollektiven Unbewußten.

Wenn aber ein Erwachsener offen ist für die archetypische Weisheit, die seiner Seele innewohnt, dann kann diese Weisheit auch ihm ein Wissen um die Bedeutung und Sinnhaftigkeit von Ereignissen vermitteln. Dies gilt insbesondere für Ereignisse, die einen allgemein menschlichen Charakter haben. Das archetypische Wissen wird dabei hauptsächlich dann aktiviert, wenn ein Mensch in besonderer Weise mit solch einem Ereignis konfrontiert wird. Ein Beispiel hierfür liegt etwa immer dann vor, wenn eine nahestehende Person stirbt. Dieses Ereignis konfrontiert jeden Menschen stets auch mit den archetypischen Themen von Tod und Verlust. Manchmal führt es zu Träumen, in denen sich das archetypische Wissen um diese Themen in entsprechenden Bildern und Symbolen ausdrückt. Von solchen Träumen wird der Betroffene dann meistens innerlich stark ergriffen. Sie können ihm mit ihren Bildern und Symbolen ein tiefes Verständnis für das jeweilige Ereignis vermitteln. Das archetypische Wissen um die Themen von Tod und Verlust kann sich einem betroffenen Menschen aber auch am Tage unterschwellig mitteilen, so beispielsweise auf einem besinnlichen Spaziergang. Vielleicht macht der Betroffene irgendwann einmal einen langen Spaziergang, auf dem er verträumt vielerlei Erinnerungen und Gedanken nachhängt, von denen einige mit dem verstorbenen Menschen zusammenhängen und andere mit ganz anderen Themen. In ein solches verträumtes Denken kann dann leicht auch etwas von dem gerade aktivierten archetypischen Wissen eindringen. Es mag hier dazu führen, daß jener Mensch nach dem Spaziergang ein Stück weit mehr seinen Frieden mit dem Tod des ihm Nahestehenden geschlossen hat.

Der menschlichen Seele wohnt auch ein archetypisches Wissen darum inne, wie sie selbst funktioniert und welches die Voraussetzungen dafür sind, daß sie gut funktioniert. Dieses Wissen ist die Grundlage für die seelische Selbstregulation des Organismus. Ein entsprechendes Wissen gibt es auch im Bereich der körperlichen Selbstregulation. So weiß der Körper beispielsweise, wieviel Flüssigkeit er für ein gesundes Funktionieren benötigt – einem eventuell bestehenden Mangel an Flüssigkeit gibt er jeweils durch Durstempfindungen Ausdruck. In ähnlicher Weise gibt die Seele aus ihrem archetypischen Wissen heraus dem Ausdruck, wenn sich die bewußte Persönlichkeit eines Menschen in einer ausgeprägten Fehlhaltung verfestigt hat oder wenn sein seelisches Gleichgewicht in einem hohen Maße bedroht ist. Entsprechende archetypische Symbole und Motive treten dann häufig beispielsweise in den Träumen des Betroffenen auf. Sie orientieren ihn über seinen Zustand und oft auch darüber, wie diesem Zustand Abhilfe geleistet werden kann.

Nehmen wir als Beispiel eine Frau, die sich im Verlaufe ihres Lebens immer mehr in einer geradezu sterilen Lebenshaltung verfestigt hat: Ihr Leben verläuft in wohlgeordneten Bahnen, und sie ist fast schon perfektionistisch darauf bedacht, daß alles seine vorhersehbare Ordnung hat. Sie ist immer vernünftig und handelt stets in einer moralisch untadeligen Weise. Bei solch einer Frau kann dann zum Beispiel in ihren Träumen die archetypische Gestalt eines Tricksters auftreten. Hierbei handelt es sich um eine sehr trickreiche, genauso schalkhafte wie listige Person. Der Trickster neigt zu unvorhersehbarem Verhalten, bringt alles in Unordnung und verstößt immer wieder gegen die konventionelle Moral. Er verkörpert somit eine Gegenposition zur Lebenshaltung dieser Frau. Dadurch weist er sie auf eigene Lebensmöglichkeiten hin, die sie mehr und mehr aus ihrem Leben ausgeschlossen hat, auf Möglichkeiten also, die jenseits ihrer wohlgeordneten, vernünftigen und moralisch untadeligen Haltung liegen. Bei dem Hinweis auf diese Möglichkeiten handelt es sich praktisch um eine Botschaft aus dem eigenen Unbewußten der betroffenen Frau. Diese Botschaft wird ihr gerade dadurch übermittelt, daß die archetypische Gestalt des Tricksters immer wieder in ihren Träumen auftritt. Es gibt aber auch noch andere Wege, auf denen diese Botschaft ebenfalls vermittelt werden kann: Vielleicht ist die Frau aus unserem Beispiel plötzlich von Geschichten oder Filmen fasziniert, in denen die Gestalt des Tricksters eine wichtige Rolle spielt – so etwa von den Geschichten über Till Eulenspiegel oder von den Filmen mit Charlie Chaplin. Auch eine solche Faszination kann durch ein archetypisches Symbol hervorgerufen werden und enthält dann immer eine verborgene Botschaft aus dem eigenen unbewußten Seelengrund. Nun kommt es darauf an, ob die Frau aus unserem Beispiel erstens in der Lage ist, die Botschaft des Tricksters zu verstehen, und ob sie zweitens auch dazu bereit ist, in ihrem Leben nach und nach wenigstens ein Stück weit jene von ihren eigenen Qualitäten zu verwirklichen, die durch diese Gestalt verkörpert werden, wie beispielsweise die Fähigkeit zur Spontaneität oder die Bereitschaft, auch einmal etwas zu tun, was jenseits ihrer strengen Moralvorstellungen liegt. Wenn der Frau dies gelingt, dann hat die seelische Selbstregulation ihr Ziel erreicht: Die betroffene Frau konnte sich ein wenig aus ihrer einseitig erstarrten Lebenshaltung befreien und hat etwas mehr zu ihrer eigenen Mitte gefunden.

Ein anderes Beispiel für die seelische Selbstregulierung wäre etwa ein Mann, der sich vielleicht schon von früher Kindheit an immer mehr einseitig in eine sehr männliche Lebenshaltung hinein entwickelt hat. Er hat seine eigenen weiblichen Persönlichkeitsanteile nicht verwirklicht, sondern verdrängt: die warmherzigen, gefühlvollen, mütterlichen, einfühlsamen und sinnlichen Facetten seiner selbst. Aus diesem Grund wird später in seinem Erwachsenenleben immer wieder einmal ein archetypisches Anima-Symbol auftreten, um ihn auf jene Einseitigkeit hinzuweisen. Diese Symbol kann beispielsweise in seinen Träumen erscheinen, und zwar in Form einer Frauengestalt, die jene weiblichen Seiten von ihm darstellt. Oder der betreffende Mann verliebt sich sehr leidenschaftlich in eine reale Frau, die genau diese ungelebten Facetten seiner selbst verkörpert. In diesem Fall erlebt er die Anima-Gestalt dann in einer anderen Person, von der er fasziniert ist, und nicht in seinem eigenen Inneren. Doch auf welche Art auch immer der Mann aus unserem Beispiel mit der Anima-Gestalt konfrontiert wird – die ihm selbst innewohnende archetypische Weisheit kann ihn dadurch über seinen seelischen Zustand nur orientieren. Ob die entsprechenden Hinweise in seinem Leben fruchtbar werden, hängt davon ab, ob sie ihn auch tatsächlich erreichen und ob er sie versteht und auch bereit und fähig ist, sich auf entsprechende Veränderungen einzulassen. Vielleicht hat er keinen Zugang zu seinen Träumen, oder er ist viel zu sehr mit den Dingen der äußeren Welt beschäftigt, als daß er sich irgendwelchen Botschaften aus seinem Inneren öffnen könnte. So vergehen unter Umständen Jahre und Jahrzehnte, bevor die Botschaft des Anima-Symbols bei ihm ihre Wirkung zeigt, wenn sie überhaupt je von ihm vernommen wird. Vielleicht verliebt sich dieser Mann im Alter von fünfzig Jahren sehr leidenschaftlich in eine junge Frau, die die ungelebten weiblichen Facetten seiner selbst verkörpert. Möglicherweise verläßt er dann seine Familie, um mit ihr zusammenzuleben, ohne zu verstehen, daß hier eigentlich für ihn selbst ein weiterer Schritt in seiner Persönlichkeitsentwicklung ansteht, nämlich die Verwirklichung der eigenen weiblichen Anteile. Statt sich selbst zu verwirklichen, folgt er im Alter von fünfzig Jahren noch einmal einer leidenschaftlichen Liebe. Doch manchmal ist gerade dies der erste Schritt, der ihn schließlich auch dazu führt, die entsprechenden Facetten seiner selbst in sich zu entdecken und zu entfalten.

Wie in den vorangegangenen Beispielen schon angedeutet wurde, wird das Auftreten eines archetypischen Symbols oft von einem Gefühl der Faszination begleitet: Das archetypische Wissen ist eines, das den Menschen immer ganz unmittelbar betrifft. Dadurch üben die Symbole, in denen sich dieses Wissen ausdrückt, oft eine Faszination auf den betroffenen Menschen aus und können ihn mitunter sogar erschrecken. Aber stets verkörpern sie eine Weisheit, die dem betreffenden Menschen hilfreich ist und die in einigen wesentlichen Punkten das rationale Verständnis überragt, das er von seiner innerseelischen und äußeren Situation hat.

Zusammenfassung

Der Mensch ist ein lebender Organismus, in dem Seele und Körper eine Einheit bilden. Dieser Organismus ist außerdem einerseits untrennbar hineinverwoben in seine jeweilige Umwelt: Kein Mensch kann leben ohne Atemluft und Nahrung, stehen ohne tragenden Boden und sehen ohne Licht. Andererseits ist jeder Mensch aber auch ein eigenes Individuum, das ab seiner Jugend und erst recht im Erwachsenenalter weitgehend für sich selbst die Verantwortung zu tragen hat.

Der menschliche Organismus hat zwei grundlegende Ausrichtungen: Er ist einerseits auf seine Erhaltung hin ausgerichtet, und andererseits auf seine Verwirklichung: Jeder Mensch hat einen starken inneren Drang danach, am Leben zu bleiben. Außerdem neigt jeder Mensch dazu, wenigstens einige der Möglichkeiten zu verwirklichen, die in ihm angelegt sind, also beispielsweise einige der Begabungen, mit denen er geboren wurde. Weiterhin hat der menschliche Organismus die Fähigkeit, sich selbst zu regulieren. Diese Fähigkeit ist notwendig, damit er sich erhalten und verwirklichen kann; sie wird sowohl in seinem Körper wirksam als auch in seiner Seele.

Ein Beispiel für die organismische Selbstregulation ist die Regulation der eigenen Bedürfnisse. Diese funktioniert ganz allgemein in der Weise, daß immer dasjenige Bedürfnis die Aufmerksamkeit auf sich zieht, welches für die Erhaltung des Organismus am dringlichsten ist. Wenn für alle wichtigen Bedürfnisse der Selbsterhaltung die Befriedigung gewährleistet ist, treten Bedürfnisse der Selbstverwirklichung in den Vordergrund der Aufmerksamkeit.

Ein anderer Mechanismus der Selbstregulierung ist die Psychoperistaltik: Hier werden vom Darm seelische Spannungen verdaut, die in belastenden Situationen entstanden sind. Die Psychoperistaltik kann allerdings nur dann wirksam werden, wenn es dem Betreffenden möglich ist, die belastende Situation zu verlassen und in eine Situation zu gelangen, in der er einen gewissen Grad an Wohlbefinden erreicht.

Die Seele des Menschen umfaßt alle seine Gefühle, Empfindungen, Gedanken, Wünsche, Absichten, Phantasien und Erinnerungen. Sie besteht aus den Inhalten des menschlichen Seelenlebens und stellt deren Gesamtheit dar.

Bei den Empfindungen handelt es sich einerseits um Wahrnehmung der Außenwelt und andererseits um direkte Wahrnehmungen von Zuständen und Veränderungen innerhalb des eigenen Körpers. So gehören zu den Empfindungen beispielsweise die Sinneswahrnehmungen, wie sie uns durch unsere Augen und Ohren vermittelt werden, aber auch körperliche Empfindungen wie Jucken oder Stechen, und nicht zuletzt solche vielschichtigen inneren Reize wie Hunger, Lust, Befriedigung, Schmerz, Angst und sexuelle Erregung.

Gefühle sind seelische Vorgänge, die sich durch zwei Merkmale charakterisieren lassen: Erstens wurzeln sie in unseren Empfindungen, und zweitens drückt sich in ihnen jeweils aus, wie wir gerade unsere gegenwärtige Umweltsituation erleben, und zwar relativ zu unseren momentanen Bedürfnissen. Wichtige Gefühle des Menschen sind unter anderem Liebe, Freude, Interesse, Überraschung, Wut, Eifersucht, Trauer und Ekel. Manche Körperempfindungen sind den Gefühlen bereits sehr ähnlich, so etwa die Empfindungen von Schmerz, Angst, Lust und Befriedigung. Diese Empfindungen werden hier gemeinsam mit den Gefühlen auch unter dem Oberbegriff der Emotionen zusammengefaßt.

Denken heißt zunächst einmal, Erkenntnisse zu gewinnen aus dem, was wahrgenommen oder erlebt wird. Außerdem liegt Denken aber auch immer dann vor, wenn bereits vorhandene Erkenntnisse verwendet werden, um damit Probleme zu lösen oder um daraus neue Ideen zu entwickeln. Es lassen sich hier ganz allgemein zwei Arten des Denkens unterscheiden, und zwar das begriffliche und das nonverbale. Ersteres geschieht mit Hilfe von sprachlichen Begriffen. Bei dem nonverbalen Denken hingegen werden Bilder, Töne oder Gefühle verwendet, um Erkenntnisse zu gewinnen, Probleme zu lösen oder neue Ideen hervorzubringen.

Eine wichtige Aufgabe des Denkens besteht darin, von der äußeren Umgebung eine innere Darstellung aufzubauen, eine kognitive Landkarte, die unser Wissen von der Welt enthält und die uns zur Orientierung in der Welt dient. Seine höchste Stufe erreicht das Denken in der Verwirklichung des menschlichen Geistes: Dieser verkörpert unsere Fähigkeit zur Selbstreflexion, unsere innere Freiheit, unsere

Verantwortlichkeit, unser Streben nach einem Sinn sowie unser Interesse für Philosophie und Religion.

Innerhalb des Organismus ist das Seelenleben des Menschen über drei Zentren mit dem Körper verwoben, und zwar über das Denkzentrum, das Gefühlszentrum und das Körperzentrum. Das Denkzentrum befindet sich im Kopf, das Gefühlszentrum in der Brust und das Körperzentrum im Bauch-Becken-Raum. Letzteres wird bisweilen noch einmal untergliedert in ein Instinktzentrum, ein Bewegungszentrum und ein Geschlechtszentrum. Außerdem entspricht jedem der drei zuerst genannten Zentren ein bestimmter Bereich des Gehirns: So gehört zum Denkzentrum das Großhirn, zum Gefühlszentrum das limbisches System und zum Körperzentrum der Gehirnstamm mit den benachbarten Hirngebieten. Das Großhirn ist außerdem noch in zwei Hemisphären geteilt, von denen die linke der Sitz des begrifflichen Denkens ist und die rechte der Sitz des nonverbalen Denkens in Bildern, Tönen oder Gefühlen.

Das Bewußtsein oder genauer das Wachbewußtsein ist die Gesamtheit derjenigen seelischen Inhalte, auf die in einem gegebenen Augenblick gerade unsere Aufmerksamkeit gerichtet ist und von denen wir von daher auch wissen, daß sie gerade in uns vorhanden sind. Hierbei kann es sich um Gedanken handeln, aber auch um Phantasien, Erinnerungen, Gefühle, Körperempfindungen oder Sinneswahrnehmungen. Das Gegenteil vom Wachbewußtsein ist das Unbewußte: Es umfaßt alle Inhalte der eigenen Seele, denen die Möglichkeit der bewußten Erfahrung verwehrt ist. Von dem Wachbewußtsein einerseits und dem Unbewußten andererseits wird noch einmal das Vorbewußte unterschieden. Dieses umfaßt all jene Inhalte, die zwar der bewußten Erfahrung ohne weiteres zugänglich sind, die aber in dem jeweils gegebenen Augenblick gerade nicht bewußt erfahren werden.

Die Möglichkeit zur Bewußtwerdung wird den jeweils betroffenen Inhalten hauptsächlich durch die Verdrängung verwehrt. Dieser Mechanismus kann sich dabei sowohl auf Inhalte der gegenwärtigen Erfahrung beziehen als auch auf Gedächtnisinhalte, die aus früheren Erfahrungen stammen. Seelische Inhalte, die verdrängt werden, gehören von da an zum Unbewußten. Die Verdrängung ist der grundlegende Mechanismus der Abwehrfunktion. Letztere umfaßt darüber hinaus auch noch andere psychische Mechanismen, die besonders dann wirksam werden, wenn die Verdrängung versagt. Die Verdrängung von seelischen Inhalten wird jedoch nicht nur von anderen psychischen Mechanismen unterstützt, sondern sie geht außerdem immer auch einher mit körperlichen Veränderungen. Oft handelt es sich hierbei um muskuläre Verspannungen, die sich während des Verdrängungsvorganges ausbilden und dann bestehen bleiben. So zeigt sich verdrängte Angst häufig in gewohnheitsmäßig hochgezogenen Schultern und die Verdrängung von Traurigkeit geht meistens einher mit Verspannungen in den Muskeln der Kehle, des Zwerchfells und der Augen.

Kommunikation ist der zwischenmenschliche Austausch von Mitteilungen. Dieser Austausch kann über drei verschiedene Kanäle vollzogen werden, und zwar über den verbalen, den nonverbalen und den paraverbalen. Verbale Kommunikation ist der Austausch von Botschaften mit Hilfe von Sprache, also durch Wörter und Sätze. Bei der nonverbalen Kommunikation werden Botschaften über Gestik und Mimik ausgesandt sowie über die Haltung des Körpers und seinen Geruch. Die paraverbale Kommunikation umfaßt einerseits alle nicht-sprachlichen Laute, wie wir sie beispielsweise von uns geben, wenn wir vor Schmerzen aufschreien oder über einen Witz lachen; andererseits umfaßt sie auch alle Botschaften, die in der Art zum Ausdruck kommen, wie wir die Wörter und Sätze aussprechen, mit denen wir uns auf sprachlichem Wege mitteilen.

Das Phänomen Streß besteht aus Streßsituationen in der Umwelt und aus der Streßreaktion des Organismus. Streßsituationen sind Ereignisse, in denen unser Wohlbefinden, unsere Gesundheit oder sogar unser Überleben bedroht ist oder zumindest bedroht erscheint. Bei der Streßreaktion handelt es sich um ein Reaktionsmuster, mit dem der Organismus auf Streßsituationen antwortet. Dieses Muster beinhaltet im Körper eine Anspannung der Muskulatur, eine Beschleunigung von Atmung und Herzschlag, eine Verengung der Blutgefäße und eine Aktivierung von inneren Energiereserven. Mit jener körperlichen Streßreaktion gehen vielfältige seelische Veränderungen einher: Der Betroffene wird entweder gereizt bis aggressiv oder ängstlich bis verzweifelt. Außerdem engt sich seine Aufmerksamkeit ein, sein Konzentrationsvermögen nimmt ab, sein Denken wird starr und sein Erinnerungsvermögen läßt nach.

Ob bei einem Menschen eine Streßreaktion auftritt und wie stark diese ist, das hängt einerseits von der jeweiligen Situation ab, in der er sich gerade befindet, andererseits aber auch noch von einigen weiteren Faktoren, die in seiner Person wurzeln. Hierzu gehört unter anderem die kognitive Bewertung, mit der der Betroffene einerseits die Bedrohlichkeit einer gegebenen Situation einschätzt, und andererseits auch seine Fähigkeiten, die jeweilige Bedrohung bewältigen zu können.

Das Gegenteil der Streßreaktion ist die Entspannungsreaktion. Diese läßt sich auf der körperlichen Ebene dadurch charakterisieren, daß hier die Atmung ruhig und tief ist, das Herz langsam schlägt und die Muskeln weich und elastisch sind. Seelisch gesehen handelt es sich bei der Entspannung um einen Zustand von innerer Ruhe und Gelassenheit.

Der menschlichen Seele wohnt ein unbewußtes Wissen inne, welches ihr von Geburt an gegeben ist. Dieses Wissen bezieht sich auf die großen, ewigen Themen der menschlichen Existenz, so beispielsweise auf Mutter und Vater, Sexualität und Aggression, Scheitern und Erfüllung, Raum und Zeit, Gut und Böse, Welt und Gott. In der Seele des Menschen wird das ihr innewohnende Wissen über einzelne Faktoren wirksam, die auch als Archetypen bezeichnet werden. Es gibt hier für jedes der großen, ewigen Themen einen eigenen Archetypus, so beispielsweise einen der Mutter, einen der Aggression, einen der Zeit, einen des Bösen und einen der Welt.

Derjenige Bereich der Seele, der die Archetypen umfaßt, wird als kollektives Unbewußtes bezeichnet. Doch obwohl das archetypische Wissen dem Menschen zunächst unbewußt ist, kann es sich seinem Wachbewußtsein auch mitteilen, und zwar in symbolischer, bildhafter Form. Entsprechende archetypische Motive erscheinen dem Menschen mitunter in seinen Träumen und Phantasien. Hier zeigt sich dann der Archetypus der Mutter manchmal als Mond oder auch als Ozean, der Archetypus der Aggression etwa als Tiger oder als Vulkanausbruch, derjenige der Zeit als Uhr, der Archetypus des Bösen als Teufel und der Archetypus der Welt vielleicht als eine tanzende Frau.

Die wichtigsten Funktionen der Archetypen sind folgende: Erstens ordnen und strukturieren sie alle unsere Erfahrungen in unserem Inneren, zweitens helfen die Archetypen uns dabei, immer wieder neu unser seelisches Gleichgewicht zu finden, und drittens fordern sie uns ein Leben lang zur seelischen Weiterentwicklung heraus.

2 Persönlichkeit

Die Seele des Menschen hat eine innere Struktur. Diese entsteht dadurch, daß sich die seelischen Inhalte wie Gedanken und Gefühle jeweils zu komplexen Gebilden zusammenfügen, die außerdem auch noch alle miteinander verbunden sind. Diese seelischen Gebilde werden als Komplexe bezeichnet. Sie erwachsen in erster Linie aus den Erfahrungen, die wir im Laufe unseres Lebens machen; darüber hinaus gehen in sie aber auch weiterführende Gedanken und Phantasien mit ein. Manche Komplexe bestehen sogar in erster Linie aus solchen Gedanken oder Phantasien, während sich andere Komplexe hauptsächlich aus unseren Erinnerungen, Gefühlen und Empfindungen zusammensetzen.

Komplexe können bewußt sein oder auch unbewußt. Sie bilden zum einen die Grundlage für ein seelisch gesundes Funktionieren, andererseits können sie aber auch zu krankhaften seelischen Störungen führen. Die wichtigsten Pioniere in der Erforschung der seelischen Komplexe sind S. Freud, A. Adler und vor allem C. G. Jung.

Jeder Komplex aus Emotionen, Gedanken, Phantasien und Erinnerungen bildet sich um einen bestimmten zentralen Inhalt, der das Thema dieses Komplexes darstellt. Bei vielen Komplexen ist dieses Thema eines von jenen großen ewigen Themen, zu denen es in der Seele bereits von vornherein ein archetypisches Wissen gibt. Wenn dies der Fall ist, dann bildet sich der jeweilige Komplex um den entsprechenden Archetypus. Ein Beispiel hierfür ist der Mutter-Komplex. Dieser enthält alle Erinnerungen, Gefühle und Phantasien, die mit der eigenen Mutter in Zusammenhang stehen. Er entwickelt sich während der Kindheit und Jugend um den Archetypus der Mutter herum.

Der zentrale Komplex unserer Persönlichkeit ist der Ich-Komplex. Hierbei handelt es sich um die Gesamtheit der Emotionen, Gedanken, Phantasien und Erinnerungen, mit denen wir uns identifizieren und die wir dementsprechend als unser Ich erleben. Genau genommen identifizieren wir uns in jedem Augenblick stets nur mit einem Teil unseres Ich-Komplexes, und zwar immer wieder mit einem anderen – je nachdem, ob wir beispielsweise gerade ein Mittagessen kochen, mit unseren Kindern spielen oder als Vorgesetzter einen Untergebenen zurechtweisen. So sind wir in der ersten Situation vielleicht sorgfältig und konzentriert, in der zweiten heiter und ausgelassen und in der dritten streng und vorwurfsvoll. Diese verschiedenen Teile oder Facetten unseres Ich-Komplexes werden manchmal auch als Teilpersönlichkeiten oder als Subpersönlichkeiten bezeichnet.

Die Teilpersönlichkeiten sind eine besondere Art von Komplexen: Sie enthalten unsere Bedürfnisse, Absichten und Wünsche, und sie äußern sich in entsprechenden Verhaltensweisen. So existiert in jedem Menschen zum Beispiel eine Teilpersönlichkeit, die sein Durchsetzungsvermögen verkörpert, eine, die für alle Geldangelegenheiten zuständig ist, und eine, die den wilden, leidenschaftlichen Teil der eigenen Person beinhaltet. Der Ich-Komplex ist hierbei die Gesamtheit der bewußten Teilpersönlichkeiten. Daneben gibt es aber auch noch unbewußte Teilpersönlichkeiten, die ebenfalls zur Persönlichkeit des Menschen gehören.

Die Persönlichkeit des Menschen besteht somit insgesamt gesehen aus dem Ich-Komplex, der die bewußten Teilpersönlichkeiten umfaßt, aus weiteren bewußten Komplexen, die dem Ich-Komplex angegliedert sind, sowie aus den unbewußten Komplexen und den unbewußten Teilpersönlichkeiten. Die unbewußten Komplexe und Teilpersönlichkeiten bilden den unbewußten Anteil der Persönlichkeit. Dieser Anteil wird oft auch persönliches Unbewußtes genannt.

Komplexe

Komplexe sind seelische Gebilde, die sich zusammensetzen aus Sinneswahrnehmungen und Körperempfindungen, Gefühlen und Phantasien, Gedanken und Erinnerungen. Sie entstehen aus Erfahrungen: In jedem Augenblick seines Lebens macht der Mensch Erfahrungen, und damit treten in seiner Seele ständig neue Inhalte auf. Wir nehmen die Umwelt durch unsere Sinne wahr und spüren in unserem Körper Empfindungen, wir erleben Gefühle und haben Gedanken, oder wir entwickeln Phantasien, denen wir nachhängen. Alle diese seelischen Inhalte werden entweder einem bereits vorhandenen Komplex angegliedert, oder sie bilden den Ausgangspunkt für einen neuen Komplex. Wenn wir beispielsweise einen Urlaub auf Mallorca verbringen, dann gehen alle unsere Erfahrungen, die wir währenddessen machen, in einen seelischen Komplex ein, der als Mallorca-Komplex bezeichnet werden kann. Dieser Komplex bildet sich in uns spätestens dann, wenn wir zum ersten Mal auf jener Insel Urlaub machen; oft entsteht er sogar bereits, wenn wir uns auf diesen Urlaub vorbereiten und in entsprechenden Reiseprospekten blättern oder wenn wir andere von ihrem Mallorca-Urlaub schwärmen hören. Alle weiteren Erlebnisse aus späteren Mallorca-Urlauben werden dann in den bereits vorhandenen Mallorca-Komplex mit eingefügt. Auf diese Weise entstehen in der Seele eines jeden Menschen während seines Lebens viele tausend verschiedene Komplexe, die alle immer weiter anwachsen.

Die Komplexe eines Menschen enthalten also einerseits seine gesamte Lebensgeschichte: Jede Erfahrung, die wir in unserem Leben machen, wird in einem Komplex gespeichert und damit zu einem festen Bestandteil unserer Seele. Andererseits haben die Komplexe aber auch einen entscheidenden Einfluß auf unser gegenwärtiges und zukünftiges Erleben und Verhalten. In den Komplexen sind jeweils vielfältige Erfahrungen eingespeichert, die wir in den unterschiedlichsten Situationen gemacht haben. Diese Erfahrungen bilden die Grundlage dafür, wie wir neue Erfahrungen mit ähnlichen Situationen verarbeiten und einordnen. Außerdem haben sie einen wesentlichen Einfluß darauf, wie wir in Zukunft auf ähnliche Situationen reagieren.

Bei dem Speicher, in dem die Komplexe enthalten sind, handelt es sich um das Langzeit-Gedächtnis. Es umfaßt alle Komplexe, die sich im Verlauf unseres Lebens gebildet haben. Von diesem Speicher aus werden die Komplexe immer wieder in das Gegenwarts-Gedächtnis hinein aktiviert, um so in unserem Wachbewußtsein präsent zu sein. Das Gegenwarts-Gedächtnis hat allerdings nur eine Spanne von etwa drei Sekunden. Darüber hinaus gibt es aber auch noch das Kurzzeit-Gedächtnis. Dieses hat eine wesentlich längere Spanne als das Gegenwarts-Gedächtnis. Die wichtigsten Inhalte der gegenwärtigen Erfahrungen und der aktivierten Komplexe gehen jeweils vom Gegenwarts-Gedächtnis in das Kurzzeit-Gedächtnis über. Dort können wir die gegenwärtigen Erfahrungen dann mit Hilfe der Inhalte aus den aktivierten Komplexen einordnen und verarbeiten.

Da jeder Mensch seine eigenen Erfahrungen macht, hat auch jeder seine eigenen Komplexe. Sie sind Ausdruck seiner Individualität. Daneben sind sie aber auch Ausdruck der Umwelt, die ihn geprägt hat, und der Anlagen, die ihm vererbt wurden. In die Komplexe gehen stets die Umweltbedingungen des betreffenden Menschen mit ein, und zwar so, wie er selbst sie erfährt. Außerdem gehen in die Komplexe auch seine ererbten Anlagen mit ein, und zwar in dem Ausmaß, in dem er sie in Erfahrungen übend verwirklicht. Alle Fähigkeiten und Begabungen, die einem Menschen vererbt wurden, sind in ihm zunächst nur als Möglichkeiten vorhanden. Er muß sie erst noch verwirklichen, und zwar dadurch, daß er sie einübt. Die Erfahrungen, die er dabei macht, werden in entsprechenden Komplexen gespeichert. Dadurch aber gehen auch die eigenen Fähigkeiten und Begabungen selbst in die jeweiligen Komplexe mit ein. Außerdem wird jeder Mensch durch die Umwelt geprägt, in der er lebt, und hier besonders durch die Art, wie seine Mitmenschen sich ihm gegenüber verhalten. Entscheidend ist dabei aber nicht so sehr die tatsächliche Beschaffenheit seiner Umwelt und das tatsächliche Verhalten seiner Mitmenschen, sondern vielmehr die Weise, wie der Betreffende selbst seine Umwelt und das Verhalten seiner Mitmenschen erfährt. Diese Erfahrungen sind es, die er in seine Komplexe aufnimmt und über die dann auch seine Umweltbedingungen mit in jene Komplexe eingehen.

Einige wichtige Komplexe

Einer der ersten Komplexe, die sich im Leben eines Menschen bilden, ist der Mutter-Komplex. In diesem Komplex gruppieren sich alle Erfahrungen, die der Mensch von Beginn seines Lebens an mit seiner Mutter macht. Der Mutter-Komplex besteht somit aus allen Erinnerungen, die ein Mensch an seine Mutter hat, aber auch aus allen Gefühlen, die er selbst ihr gegenüber hegt, er besteht aus allem, was sie ihm gesagt hat, aber auch aus seinen eigenen Gedanken und Meinungen, die sich auf seine Mutter beziehen, sowie aus allen Phantasien, die er über sie hat.

Wenn ein Kind nicht nur von seiner Mutter betreut wird, sondern hin und wieder auch von einem Kindermädchen, dann führen seine Erfahrungen mit diesem Kindermädchen zur Entstehung eines weiteren Komplexes, den wir als Kindermädchen-Komplex bezeichnen können. Das Kindermädchen übt nun gegenüber dem Kind in erster Linie mütterliche Funktionen aus. Dadurch ist der Kindermädchen-Komplex in der Psyche des Kindes mit seinem Mutter-Komplex eng verbunden.

In der Psychoanalyse werden alle diejenigen Komplexe, die andere Menschen repräsentieren, ganz allgemein als Objekt-Repräsentanzen bezeichnet. Die wichtigsten Objekt-Repräsentanzen eines Menschen sind in der Regel sein Mutter-Komplex und sein Vater-Komplex beziehungsweise seine Mutter-Repräsentanz und seine Vater-Repräsentanz.

Einer der bekanntesten Komplexe ist der Ödipus-Komplex. Dieser repräsentiert nicht eine bestimmte Person, sondern er enthält die Erfahrungen, die das Kind in einem bestimmten Alter mit seinen Eltern macht. Der Ödipus-Komplex fängt an zu entstehen, wenn das Kind etwa drei Jahre alt ist. In diesem Alter fühlt es sich immer stärker zu seinem andersgeschlechtlichen Elternteil hingezogen, der Junge also zu seiner Mutter und das Mädchen zu seinem Vater. Außerdem spürt das Kind nun sehr deutlich, daß die eigenen Eltern Gemeinsamkeiten miteinander teilen, an denen es nicht teilhaben kann. Oft wird es diesbezüglich eifersüchtig auf seine Eltern. Es will nun in die Beziehung eindringen, die sie miteinander haben, und würde am liebsten den andersgeschlechtlichen Elternteil ganz für sich gewinnen. Es entwickelt zärtliche, liebevolle Gefühle für diesen Elternteil und selbstbehauptende, wetteifernde Gefühle gegenüber dem gleichgeschlechtlichen Elternteil. Dieses emotionale Geschehen dominiert im Erleben des Kindes nun für die nächsten Lebensjahre. Das Kind erfährt dabei gegenüber seinen Eltern intensive Leidenschaften von Liebe und Haß, Sehnsucht und Eifersucht, Wut und Furcht. In den Ödipus-Komplex gehen dabei alle Erfahrungen ein, die das Kind in diesem emotionalen Geschehen macht, sowie auch alle seine Phantasien, die mit diesem Geschehen verbunden sind.

Bei einem Teil der Erfahrungen, die zum Ödipus-Komplex führen, handelt es sich zugleich um solche, die das Kind mit seinem Vater macht und die somit auch in seinen Vater-Komplex eingehen. Es gibt also seelische Inhalte, die sowohl zum Ödipus-Komplex gehören als auch zum Vater-Komplex. Dadurch sind diese beiden Komplexe eng miteinander verbunden. Sie überschneiden sich in dem Bereich, der diejenigen Inhalte umfaßt, die zu beiden Komplexen auf einmal gehören. In der gleichen Weise ist der Ödipus-Komplex auch mit dem Mutter-Komplex verbunden.

Neben dem Ödipus-Komplex gibt es auch noch andere Komplexe, die ebenfalls eng verbunden sind mit dem Mutter-Komplex und dem Vater-Komplex. Hierzu gehört beispielsweise das Überich. Dabei handelt es sich um einen Komplex aus moralischen Regeln, Vorschriften, Normen, Verboten und Idealen. Die meisten dieser Inhalte übernimmt das Kind entweder freiwillig von seinen Eltern, oder aber sie werden ihm von diesen aufgezwungen – etwa mit Hilfe von Schuldgefühlen, durch Liebesentzug oder über andere Formen der Bestrafung. Der Überich-Komplex ist zum Teil bewußt und zum Teil unbewußt. Den bewußten Teil dieses Komplexes erleben wir als unser Gewissen.

Genauso wie der Überich-Komplex sind viele andere Komplexe ebenfalls teilweise bewußt und teilweise unbewußt. Dies gilt zum Beispiel auch für den Mutter-Komplex und den Vater-Komplex. Hier und in den meisten anderen Fällen ist es sinnvoll, den bewußten und den unbewußten Teil eines Komplexes jeweils als einen eigenen Komplex zu betrachten. In diesem Sinne unterscheiden wir also zwischen dem bewußten Mutter-Komplex eines Menschen und seinem unbewußten Mutter-Komplex. Beide Komplexe zusammengenommen enthalten alle Gedanken, Phantasien, Gefühle und Erinnerungen, die sich auf die eigene Mutter beziehen. Der bewußte Mutter-Komplex umfaßt dabei alle diejenigen seelischen Inhalte, die jederzeit ohne besondere Schwierigkeiten erinnerbar sind. Der unbewußte Mutter-Komplex hingegen enthält alle Inhalte, die verdrängt sind und die deshalb dem Wachbewußtsein nur sehr schwer wieder zugänglich gemacht werden können. In ähnlicher Weise stellt auch der bewußte Teil des Überich-Komplexes, also das Gewissen, einen eigenen Komplex dar. Bei dem Ödipus-Komplex handelt es sich um einen Komplex, der bei vielen Menschen mehr oder weniger vollständig unbewußt ist. Die betroffenen Personen haben als Erwachsene praktisch keinerlei Erinnerungen mehr an jene Kindheitserlebnisse, aus denen heraus sich der Ödipus-Komplex bei ihnen gebildet hat; außerdem haben sie auch keinen Zugang zu den Phantasien, die mit diesem Komplex verbunden sind.

Die Struktur der Komplexe

Alle Komplexe eines Menschen sind in einer Art Hierarchie angeordnet: Fast jeder Komplex enthält einerseits mehrere untergeordnete Komplexe und ist andererseits selbst Bestandteil eines übergeordneten Komplexes. Betrachten wir dies am Beispiel des Mallorca-Komplexes. Jener Komplex enthält alle unsere Erinnerungen an unsere verschiedenen Urlaube auf Mallorca. Vielleicht haben wir in einem dieser Urlaube die Hauptstadt Palma besucht und dort einen Rundgang durch die Altstadt gemacht. In einem solchen Fall hat sich dann ein Palma-Komplex gebildet, der alle unsere Erinnerungen daran enthält, was wir auf jenem Rundgang gesehen und erlebt haben. Dieser Palma-Komplex ist in dem Mallorca-Komplex enthalten und stellt somit einen untergeordneten Bestandteil von ihm dar. Im Grunde genommen hat dabei jede einzelne Erfahrung, die wir in Palma gemacht haben, zu einem eigenen kleinen Erfahrungs-Komplex geführt. Somit besteht der Palma-Komplex letztendlich aus vielen kleinen Erfahrungs-Komplexen. Jeder dieser Erfahrungs-Komplexe wiederum besteht aus all den Sinneswahrnehmungen, Körperempfindungen, Gefühlen, Phantasien und Gedanken, die die entsprechende Erfahrung ausgemacht haben.

Während der Mallorca-Komplex einerseits den Palma-Komplex beinhaltet, ist er andererseits auch selbst Bestandteil eines übergeordneten Urlaubs-Komplexes. Dieser Komplex umfaßt alle unsere Erinnerungen an unseren verschiedenen Urlaube, und zwar nicht nur auf Mallorca, sondern auch auf Teneriffa und im

Schwarzwald. Damit enthält der Urlaubs-Komplex nicht nur einen Mallorca-Komplex, sondern auch einen Teneriffa-Komplex und einen Schwarzwald-Komplex.

Letztendlich sind in der menschlichen Persönlichkeit alle Komplexe entweder direkt oder indirekt miteinander verbunden. Somit ist die menschliche Persönlichkeit als Ganzes ein einziger Komplex, der in mehrere Komplexe untergliedert ist, die alle miteinander ein Netzwerk bilden. Die untergeordneten Komplexe bestehen hierbei selbst wiederum aus verschiedenen Komplexen und so weiter. Einer der Komplexe, aus denen sich die Persönlichkeit zusammensetzt, ist der Urlaubs-Komplex, der unter anderem den Mallorca-Komplex enthält.

Jeder Mensch hat seine eigenen, ganz individuellen Komplexe, die aus seinen eigenen Erfahrungen hervorgegangen sind und die seine individuelle Persönlichkeit ausmachen. Wenn auch alle Menschen beispielsweise einen Vater-Komplex haben, so hat doch jeder von uns seine eigenen Erfahrungen mit seinem Vater gemacht. Dadurch hat dieser Komplex bei jedem Menschen eine ganz individuelle Ausprägung erhalten. Diese individuelle Ausprägung der einzelnen Komplexe ist die wichtigste Ursache dafür, daß jeder Mensch die Welt auf seine eigene Art erlebt und sich in ihr auf seine eigene Weise verhält.

Der zentrale Komplex innerhalb der menschlichen Persönlichkeit ist der Ich-Komplex. Wie jeder andere Komplex, so besteht dieser ebenfalls aus Gefühlen, Empfindungen, Gedanken, Erinnerungen und Phantasien. Allerdings gibt es bei dem Ich-Komplex eine Besonderheit: Es handelt sich hierbei nämlich um jene Gruppierung von seelischen Inhalten, die wir als unser Ich erleben. Deshalb wird dieser Komplex oft auch einfach als Ich bezeichnet. Der Ich-Komplex steht im Mittelpunkt unserer bewußten Persönlichkeit: Er enthält alle unsere bewußten Bedürfnisse, Wünsche und Absichten sowie auch alle unsere bewußten Verhaltensmuster und Gewohnheiten. In diesem Komplex treffen wir unsere bewußten Entscheidungen, und von ihm gehen unsere absichtlichen Handlungen aus. Hier befinden sich unsere bewußten Überzeugungen, und hier erleben wir für gewöhnlich unsere bewußten Gefühle.

Auch das Ich enthält in sich verschiedene untergeordnete Komplexe. Dazu gehört beispielsweise der Selbstwert-Komplex. Dieser Komplex besteht aus jenen Erinnerungen, Gefühlen, Überzeugungen und Phantasien, die mit der Frage nach dem eigenen Wert zu tun haben. Er bildet sich hauptsächlich in der Kindheit, und zwar für gewöhnlich insbesondere durch Erlebnisse, die das Kind mit seinen Eltern hat: Wenn diese sich dem Kind gegenüber in erster Linie fürsorglich, zärtlich und liebevoll verhalten, dann entwickelt das Kind einen positiven Selbstwert-Komplex, der ihm das Gefühl gibt, wertvoll zu sein. Verhalten sich die Eltern gegenüber dem Kind hingegen in erster Linie grob, kalt und abweisend, so bildet sich im Kind ein negativer Selbstwert-Komplex, aus dem heraus es sich selbst als minderwertig erlebt. Ein solcher negativer Selbstwert-Komplex wird dementsprechend auch als Minderwertigkeits-Komplex bezeichnet. Ein positiver Selbstwert-Komplex ist eine wichtige Grundlage für ein gesundes seelisches Funktionieren. Demgegenüber hat ein negativer Selbstwert-Komplex oftmals eine hemmende Wirkung auf die betreffende Person. Manchmal wird er aber auch durch einen sogenannten Überwertigkeits-Komplex verdeckt: Der Betroffene entwickelt dann in seinem Inneren stark übertriebene Vorstellungen von sich selbst, in denen er sich als besonders wichtig erlebt und als sehr bedeutsam betrachtet. Solche Vorstellungen werden auch als Größenphantasien bezeichnet; sie dienen dazu, die schmerzlichen Gefühle aus dem Minderwertigkeits-Komplex abzuwehren. Ein Überwertigkeits-Komplex verleitet den Betroffenen in der Regel dazu, entsprechend arrogant und großspurig aufzutreten.

Neben den Komplexen, die im Ich enthalten sind, gibt es auch noch andere Komplexe, die dem Ich außen angegliedert sind. Dabei handelt es sich um bewußte Komplexe, die nicht so sehr auf die eigene Person bezogen sind, sondern vielmehr auf andere Menschen oder auch auf weitere Gegebenheiten außerhalb der eigenen Person. Ein Beispiel hierfür ist derjenige Komplex, der sich aus den Erfahrungen bildet, die wir mit unserem Lebenspartner machen. Dieser Komplex kann als Partner-Komplex oder auch als Partner-Repräsentanz bezeichnet werden. Der schon erwähnte Mallorca-Komplex ist ebenfalls dem Ich-Komplex angegliedert – jener Komplex also, der sich aus unseren Erlebnissen während eines Mallorca-Urlaubes gebildet hat und der unsere Erinnerungen an diesen Urlaub enthält. So ist der Ich-Komplex von einer großen Zahl bewußter Komplexe umgeben.

Ein wichtiger Komplex, der ebenfalls dem Ich angegliedert ist, ist die kognitive Landkarte. Hierbei handelt es sich um die begriffliche Darstellung der äußeren Welt, die jeder von uns in seinem Inneren hat. Von diesem Komplex war bereits im ersten Kapitel die Rede. In ihm befindet sich all das Wissen, das wir in unseren bewußten Erfahrungen mit der Welt angesammelt haben. Dieses Wissen ist immer auch in den einzelnen Komplexen enthalten, die aus diesen Erfahrungen heraus entstanden sind. Somit gibt es hier jeweils Überschneidungen zwischen jenen einzelnen Komplexen und der kognitiven Landkarte. Der Mallorca-Komplex beispielsweise enthält nicht nur die Erinnerungen an unseren Urlaub auf jener Insel, sondern auch das Wissen, das wir in diesem Urlaub so ganz nebenbei oder auch gezielt über Mallorca erworben haben. Dieses Wissen aber ist zugleich Bestandteil der kognitiven Landkarte.

Die Qualität der kognitiven Landkarte hängt in einem hohen Maße ab von den Inhalten der anderen Komplexe, aus denen das Wissen für jene innere Darstellung stammt. Betrachten wir hierzu als Beispiel den Sexual-Komplex, also jenen Komplex, in dem die eigenen sexuellen Erfahrungen und Phantasien gespeichert sind. Wenn ein Mensch als Kind von seinen Eltern in realistischer Weise über die Sexualität aufgeklärt wurde und wenn er als Jugendlicher und Erwachsener hauptsächlich positive Erfahrungen mit seiner Sexualität gemacht hat, dann enthält auch seine kognitive Landkarte in der Regel eine angemessene Darstellung der menschlichen Sexualität. Bei manchen Menschen beinhaltet der Sexual-Komplex jedoch in erster Linie negative Erfahrungen mit der Sexualität. Wenn dies der Fall ist, dann ist normalerweise auch ihre innere Darstellung der äußeren Welt in bezug auf die

Sexualität verzerrt. So sind einige der Betroffenen beispielsweise der Auffassung, daß alle Frauen schon allein von ihrer biologischen Ausstattung her unfähig sind, einen Orgasmus zu erleben. Diese Auffassung aber ist falsch. Dementsprechend führt sie bei den Betroffenen zu einer verzerrten Darstellung der weiblichen Sexualität.

In die kognitive Landkarte geht aber nicht nur das Wissen ein, das wir selbst durch Erfahrungen erwerben, sondern auch jenes Wissen, das uns von anderen vermittelt wird, also etwa das Wissen, das wir in der Schule lernen, oder jenes Wissen, das wir uns aneignen, wenn wir ein Sachbuch lesen. Dieses Wissen kann nun ebenfalls falsch sein und zu weiteren Verzerrungen in der kognitiven Landkarte beitragen. Oft ist es aber richtig und kann so eventuell bereits bestehende Verzerrungen korrigieren.

Viele Komplexe, die dem Ich angegliedert sind, stehen in einer engen Verbindung mit entsprechenden Teilpersönlichkeiten, die direkt zum Ich gehören. Bei den Teilpersönlichkeiten handelt es sich ganz allgemein um eine besondere Art von Komplexen: Sie unterscheiden sich von anderen Komplexen dadurch, daß sie sich einerseits um unsere Bedürfnisse, Wünsche und Absichten herum bilden und daß sie andererseits unsere Verhaltensmuster und Gewohnheiten enthalten. Es gibt sowohl bewußte Teilpersönlichkeiten als auch unbewußte. Die bewußten gehören alle zum Ich-Komplex. Viele von ihnen sind darüber hinaus aber auch mit anderen Komplexen verbunden, die dem Ich angegliedert sind. Dies gilt beispielsweise für den Geld-Komplex und die Geld-Teilpersönlichkeit: Der Geld-Komplex enthält all unser Wissen über Geld und alle Erfahrungen, die wir bisher im Umgang mit Geld gemacht haben. Er ist dem Ich-Komplex angegliedert. Außerdem gibt es aber auch noch eine Geld-Teilpersönlichkeit, die direkt im Ich enthalten ist. Bei dieser Teilpersönlichkeit handelt es sich um jenen Anteil des Ichs, der unsere Überzeugungen für den Umgang mit Geld beinhaltet, sowie unsere Wünsche bezüglich des Geldes und unsere Gewohnheiten im Ausgeben und Anlegen von Geld. Wann immer wir in irgendeiner Weise mit Geldangelegenheiten zu tun haben, befinden wir uns in diesem Teil unseres Ich-Komplexes und handeln aus ihm heraus.

In ähnlicher Weise lassen sich auch ein bewußter Sexual-Komplex und eine bewußte Sexual-Teilpersönlichkeit voneinander unterscheiden: Während der Sexual-Komplex unsere sexuellen Erfahrungen und Phantasien enthält, verkörpert die Sexual-Teilpersönlichkeit unsere sexuellen Bedürfnisse, Wünsche, Vorlieben, Abneigungen, Gewohnheiten und Verhaltensmuster. In diesem Teil unserer Persönlichkeit erleben wir unsere Sexualität, und aus ihm heraus steuern wir unser sexuelles Verhalten.

Unbewußte Komplexe

Am weitesten entfernt vom Ich-Komplex und am wenigsten direkt mit ihm verbunden sind jene verdrängten unbewußten Komplexe, die aus sehr schmerzlichen

Kindheitserfahrungen heraus entstanden sind. Solche Kindheitserfahrungen werden auch seelische Traumata genannt. Damit können die entsprechenden Komplexe als Trauma-Komplexe bezeichnet werden. Trauma-Komplexe entstehen beispielsweise, wenn ein kleines Mädchen von seinem Vater sexuell mißhandelt wird oder wenn ein kleiner Junge eine Mutter hat, die immer nur kalt und abweisend zu ihm ist und ihm nicht die Liebe gibt, die er braucht.

Neben den unbewußten Trauma-Komplexen gibt es auch unbewußte Teilpersönlichkeiten. Hierbei handelt es sich um Anteile der eigenen Persönlichkeit, die im Zusammenhang mit traumatischen Kindheitserfahrungen verdrängt werden mußten. Fortgesetzte sexuelle Mißhandlungen beispielsweise können bei einem Kind dazu führen, daß es schließlich denjenigen Anteil seiner Persönlichkeit verdrängt, der sein eigenes sexuelles Begehren verkörpert. Dieser Anteil wird dadurch dann zu einer unbewußten Teilpersönlichkeit. Solche unbewußten Teilpersönlichkeiten sind niemals Bestandteil des Ich-Komplexes, sondern sie gehören stets zu den entsprechenden unbewußten Trauma-Komplexen: Jede traumatische Kindheitserfahrung findet ihren Niederschlag in einem Trauma-Komplex. Dies gilt auch für alle Kindheitstraumata, die zur Verdrängung von Teilpersönlichkeiten führen. Hier wird die Teilpersönlichkeit, die der Verdrängung anheimfällt, dann jeweils von dem Trauma-Komplex umschlossen, der aus dem entsprechenden Trauma heraus entsteht.

Wie sehr ein Komplex auch verdrängt sein mag, es gibt keinen unbewußten Komplex, der nicht in irgendeiner Weise Einfluß nimmt auf unser bewußtes Erleben und Verhalten. Ganz im Gegenteil beeinflussen die Trauma-Komplexe und die unbewußten Teilpersönlichkeiten, die in ihnen enthalten sind, unser bewußtes Erleben und Verhalten sogar in vielfältiger Weise: Manchmal führen sie dazu, daß wir eine bedeutsame Information vergessen oder einen wichtigen Gegenstand verlieren, und oft bewirken sie in uns eine mehr oder weniger starke innere Unruhe. Außerdem sind die Trauma-Komplexe auch die Wurzel für Neurosen und andere psychische Störungen.

Betrachten wir ein Beispiel zu den Auswirkungen, die unbewußte Trauma-Komplexe auf unser Erleben und Verhalten haben können: Ein Mensch wird als Kind immer wieder von seinen Eltern übergangen; sie gehen nur dann auf seine Bedürfnisse ein, wenn es unbedingt notwendig ist. Die Erfahrungen des Übergangenwerdens sind hier so schmerzlich, daß der Betroffene sie verdrängen muß. Dadurch führen sie in seinem Inneren zur Entstehung eines unbewußten Trauma-Komplexes. Später als Erwachsener kann der Betroffene sich an jene Erfahrungen nicht mehr erinnern, denn die Erinnerungen daran wurden als Bestandteile des Trauma-Komplexes mit diesem verdrängt. Dennoch hat jener unbewußte Trauma-Komplex Auswirkungen auf das bewußte Erleben und Verhalten des Betroffenen. So ist ein solcher Komplex zum Beispiel in der Regel mit starken Wutgefühlen aufgeladen. Diese Wutgefühle sind in der Kindheit entstanden, als der Betroffene immer wieder übergangen wurde. Damals durfte er sie nicht zeigen, sondern mußte sie ebenfalls verdrängen. Doch in seinem Erwachsenenleben können sie unter

Umständen leicht aktiviert werden, wenn er wieder einmal übergangen wird. In solchen Situationen bekommt der Betroffene dann eventuell jedesmal einen Wutanfall, der so heftig ist, daß er ihn von seinem Ich-Komplex her nicht mehr unter Kontrolle halten kann. Ein solcher Wutanfall mag ihn zu Handlungen verleiten, die den Wertvorstellungen seines Ich-Komplexes entgegenstehen und die damit seinen eigenen bewußten Absichten zuwiderlaufen. Jene Handlungen sind hier dann ein Ausdruck desjenigen unbewußten Trauma-Komplexes, der aus den Kindheitserfahrungen des Übergangenwerdens entstanden ist.

Wirksam werden unbewußte Trauma-Komplexe besonders dann, wenn wir uns in Situationen befinden, in denen etwas enthalten ist, das uns unbewußt an die ursprüngliche traumatische Kindheitserfahrung erinnert. Auch dies wurde bereits in dem vorangegangenen Beispiel deutlich: Hier wird der Betroffene als Erwachsener durch eine relativ harmlose Situation des Übergangenwerdens unbewußt erinnert an die vielen schmerzlichen Kindheitssituationen, in denen er von seinen Eltern übergangen wurde. Dadurch kommt es bei ihm zu einer Aktivierung des entsprechenden Trauma-Komplexes. Der aktivierte Trauma-Komplex führt dann in unserem Beispiel zu einem heftigen Wutanfall.

Schließlich wirken sich die Trauma-Komplexe auch auf unsere Träume aus. Insbesondere die unbewußten Teilpersönlichkeiten, die in solchen Komplexen oft enthalten sind, erscheinen häufig in unseren Träumen: Im ersten Kapitel wurde bereits der Traum einer Frau erwähnt, die sehr an ihrem Verstand orientiert ist. Sie träumt des öfteren davon, wie sie auf einem Pferd durch die Landschaft galoppiert. Dieser Traum zeigt ihr mit jenem Motiv eine unbewußte Teilpersönlichkeit. Dabei handelt es sich um den wilden, leidenschaftlichen Anteil ihrer selbst, der auch in ihr steckt, ohne daß sie ihn bisher gelebt hat. Wir können davon ausgehen, daß es traumatische Kindheitserfahrungen waren, die dazu geführt haben, daß sie diesen Anteil ihrer selbst verdrängen mußte. Dadurch wurde er zu einer unbewußten Teilpersönlichkeit, statt sich als Bestandteil ihres Ich-Komplexes zu entwickeln.

Problem-Komplexe

Eine besondere Art von Komplexen sind die Problem-Komplexe. Hierbei handelt es sich um Komplexe, die aus seelischen Problemen bestehen. Diese Komplexe sind zwar oft eng verbunden mit den Trauma-Komplexen, sie unterscheiden sich aber von diesen unter anderem dadurch, daß sie immer wenigstens teilweise bewußt sind.

Jedes seelische Problem eines Menschen setzt sich aus drei Komponenten zusammen. Bei der ersten Komponente handelt es sich hier um innere oder äußere Gegebenheiten, die von dem Betroffenen als unangenehm erlebt werden. Ein Mensch wird beispielsweise von seinen Arbeitskollegen ständig schikaniert und leidet darunter, oder er wird immer wieder von unerträglichen Ängsten heimgesucht, für die er keine Erklärung hat.

Die zweite Komponente eines jeden seelischen Problems ist der Wunsch, daß sich die Gegebenheiten, die als unangenehm erlebt werden, zum Positiven hin ändern sollen. Der Betroffene wünscht sich vielleicht, daß die Arbeitskollegen ihn respektieren, oder er hat in dem anderen Fall ein starkes Verlangen danach, von seinen Ängsten frei zu sein.

Die dritte Komponente eines jeden Problems schließlich ist ein Hindernis, welches sich darin zeigt, daß der jeweilige Wunsch sich nicht so ohne weiteres verwirklicht oder verwirklichen läßt. Der Betroffene weiß möglicherweise nicht, wie er seine Arbeitskollegen dazu bringen kann, daß sie ihn respektieren, oder in dem anderen Fall treten seine Ängste auch weiterhin auf, obwohl er schon vieles gegen sie unternommen hat.

Durch diese drei Komponenten besteht jedes emotionale Problem nicht nur aus schwierigen äußeren Gegebenheiten, sondern zu einem mehr oder weniger großen Teil auch aus seelischen Inhalten, nämlich aus Gedanken, Phantasien, Wahrnehmungen, Emotionen, Bedürfnissen, Wünschen und Erinnerungen. Diese seelischen Inhalte bilden jeweils zusammen einen Komplex, und zwar den Problem-Komplex. Außerdem sind sie dem betroffenen Menschen oft nur teilweise bewußt: Häufig wurzeln die Problem-Komplexe nämlich in verdrängten Trauma-Komplexen. Im ersten Beispiel ist es vielfach so, daß sich der Betroffene gerade deshalb nicht gegen seine Arbeitskollegen wehren kann, weil er auf Grund von traumatischen Kindheitserfahrungen diejenige Teilpersönlichkeit verdrängen mußte, die sein Durchsetzungsvermögen verkörpert. Diese Teilpersönlichkeit ist somit bei ihm in dem entsprechenden Trauma-Komplex enthalten und steht ihm dadurch nicht mehr in seinem Ich-Komplex zur Verfügung. Im zweiten Fall ist es stets so, daß die genauso unerträglichen wie unerklärlichen Ängste ihren Ursprung letztendlich in traumatischen Kindheitserfahrungen haben.

Die Verankerung der Komplexe im Körper

Jeder Komplex ist auf vielfältige Weise im Körper verankert; dies gilt sowohl für die Trauma-Komplexe als auch für die bewußten Komplexe. So wird jedes Erlebnis, das zu einem Erfahrungs-Komplex führt, als Erinnerung im Gehirn eingespeichert. Komplexe bestehen zu einem ganz wesentlichen Teil aus diesen in der Gehirnsubstanz eingespeicherten Erinnerungen. Darüber hinaus können Komplexe aber auch noch auf andere Art im Körper verwurzelt sein. Besonders im ersten Lebensjahr prägen dieselben Erfahrungen, die sich in den Komplexen niederschlagen, zugleich auch die Verbindungen zwischen den Nervenzellen im Gehirn. Ein großer Teil dieser Verbindungen entsteht nämlich erst in der Säuglingszeit, und zwar entsprechend den Erfahrungen, die das Baby in jener Zeit macht. Dies bedeutet, daß unterschiedliche Erfahrungen gerade im ersten Lebensjahr nicht nur zu unterschiedlichen Komplexen führen, sondern auch zu unterschiedlichen Nervenverbindungen. Auf diese Weise aber verankern sich damit zugleich auch die frühen

Komplexe, die aus jenen Erfahrungen resultieren, in den entsprechenden Strukturen des Gehirns.

Zu manchen Komplexen gehören auch chronische Verspannungen in der Muskulatur. Dies gilt besonders für die Trauma-Komplexe. Ein Beispiel hierfür wurde bereits im ersten Kapitel vorgestellt: Es handelt sich um dasjenige von dem Mann, der als kleiner Junge nie weinen durfte. Als Kind nie weinen zu dürfen, wenn einem danach zumute ist, gehört zu den schmerzlichen Erfahrungen, die zur Entstehung von Trauma-Komplexen führen. Der betroffene Junge hat nun immer, wenn ihm nach Weinen zumute war, diejenigen Muskeln angespannt, die beim Weinen aktiv sind. Hierbei handelt es sich um Muskeln in der Kehle, im Zwerchfell und um die Augen. Indem er diese Muskeln angespannt hat, konnte er jedesmal ein Weinen verhindern. Doch schließlich haben sich die Anspannungen chronifiziert: Sie sind zu dauerhaften Verspannungen geworden. Diese chronischen Muskelverspannungen gehören nun ebenfalls zu dem Trauma-Komplex, der aus den schmerzlichen Erlebnissen entstanden ist, in denen der Junge sehr traurig war und nicht weinen durfte. Jener Komplex umfaßt also nicht nur die Erinnerungen an diese traumatischen Erlebnisse sowie die Emotionen, Gedanken und Phantasien, die mit diesen Erlebnissen verbunden sind, sondern er enthält auch die Muskelverspannungen, die sich in jenen Erlebnissen gebildet haben und die schließlich chronisch geworden sind.

Teilpersönlichkeiten

Als Teilpersönlichkeiten werden diejenigen Komplexe bezeichnet, die unsere Bedürfnisse, Wünsche und Absichten verkörpern. Jede Teilpersönlichkeit ist ein relativ eigenständiger Anteil unserer Persönlichkeit, der nicht nur aus den jeweiligen Bedürfnissen, Wünschen und Absichten besteht, sondern auch aus bestimmten Körperhaltungen, Verhaltensmustern, Fähigkeiten, Gewohnheiten, Meinungen, Überzeugungen und Gefühlen. Die einzelnen Teilpersönlichkeiten sind damit in der Regel sowohl im Körperzentrum verankert als auch im Gefühlszentrum und im Denkzentrum. Sie können entweder bewußt sein oder unbewußt. Alle bewußten Teilpersönlichkeiten eines Menschen sind Bestandteil seines Ich-Komplexes. Sie können dementsprechend auch als Ich-Teilpersönlichkeiten bezeichnet werden. Der Ich-Komplex eines jeden Menschen ist in gewisser Hinsicht nichts anderes als die Gesamtheit seiner bewußten Teilpersönlichkeiten. Die einzelnen Teilpersönlichkeiten verkörpern dabei die verschiedenen Seiten oder Aspekte unserer selbst. Die bewußten Teilpersönlichkeiten stellen hier jene Seiten von uns dar, die in den unterschiedlichen alltäglichen Situationen aktiviert werden. Jede bewußte Teilpersönlichkeit ist ein eigener Komplex, der seine eigenen Bedürfnisse und seinen eigenen Verhaltensstil hat und jeweils in bestimmten Situationen in Erscheinung tritt. Die unbewußten Teilpersönlichkeiten hingegen verkörpern Anteile von uns, die wir während unserer Kindheit verdrängen mußten. Ihnen begegnen wir zum Beispiel nachts in unseren Träumen auf symbolische Weise. Die meisten bewußten Teilpersönlichkeiten und fast alle unbewußten entstehen während unserer Kindheit; wir können aber auch in unserem Erwachsenenleben immer noch neue Teilpersönlichkeiten entwickeln. Ein wichtiger Pionier in der Erforschung der menschlichen Teilpersönlichkeiten ist der Psychotherapeut R. Assagioli.

Viele Teilpersönlichkeiten bilden sich unter gutartigen Bedingungen. Andere hingegen entstehen aus schmerzhaften, traumatischen Erfahrungen heraus. Beide Arten von Teilpersönlichkeiten können entweder früher oder später der Verdrängung anheimfallen, oder aber sie werden in den Ich-Komplex eingefügt. Der Ich-Komplex eines Menschen enthält damit normalerweise sowohl Teilpersönlichkeiten, die sich unter gutartigen Bedingungen entwickelt haben, als auch solche, die aus traumatischen Erfahrungen heraus entstanden sind. Das gleiche gilt in entsprechender Weise ebenfalls für das persönliche Unbewußte des Menschen.

Bewußte Teilpersönlichkeiten

Betrachten wir zunächst die bewußten Teilpersönlichkeiten. Hier kann beispielsweise ein und dieselbe Frau viele verschiedene Seiten haben: Manchmal ist sie erotisch und leidenschaftlich, manchmal warmherzig und fürsorglich, manchmal ist sie fleißig und klug und manchmal auch anspruchsvoll und empfindsam oder verspielt und kreativ. Diese verschiedenen Seiten stellen dann jeweils unterschiedliche Teilpersönlichkeiten dar, die alle zu ihrem Ich-Komplex gehören und jeweils in anderen Situationen in Erscheinung treten. So mag ihre erotische, leidenschaftliche Teilpersönlichkeit besonders dann auftreten, wenn sie sich zu Beginn einer neuen Liebesbeziehung mit ihrem Geliebten trifft. In diesen Situationen ist sie praktisch jene Teilpersönlichkeit, das heißt, sie ist dann eine erotische, leidenschaftliche Frau. Besteht die Liebesbeziehung schon länger, so mag jene Teilpersönlichkeit bei ihr mehr und mehr durch eine andere abgelöst werden, beispielsweise durch die warmherzige und fürsorgliche Teilpersönlichkeit. Die betreffende Frau ist dann im Zusammensein mit ihrem Freund nicht mehr so sehr die leidenschaftlich Liebende, sondern eher eine warmherzige Partnerin. Eine weitere bewußte Teilpersönlichkeit von ihr ist diejenige einer fleißigen Person, die gut logisch denken kann. Diese Teilpersönlichkeit tritt möglicherweise hauptsächlich während ihrer beruflichen Tätigkeit auf. In ihrem Beruf ist sie praktisch mit dieser Teilpersönlichkeit identisch und damit eine genauso fleißige wie kluge Frau – und nicht so sehr eine erotische oder eine warmherzige. Andere bewußte Teilpersönlichkeiten von ihr sind diejenige einer verspielten, kreativen Person und diejenige einer anspruchsvollen und empfindsamen Person. Diese beiden Teilpersönlichkeiten stellen weitere Seiten von ihr dar, die wiederum in anderen Situationen in Erscheinung treten.

Schauen wir uns noch ein anderes Beispiel an: Der Ich-Komplex eines Mannes enthält vielleicht zwei verschiedene Teilpersönlichkeiten, die beide in seinem Beruf auftreten, und zwar einerseits eine strenge oder sogar tyrannische Teilpersönlichkeit, aus der heraus er seine Untergebenen behandelt, und andererseits eine freundliche, zuvorkommende Teilpersönlichkeit, die immer dann zum Einsatz kommt, wenn er sich mit seinen Geschäftspartnern trifft. In seinem Familienleben mögen dann wieder andere Teilpersönlichkeiten aktiviert werden: Vielleicht ist er in der Beziehung zu seiner Frau sehr empfindsam und wenig durchsetzungsfähig und im Umgang mit seinen Kindern sanft und fürsorglich.

Zu den Teilpersönlichkeiten, die viele Menschen in ihrem Ich haben, gehören beispielsweise auch die folgenden:

- eine Teilpersönlichkeit, die für den Umgang mit Geld zuständig ist,
- eine Teilpersönlichkeit, die die eigenen sexuellen Bedürfnisse verkörpert,
- eine Teilpersönlichkeit, die gerne neue Kontakte knüpft,
- eine weise, gelassene Teilpersönlichkeit,
- die Teilpersönlichkeit eines lebhaften, ausgelassenen Kindes,
- die Teilpersönlichkeit eines hilflosen, verängstigten Kindes.

Welche von diesen Teilpersönlichkeiten tatsächlich zur bewußten Persönlichkeit eines Menschen gehören, das hängt in erster Linie von der Entwicklung ab, die er in seiner Kindheit durchlaufen hat.

Zwei wichtige Teilpersönlichkeiten, die jeder Mensch in sich entwickelt, sind die Mutter-Teilpersönlichkeit und die Vater-Teilpersönlichkeit. Diese beiden Teilpersönlichkeiten enthalten alle Überzeugungen und Verhaltensmuster, die wir von unseren Eltern übernommen haben. Sie bilden sich in unserer Kindheit durch Identifikation mit den Eltern. Dabei entstehen sie genau genommen aus den entsprechenden Komplexen heraus, also aus dem eigenen Mutter-Komplex und dem eigenen Vater-Komplex. Die Entwicklung der Eltern-Teilpersönlichkeiten verläuft somit in zwei Schritten: Zunächst nehmen wir die verschiedensten Überzeugungen und Verhaltensmuster von unseren Eltern in unseren Mutter-Komplex und in unseren Vater-Komplex auf. Dies geschieht normalerweise unbemerkt. Der zweite Schritt besteht dann darin, daß wir uns als Kinder mit unseren Eltern identifizieren. Dadurch machen wir uns viele Inhalte aus den Eltern-Komplexen zu eigen. Wir verbinden diese Inhalte mit unseren eigenen Bedürfnissen und Gefühlen und entwickeln so aus den Eltern-Komplexen heraus Eltern-Teilpersönlichkeiten, die dann zu Bestandteilen unseres Ich-Komplexes werden. Wenn eine solche Eltern-Teilpersönlichkeit später in unserem Erwachsenenleben aktiviert wird, dann verhalten wir uns in einer Weise, wie es unsere Mutter oder unser Vater getan hat, und wir vertreten Überzeugungen, die von ihnen stammen und die wir nie selbst auf ihre Richtigkeit hin überprüft haben.

Die meisten Teilpersönlichkeiten enthalten unter anderem auch Verhaltenspläne. Hierbei handelt es sich um gedankliche Vorstellungen davon, aus welchen Komponenten ein bestimmtes Verhaltensmuster besteht und in welcher Reihenfolge diese Komponenten jeweils auszuführen sind. So hat jeder von uns in seinem Inneren eine Vorstellung davon, wie man Schnürsenkel bindet. Diese Vorstellung muß jedoch nicht unbedingt in begrifflichen Gedanken repräsentiert sein – sie kann auch etwa in teils visueller, teils kinästhetischer Form vorliegen. In ähnlicher Weise haben wir in unserem Gedächtnis für viele alltägliche Handlungen entsprechende Pläne dahingehend, wie diese Handlungen auszuführen sind.

Einige Verhaltenspläne beziehen sich zum Beispiel auch auf soziale Verhaltensmuster. Besonders Menschen, die sehr gesellig sind, haben hier oft detaillierte Pläne darüber, wie sie leicht zu anderen, fremden Personen einen Kontakt herstellen und auch aufrechterhalten können. Diese Pläne enthalten etwa folgende Komponenten: Zunächst einmal geht es darum, mit einer fremden Person überhaupt in ein Gespräch zu kommen. Hierfür enthalten die Verhaltenspläne von geselligen Menschen oftmals mehrere geeignete Redewendungen, mit denen sie zum Beispiel nach der Uhrzeit fragen oder um Feuer für eine Zigarette bitten. Der nächste Schritt besteht dann darin, das Gespräch fortzuführen, etwa indem man über das Wetter redet und von dort aus auf die eigenen Hobbys zu sprechen kommt, die sich bei solch einem Wetter vielleicht sehr gut ausführen lassen oder eben überhaupt nicht. Wichtig ist dabei aber auch, die fremde Person alsbald in das Gespräch mit einzubeziehen, etwa indem man sie nach den eigenen Hobbys fragt und ihren Schilderungen dann mit Interesse folgt. Der letzte Schritt in einem Verhaltensplan zur Herstellung von sozialen Kontakten besteht oft darin, sich mit der vormals fremden Person zu einem neuen Treffen zu verabreden.

Gesellige Menschen haben also nicht nur eine ausgeprägte Teilpersönlichkeit, die gerne neue Kontakte knüpft, sondern sie verfügen in dieser Teilpersönlichkeit auch über einen entsprechenden Verhaltensplan. Wenn sie dann auf eine fremde Person treffen, die ihnen sympathisch ist, brauchen sie jenen Plan nur noch in ein reales Verhalten umzusetzen.

Verhaltenspläne, gleich welcher Art, können genau und detailliert sein oder auch sehr vage und undifferenziert, sie können für die Situation, in der sie Anwendung finden, gut oder schlecht geeignet sein, und sie können bewußt sein oder unbewußt. Weiterhin unterscheiden wir Menschen uns auch darin voneinander, wie eng wir uns jeweils an unsere eigenen Verhaltenspläne halten. Die meisten von uns folgen ihren Plänen stets beinahe sklavisch, während manche immer wieder einmal von ihnen abweichen, um neue Verhaltensweisen auszuprobieren. Außerdem ist es auch nicht in jeder Lebenssituation sinnvoll, einen vorgeprägten Verhaltensplan zu verwirklichen – manchmal erweist es sich als sehr viel befriedigender oder sogar erfüllender, den eigenen Gefühlen oder Bedürfnissen einfach spontan Ausdruck zu verleihen.

Die bewußte Persönlichkeit eines Menschen besteht also aus vielen Teilpersönlichkeiten, die seine verschiedenen Seiten verkörpern und die jeweils in unterschiedlichen Situationen auftreten. Normalerweise wird dabei durch eine bestimmte Situation jeweils automatisch eine bestimmte Teilpersönlichkeit aktiviert – und zwar ohne daß sich der Betreffende bewußt dafür entscheidet, auf diese Situation gerade mit jener Teilpersönlichkeit zu reagieren.

Es gibt zwar grundsätzlich eine Freiheit des Menschen zur Selbstbestimmung, aus der heraus er einerseits selbst entscheiden kann, mit welcher Teilpersönlichkeit er auf eine bestimmte Situation reagiert, und aus der heraus er andererseits auch zu entscheiden vermag, in welchem Ausmaß er dann dem Verhaltensplan folgt, der in jener Teilpersönlichkeit verankert ist. Doch diese Freiheit zur Selbstbestimmung hat für gewöhnlich ihre engen Grenzen und ist außerdem den meisten von uns nur selten verfügbar. So reagieren wir tatsächlich fast immer automatisch auf die Situationen, in die wir jeweils geraten.

Außerdem identifizieren wir uns für gewöhnlich zugleich auch automatisch mit derjenigen Teilpersönlichkeit, die gerade in uns aktiv ist. Dadurch sind wir dann in dieser Situation mit jener Teilpersönlichkeit identisch und in einer anderen Situation mit einer anderen Teilpersönlichkeit. Die gleiche Art von Situation kann dabei in verschiedenen Menschen sehr unterschiedliche Teilpersönlichkeiten aktivieren.

Betrachten wir hierzu ein Beispiel: Zwei Kinder streiten sich. Diese Situation mag bei einer bestimmten Mutter automatisch ihre Vater-Teilpersönlichkeit aktivieren. Sie verhält sich dann ihren streitenden Kindern gegenüber so, wie sie es selbst als Kind bei ihrem Vater erlebt hat, wenn sie sich mit ihrem Bruder oder ihrer Schwester gestritten hat. Vielleicht schimpft sie ihre Kinder aus, genauso, wie es ihr Vater damals mit ihr gemacht hat. Bei einer anderen Mutter aktiviert dieselbe Situation vielleicht eine andere Teilpersönlichkeit. Diese Frau mag mehrere Jahre lang Leiterin von Jugendgruppen gewesen sein und hat dabei gelernt, wie man einen Streit zwischen Kindern am besten schlichtet. Dadurch hat sie in ihrem Ich-Komplex eine entsprechende Teilpersönlichkeit entwickelt, die nun in solchen Situationen mit ihren eigenen Kindern automatisch aktiviert wird. Durch den Identifikationsprozeß, der gleichzeitig in ihr stattfindet, erlebt sie sich dann als diese Teilpersönlichkeit. Sie ist in jener Situation dieser Teil von sich und schlichtet den Streit genau so, wie sie es als Jugendgruppenleiterin gelernt hat. Bei wieder einer anderen Mutter aktiviert die gleiche Art von Situation automatisch die Teilpersönlichkeit eines ängstlichen Kindes: Wenn ihre Kinder sich streiten, dann fühlt sie sich selbst ganz hilflos und weiß nicht, was sie machen soll.

Der Wechsel von einer Teilpersönlichkeit zur anderen geschieht normalerweise, ohne daß wir ihn bewußt bemerken oder gar in Gedanken reflektieren. Er wird durch Veränderungen in der äußeren oder in der inneren Situation automatisch hervorgerufen. Zur äußeren Situation gehört hier beispielsweise der Ort, an dem wir uns aufhalten, also etwa, ob wir uns in der eigenen Wohnung befinden oder in einem Kaufhaus oder auf einer einsamen Waldlichtung. Außerdem gehören zur äußeren Situation die Menschen, die sich an diesem Ort befinden, die Art, wie sie sich verhalten, und die Erwartungen, die sie an uns haben. Zur inneren Situation gehören beispielsweise unsere Bedürfnisse, wie etwa Hunger oder Sehnsucht nach Zärtlichkeit. Ein weiterer Bestandteil der inneren Situation ist unsere körperliche Befindlichkeit, die etwa darin bestehen kann, daß wir erschöpft sind oder unter Schmerzen leiden. Schließlich gehört zur inneren Situation auch die Art und Weise, wie wir die äußere Situation erleben und welche Gefühle und Erinnerungen sie in uns hervorruft.

Führen wir hierzu das Beispiel von der Mutter fort, deren Kinder sich streiten und die sich selbst dabei ganz hilflos fühlt. Vielleicht klingelt plötzlich das Telefon. Eine gute Freundin ist am Apparat und fängt sofort an, von ihren eigenen Problemen zu erzählen. Dadurch wird bei der Mutter aus unserem Beispiel automatisch eine ganz andere Teilpersönlichkeit aktiviert, möglicherweise diejenige einer einfühlsamen Zuhörerin: Während sie sich eben noch hilflos fühlte, kann sie jetzt ihrer Freundin einfühlsam beistehen. Eventuell findet noch während des Telefongespräches ein weiterer Wechsel zwischen den Teilpersönlichkeiten statt: Der Freundin geht es wieder besser, und beide beginnen, ausgelassen miteinander zu scherzen. Nachdem das Gespräch zu Ende gegangen ist, erinnert sich die Mutter aus unserem Beispiel daran, daß im Haushalt noch viel zu tun ist. Dieser Gedanke aktiviert jetzt ihre Hausfrauen-Teilpersönlichkeit.

Es hängt jedoch nicht nur von der äußeren oder inneren Situation ab, welche Teilpersönlichkeit aktiviert wird, sondern auch von der jeweiligen Teilpersönlichkeit selbst. Betrachten wir dies am Beispiel derjenigen Teilpersönlichkeit, die für den Umgang mit Geld zuständig ist: Hier gibt es Menschen, bei denen diese Teilpersönlichkeit in ihrem Ich-Komplex sehr stark dominiert. Bei solchen Menschen enthält jene Teilpersönlichkeit meistens die Überzeugung, daß Geld von höchster Bedeutung ist und daß das wichtigste Ziel im Leben darin besteht, möglichst viel Geld zu verdienen. Dementsprechend wird ihre Geld-Teilpersönlichkeit in vielen Situationen aktiviert, auf die andere Menschen mit ganz anderen Teilpersönlichkeiten reagieren. Im Extremfall sind die Betroffenen geradezu besessen von den Absichten ihrer eigenen Geld-Teilpersönlichkeit. Sie betrachten dann fast alle Situationen im Leben unter dem finanziellen Aspekt. Solche Menschen fragen sich beispielsweise auf einer Party in erster Linie, bei welchen der anwesenden Personen es für sie gerade in finanzieller Hinsicht von Vorteil sein könnte, wenn sie mit ihnen näher bekannt würden.

Ganz allgemein betrachtet wirken also die Inhalte der Teilpersönlichkeiten mit den anderen Faktoren der inneren und äußeren Situation zusammen und bewirken so, daß jeweils eine bestimmte Teilpersönlichkeit aktiviert wird. Die Aktivierung geschieht dabei normalerweise automatisch. Man kann aber lernen, jenen Automatismus zu unterbrechen und in bezug auf eine bestimmte Situationen zu verändern. Ein bekanntes Beispiel hierfür besteht darin, in schwierigen Situationen erst einmal bis zehn zu zählen oder dreimal tief durchzuatmen, bevor man auf die jeweilige Situation reagiert. Hier ist es ebenfalls eine ganz bestimmte Teilpersönlichkeit im Inneren des Ichs, mit deren Hilfe wir auf eine solche Art den bestehenden Automatismus unterbrechen können. Diese Teilpersönlichkeit wird manchmal als Dirigenten-Teilpersönlichkeit bezeichnet. Sie verhindert zunächst einmal, daß wir auf die jeweilige Situation automatisch mit einer Teilpersönlichkeit reagieren, die die Schwierigkeiten nur noch vergrößern würde, und sie dirigiert außerdem nach dem Zählen oder nach den tiefen Atemzügen ganz bewußt den Einsatz einer anderen Teilpersönlichkeit, die besser geeignet erscheint, um die schwierige Situation zu meistern.

Wie das Beispiel des inneren Dirigenten zeigt, gibt es im Ich nicht nur Teilpersönlichkeiten, die durch ihr Verhalten nach außen hin in Erscheinung treten, sondern auch solche, die fast ausschließlich im eigenen Inneren wirken. Zu diesen Teilpersönlichkeiten gehört unter anderem auch der innere Kritiker. Hierbei handelt es sich um einen seelischen Komplex, der in vielen Menschen vorhanden ist und der alles, was sie machen, in ihren Gedanken mit abwertenden Kommentaren kritisiert. Dieser Komplex kann auch als Kommentator-Teilpersönlichkeit bezeichnet werden.

Während der innere Kommentator eher unangenehm ist, erweist sich der innere Dirigent durchaus als positiv: Durch die Dirigenten-Teilpersönlichkeit läßt sich nämlich der Einsatz von anderen Teilpersönlichkeiten des Ichs bewußt steuern. Betrachten wir hierzu noch einmal das Beispiel von der Frau, die auf den Streit ihrer Kinder automatisch mir einer genauso ängstlichen wie hilflosen Teilpersönlichkeit reagiert. Vielleicht hat diese Frau ja in ihrem Ich-Komplex durchaus auch eine Teilpersönlichkeit, die mit einen solchen Streit bei anderen Kindern sehr kompetent umgehen kann – nur wenn sich ihre eigenen Kinder streiten, wird nicht diese Teilpersönlichkeit aktiviert, sondern jene hilflose, ängstliche. Wenn dies der Fall ist, dann kann die betroffene Frau sich darin üben, auf den Streit ihrer eigenen Kinder zunächst mit der Dirigenten-Teilpersönlichkeit zu reagieren. Das bedeutet konkret, daß sie beispielsweise lernt, sich in einer solchen Situation erst einmal zu beruhigen und sich zu vergegenwärtigen, daß sie ja eigentlich durchaus die Fähigkeit hat, mit einem Streit zwischen Kindern kompetent umzugehen. Wenn ihr dies von ihrer Dirigenten-Teilpersönlichkeit aus gelingt, dann ist sie auch leicht dazu in der Lage, von jener Teilpersönlichkeit her ganz bewußt den entsprechenden kompetenten Anteil ihres Ichs zu aktivieren.

Manchmal kommt es vor, daß durch eine Situation zwei bewußte Teilpersönlichkeiten des Ich-Komplexes gleichzeitig aktiviert werden. Dadurch entsteht dann nicht selten ein innerer Konflikt: Es gibt noch eine ganze Reihe von Arbeiten zu erledigen, aber es ist warm und die Sonne scheint. Einer Teilpersönlichkeit ist es wichtig, den anstehenden Pflichten nachzukommen, während eine andere lieber schwimmen gehen will. Bei manch einem Menschen will auch eine seiner Teilpersönlichkeiten immer wieder zur Zigarette greifen, während es sich eine andere zum Ziel gesetzt hat, daß er mit dem Rauchen aufhört.

In solchen inneren Konfliktsituationen gibt es drei verschiedene Möglichkeiten. Erstens kann es hier sehr schnell dadurch zu einer Entscheidung kommen, daß sich eine der beiden Teilpersönlichkeiten gegenüber der anderen durchsetzt: Wir identifizieren uns dann mit derjenigen Teilpersönlichkeit, die gewonnen hat, und verwirklichen ihr Anliegen. Oft kommt es aber auch zu einer längeren Auseinandersetzung zwischen den beiden Teilpersönlichkeiten in uns, die gerade miteinander in Konflikt stehen: Bei dieser zweiten Möglichkeit identifizieren wir uns immer wieder abwechselnd mit der einen und mit der anderen Teilpersönlichkeit und überlegen hin und her – solange bis wir zu einer Entscheidung gekommen sind. Die dritte Möglichkeit besteht darin, daß durch einen solchen inneren Konflikt die Dirigenten-Teilpersönlichkeit aktiviert wird. Unter diesen Umständen identifizieren wir uns mit jener dritten Teilpersönlichkeit. Dadurch treten wir sozusagen aus dem inneren Konflikt heraus. Wir betrachten ihn quasi von außen, nämlich von der

Dirigenten-Teilpersönlichkeit her, treffen dort eine Entscheidung und dirigieren dann auch von dort aus den weiteren Einsatz der beiden anderen Teilpersönlichkeiten.

Nicht immer jedoch entsteht sogleich ein Konflikt, nur weil zwei Teilpersönlichkeiten des Ich-Komplexes gleichzeitig aktiviert werden. Es kann auch vorkommen, daß wir uns sofort automatisch mit einer von ihnen identifizieren und die andere überhaupt nicht bemerken. In einem solchen Fall verwirklichen wir dann das Anliegen derjenigen Teilpersönlichkeit, mit der wir uns identifiziert haben, während sich die andere in unserer Mimik und Gestik äußert, ohne daß wir etwas davon registrieren. Jemand unterhält sich beispielsweise mit seinem Nachbarn und wird dabei von diesem beleidigt. Er verspürt Ärger, und es wird in ihm eine Teilpersönlichkeit aktiviert, die diesen Ärger auch zum Ausdruck bringt. Vielleicht tritt aber gleichzeitig noch eine andere Ich-Teilpersönlichkeit auf, ohne daß er dies bemerkt, und zwar diejenige Teilpersönlichkeit von ihm, der ein gutes Verhältnis zur Nachbarschaft wichtig ist. Ohne daß es ihm bewußt wird, bringt nun diese andere Teilpersönlichkeit ein versöhnliches Lächeln auf sein Gesicht, während er gerade seinen Ärger ausdrückt.

Bei den zusätzlichen Teilpersönlichkeiten, die unbemerkt gleichzeitig aktiv werden, kann es sich auch um unbewußte Teilpersönlichkeiten handeln, die nicht zum Ich-Komplex gehören. Solche unbewußten Teilpersönlichkeiten verfolgen dann oft eigene unbewußte Absichten, die unseren bewußten Absichten zuwiderlaufen. Beispiele hierfür sind Situationen, in denen wir etwas vergessen, das uns wichtig ist, oder einen Gegenstand verlieren, der uns wertvoll ist: Wenn wir etwas vergessen oder verlieren, dann ist das häufig kein Zufall, sondern ein absichtliches Geschehen, das von einem unbewußten Teil unserer Persönlichkeit verursacht wird.

Unbewußte Teilpersönlichkeiten

Unbewußte Teilpersönlichkeiten sind, ganz allgemein gesagt, solche, die während der Kindheit auf Grund von schmerzlichen traumatischen Erfahrungen verdrängt werden mußten. Wenn es einem kleinen Jungen beispielsweise immer wieder verboten wird zu weinen, dann handelt es sich dabei für ihn um eine traumatische Erfahrung, die schließlich dazu führt, daß er diejenige Teilpersönlichkeit von sich verdrängen muß, die einerseits seine Traurigkeit verkörpert und andererseits seine Fähigkeit zu weinen.

Viele unbewußte Teilpersönlichkeiten entstehen sogar überhaupt erst im Verlauf von traumatischen Kindheitserfahrungen und werden dann sogleich verdrängt. So reagieren Kinder fast immer mit Wut auf das, was ihnen in solchen Erfahrungen angetan wird – doch nur äußerst selten dürfen sie diese Wut auch bewußt erleben. Fast immer bilden sich in ihnen dann stattdessen unbewußte Teilpersönlichkeiten, die mit starken Aggressionen aufgeladen sind.

Allerdings fallen nicht alle Teilpersönlichkeiten, die durch Kindheitstraumata entstehen, sofort oder später der Verdrängung anheim. Viele von ihnen werden auch zu Bestandteilen des Ich-Komplexes. So haben manche Menschen beispielsweise eine sehr ängstliche oder auch eine sehr eifersüchtige Teilpersönlichkeit in ihrem Ich, die aus traumatischen Kindheitserfahrungen hervorgegangen ist.

Damit ergeben sich insgesamt gesehen folgende Zusammenhänge: Jede traumatische Kindheitserfahrung führt zu einem Trauma-Komplex, und dieser wird immer verdrängt. Außerdem können traumatische Kindheitserfahrungen aber noch zwei weitere Folgen haben. Und zwar können durch solche Ereignisse einerseits Teilpersönlichkeiten verdrängt werden, die vorher bewußt waren, und andererseits auch neue Teilpersönlichkeiten entstehen. Diese neuen Teilpersönlichkeiten wiederum können entweder ebenfalls der Verdrängung anheimfallen, oder sie werden in den bewußten Ich-Komplex eingefügt.

Unbewußte Teilpersönlichkeiten sind dementsprechend entweder Anteile der eigenen Person, die sich unter gutartigen Bedingungen entwickelt haben und die dann später verdrängt wurden, oder es handelt sich bei ihnen um solche Anteile, die überhaupt erst durch traumatische Kindheitserfahrungen entstanden sind und die dann entweder sofort der Verdrängung anheimgefallen sind, oder die später auf Grund von anderen traumatischen Kindheitserfahrungen verdrängt werden mußten.

Allen unbewußten Teilpersönlichkeiten ist gemeinsam, daß sie nicht zum Ich-Komplex gehören; die Bedürfnisse, Absichten und Eigenschaften dieser Teilpersönlichkeiten sind in der Regel mit denjenigen des Ichs unvereinbar. Dadurch besteht immer auch ein unbewußter Konflikt zwischen den verdrängten Teilpersönlichkeiten und dem Ich-Komplex. Die Teilpersönlichkeiten des Ich-Komplexes verkörpern dabei ziemlich einseitig nur einen bestimmten Pol von menschlichen Bedürfnissen, Absichten und Eigenschaften, und die unbewußten Teilpersönlichkeiten verkörpern jeweils den entgegengesetzten Pol. So mag beispielsweise der Ich-Komplex eines Menschen in erster Linie Teilpersönlichkeiten enthalten, die eher schüchtern, zaghaft und sehr höflich sind. Ein solcher Mensch hat dann normalerweise stets auch eine aggressive Teilpersönlichkeit mit gehässigen, destruktiven Tendenzen. Diese aggressive Teilpersönlichkeit ist jedoch bei den meisten der Betroffenen verdrängt und steht damit in einem unbewußten Konflikt zu dem Ich-Komplex der jeweiligen Person.

Viele Menschen sind von den Teilpersönlichkeiten ihres Ich-Komplexes her sehr vernünftig und haben eine ausgeprägte Tendenz, immer alles logisch zu durchdenken. Bei diesen Menschen findet sich oftmals eine unbewußte Teilpersönlichkeit, die zu irrationalen Ideen tendiert und sehr abergläubisch ist. Auf ähnliche Art hat ein sexuell gehemmter Mensch, der sich übermäßig schamhaft verhält, normalerweise eine unbewußte Teilpersönlichkeit, die sehr verführerisch, frivol und unverhohlen sexuell ist.

Oft sind bei einem Menschen auch viele derjenigen Teilpersönlichkeiten verdrängt, die er unbewußt als unvereinbar mit seinem eigenen Geschlecht erlebt. So mag der Ich-Komplex eines Mannes hauptsächlich solche Teilpersönlichkeiten umfassen, die er für männlich hält. Demgegenüber sind diejenigen Teilpersönlichkeiten bei ihm unbewußt, die seine Zärtlichkeit oder sein Einfühlungsvermögen verkörpern. Das gleiche kann entsprechend auch für eine Frau gelten: Bei ihr sind dann etwa diejenigen Teilpersönlichkeiten unbewußt, die ihren Mut und ihr Durchsetzungsvermögen enthalten oder ihre Fähigkeit zu logischem Denken.

Verdrängte Teilpersönlichkeiten gehen immer einher mit seelischen und körperlichen Spannungen. In diesen Spannungen manifestieren sich die unbewußten Konflikte, die zwischen dem Ich-Komplex und den verdrängten Teilpersönlichkeiten bestehen. Betrachten wir hierzu noch einmal das schon bekannte Beispiel von dem Jungen, der als Kind nicht weinen durfte. Dieser Junge mußte in seiner Kindheit jenen Anteil von sich unterdrücken, der seine Verletzlichkeit und seine Traurigkeit verkörpert, sowie sein Bedürfnis zu weinen und zu schluchzen. Er hat jene Teilpersönlichkeit schließlich verdrängt, so daß sie zu einer unbewußten Teilpersönlichkeit geworden ist. Zu dem Prozeß der Unterdrückung und der Verdrängung gehört nun bei ihm ganz wesentlich auch die Anspannung der Muskulatur in bestimmten Bereichen des Körpers: Der betroffene Junge hat zunächst absichtlich und später unwillkürlich verschiedene Muskeln angespannt, um dadurch das Weinen zu unterdrücken und schließlich die eigene Traurigkeit verdrängen zu können. Diese körperlichen Anspannungen gehören jetzt einerseits mit zu der unbewußten Teilpersönlichkeit, die seine Traurigkeit verkörpert. Andererseits sind sie aber auch das Ergebnis der Stärke dieses Jungen, seiner Härte gegen sich selbst und seiner Fähigkeit zur Selbstkontrolle. Es waren ja nicht zuletzt diese Eigenschaften seines eigenen Ichs, die ihn überhaupt dazu befähigt haben, daß er sein Weinen unterdrücken und schließlich seine Traurigkeit verdrängen konnte. Somit sind jene Anspannungen zugleich verbunden mit einer bewußten Teilpersönlichkeit seines Ich-Komplexes, nämlich mit derjenigen, die gerade diese Eigenschaften und Fähigkeiten von ihm verkörpert. Dadurch aber manifestiert sich in jenen Spannungen nicht zuletzt der unbewußte Konflikt dieses Menschen zwischen der starken, kontrollierenden Teilpersönlichkeit seines Ich-Komplexes und seiner unbewußten Teilpersönlichkeit eines traurigen, verletzten Kindes.

Das Kind-Ich, das Eltern-Ich und das Erwachsenen-Ich

Genauso wie alle anderen Komplexe sind auch die Teilpersönlichkeiten eines Menschen hierarchisch angeordnet: Sie lassen sich einerseits zu übergeordneten Teilpersönlichkeiten zusammenfassen und andererseits in untergeordnete Teilpersönlichkeiten aufteilen. Betrachten wir dies zunächst in bezug auf die bewußten Teilpersönlichkeiten. Diese bilden alle zusammengenommen den Ich-Komplex, der dementsprechend auch als Ich-Teilpersönlichkeit bezeichnet werden könnte. Dieser Ich-Komplex läßt sich in Anlehnung an den Psychotherapeuten E. Berne in drei Teilpersönlichkeiten untergliedern. Hierbei handelt es sich um das Erwachsenen-Ich, das Kind-Ich und das Eltern-Ich. Berne hat diese drei Teilpersönlichkeiten als

Ich-Zustände bezeichnet. Sie stellen sozusagen drei verschiedene Zustände dar, in denen der Ich-Komplex in Erscheinung treten kann.

Die Kind-Ich-Teilpersönlichkeit enthält alle bewußten kindlichen Teilpersönlichkeiten eines Menschen. Zu diesem Ich-Zustand kann also beispielsweise die verspielte Teilpersönlichkeit eines Menschen gehören oder diejenige eines lebhaften und ausgelassenen Kindes oder auch diejenige eines hilflosen, verängstigten Kindes. Häufig werden die Teilpersönlichkeiten des Kind-Ich-Zustandes in zwei Gruppen unterteilt, und zwar in die natürlichen Kind-Ich-Teilpersönlichkeiten und in die angepaßten. Die ersteren sind Ausdruck des unbefangenen Kindes in uns; sie treten immer dann in Erscheinung, wenn wir auf natürliche, ungehemmte Weise lustvoll, sinnlich, impulsiv, liebevoll, abenteuerlustig, ängstlich oder kreativ sind. Bei den angepaßten Kind-Ich-Teilpersönlichkeiten handelt es sich um Anteile unseres Ichs, die in unserer Kindheit als Reaktion auf die Erwartungen und Forderungen unserer sozialen Umwelt entstanden sind. Je nachdem, um welche Erwartungen und Forderungen es sich damals gehandelt hat, gehört zu dem angepaßten Kind-Ich eines Menschen beispielsweise eine höfliche und gesellige Teilpersönlichkeit oder eine zurückhaltende und in sich gekehrte. Manchmal besteht die Reaktion des Kindes auf die Forderungen aus der sozialen Umwelt aber auch darin, daß es gegen diese rebelliert. Die rebellischen Teilpersönlichkeiten, die auf diese Weise entstehen, werden meistens ebenfalls mit zu dem angepaßten Teil des Kind-Ich-Zustandes gerechnet. So gehört zu dem angepaßten Kind-Ich nicht selten auch beispielsweise eine trotzige, unverschämte Teilpersönlichkeit.

Der Eltern-Ich-Zustand enthält alle bewußten Überzeugungen und Verhaltensweisen, die wir in der Kindheit von anderen übernommen haben, und zwar besonders von unseren Eltern. Dieser Ich-Zustand umfaßt damit alle diejenigen Teilpersönlichkeiten, die jene Überzeugungen und Verhaltensweisen verkörpern. Die wesentlichen Bestandteile des Eltern-Ichs sind die bewußte Mutter-Teilpersönlichkeit und die bewußte Vater-Teilpersönlichkeit. Jede dieser beiden Teilpersönlichkeiten läßt sich noch einmal in verschiedene untergeordnete Teilpersönlichkeiten aufgliedern. Dementsprechend besteht der Eltern-Ich-Zustand eines Menschen hauptsächlich aus seinen verschiedenen Mutter-Teilpersönlichkeiten und seinen verschiedenen Vater-Teilpersönlichkeiten. Daneben gibt es im Eltern-Ich aber auch noch andere Teilpersönlichkeiten, beispielsweise solche, die aus den Erfahrungen mit den Großeltern oder mit dem Kindermädchen heraus entstanden sind.

Vielen Teilpersönlichkeiten des Eltern-Ichs ist gemeinsam, daß sie auf irgendeine Art ein elterliches Verhalten zeigen, daß sie also etwa in elterlicher Weise ermutigen, trösten, kritisieren, strafen oder belohnen. Diese Teilpersönlichkeiten wurzeln einerseits in dem angeborenen Grundbedürfnis danach, die eigenen Kinder zu versorgen, zu pflegen und zu beschützen. Andererseits sind sie aber auch bei jedem Menschen entsprechend den Erfahrungen ausgeformt, die er mit seinen eigenen Eltern gemacht hat, als er von ihnen erzogen wurde. So besteht das Eltern-Ich im wesentlichen einerseits aus fürsorglichen Teilpersönlichkeiten und andererseits aus kritischen. Bei den ersteren handelt es sich um solche, die mitfühlend sind und gerne für andere sorgen, sie trösten und ihnen helfen. Die kritischen Teilpersönlichkeiten des Eltern-Ich-Zustandes hingegen zeichnen sich dadurch aus, daß sie streng sind und häufig andere kontrollieren und zurechtweisen.

Die Aktivitäten der Eltern-Ich-Teilpersönlichkeiten gelten einerseits anderen Menschen, und zwar sowohl Kindern als auch Erwachsenen – sie können jedoch andererseits auch auf die eigene Person gerichtet werden: Ein Mensch kann aus seinem Eltern-Ich heraus nicht nur andere trösten oder zurechtweisen, sondern auch innerlich sich selbst. Der Empfänger dieser Aktivitäten ist dann in einem solchen Fall meistens eine Teilpersönlichkeit aus dem eigenen Kind-Ich-Zustand.

Für die Teilpersönlichkeiten des Erwachsenen-Ich-Zustandes sind drei Fähigkeiten charakteristisch, und zwar erstens die Fähigkeit zur realitätsgerechten Erkenntnis, zweitens die Fähigkeit zu unabhängigem Denken und drittens die Fähigkeit zu verantwortlichem Handeln. Jeder Mensch verfügt in seinem Erwachsenen-Ich über Teilpersönlichkeiten, die dazu in der Lage sind, die Realität gedanklich zu erfassen und zu verarbeiten, und zwar relativ unabhängig von elterlichen oder kindlichen Voreingenommenheiten. Außerdem sind die Teilpersönlichkeiten des Erwachsenen-Ichs auch dazu in der Lage, aus den so gewonnenen Einsichten heraus in verantwortlicher Weise zu handeln: Das Erwachsenen-Ich befähigt den Menschen, für sich selbst und sein Handeln die Verantwortung zu übernehmen.

Welche Teilpersönlichkeiten ein Mensch nun im einzelnen in seinem Erwachsenen-Ich hat und wie häufig diese aktiviert werden, das ist von Person zu Person unterschiedlich. So befindet sich bei vielen Menschen in ihrem Erwachsenen-Ich beispielsweise eine energische, durchsetzungsfähige Teilpersönlichkeit oder eine höfliche, zuvorkommende oder auch beide Teilpersönlichkeiten. Manche Menschen haben in diesem Ich-Zustand eine starke, kontrollierte Teilpersönlichkeit und andere eine intellektuelle, distanzierte. In der Regel gehört zu den Teilpersönlichkeiten des Erwachsenen-Ichs auch eine, die für den Umgang mit Geld zuständig ist, eine, die auf die Gesundheit des betreffenden Menschen achtet, und manchmal auch eine, die sein Streben nach philosophischer Erkenntnis verkörpert. Die innere Dirigenten-Teilpersönlichkeit ist ebenfalls ein Bestandteil des Erwachsenen-Ich-Zustandes.

Fast alle Menschen wechseln in ihrem gewöhnlichen Alltag immer wieder von einem Ich-Zustand in den anderen. Dabei identifizieren wir uns für gewöhnlich stets mit demjenigen Ich-Zustand, in dem wir uns gerade befinden – wir sind dann eine Teilpersönlichkeit aus diesem Ich-Zustand und handeln auch dementsprechend: So sind wir sehr viel verantwortungsbewußter, wenn wir uns in unserem Erwachsenen-Ich befinden, als wenn wir uns mit einer Teilpersönlichkeit von unserem Kind-Ich identifizieren. Aus unserem Eltern-Ich heraus sind wir meistens entweder mitfühlend und fürsorglich oder streng und kritisch.

Die Aufteilung des Ich-Komplexes in die drei Ich-Zustände wird für gewöhnlich in der Weise graphisch dargestellt, wie es in Abbildung 5 auf Seite 88 gezeigt wird.

Es ist nicht immer einfach, zwischen den verschiedenen Ich-Zuständen zu unterscheiden. Nehmen wir an, ein Mann hatte als Kind eine Mutter, die ihm immer wieder gesagt hat, daß man zu seinen Gästen höflich sein muß; vielleicht war sie sogar selbst stets höflich zu ihren Gästen. Hier gibt es nun viele verschiedene Möglichkeiten:

Erstens sind bei dem Betroffenen die Worte seiner Mutter und ihr eigenes Verhalten zunächst einmal in seinem Mutter-Komplex gespeichert. Dieser Komplex befindet sich zwar innerhalb seiner Persönlichkeit, aber außerhalb seines Ichs. Er repräsentiert seine Mutter in seinem Inneren. In seinem Erwachsenenleben erfährt der Betroffene diesen Komplex nun eventuell als die innere Stimme seiner Mutter, die ihm in entsprechenden Situation sagt, daß man zu seinen Gästen höflich sein muß.

Abbildung 5: Die drei Ich-Zustände der bewußten Persönlichkeit

Zweitens bildet jeder Mensch nicht nur eine Mutter-Repräsentanz in seinem Inneren, sondern er identifiziert sich darüber hinaus auch während seiner Kindheit mit seiner Mutter. Dadurch übernimmt er viele Aussagen und Eigenschaften von ihr in sein eigenes Eltern-Ich. Für den Menschen aus unserem Beispiel gilt dies vielleicht auch in bezug auf das, was seine Mutter ihm über den Umgang mit Gästen beigebracht hat: Er identifiziert sich mit dem, was sie ihm dazu gesagt hat, und erlebt deshalb die innere Stimme nicht als Stimme seiner Mutter, sondern als seine eigene Stimme, die aus seinem Eltern-Ich heraus zu ihm spricht.

Drittens kann es auch sein, daß die Mutter selbst zu ihren Gästen ebenfalls stets höflich war. In einem solchen Fall hat der Mensch aus unserem Beispiel als Kind durch die Identifikation mit ihr wahrscheinlich auch gleich ihr Repertoire an höflichen Verhaltensweisen in sein Eltern-Ich übernommen. So kann er sich dann später als Erwachsener direkt aus seinem Eltern-Ich heraus seinen Gästen gegenüber höflich verhalten. Sein eigenes höfliches Verhalten ist dann eine mehr oder weniger genaue Kopie von dem höflichen Verhalten seiner Mutter, so wie er es bei ihr wahrgenommen hat.

Viertens besteht aber auch die Möglichkeit, daß die Mutter selbst gar nicht höflich zu ihren Gästen war, sondern nur von ihrem Sohn ein solches Verhalten gefordert hat. Wahrscheinlich hat er sich dann in seinem Kind-Ich diesen Forderungen angepaßt und in jenem Ich-Zustand gelernt, sich höflich zu verhalten. Seine Mutter mag ihn dabei für höfliches Verhalten belohnt und für entgegengesetztes Verhalten bestraft haben. In diesem Fall verfügt der Betroffene jetzt in seinem Kind-Ich über ein Repertoire an höflichen Verhaltensweisen und kann nun aus diesem Ich-Zustand heraus mit dem entsprechenden Verhalten auf die innere Stimme reagieren, die er entweder von seiner Mutter-Repräsentanz her vernimmt oder von seinem eigenen Eltern-Ich. Er wird dann als Erwachsener seinen Gästen gegenüber jenes höfliche Verhalten zeigen, das er als Kind bei seiner Mutter durch Belohnung und Bestrafung gelernt hat.

Schließlich besteht auch noch die Möglichkeit, daß der Mensch aus unserem Beispiel die Forderung seiner Mutter später in seiner Jugend irgendwann einmal mit seinem Erwachsenen-Ich überprüft und für richtig befunden hat. Auf diese Weise hat er sie dann in jenen Ich-Zustand übernommen. Möglicherweise hat er dabei zugleich auch das Repertoire an höflichen Verhaltensweisen mit überprüft, seinen eigenen Vorstellungen entsprechend verändert und dann ebenfalls in sein Erwachsenen-Ich übernommen. Wenn dies der Fall ist, dann kann er jetzt auch direkt aus seinem Erwachsenen-Ich heraus zu seinen Gästen höflich sein. Bei einem höflichen Verhalten aus diesem Ich-Zustand liegt die Besonderheit darin, daß der Betreffende jenes Verhalten hier besser an seine Eigenart und auch an die jeweils gegebene Situation anpassen kann: Er wird sich mit seinem Erwachsenen-Ich auf eine Weise höflich verhalten, die sowohl ihm selbst entspricht als auch der Situation angemessen ist. Bei diesem Verhalten handelt es sich dann nicht einfach nur um eine Wiederholung von Verhaltensmustern, die er als Kind gelernt oder von seiner Mutter übernommen hat.

Die einzelnen bewußten Teilpersönlichkeiten der drei verschiedenen Ich-Zustände lassen sich nun jeweils noch weiter in untergeordnete Teilpersönlichkeiten aufgliedern. So läßt sich zum Beispiel die bewußte Vater-Teilpersönlichkeit des Eltern-Ich-Zustandes bei vielen Menschen untergliedern in eine fürsorgliche, unterstützende Vater-Teilpersönlichkeit und in eine bedrohliche, kritische Vater-Teilpersönlichkeit. Außerdem finden wir für gewöhnlich auch innerhalb der Vater-Teilpersönlichkeit eine, die ebenfalls für den Umgang mit Geld zuständig ist. Diese Geld-Teilpersönlichkeit unterscheidet sich von der Geld-Teilpersönlichkeit des Erwachsenen-Ichs dadurch, daß sie die Überzeugungen und Umgangsweisen bezüglich Geld enthält, die der Betreffende von seinem Vater ungeprüft übernommen hat – während die Geld-Teilpersönlichkeit des Erwachsenen-Ichs hier jene Überzeugungen und Umgangsweisen beinhaltet, die er selbst mit Hilfe seines realitätsgerechten und unabhängigen Denkens entwickelt hat.

Besonders bei vielen Männern befindet sich in ihrem Erwachsenen-Ich-Zustand eine distanzierte, logisch denkende, intellektuelle Teilpersönlichkeit. Diese kann nun ihrerseits etwa folgende Teilpersönlichkeiten umfassen, in die sie sich dann untergliedern läßt: eine, die im Beruf aktiviert wird, wenn der Betreffende am Computer arbeitet, eine, die bei Diskussionen im Freundeskreis in Erscheinung tritt, und eine, die für das Schachspielen zuständig ist. Diese drei intellektuellen Teilpersönlichkeiten unterscheiden sich nicht nur dadurch voneinander, daß sie in verschiedenen Situationen auftreten, sondern auch dadurch, daß sie in diesen Situationen unterschiedliche Absichten verfolgen: Der ersten Teilpersönlichkeit geht es darum, berufliche Probleme zu lösen, die zweite will andere Menschen überzeugen, und die dritte strebt danach, das Spiel zu gewinnen.

Der Schatten, Anima und Animus, Logos und Eros

Alle bewußten Teilpersönlichkeiten eines Menschen können den drei Ich-Zuständen zugeordnet werden. Genauso lassen sich auch die unbewußten Teilpersönlichkeiten, in Anlehnung an C. G. Jung, zu drei Komplexen zusammenfassen: Hierbei handelt es sich erstens um den Schatten-Komplex, zweitens um den Anima-Komplex oder den Animus-Komplex und drittens um den Logos-Komplex oder den Eros-Komplex. Die beiden letzteren Komplexe werden unterschiedlich bezeichnet, je nachdem welches Geschlecht der betreffende Mensch hat: Sie heißen bei der Frau Animus-Komplex und Eros-Komplex und beim Mann Anima-Komplex und Logos-Komplex.

Der Schatten-Komplex umfaßt alle diejenigen Teilpersönlichkeiten eines Menschen, die auf Grund von traumatischen Kindheitserfahrungen entstanden sind und die entweder sofort oder später verdrängt wurden. Diese Teilpersönlichkeiten verkörpern in der Regel starke Emotionen oder Impulse wie Aggression, Sexualität, Machtstreben, Habgier, Überlegenheitsgefühle, Neid, Eifersucht, Traurigkeit, Schuldgefühle oder Angst. Außerdem stehen sie meistens im Gegensatz zum bewußten Ich-Komplex der betreffenden Person. So kann der Schatten-Komplex eines Menschen beispielsweise eine verdrängte Teilpersönlichkeit enthalten, die unverhohlen sexuell ist und die damit den unbewußten Schatten bildet zu seinem sexuell gehemmten, übermäßig schamhaften Ich-Komplex.

Im täglichen Leben treten Schatten-Teilpersönlichkeiten immer dann in Erscheinung, wenn ein Mensch gegen seinen Willen auf einmal einen Zornausbruch hat, sich rücksichtslos verhält oder sich feige zurückzieht – und damit Eigenschaften zeigt, die er unter gewöhnlichen Umständen nicht nur sorgfältig unterdrückt, sondern von deren Existenz er auch selbst kaum eine Ahnung hat. Darüber hinaus wird der Schatten besonders in nächtlichen Träumen deutlich. Hier stellt er die eigene seelische Unterwelt dar, also jenen Bereich der eigenen Innenwelt, in dem geschlagen und gefoltert wird, tyrannisiert und vergewaltigt, zerstückelt und ermordet. Die verschiedenen Schatten-Teilpersönlichkeiten eines Menschen werden dabei in seinen Träumen durch unterschiedliche Figuren dargestellt, wie beispielsweise durch den Bettler, den Mörder, die Hure, den Tyrannen oder den Teufel.

Neben dem Schatten-Komplex gibt es noch zwei weitere unbewußte Komplexe, die ebenfalls verdrängte Teilpersönlichkeiten umfassen, und zwar den Anima-Komplex oder den Animus-Komplex und den Logos-Komplex oder den Eros-Komplex. Genauso wie beim Schatten-Komplex sind es auch hier traumatische Kindheitserfahrungen, die dazu geführt haben, daß die entsprechenden Teilpersönlichkeiten verdrängt werden mußten. Doch im Unterschied zu den Schatten-Teilpersönlichkeiten sind die Teilpersönlichkeiten der beiden anderen Komplexe nicht auf Grund von traumatischen Kindheitserfahrungen entstanden, sondern sie haben sich unter gutartigen Bedingungen entwickelt.

Bei den verdrängten Teilpersönlichkeiten des Anima/Animus-Komplexes handelt es sich um solche, die von dem Betreffenden selbst unbewußt als andersgeschlechtlich erlebt werden. Der Anima-Komplex des Mannes enthält dementsprechend alle seine verdrängten Teilpersönlichkeiten, die sich unter gutartigen Bedingungen entwickelt haben und die er unbewußt als weiblich erlebt, während der Animus-Komplex der Frau alle ihre verdrängten Teilpersönlichkeiten enthält, die sich unter gutartigen Bedingungen entwickelt haben und die sie unbewußt als männlich erlebt. Der Anima-Komplex oder der Animus-Komplex eines Menschen bildet damit einen unbewußten andersgeschlechtlichen Gegenpol zu seinem Ich-Komplex. Welche Teilpersönlichkeiten der Anima- oder Animus-Komplex nun im einzelnen enthält, das hängt jeweils von der individuellen Lebensgeschichte des Betroffenen ab und hier besonders von der Art seiner traumatischen Kindheitserfahrungen. Oft handelt es sich bei den Anima-Teilpersönlichkeiten eines Mannes um solche, die Fähigkeiten und Eigenschaften verkörpern wie Einfühlungsvermögen, Hingabefähigkeit, Intuition, erotische Sinnlichkeit, Gefühlstiefe oder Liebesfähigkeit. Der Animus-Komplex einer Frau hingegen enthält zumeist Teilpersönlichkeiten, die Durchsetzungsvermögen, Tatkraft, logische Denkfähigkeit, erotisches Verlangen, Mut oder Weisheit verkörpern.

Obwohl die Teilpersönlichkeiten des Anima/Animus-Komplexes unbewußt sind, kommen sie doch manchmal im alltäglichen Leben zum Ausdruck, allerdings dann für gewöhnlich nur in einer negativ verzerrten Form: So tritt die Anima beim Mann beispielsweise immer dann in Erscheinung, wenn er gegen seinen Willen sentimental oder launenhaft wird, während der Animus der Frau sie manchmal dazu veranlaßt, wenig durchdachte Meinungen zu verfechten oder andere Menschen in sehr destruktiver Weise zu kritisieren. Darüber hinaus sind andersgeschlechtliche Personen, die in den eigenen Träumen auftreten, oft ebenfalls bildhafte Darstellungen von unbewußten Teilpersönlichkeiten des Anima- oder Animus-Komplexes. Außerdem neigen viele Menschen dazu, sich in eine Person zu verlieben, die ganz ähnliche Eigenschaften zeigt, wie sie die eigenen unbewußten Anima- oder Animus-Teilpersönlichkeiten verkörpern. Insofern erweist sich auch der Ehepartner oder Lebensgefährte nicht selten als ein Spiegel dieser unbewußten Komponenten der eigenen Persönlichkeit.

Der Eros-Komplex oder der Logos-Komplex schließlich umfaßt alle diejenigen Teilpersönlichkeiten eines Menschen, die sich unter gutartigen Bedingungen entwickelt haben, die später aufgrund von Kindheitstraumata verdrängt werden mußten und die von ihm selbst unbewußt als gleichgeschlechtlich erlebt werden. Der Logos-Komplex des Mannes enthält hier solche verdrängten Teilpersönlichkeiten, die er selbst unbewußt als männlich erlebt, während der Eros-Komplex der Frau verdrängte Teilpersönlichkeiten von ihr beinhaltet, die sie unbewußt als weiblich erlebt. Welche Teilpersönlichkeiten dieser Komplex im einzelnen enthält, das hängt auch hier jeweils von der individuellen Lebensgeschichte des Betroffenen ab und zwar wiederum besonders von der Art seiner traumatischen Kindheitserfahrungen. In der Regel umfaßt der Eros/Logos-Komplex viele der ursprünglichen positiven Qualitäten eines Menschen wie Lebenslust, Genußfähigkeit, Vitalität, Liebesfähigkeit, Mut, Eigenständigkeit, Neugier, Offenheit und Weisheit. Diese Qualitäten gehören immer dann zum Eros/Logos-Komplex, wenn sie von dem Betroffenen als gleichgeschlechtlich erlebt werden und er sie verdrängen mußte. So kann zum Beispiel bei einer Frau ihre gelassene, weise Teilpersönlichkeit verdrängt sein und damit eine unbewußte Teilpersönlichkeit bilden, die zu ihrem Eros-Komplex gehört. Gleiches gilt in entsprechender Weise für den Logos-Komplex des Mannes: Bei ihm mag zum Beispiel die mutige, durchsetzungsfähige Teilpersönlichkeit verdrängt sein und so eine unbewußte Teilpersönlichkeit bilden, die seinem Logos-Komplex zuzuordnen ist.

Der Anima/Animus-Komplex und der Logos/Eros-Komplex eines Menschen werden manchmal auch zusammengefaßt als das unbewußte innere Kind bezeichnet. Beide Komplexe enthalten zusammengenommen alle ursprünglichen Qualitäten eines Menschen, die er in seiner Kindheit auf Grund von traumatischen Erfahrungen verdrängen mußte. Neben diesem unbewußten inneren Kind gibt es aber auch noch ein bewußtes inneres Kind: Hierbei handelt es sich um den Kind-Ich-Zustand der bewußten Persönlichkeit.

Ähnlich wie die drei Ich-Zustände lassen sich auch die übergeordneten Komplexe der unbewußten Teilpersönlichkeiten graphisch in der Weise darstellen, wie es in Abbildung 6 auf Seite 93 gezeigt wird.

Die unbewußten Teilpersönlichkeiten lassen sich nicht nur den drei übergeordneten Komplexen zuordnen, sondern sie können auch noch weiter in untergeordnete Teilpersönlichkeiten untergliedert werden. So enthält zum Beispiel die aggressive

Teilpersönlichkeit des Schattenkomplexes mitunter sowohl einen sadistischen Anteil als auch einen extrem wütenden. Die unbewußte weise Teilpersönlichkeit aus dem Eros-Komplex einer Frau kann manchmal untergliedert werden in einen Teil, der über eine intuitive heilkundliche Begabung verfügt, und in eine Teilpersönlichkeit, die die bisher ungelebte Fähigkeit jener Frau verkörpert, andere Menschen auf dem geistigen Entwicklungsweg zu begleiten und anzuleiten.

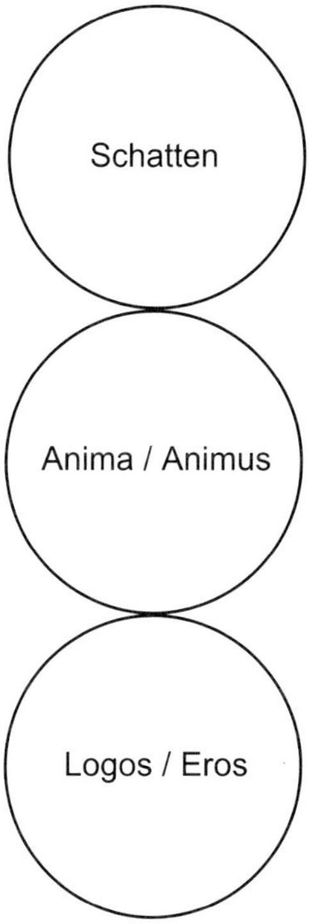

Abbildung 6: Die drei übergeordneten Komplexe der unbewußten Persönlichkeit

Die Struktur der Teilpersönlichkeiten

Sowohl die bewußten Teilpersönlichkeiten des Ich-Komplexes als auch die verdrängten unbewußten Teilpersönlichkeiten können im Grunde genommen immer weiter untergliedert werden. Auf diese Weise gelangen wir schließlich zu den einzelnen Bedürfnissen, Wünschen, Absichten, Körperhaltungen, Verhaltensmustern, Fähigkeiten, Gewohnheiten, Meinungen, Überzeugungen und Gefühlen, aus denen jede Teilpersönlichkeit besteht.

Alle großen, wichtigen Teilpersönlichkeiten entwickeln sich um Archetypen herum: So bildet sich zum Beispiel die Vater-Teilpersönlichkeit genauso wie der Vater-Komplex um den Vater-Archetypus. In der kämpferischen, mutigen Teilpersönlichkeit befindet sich als unbewußter Kern jener Archetypus, der durch den römischen Kriegsgott Mars symbolisiert wird, und die verdrängten Teilpersönlichkeiten des Anima-Komplexes eines Mannes organisieren sich um den Anima-Archetypus herum.

Der Ich-Komplex

Der Ich-Komplex ist in den beiden vorhergehenden Abschnitten dieses Kapitels schon des öfteren angesprochen worden. Es handelt sich bei ihm um den zentralen Komplex der Persönlichkeit. Dementsprechend kann er auch als Zentral-Komplex bezeichnet werden. Wie die meisten anderen Komplexe, so besteht der Ich-Komplex ebenfalls aus Gefühlen, Bedürfnissen, Gedanken, Erinnerungen, Phantasien und Verhaltensmustern. Er basiert auf der immer lebendigen Empfindung unseres eigenen Körpers und ist jene umfangreiche Gruppierung von seelischen Inhalten, die wir als unser Ich erleben. Damit erstreckt sich der Ich-Komplex vom Denkzentrum aus über das Gefühlszentrum bis in das Körperzentrum hinein. Im Ich-Komplex treffen wir unsere bewußten Entscheidungen, und von ihm gehen unsere absichtlichen Handlungen aus. Hier befinden sich unsere bewußten Überzeugungen, und hier erleben wir für gewöhnlich unsere bewußten Gefühle.

Der Ich-Komplex enthält alle bewußten Teilpersönlichkeiten eines Menschen. Diese Teilpersönlichkeiten können dementsprechend auch als Ich-Teilpersönlichkeiten bezeichnet werden. Allerdings umfaßt der Ich-Komplex nicht die gesamte Persönlichkeit. Zunächst einmal gibt es innerhalb der Persönlichkeit auch bewußte Komplexe, die nicht zum Ich gehören, sondern diesem nur angegliedert sind. Beispiele hierfür wären etwa der Mallorca-Komplex, der alle Erinnerungen an einen Mallorca-Urlaub umfaßt, oder auch die Mutter-Repräsentanz, also jener Komplex, der die eigene Mutter im eigenen Inneren repräsentiert. Außerdem gibt es innerhalb der Persönlichkeit eines Menschen normalerweise auch eine Vielzahl von unbewußten Komplexen und verdrängten Teilpersönlichkeiten, die ebenfalls nicht zum Ich-Komplex gehören.

Verschiedene Komplexe innerhalb des Ich-Komplexes

Ein wichtiger Bestandteil des Ich-Komplexes ist der Identitäts-Komplex. Dieser Komplex repräsentiert unsere Identität. Er enthält zwei weitere bedeutende Komplexe, und zwar den Selbstwert-Komplex und den Selbstbild-Komplex. Der Selbstwert-Komplex wurde bereits vorgestellt: Er umfaßt alle diejenigen Gefühle, Überzeugungen, Erinnerungen und Phantasien, die mit der Frage nach dem eigenen

Wert zu tun haben. Die Inhalte des Selbstwert-Komplexes beziehen sich darauf, ob wir uns mögen oder nicht, für wie wertvoll wir uns halten, ob wir mit uns und unseren Handlungen zufrieden sind und inwieweit wir ein Selbstvertrauen haben und uns etwas zutrauen. Die Gefühle des Selbstwert-Komplexes werden zusammengenommen auch als Selbstwertgefühle bezeichnet.

Eng verbunden mit dem Selbstwert-Komplex ist der Selbstbild-Komplex. Dieser Komplex enthält unser Selbstbild, also die Gesamtheit der Vorstellungen, die wir von uns selbst haben – etwa von unseren Stärken und Schwächen. Der Selbstbild-Komplex beruht im Normalfall auf ganz bestimmten allgemeinen Überzeugungen, die auch als Basisüberzeugungen bezeichnet werden können. Diese wurden insbesondere von C. Scharfetter herausgearbeitet. So trägt zum Beispiel fast jeder Mensch in sich die Gewißheit, daß er existiert und lebt, sowie die Überzeugung, daß er ein abgegrenztes Individuum ist, welches sich von allen anderen Wesen und Dingen unterscheidet. Weiterhin gehört zu den Basisüberzeugungen auch unser Wissen davon, welchem Geschlecht wir angehören. Ein anderer Bestandteil dieser grundlegenden Überzeugungen ist die Gewißheit, selbst der Mittelpunkt und das Subjekt des eigenen Erlebens, Denkens und Handelns zu sein. Schließlich gehört zu den Basisüberzeugungen die Gewißheit, eine einheitliche Person zu sein, die im Verlaufe ihres Lebens und in verschiedenen Situationen grundsätzlich ein und dieselbe bleibt – auch wenn sie sich weiterentwickelt und trotz aller unterschiedlichen oder auch widersprüchlichen Strebungen, die von ihren verschiedenen Teilpersönlichkeiten verkörpert werden.

Über diese Basisüberzeugungen hinaus enthält der Selbstbild-Komplex alle speziellen Vorstellungen, die wir von uns selbst haben, von unserer Persönlichkeit und von unserem Körper. Hierzu gehören beispielsweise unsere Vorstellungen darüber, welches unsere Fähigkeiten und Eigenschaften sind sowie unsere Stärken und Schwächen. Außerdem beinhaltet der Selbstbild-Komplex auch unsere Vorstellungen von unseren Bedürfnissen und Wünschen, unseren Zielen und Absichten sowie von unseren Werten und Normen. Die Darstellung der eigenen Person ist dabei jedoch im eigenen Selbstbild normalerweise mehr oder weniger verzerrt: So halten sich zum Beispiel viele Menschen für intelligenter und freundlicher oder auch für dümmer und unfreundlicher, als sie es in Wirklichkeit sind.

Eine spezieller Bestandteil des Selbstbildes ist das Selbstidealbild – es enthält alle Vorstellungen, die ein Mensch davon hat, wie er selbst gerne werden möchte. So wünschen sich zum Beispiel viele Menschen, daß sie mutiger, fleißiger oder einfühlsamer wären. Diese Idealvorstellungen bilden zusammengenommen das sogenannte Idealich oder auch Ichideal einer Person. Dieses Idealich ist, wie gesagt, ein Teil des Selbstbildes, welches wiederum zum Ich-Komplex gehört. Zugleich gehört das Idealich aber auch zum Überich: Der Überich-Komplex ragt nämlich in den Ich-Komplex hinein: Beide haben verschiedene untergeordnete Komplexe miteinander gemeinsam, und zu diesen gehört unter anderem das Idealich.

Schließlich enthält der Selbstbild-Komplex auch das innere Bild, das wir von unserem Körper haben. Dieses Körperbild besteht teilweise aus sprachlichen Begriffen und enthält so zum Beispiel unsere sprachlich formulierten Vorstellungen davon, wie wir aussehen und wie gesund wir sind. Darüber hinaus enthält das Körperbild auch eine visuelle Darstellung von unserem Körper, also das eigentliche innere Bild, das wir von ihm haben. Weiterhin gehören zu dem Körperbild alle Empfindungen und Gefühle, die sich direkt auf unseren Körper beziehen. Schließlich sind in diesem Bild auch alle unsere gewohnheitsmäßigen Bewegungsabläufe repräsentiert, also beispielsweise die typische Art, wie wir gehen, uns auf einen Stuhl setzen oder eine Tasse an den Mund führen. Das Körperbild ist somit nicht nur eine begriffliche Repräsentanz des eigenen Leibes, sondern darüber hinaus auch eine visuelle, emotionale und kinästhetische. Diese umfassende Leibrepräsentanz wird oft auch als Körperschema bezeichnet. Genauso wie das Selbstbild ist das Körperbild normalerweise ebenfalls fehlerhaft: Einige Menschen halten sich für dicker oder für häßlicher, als sie in Wirklichkeit sind, und viele haben falsche Vorstellungen über ihren Gesundheitszustand. Außerdem ist auch die innere Darstellung der eigenen typischen Bewegungsabläufe für gewöhnlich nur sehr ungenau.

Der Selbstwert-Komplex, der Selbstbild-Komplex und das Körperschema bilden zusammengenommen die Selbst-Repräsentanz. Hierbei handelt es sich um denjenigen Komplex, der die eigene Person im eigenen Inneren repräsentiert. Die Selbst-Repräsentanz wird oft auch als Selbstkonzept bezeichnet.

Während die Selbst-Repräsentanz einerseits aus den genannten Komplexen besteht, ist sie andrerseits selbst auch wiederum Bestandteil eines übergeordneten Komplexes: Sie bildet nämlich den Kern des Identitäts-Komplexes. Dieser Komplex enthält über die Selbst-Repräsentanz hinaus auch noch unsere Erinnerungen und Annahmen bezüglich unserer Lebensgeschichte sowie unser Wissen und unsere Vorstellungen darüber, wie wir in die eigene soziale und materielle Umwelt eingebettet sind. Unsere Identität beruht also nicht nur auf unseren Selbstwertgefühlen, unserem Körperschema und unserem Selbstbild, sondern sie bezieht sich auch noch auf viele andere Aspekte unseres Lebens, wie insbesondere auf unseren Namen, unseren Familienstand und unsere Religionszugehörigkeit, auf unseren Geburtstag und Geburtsort, auf das Elternhaus, aus dem wir stammen, auf unsere Schulbildung und unsere Berufsausbildung, auf den Beruf, den wir zur Zeit ausüben, und auf die Position, die wir in ihm innehaben, auf den Partner, mit dem wir zusammenleben, darauf, ob wir Kinder haben oder nicht, auf unseren Freundeskreis und die gesellschaftlichen Kreise, in denen wir verkehren, auf unsere Hobbys, auf den materiellen Besitz, der uns wichtig ist, wie etwa Wohnung oder Haus, Auto oder Geldanlagen, und auf viele weitere Einzelheiten unserer Lebensgeschichte und unserer Einbettung in die Umwelt. Alle hierauf bezogenen Informationen, Vorstellungen und Erinnerungen sowie auch die damit verbundenen Gefühle, Bewertungen und Phantasien sind Bestandteile des Identitäts-Komplexes.

Ein weiterer wichtiger Bestandteil des Identitäts-Komplexes sind die Grenzen der eigenen Person, und hier besonders auch die Grenzen dessen, was sich die jeweilige Person zutraut. So hat ein schüchterner Mensch beispielsweise eine Grenze darin, daß es ihm sehr schwer fällt, fremde Personen anzusprechen. Aggressive Menschen hingegen, die sich gut durchsetzen können, haben oft ausgeprägte Schwierigkeiten, ihre sanften und zärtlichen Gefühle bewußt zu erleben und anderen gegenüber auszudrücken. Solche Grenzen sind meistens auch im Identitäts-Komplex repräsentiert. Dies bedeutet zunächst einmal, daß jeder Mensch nicht nur in seiner bewußten Persönlichkeit Grenzen unterliegt, sondern daß viele von uns auch mehr oder weniger genau wissen, um welche Grenzen es sich dabei im einzelnen handelt.

Darüber hinaus machen die Grenzen dessen, was wir uns zutrauen, unsere Identität zu einem Teil sogar aus: Wir wissen nicht nur um diese Grenzen, sondern wir identifizieren uns auch mit ihnen – ja wir identifizieren uns sogar mit denjenigen Grenzen unserer bewußten Persönlichkeit, die wir uns nicht eingestehen. Dadurch aber halten wir uns selbst bewußt oder auch unbewußt in diesen Grenzen fest. Jeder Versuch, sie zu überschreiten, führt zu einer mehr oder weniger starken Erschütterung der eigenen Identität. Bisher hielt sich jemand beispielsweise für einen schüchternen Menschen; seit neuestem aber wagt er es vielleicht, fremde Personen anzusprechen – doch dadurch gerät er nun in Verwirrung, wer er selbst eigentlich ist: weiterhin ein schüchterner Mensch oder vielleicht doch ein kontaktfreudiger? Eine solche Identitätskrise geht zwar in der Regel schnell vorüber, sie kann jedoch trotzdem durchaus beängstigend sein.

Neben der Identifikation mit den eigenen Grenzen gibt es allerdings noch einen weiteren Grund, warum wir diese nur selten überschreiten, besonders wenn wir erst einmal erwachsen sind. Meistens fehlen uns auch entsprechende gedankliche Pläne für diejenigen Verhaltensweisen, die jenseits der Grenzen unserer momentanen Identität liegen. So haben beispielsweise schüchterne Menschen oft nur vage Vorstellungen davon, wie man eigentlich mit fremden Personen auf eine Art in ein Gespräch kommt, die sozial akzeptabel ist und für alle Beteiligten befriedigend. Deshalb müssen solche Menschen meistens erst einmal Schritt für Schritt die entsprechenden Verhaltensmuster entwickeln, bevor sie dann ganz langsam aus ihrer Identität als Schüchterne herauswachsen können.

Eng verbunden mit dem Identitäts-Komplex ist das Ichbewußtsein oder Selbstbewußtsein. Dieses Bewußtsein basiert auf dem Wissen um die eigene Existenz und darum, daß man selbst der Mittelpunkt des eigenen Erlebens und Handelns ist. Bei jenem Wissen handelt es sich um eines, das im Kern des Identitäts-Komplexes verankert ist. Je mehr einem Mensch dieses Wissen in einem bestimmten Augenblick gerade bewußt ist, desto deutlicher manifestiert sich bei ihm das Ichbewußtsein.

Außerdem umfaßt das Ichbewußtsein auch die Fähigkeit zur Selbstreflexion, also das Vermögen, über sich selbst und das eigene Erleben und Handeln nachdenken zu können. Wenn wir unser eigenes Erleben und Handeln in Gedanken reflektieren, dann verwirklichen wir unser Ichbewußtsein. Hierbei greifen wir ebenfalls immer wieder auch auf Inhalte des Identitäts-Komplexes zurück.

Wie im vorangegangenen Abschnitt schon erläutert wurde, läßt sich der Ich-Komplex in drei Komplexe untergliedern, die als Ich-Zustände bezeichnet werden.

Dabei handelt es sich um das Erwachsenen-Ich, das Eltern-Ich und das Kind-Ich. Jene Ich-Zustände wiederum bestehen aus den bewußten Teilpersönlichkeiten des betreffenden Menschen. Von diesen Teilpersönlichkeiten hat nun jede ihren eigenen Zugang zu dem Identitäts-Komplex. Dadurch hat der Mensch in jeder Teilpersönlichkeit seines Ichs eine etwas andere Vorstellung von seiner Identität: In jeder bewußten Teilpersönlichkeit werden jeweils andere Einzelheiten unserer Identität besonders betont oder auch ignoriert. Ein Beispiel hierfür sind etwa diejenigen Teilpersönlichkeiten, die unmittelbar mit der Ausübung des eigenen Berufes zu tun haben: Diesen Teilpersönlichkeiten ist der berufliche Aspekt der eigenen Identität sehr viel wichtiger als den meisten anderen.

Auch das Ichbewußtsein ist in verschiedenen Teilpersönlichkeiten des Ich-Komplexes in unterschiedlichem Ausmaß vorhanden. So verfügt zum Beispiel die Teilpersönlichkeit des lebhaften, ausgelassenen Kindes über deutlich weniger Ichbewußtsein als die meisten Teilpersönlichkeiten des Erwachsenen-Ichs: Dies bedeutet aber auch, daß wir selbst über deutlich weniger Ichbewußtsein verfügen, wenn wir uns in der Teilpersönlichkeit des lebhaften, ausgelassenen Kindes befinden, als wenn wir mit unserem Erwachsenen-Ich identifiziert sind.

Neben dem Identitäts-Komplex gibt es im Ich noch drei weitere wichtige Komplexe, und zwar das Gewissen, den Geist und die Persona. Das Gewissen ist der bewußte Teil des Überichs. Wie schon gesagt wurde, ragt der Überich-Komplex in das Ich hinein. So gibt es mehrere untergeordnete Komplexe, die sowohl zu dem einen gehören wie zu dem anderen. Die wichtigsten dieser Komplexe sind das Idealich und das Gewissen. Letzteres enthält alle moralischen Gebote und Verbote, die uns bewußt sind.

Bei dem Geist handelt es sich um einen Komplex aus verschiedenen Teilpersönlichkeiten, die alle zum Erwachsenen-Ich gehören. Diese geistigen Teilpersönlichkeiten verkörpern die Fähigkeit des Menschen zur Selbstreflexion, seine innere Freiheit, seine Verantwortlichkeit und seine bewußte Weisheit sowie sein Streben nach der letzten Wahrheit und gegebenenfalls auch seinen Glauben an einen Gott. Weiterhin gehört zum Geist auch die Dirigenten-Teilpersönlichkeit, also jene Teilpersönlichkeit innerhalb des Erwachsenen-Ichs, aus der heraus wir den Einsatz von allen anderen Teilpersönlichkeiten des Ich-Komplexes steuern können – zumindest insofern wir in dem gegebenen Augenblick über ein hierfür ausreichendes Maß an Ichbewußtsein verfügen, was allerdings eher selten der Fall ist. Der Geist stellt die höchste Instanz innerhalb des Ichs dar. Außerdem ist er unter günstigen Umständen in der archetypischen Weisheit des kollektiven Unbewußten verankert.

Der Begriff der Persona wurde von C. G. Jung geprägt. Er bezeichnet denjenigen Komplex, der unsere sozialen Umgangsformen verkörpert. Die Persona umfaßt alle Teilpersönlichkeiten des Ichs, mit denen wir uns normalerweise in der Nachbarschaft oder auch in der Öffentlichkeit zeigen. Die Teilpersönlichkeiten der Persona dienen dabei einerseits der Kommunikation mit unseren Mitmenschen: Sie enthalten vorgeprägte Muster des sozialen Umgangs, die uns den Verkehr mit unseren Mitmenschen erleichtern. Andererseits schützen wir mit den Persona-Teilpersönlichkeiten zugleich unsere eigene Innenwelt vor seelischen Verletzungen: Jeder von uns hat in seinem Ich-Komplex nicht nur Aspekte, die er gerne nach außen hin zeigt, sondern auch eine Privatsphäre aus Gefühlen, Phantasien und Gedanken, die er entweder überhaupt niemandem mitteilen will oder nur sehr wenigen eng vertrauten Personen. Während wir uns mit Hilfe der Persona nach außen hin auf eine sozial akzeptable Weise präsentieren, verbergen wir gleichzeitig hinter dieser Präsentation unsere verletzliche Privatsphäre.

Die Funktionen des Ichs

Der Ich-Komplex verfolgt in erster Linie das Ziel, die eigenen bewußten Bedürfnisse zu befriedigen und die eigenen bewußten Absichten zu verwirklichen. Um dieses Ziel zu erreichen, bedient er sich der verschiedenen psychischen Funktionen wie Wahrnehmung, Denken, Aufmerksamkeit, Gedächtnis und Motorik. Indem der Ich-Komplex diese Funktionen kontrolliert, werden sie zu Ich-Funktionen. Wir benutzen also aus unserem Ich-Komplex heraus ganz gezielt beispielsweise die Wahrnehmungsfunktion, um uns über die Gegebenheiten in der Außenwelt zu informieren, die Denkfunktion, um entsprechend diesen Gegebenheiten cigene Handlungen zu planen, und die Motorik, um jene Handlungen auszuführen.

Neben den allgemeinen seelischen Funktionen gibt es noch eine Reihe von Funktionen, die sehr eng mit der Funktionsweise des Ich-Komplexes verbunden sind. Hierbei handelt es sich besonders um die Funktionen der Sprache, der Realitätsprüfung, der Frustrationstoleranz und der Integration.

Die Ich-Funktion der Sprache besteht in der Fähigkeit, anderen Menschen durch Wörter und Sätze absichtlich etwas mitteilen zu können von den eigenen Sinneswahrnehmungen, Körperempfindungen, Gefühlen, Meinungen, Erkenntnissen, Phantasien und Erinnerungen.

Die Ich-Funktion der Realitätsprüfung bezieht sich auf die Fähigkeit, äußere und innere Situationen richtig einschätzen zu können. Wenn ein Mensch in einem hohen Maße über diese Funktion verfügt, dann vermag er nicht nur Erinnerungen von Phantasien zu unterscheiden, sondern er ist dann auch dazu in der Lage, sich von anderen Personen ein möglichst unverzerrtes Bild zu machen und die eigenen Bedürfnisse richtig wahrzunehmen.

Bei der Frustrationstoleranz handelt es sich um jene Ich-Funktion, die den Menschen dazu befähigt, Enttäuschungen hinzunehmen und auf die Befriedigung von eigenen Bedürfnissen vorübergehend oder sogar ganz zu verzichten.

Die Ich-Funktion der Integration umfaßt zwei verschiedene Fähigkeiten des Ich-Komplexes, nämlich erstens seine Fähigkeit, innere Widersprüche aushalten und lösen zu können, und zweitens seine Fähigkeit, andrängende unbewußte Inhalte in das Ich einfügen zu können. Die zuerst genannte Fähigkeit bezieht sich auf die Bewältigung von Konflikten, die innerhalb des Ich-Komplexes zwischen zwei bewußten Teilpersönlichkeiten auftreten. Solche inneren Konflikte gehen stets mit entsprechenden Spannungen einher. Außerdem zielen sie letztendlich auf eine Lösung, die beiden Teilpersönlichkeiten gerecht wird. Wenn ein Mensch jene Spannungen so lange aushalten kann, bis er eine solche Lösung gefunden hat, dann verfügt er über ein hohes Maß an innerer Integrationsfähigkeit.

Die Ich-Funktion der Integration bezieht sich aber nicht nur auf Konflikte innerhalb des Ichs, sondern auch auf unbewußte Inhalte, die dabei sind, in den Ich-Komplex einzudringen. Bei diesen unbewußten Inhalten handelt es sich meistens um verdrängte Gefühle, beängstigende Phantasien oder schmerzliche Erinnerungen. Die Funktion der Integration besteht hier zunächst in der Fähigkeit, das Auftreten von solchen Inhalten im Wachbewußtsein zulassen zu können, ohne sie sogleich wieder unterdrücken zu müssen. Weiterhin gehört zu jener Funktion aber auch die Fähigkeit, solche seelischen Inhalte auf eine Weise zu verarbeiten, daß sie in die bewußte Persönlichkeit übernommen und eingefügt werden können.

Die Stärke und die Stabilität des Ichs

Die psychischen Funktionen werden vom Ich-Komplex in erster Linie dazu eingesetzt, um die eigenen bewußten Bedürfnisse zu befriedigen und um die eigenen bewußten Absichten zu verwirklichen. Es gibt jedoch eine Reihe von Umständen, die das Erreichen dieser Ziele erschweren oder sogar verhindern können. Diese Umstände liegen manchmal im Ich-Komplex selbst, manchmal in unbewußten Anteilen der eigenen Persönlichkeit und manchmal auch in der äußeren Umwelt. Bei den erschwerenden Umständen, die zum Ich-Komplex gehören, handelt es sich in erster Linie einerseits um innere bewußte Konflikte und andererseits um Defizite der bewußten Persönlichkeit. So kommt es nicht selten vor, daß verschiedene Teilpersönlichkeiten des Ich-Komplexes Wünsche oder Absichten haben, die im Widerspruch zueinander stehen oder die sich sogar gegenseitig ausschließen – eine Teilpersönlichkeit will vielleicht sehr fleißig sein und berühmt oder reich werden, eine andere will lieber faul sein und das Leben genießen. Ein solcher Konflikt kann dazu führen, daß nur eine der Teilpersönlichkeiten ihr Ziel erreicht oder gar beide sich gegenseitig daran hindern, ihre Absichten zu verwirklichen. Eine andere Art von erschwerenden Umständen liegt dann vor, wenn keine der Teilpersönlichkeiten des Ich-Komplexes die Fähigkeiten hat, die nötig sind, um bestimmte eigene Ziele zu erreichen. So mag jemand vielleicht den Wunsch haben, sein Auto selbst zu reparieren, aber es gibt in seinem Ich-Komplex keine Teilpersönlichkeit, die dazu in der Lage wäre. Manchmal ist es aber auch so, daß eine Teilpersönlichkeit des Ichs eine bestimmte Absicht hat und eine andere aus diesem Komplex durchaus fähig ist, jene Absicht zu verwirklichen. Hier kann es dann aber passieren, daß auf Grund eines inneren Konfliktes zwischen diesen beiden Teilpersönlichkeiten die eine sich weigert, der anderen ihre Fähigkeiten zur Verfügung zu stellen.

Auch die unbewußten Komplexe der eigenen Persönlichkeit können einen störenden Einfluß auf den Ich-Komplex nehmen und es ihm dadurch schwer machen, seine Ziele zu erreichen: Manchmal bewirken diese Komplexe, daß wir etwas Wichtiges vergessen oder verlieren; manchmal führen sie dazu, daß wir gegen unseren Willen einen Wutanfall bekommen oder massive Ängste erleben, und zwar jeweils in völlig unpassenden Situationen, die dafür normalerweise gar keinen Anlaß bieten. Eine weiter Art von erschwerenden Umständen bilden hier die Einschränkungen, die sich aus den unbewußten Vorschriften und Regeln des Überich-Komplexes ergeben. Diese Einschränkungen führen oftmals dazu, daß dem Ich-Komplex bestimmte Teilpersönlichkeiten fehlen, die für das Erreichen von einigen seiner Ziele hilfreich oder sogar notwendig sind. So mag zum Beispiel bei einem Mann auf Grund von traumatischen Kindheitserfahrungen jener Teil seiner Persönlichkeit verdrängt sein, der sein Einfühlungsvermögen verkörpert. Sein Überich-Komplex enthält dann in diesem Fall entsprechende Vorschriften, die ihm ein einfühlsames Verhalten untersagen. Wenn nun ein solcher Mann als Erwachsener den Wunsch hat, seiner Frau in einer emotionalen Krise beizustehen, dann fehlt ihm in seinem Ich aufgrund jener Einschränkung die hierfür notwendige einfühlsame Teilpersönlichkeit. Er wird dadurch in einer solchen Situation trotz bester Absichten häufig mit seiner Frau auf eine Weise umgehen, die diese als wenig hilfreich erlebt.

Das Erreichen der eigenen Ziele kann aber nicht nur von Umständen erschwert oder gar verhindert werden, die in der eigenen Person liegen, sondern auch durch widrige Umstände in der Umwelt. Die Gegebenheiten der sozialen oder materiellen Umwelt enthalten ebenfalls häufig Hindernisse, die einer Befriedigung der eigenen Bedürfnisse oder einer Verwirklichung der eigenen Absichten im Wege stehen: Oft geraten wir bei der Verfolgung unserer Ziele mit anderen Menschen in Konflikt, die entgegengesetzte Absichten haben, und manchmal ist es auch nur eine unerwartete Veränderung der Wetterlage, die unsere Pläne durchkreuzt.

Wir Menschen unterscheiden uns nun darin sehr voneinander, in welchem Ausmaß unser Ich-Komplex in der Lage ist, äußere und innere Schwierigkeiten zu bewältigen, um seine Ziele erreichen zu können. Dieses Ausmaß wird auch als Ich-Stärke bezeichnet. Die Ich-Stärke eines Menschen beruht auf den hierfür notwendigen Fähigkeiten, wie beispielsweise auf der Fähigkeit zur Realitätsprüfung, auf dem Denkvermögen und auf der sozialen Kompetenz. Je weiter diese und andere Fähigkeiten bei einem Menschen entwickelt sind, desto besser gelingt es ihm in der Regel auch, seine bewußten Bedürfnisse zu befriedigen und seine eigenen Absichten zu verwirklichen.

Wie groß die Ich-Stärke eines Menschen ist, hängt allerdings nicht nur von der Kompetenz seines Ich-Komplexes ab, sondern auch von der Effektivität seiner Abwehrfunktion. Diese Funktion hat die Aufgabe, bestimmte seelische Inhalte unbewußt zu halten, und zwar insbesondere die Erinnerungen an traumatische Kindheitserlebnisse sowie die damit verbundenen schmerzhaften Emotionen. Wenn die Abwehrfunktion uneffektiv ist, dann dringen unbewußte Inhalte wie Ängste, Schuldgefühle oder Aggressionen leicht in das Wachbewußtsein des betreffenden Menschen, und zwar oft in einem größeren Ausmaß, als sein Ich-Komplex verarbeiten und integrieren kann. Die eindringenden Inhalte behindern ihn dann zumeist in der Verfolgung seiner Ziele. Wenn die Abwehrfunktion hingegen sehr effektiv ist, dann bleiben fast alle unbewußten Inhalte vom Wachbewußtsein ausgeschlossen. Doch auch dies ist für die Ich-Stärke zumindest langfristig eher von Nachteil: So ist zum Beispiel bei manch einem Menschen diejenige Teilpersönlichkeit verdrängt, die sein Durchsetzungsvermögen verkörpert. Wenn es einem solchen Menschen nun gelingen könnte, jene Teilpersönlichkeit nach und nach wieder in seinen bewußten Ich-Komplex zu integrieren, dann würde dies auch seine Ich-Stärke erhöhen. Für die Ich-Stärke eines Menschen ist es also letztendlich am besten, wenn seine Abwehrfunktion immer genauso viel an unbewußten Inhalten in das Wachbewußtsein hineinläßt, wie sein Ich-Komplex bewältigen kann, ohne dadurch in seiner momentanen Kompetenz besonderes beeinträchtigt zu werden.

Eng verbunden mit der Ich-Stärke ist die Ich-Stabilität. Hierbei handelt es sich um ein Maß für den Zusammenhalt des Ich-Komplexes. Bei einem hohen Grad an Ich-Stabilität bildet der Ich-Komplex eine Einheit, in der alle Teilpersönlichkeiten, aus denen er besteht, miteinander integriert sind. Außerdem ist ein Mensch mit ausgeprägter Ich-Stabilität dazu in der Lage, aus seinem Ich-Komplex heraus sein Handeln bewußt zu steuern und beispielsweise willentlich das Ausmaß zu bestimmen, in dem er seinen Gefühlen Ausdruck verleiht. Schließlich befähigt ein hohes Maß an Ich-Stabilität den betreffenden Mensch dazu, daß er immer wieder relativ leicht zu seinem seelischen Gleichgewicht findet.

Bei einem geringen Grad an Ich-Stabilität ist der Ich-Komplex in einzelne Gruppen von Teilpersönlichkeiten aufgespalten, wobei die Verbindung zwischen diesen Gruppen deutlich reduziert ist. Im Extremfall ist das Ich hier sogar in eine Unzahl von Teilpersönlichkeiten zersplittert, die dann nur noch ein chaotisches Konglomerat bilden. Außerdem kann der Ich-Komplex bei einem geringen Grad an Stabilität leicht von unbewußten Affekten überschwemmt werden, wie etwa von massiver Angst oder von extremer Wut. Der betroffene Mensch verliert in solchen Situationen sein seelisches Gleichgewicht und ist dann jenen Affekten wehrlos ausgeliefert.

Für gewöhnlich ist der Ich-Komplex umso stabiler, je größer die Ich-Stärke des betreffenden Menschen ist. Obwohl der Ich-Komplex aus sehr vielen verschiedenen Teilpersönlichkeiten besteht, ist er doch bei den meisten Menschen ausreichend stabil, so daß alle diese Teilpersönlichkeiten in einem Netzwerk eng miteinander verbunden sind. Das Netzwerk besteht dabei aus gedanklichen und gefühlsmäßigen Verbindungen zwischen den einzelnen Teilpersönlichkeiten. Diese Verbindungen ermöglichen es, daß wir uns von einer Ich-Teilpersönlichkeit her zumindest an die meisten anderen Teilpersönlichkeiten des Ich-Komplexes erinnern können und sie dann ebenfalls als Aspekte unserer eigenen Persönlichkeit erleben. Trotzdem ist in jeder Situation immer nur entweder eine Teilpersönlichkeit des Ichs aktiviert oder höchstens zwei oder drei, wie dies etwa in Konfliktsituationen der Fall ist. Alle anderen Ich-Teilpersönlichkeiten, die gerade nicht aktiviert sind, sind uns zu dem jeweiligen Zeitpunkt normalerweise auch nicht bewußt – es sei denn, wir bemühen uns aktiv darum, uns an eine von ihnen zu erinnern. Dementsprechend handelt es sich bei den Teilpersönlichkeiten des Ich-Komplexes auch hauptsächlich insofern um bewußte Teilpersönlichkeiten, als sie leicht in das Wachbewußtsein hinein aktiviert werden können. Dies unterscheidet sie von den unbewußten Teilpersönlichkeiten, bei denen eine solche Aktivierung nicht möglich ist und die deshalb auch nicht zum Ich-Komplex gehören.

Die Einheit des Ichs wird im wesentlichen von dem Identitäts-Komplex gestiftet. Dieser Komplex befindet sich im Ich und verzweigt sich dort in alle bewußten Teilpersönlichkeiten hinein: Das Netzwerk der Verbindungen zwischen den einzelnen Teilpersönlichkeiten des Ich-Komplexes besteht somit in erster Linie aus den Inhalten des Identitäts-Komplexes. Insofern wird der Ich-Komplex als Ganzes am ehesten von dem Identitäts-Komplex repräsentiert oder, genauer gesagt, von dem Selbstbild-Komplex innerhalb des Identitäts-Komplexes. Allerdings können wir diesen Komplex in unserem Ich niemals vollständig erleben, sondern immer nur teilweise: Wir haben von den verschiedenen Ich-Teilpersönlichkeiten her jeweils einen anderen und stets nur einen unvollständigen Zugang zu unserem Identitäts-Komplex. Dadurch können wir uns innerhalb unseres Ich-Komplexes niemals unseres Ichs in seiner Gesamtheit inne werden. Stattdessen neigen wir fast immer dazu, uns ganz automatisch jeweils mit derjenigen Teilpersönlichkeit zu identifizieren, die gerade in uns aktiviert ist: Wir handeln in jeder Situation so, als wenn dieser Teil von uns die Gesamtheit unserer Person repräsentieren würde – alle übrigen Teilpersönlichkeiten müssen dann die Konsequenzen dessen mittragen, was diese eine Teilpersönlichkeit in jener Situation macht. Ein Mensch unterschreibt beispielsweise einen Kaufvertrag für ein teures, schnelles Auto. Er macht dies aus einer bestimmten Teilpersönlichkeit heraus, die gerade aktiviert ist und die viel Freude am Autofahren hat. Alle anderen Teilpersönlichkeiten des Betreffenden haben nun damit zu leben, daß jenes Auto bezahlt werden muß – auch wenn sie selbst viel lieber etwas anderes für das Geld gekauft hätten oder es gerne gespart hätten oder vielleicht sogar eher weniger arbeiten würden, als soviel Geld für ein Auto auszugeben.

Der innere Kommentator, der innere Plauderer und der innere Träumer

Eine besondere Art von bewußten Teilpersönlichkeiten sind diejenigen, die fast ausschließlich im Inneren des Ich-Komplexes wirksam werden. Wenn eine dieser Teilpersönlichkeiten aktiviert ist, dann ist oft gleichzeitig noch eine weitere bewußte Teilpersönlichkeiten wirksam, die nach außen hin tätig ist. Ein Beispiel hierfür ist die Dirigenten-Teilpersönlichkeit des Erwachsenen-Ichs. Diese Teilpersönlichkeit wirkt lediglich innerhalb des Ich-Komplexes. Sie dient dazu, intern den Einsatz von anderen Teilpersönlichkeiten zu steuern, die dann nach außen hin handeln. Ein anderes Beispiel für eine solche gleichzeitige Aktivierung von zwei Teilpersönlichkeiten liegt immer dann vor, wenn neben der handelnden Teilpersönlichkeit auch noch die Kommentator-Teilpersönlichkeit aktiviert ist, also jene Teilpersönlichkeit, aus der heraus wir unser Erleben und Handeln beobachten und innerlich kommentieren, beurteilen und oft auch kritisieren. Diese Teilpersönlichkeit ist häufig eine, die zum Eltern-Ich gehört: Viele Menschen kommentieren ihr Erleben und Handeln innerlich auf die gleiche Art, wie sie als Kind von ihren Eltern beurteilt und bewertet worden sind.

Es gibt aber auch noch weitere Teilpersönlichkeiten, die ebenfalls häufig in unserem Ich-Komplex wirken, während wir gleichzeitig nach außen hin aus einer anderen Teilpersönlichkeit heraus handeln. Hierzu gehören besonders die Plauderer-Teilpersönlichkeit und die Träumer-Teilpersönlichkeit. Die Plauderer-Teilpersönlichkeit produziert, wenn sie aktiv ist, ständig irgendwelches gedankliches Geschwätz, das in keinerlei Zusammenhang zu dem steht, was wir gerade machen: Während wir nach außen hin etwas Bestimmtes tun, reden wir zugleich in unserem Inneren mit uns selbst über irgend etwas anderes – und zwar meistens über Belanglosigkeiten. So führen viele Menschen in ihrem Verstand beinahe pausenlos Selbstgespräche. Die Träumer-Teilpersönlichkeit hingegen erfüllt unser Wachbewußtsein mit inneren Bildern und läßt uns in Tagträume versinken, während wir gleichzeitig aus einer anderen Teilpersönlichkeit heraus ein Auto steuern, den Garten umgraben oder an einer beruflichen Konferenz teilnehmen. Im Unterschied zum inneren Dirigenten und zum inneren Kommentator handelt es sich besonders bei der Träumer-Teilpersönlichkeit meistens um einen Teil unseres Kind-Ich-Zustandes.

Viele Menschen in unserer Kultur sind sehr stark mit solchen innerlich wirkenden Teilpersönlichkeiten identifiziert, wie gerade mit dem inneren Kommentator oder mit dem inneren Plauderer: Sie erleben diese Teilpersönlichkeiten praktisch als ihr eigentliches Ich und sind beinahe ständig erfüllt von inneren Kommentaren oder auch von ziellosem Geschwätz. Wenn bei ihnen einmal keine von diesen Teilpersönlichkeiten aktiviert ist, geraten sie in Angst, gerade so, als würden sie dann selbst aufhören zu existieren.

Allerdings führt die zusätzliche Aktivierung des inneren Kommentators oder Plauderers stets auch zu einer inneren Zerrissenheit: Wenn eine dieser beiden Teilpersönlichkeiten zusätzlich aktiviert ist, dann können wir nicht mehr einfach in derjenigen Teilpersönlichkeit aufgehen, aus der heraus wir gerade handeln oder in der wir gerade etwas erleben. Unsere Aufmerksamkeit ist unter solchen Bedingungen immer zweigeteilt zwischen der handelnden oder erlebenden Teilpersönlichkeit auf der einen Seite und dem inneren Kommentator oder Plauderer auf der anderen. Oft identifizieren wir uns dabei sogar mehr mit der innerlich wirkenden Teilpersönlichkeit als mit der handelnden oder erlebenden. Im Einklang mit uns selbst können wir uns jedoch nur erfahren, wenn keine dieser inneren Teilpersönlichkeiten aktiviert ist. Nur dann ist es uns möglich, wirklich im eigenen Handeln und Erleben aufzugehen.

Die Eigenschaften

Die individuelle Persönlichkeit eines Menschen läßt sich vielleicht am besten beschreiben durch die Eigenschaften, die für den Betreffenden jeweils charakteristisch sind: Während manche Menschen in der Hauptsache durch ihren Ehrgeiz und ihre Produktivität auffallen, lassen sich andere eher als fürsorglich und warmherzig charakterisieren und wieder andere in erster Linie als unbekümmert und begeisterungsfähig.

Extraversion und Introversion

Eines der wichtigsten Eigenschaftspaare zur Charakterisierung der menschlichen Persönlichkeit ist dasjenige von Extraversion und Introversion. Extravertierte Menschen sind gesellig und lebhaft, introvertierte hingegen eigenständig und bedächtig. Die Eigenschaften Extraversion und Introversion bilden dabei zwei Pole oder Endpunkte eines Spektrums, auf dem sich alle Menschen einordnen lassen, je nachdem, wie sehr sie entweder dem einen Pol entsprechen oder dem anderen. So sind manche Menschen äußerst gesellig und geradezu impulsiv und verkörpern damit ganz eindeutig den extravertierten Pol des genannten Spektrums. Andere hingegen verhalten sich um einiges weniger extravertiert oder sogar deutlich introvertiert.

Wenn ein Mensch sehr extravertiert ist, dann bedeutet dies nichts anderes, als daß die meisten und wichtigsten seiner bewußten Teilpersönlichkeiten gerade auch solche Eigenschaften haben wie Geselligkeit und Impulsivität – neben anderen Eigenschaften, die dazu nicht in Widerspruch stehen, wie beispielsweise Ehrgeiz oder Fürsorglichkeit. Der Ich-Komplex eines introvertierten Menschen hingegen wird von introvertierten Teilpersönlichkeiten dominiert.

Neben dem Eigenschaftspaar Extraversion – Introversion gibt es noch viele andere Persönlichkeitseigenschaften, durch die sich Menschen ebenfalls charakterisieren lassen. Das Muster der Eigenschaften, das für einen Menschen insgesamt gesehen kennzeichnend ist, wird dabei oft auch als sein Charakter bezeichnet.

Neun verschiedene Charaktertypen

Heutzutage werden die einzelnen Teilpersönlichkeiten des Ich-Komplexes entsprechend ihren Eigenschaften oftmals neun verschiedenen Typen zugeordnet. Diese Typen werden dabei meistens einfach mit Zahlen bezeichnet. Es gibt hier also Teilpersönlichkeiten vom Typ Eins, solche vom Typ Zwei und so weiter bis hin zu denjenigen vom Typ Neun. Jeder Mensch hat in seinem Ich-Komplex Teilpersönlichkeiten von unterschiedlichen Typen, wobei allerdings für gewöhnlich die Teilpersönlichkeiten eines bestimmten Typs bei ihm vorherrschen und dadurch seinen Charakter prägen. Insofern stellen die einzelnen Typen von Teilpersönlichkeiten zugleich auch unterschiedliche Charaktertypen dar.

Die Zuordnung der Teilpersönlichkeiten zu den neun verschiedenen Typen hat nichts zu tun mit der Aufteilung des Ich-Komplexes in die drei Ich-Zustände: Jede bewußte Teilpersönlichkeit gehört zwar immer auch einem dieser drei Zustände an, nämlich entweder dem Eltern-Ich, dem Kind-Ich oder dem Erwachsenen-Ich. Doch ganz unabhängig davon, welchem Ich-Zustand sie angehört, läßt sie sich einem der neun Typen zuordnen.

Die Teilpersönlichkeiten sind nun auf folgende Weise den verschiedenen Typen zugeordnet:

Zu Typ Eins gehören besonders die ernsthaften, ordentlichen und gewissenhaften Teilpersönlichkeiten. Wenn ein Mensch in seinem Ich-Komplex hauptsächlich Teilpersönlichkeiten vom Typ Eins hat, dann verfügt er über feste Prinzipien und neigt dazu, sein Leben klar zu strukturieren. Er ist diszipliniert, sauber und sparsam. Meistens vertritt er hohe ethische Maßstäbe, und für gewöhnlich ist er kritisch gegenüber sich selbst und auch gegenüber anderen.

Typ Zwei umfaßt die fürsorglichen, warmherzigen und überschwenglichen Teilpersönlichkeiten. Menschen mit solchen Teilpersönlichkeiten erleben häufig intensive Gefühle, denen sie offen Ausdruck geben. Sie verstehen sich mit jedem und sorgen gerne für andere. In ihrem Handeln lassen sie sich meistens spontan von den äußeren Möglichkeiten bestimmen, die im jeweiligen Augenblick gerade vorhanden sind.

Zu Typ Drei gehören im wesentlichen die produktiven, die ehrgeizigen und die erfolgsorientierten Teilpersönlichkeiten. Wenn der Charakter eines Menschen in erster Linie von solchen Teilpersönlichkeiten bestimmt ist, dann strebt der Betreffende nach Erfolg und will für diesen auch anerkannt werden. Er ist sehr aktiv und tut oft sogar mehrere Dinge gleichzeitig. Meistens kann er gut organisieren, und für gewöhnlich läßt er sich gerne von neuen Problemen herausfordern.

Typ Vier umfaßt besonders die gefühlvollen, romantischen und einfühlsamen Teilpersönlichkeiten. Hat ein Mensch in seinem Ich-Komplex hauptsächlich Teilpersönlichkeiten von diesem Typ, dann ist er eher in sich gekehrt. Für ihn ist eine reiche innere Gefühlswelt charakteristisch, die zumeist durchdrungen ist von einer sehnsuchtsvollen Traurigkeit. Er braucht einerseits viel Liebe und Zuwendung von seinen Mitmenschen, aber er kann sich andererseits auch gut in sie einfühlen.

Typ Fünf beinhaltet die intellektuellen, sensiblen und eigenständigen Teilpersönlichkeiten. Menschen mit Teilpersönlichkeiten von diesem Typus sind eher nüchterne Denker. Sie sammeln zumeist eifrig Informationen und beschäftigen sich gerne mit abstrakten Ideen. Es handelt sich bei ihnen für gewöhnlich um sensible Menschen, die unbedingt ihre Privatsphäre brauchen, in die sie sich zurückziehen können. Sie neigen dazu, das Leben in der Außenwelt eher aus der Distanz zu beobachten und zu analysieren, als selbst engagiert daran teilzunehmen.

Zu Typ Sechs gehören insbesondere die vorsichtigen, loyalen und pflichtbewußten Teilpersönlichkeiten. Wenn der Charakter eines Menschen durch solche

Teilpersönlichkeiten geprägt ist, dann handelt es sich bei ihm um eine verantwortungsvolle Person, die nur geringe Risiken eingeht und sich gerne mit Gruppen identifiziert, in denen klar definierte Werte vorherrschen. Menschen vom Typ Sechs neigen zwar zu Zweifeln und rebellieren auch manchmal gegen Autoritäten oder festgefügte Normen. Dennoch erweisen sie sich in der Regel letztendlich als zuverlässig.

Typ Sieben umfaßt die unbekümmerten, begeisterungsfähigen und optimistischen Teilpersönlichkeiten. Wenn ein Mensch in seinem Ich-Komplex hauptsächlich Teilpersönlichkeiten von diesem Typus hat, dann ist er häufig fröhlich und nimmt alles leicht. Ein solcher Mensch neigt dazu, die unangenehmen Seiten des Lebens zu ignorieren und statt dessen die schönen Seiten zu genießen. Meistens hat er viele Interessen und vielseitige Begabungen. Er macht immer wieder begeistert neue Erfahrungen und läßt sich auch gerne von neuen Ideen anregen.

Zu Typ Acht gehören die mutigen, durchsetzungsfähigen und kämpferischen Teilpersönlichkeiten. Menschen mit solchen Teilpersönlichkeiten leben sehr aus ihrer körperlichen Vitalität heraus. Sie handeln gerne und stellen sich mutig den Herausforderungen des Lebens. Oft haben sie Führungsqualitäten, und meistens nehmen sie auch gerne eine Führungsrolle ein.

Typ Neun umfaßt besonders die ausgeglichenen, gutmütigen und anpassungsfähigen Teilpersönlichkeiten. Wenn ein Mensch in seinem Ich-Komplex hauptsächlich Teilpersönlichkeiten vom Typ Neun hat, dann handelt es sich bei ihm um eine friedfertige und zurückhaltende Person, die normalerweise auch unter schwierigen Umständen ihren Gewohnheiten treu bleibt. Solche Menschen sind für unterschiedliche Standpunkte offen und tendieren dahin, Konflikte zu vermeiden.

Neben den bisher genannten eher positiven Teilpersönlichkeiten gibt es auch negative, die aus traumatischen Kindheitserfahrungen heraus entstehen und die ebenfalls unter bestimmten Umständen zum Ich-Komplex eines Menschen gehören können. Traumatische Kindheitserfahrungen führen immer zu Trauma-Komplexen, die dann auch sogleich verdrängt werden. Doch im Unterschied zu den Trauma-Komplexen fallen keineswegs alle Teilpersönlichkeiten, die durch Kindheitstraumata entstehen, sofort oder später der Verdrängung anheim. Viele von ihnen werden statt dessen in den bewußten Ich-Komplex eingefügt. Hierbei handelt es sich dann gleichsam um neurotisch verzerrte Formen der bisher aufgeführten Teilpersönlichkeiten. Diese negativen Teilpersönlichkeiten lassen sich ebenso den neun Typen zuordnen: So gehören zum Typ Eins beispielsweise auch die geizigen und die perfektionistischen Teilpersönlichkeiten, während dem Typ Zwei etwa die theatralischen und die manipulativen Teilpersönlichkeiten zugeordnet werden und dem Typ drei die arbeitssüchtigen und die angeberischen. Typ Vier umfaßt von den negativen Teilpersönlichkeiten insbesondere die verzweifelten und die anklammernden, während dem Typ Fünf die kontaktscheuen und die versponnenen Teilpersönlichkeiten zugeordnet werden und zu Typ Sechs die extrem mißtrauischen und die stark eifersüchtigen gehören. Dem Typ Sieben werden als negative Teilpersönlichkeiten besonders die selbstverherrlichenden und die gierigen zugeordnet, während dem Typ Acht die destruktiven und die machtbesessenen Teilpersönlichkeiten angehören und Typ Neun die faulen und die widerspenstigen enthält. Manche Menschen haben eher solche negativen Eigenschaften. So sind also zum Beispiel einige Menschen vom Typ Eins nicht einfach nur gewissenhaft und sparsam, sondern perfektionistisch und geizig.

Wenn wir die neun verschiedenen Charaktertypen unter dem Gesichtspunkt von Extraversion und Introversion betrachten, dann erweisen sich hier als extravertiert besonders die fürsorglichen und überschwenglichen Menschen vom Typ Zwei sowie die begeisterungsfähigen und optimistischen Personen vom Typ Sieben. Deutlich introvertiert hingegen sind in der Regel die romantischen und einfühlsamen Menschen vom Typ Vier und erst recht die intellektuellen und sensiblen Personen vom Typ Fünf. Alle anderen Charakterstrukturen liegen auf dem Spektrum von Extraversion und Introversion eher im mittleren Bereich zwischen den zuvor genannten Typen.

In einer anderen Betrachtungsweise werden die neun Charakterformen dahingehend zusammengefaßt, welches der drei Zentren bei den betreffenden Menschen jeweils dominiert: das Körperzentrum, das Gefühlszentrum oder das Denkzentrum. So werden die Menschen der Typen Eins, Acht und Neun in ihrem Erleben und Verhalten vom Körperzentrum beherrscht beziehungsweise von der Lebenskraft, die dort ihren Sitz hat. Die mutigen und durchsetzungsfähigen Personen vom Typ Acht verwirklichen aus ihrem Körperzentrum heraus einen kämpferischen Lebensstil. Bei den ordentlichen und gewissenhaften Menschen vom Typ Eins hingegen führt die Vitalität ihres Körperzentrums hauptsächlich zu einer klaren Strukturierung der eigenen Persönlichkeit. Die ausgeglichenen und gutmütigen Menschen vom Typ Neun schließlich ruhen in ihrem Körperzentrum und sind gerade dadurch in der Lage, auch den Schwierigkeiten des Lebens mit Gelassenheit zu begegnen.

Das Gefühlszentrum dominiert bei den Menschen vom Typ Zwei, Drei und Vier: Die fürsorglichen und überschwenglichen Personen vom Typ Zwei zeigen ihre Verankerung in diesem Zentrum sehr deutlich, indem sie ihren intensiven Gefühlen immer wieder offen Ausdruck verleihen. Für die romantischen und einfühlsamen Menschen vom Typ Vier verwirklicht sich ihre Verankerung im Gefühlszentrum hingegen in einer reichen inneren Gefühlswelt. Bei den produktiven und erfolgsorientierten Personen vom Typ Drei ist es ihr Leistungsstreben, welches bewußt oder unbewußt hauptsächlich einem ausgeprägten gefühlsmäßigen Bedürfnis nach Anerkennung entspringt.

Das Denkzentrum herrscht im Leben der Menschen vom Typ Fünf, Sechs und Sieben vor. Die Dominanz des Denkens zeigt sich hier besonderes deutlich bei den intellektuellen und sensiblen Personen vom Typ Fünf: Sie beschäftigen sich nämlich in ihrem Leben hauptsächlich damit, die Welt durch ihren Verstand zu begreifen. Die vorsichtigen und pflichtbewußten Menschen vom Typ Sechs hingegen verwenden ihre Denkfähigkeit in erster Linie dazu, um Regeln zu entdecken, an denen sie sich orientieren können, und um die Risiken im Leben möglichst gering zu halten.

Bei den unbekümmerten und optimistischen Personen vom Typ Sieben schließlich kommt die Dominanz des Denkzentrums besonders darin zum Ausdruck, daß sie aus ihrem Verstand heraus immer wieder neue aufregende Ideen entwickeln, für die sie sich dann begeistern können.

Die neun Charaktertypen im Enneagramm

Wie schon gesagt wurde, hat jeder Mensch in seinem Ich-Komplex Teilpersönlichkeiten von verschiedenen Typen, wobei allerdings für gewöhnlich die Teilpersönlichkeiten eines bestimmten Typs bei ihm vorherrschen und dadurch seinen Charakter prägen. Daneben gibt es aber stets noch drei andere Typen von Teilpersönlichkeiten, die ebenfalls in seinem Ich-Komplex in einem gewichtigen Ausmaß vorhanden sind. Von diesen Teilpersönlichkeiten ergänzen die einen die charakterprägenden Teilpersönlichkeiten, während die zweiten besonders in belastenden Situationen aktiviert werden und die dritten hauptsächlich in entspannenden Situationen. Im Ich-Komplex eines jeden Menschen befinden sich also insgesamt gesehen vier Typen von Teilpersönlichkeiten, und zwar diejenigen, die seinen Charakter prägen, diejenigen, die seinen Charakter bereichern, diejenigen, die bei Streß aktiviert werden, und diejenigen, die immer dann auftreten, wenn der Betreffende sich besonders wohl fühlt. Der Ich-Komplex eines jeden Menschen ist also nicht statisch in dem Sinne, daß der Mensch aus seinem Ich heraus immer mit den gleichen Charaktereigenschaften reagiert, sondern es wohnt ihm eine gewisse Dynamik inne, die ihn besonders unter Streß sowie in entspannenden Situationen jeweils aus anderen Teilpersönlichkeiten reagieren läßt als denjenigen, die ansonsten seinen Charakter prägen.

Um welche Typen von Teilpersönlichkeiten es sich dabei jeweils handelt, läßt sich am besten einem speziellen Schaubild entnehmen, das als Enneagramm bezeichnet wird. Es handelt sich hierbei um ein Diagramm, das ganz allgemein in einer sehr abstrakten Form Abläufe von Veränderungen und Entwicklungen darstellt. Dieses Schaubild besteht aus einem Kreis, in dem sich ein aufrechtes, gleichseitiges Dreieck befindet, sowie ein Sechseck. Das Sechseck ist in sich verschachtelt und darüber hinaus auch noch mit dem Dreieck verwoben. Die beiden eckigen Figuren sind so in dem Kreis angeordnet, daß alle ihre Ecken die Kreislinie berühren und damit auf dieser Linie neun Punkte markieren, die jeweils im gleichen Abstand voneinander liegen.

Das Enneagramm wurde im Orient entwickelt und von G. I. Gurdjieff in den Westen gebracht. O. Ichazo hat es verwendet, um die menschliche Persönlichkeit zu analysieren, und C. Naranjo hat wesentlich dazu beigetragen, daß diese Anwendungsweise des Enneagramms in der Öffentlichkeit bekannt wurde.

Die Dynamik des Ich-Komplexes läßt sich nun in dem Enneagramm auf die Art darstellen, daß die neun Typen von Teilpersönlichkeiten den neun Punkten in einer ganz bestimmten Weise zugeordnet werden. Die Abbildung 7 auf Seite 110 zeigt das Enneagramm-Schaubild sowie die Einordnung der verschiedenen Typen in dieses Diagramm.

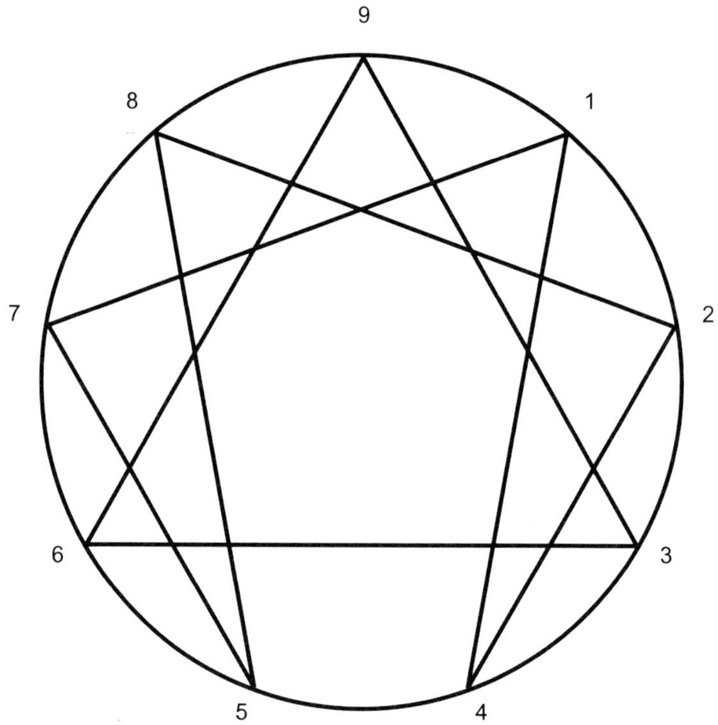

Abbildung 7: Das Enneagramm

Jeder der neun Punkte im Enneagramm hat zwei Nachbarpunkte. Wenn im Ich-Komplex eines Menschen ein bestimmter Typus von Teilpersönlichkeiten vorherrscht, dann befinden sich an einem der beiden Nachbarpunkte die ergänzenden Teilpersönlichkeiten. So haben manche Menschen mit einem Charakter vom Typ Eins ergänzende Teilpersönlichkeiten vom Typ Neun in ihrem Ich-Komplex und andere Menschen mit einem Charakter vom Typ Eins ergänzende Teilpersönlichkeiten vom Typ Zwei. Die ergänzenden Teilpersönlichkeiten bereichern den Charakter des betreffenden Menschen und erweitern ihn um die eine oder andere Facette.

Außerdem gehen von jedem der neun Punkte zwei Linien aus, die diesen Punkt mit zwei anderen Punkten verbinden. Wenn im Ich-Komplex eines Menschen ein bestimmter Typus von Teilpersönlichkeiten vorherrscht, dann lassen sich mit Hilfe dieser Linien diejenigen Typen von Teilpersönlichkeiten bestimmen, die bei dem betreffenden Menschen in belastenden oder in entspannenden Situationen aktiviert werden. Es gibt dabei zwei Bewegungsrichtungen im Enneagramm, von denen die eine dazu dient, um denjenigen Typus von Teilpersönlichkeiten zu ermitteln, der in belastenden Situationen aktiviert wird, während die umgekehrte Bewegungsrichtung zu demjenigen führt, der in entspannenden Situationen auftritt. Die beiden Schaubilder in Abbildung 8 zeigen die entsprechenden Bewegungsrichtungen.

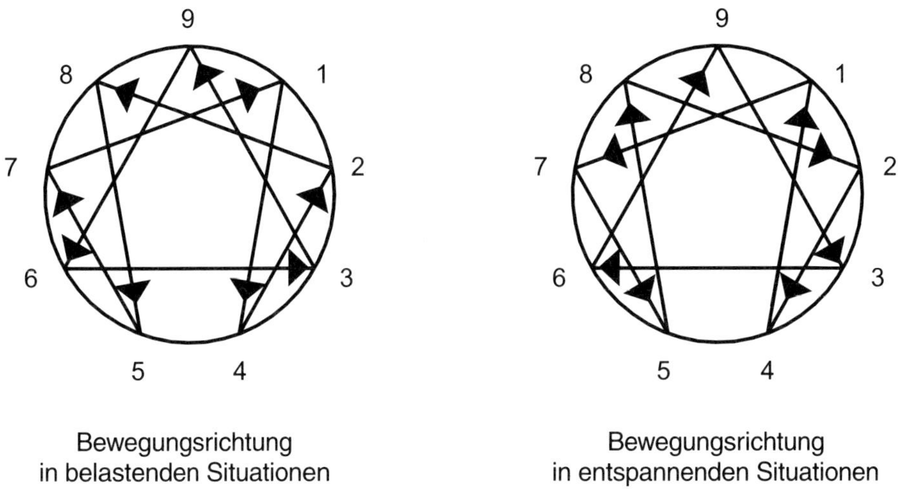

Abbildung 8: Die beiden Bewegungsrichtungen im Enneagramm

Betrachten wir diese Zusammenhänge noch einmal an einem anderen Schaubild, das speziell auf einen bestimmten Typus von Menschen zugeschnitten ist, etwa auf Menschen, deren Charakter dem Typ Neun zugehört. Solche Mensch haben, wie die meisten von uns, in der Regel alle Typen von Teilpersönlichkeiten in ihrem Ich-Komplex. Dieser Sachverhalt wird in der folgenden Abbildung auf Seite 112 durch neun graue Kreise veranschaulicht, die jeweils an den entsprechenden Punkten im Enneagramm plaziert sind. Diese Kreise repräsentieren zusammengenommen alle bewußten Teilpersönlichkeiten des betreffenden Menschen. Ihre Größe zeigt dabei jeweils an, welches Gewicht die einzelnen Typen von Teilpersönlichkeiten in seinem Ich-Komplex haben. Der Ich-Komplex eines Menschen vom Typ Neun wird von solchen Teilpersönlichkeiten dominiert, die gerade diesem Typus angehören. Deshalb ist auch an Punkt neun der größte Kreis eingezeichnet. Die ergänzenden Teilpersönlichkeiten können bei einem Menschen vom Typ Neun entweder dem Typ Acht angehören oder dem Typ Eins. In unserem Beispiel gehören sie zum Typ Acht.

Dementsprechend befindet sich an Punkt acht ein mittelgroßer Kreis. Außerdem gehen von Punkt neun zwei Linien aus, und zwar eine zu Punkt drei und eine zu Punkt sechs. Hier befinden sich die Teilpersönlichkeiten, die bei einem solchen Menschen in entspannenden oder in belastenden Situationen aktiviert werden. Diese Teilpersönlichkeiten werden ebenfalls durch mittelgroße Kreise an den entsprechenden Punkten repräsentiert. An allen anderen Punkten befinden sich kleine graue Kreise: Die Teilpersönlichkeiten dieser Typen spielen im Ich-Komplex eines Menschen vom Typ Neun nur eine untergeordnete Rolle.

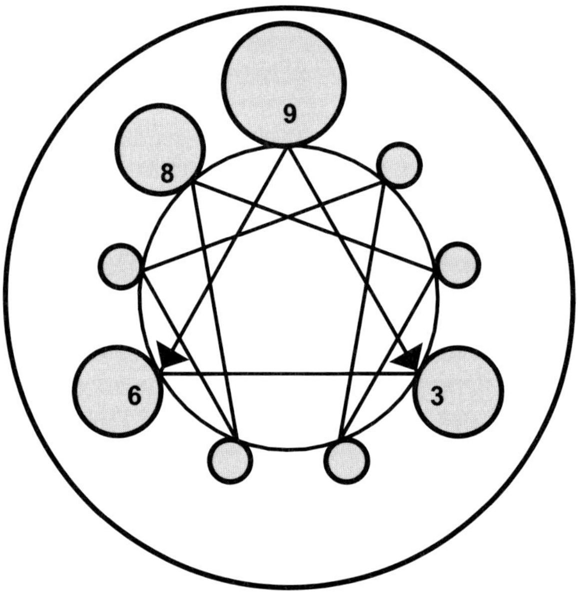

Abbildung 9: Ein Beispiel für die Verteilung der Enneagramm-Teilpersönlichkeiten im Ich-Komplex

Es werden also bei einem Menschen sowohl in belastenden als auch in entspannenden Situationen jeweils andere Arten von Teilpersönlichkeiten aktiviert als diejenigen, die für gewöhnlich sein Verhalten und Erleben dominieren oder bereichern. Außerdem ist es im allgemeinen so, daß in belastenden Situationen eher die negativen Seiten des Typs zum Vorschein kommen, der dann auftritt, während in entspannenden Situationen eher die positiven Seiten des nun aktivierten Typs in Erscheinung treten. Im einzelnen ergeben sich somit für die Dynamik des Ich-Komplexes bei den unterschiedlichen Menschen jeweils folgende Zusammenhänge:

Wenn ein Mensch in seinem Ich-Komplex hauptsächlich ordentliche und gewissenhafte Teilpersönlichkeiten vom Typ Eins hat, dann werden bei ihm in belastenden Situationen für gewöhnlich negative Teilpersönlichkeiten vom Typ Vier aktiviert: Er wird dadurch in solchen Situationen leicht hoffnungslos und verzweifelt. In entspannenden Situationen hingegen treten bei ihm in der Regel positive Teilpersönlichkeiten vom Typ Sieben auf: Diese befähigen ihn in jenen Situationen, sein Leben zu genießen. Er beginnt jetzt oftmals auch damit, anregende Pläne zu machen.

Hat ein Mensch in seinem Ich-Komplex hauptsächlich warmherzige und überschwengliche Teilpersönlichkeiten vom Typ Zwei, dann werden bei ihm in belastenden Situationen negative Teilpersönlichkeiten vom Typ Acht aktiviert: Der Betreffende wird in solchen Situationen leicht wütend auf andere und beginnt, sich ihnen gegenüber rachsüchtig zu verhalten oder über sie zu lästern. In entspannenden Situationen hingegen werden bei einem Menschen vom Typ Zwei positive Teilpersönlichkeiten vom Typ Vier aktiviert: Er wird nun ein wenig romantisch und öffnet sich für seine tieferen Gefühle.

Ist der Charakter eines Menschen durch produktive und erfolgsorientierte Teilpersönlichkeiten vom Typ Drei geprägt, dann treten bei ihm in Streßsituationen negative Teilpersönlichkeiten vom Typ Neun auf: Er wird in solchen Situationen zumeist träge oder widerspenstig. In entspannenden Situationen hingegen werden bei einem Menschen vom Typ Drei positive Teilpersönlichkeiten vom Typ Sechs aktiviert: Auf diese Weise wird er in jenen Situationen fähig, sich wirklich in eine Gruppe einzuordnen und für die Ziele dieser Gruppe zu arbeiten, statt nur seinen eigenen Erfolg anzustreben.

Wenn ein Mensch in seinem Ich-Komplex hauptsächlich romantische und einfühlsame Teilpersönlichkeiten vom Typ Vier hat, dann werden bei ihm in belastenden Situationen für gewöhnlich negative Teilpersönlichkeiten vom Typ Zwei aktiviert: Er neigt dann in solchen Situationen dazu, andere Personen zu manipulieren, damit diese seine Bedürfnisse befriedigen. In entspannenden Situationen treten bei ihm in der Regel positive Teilpersönlichkeiten vom Typ Eins auf: Dadurch wird er in jenen Situationen diszipliniert und verfügt plötzlich über die Fähigkeit, seinen Prinzipien treu zu bleiben.

Ist der Charakter eines Menschen geprägt durch intellektuelle und sensible Teilpersönlichkeiten vom Typ Fünf, dann werden bei ihm in belastenden Situationen negative Teilpersönlichkeiten vom Typ Sieben aktiviert: Er verliert sich nun leicht in Zukunftsplänen, die zwar anregend sind, aber wenig Bezug zu seinen konkreten Lebensumständen haben. In entspannenden Situationen hingegen treten bei einem Menschen vom Typ Fünf positive Teilpersönlichkeiten vom Typ Acht auf: Dadurch wird er in solchen Situationen handlungsfähig und beginnt, sich wirklich auf das Leben einzulassen und seine Gedanken in die Tat umzusetzen.

Hat ein Mensch in seinem Ich-Komplex in erster Linie vorsichtige und pflichtbewußte Teilpersönlichkeiten vom Typ Sechs, dann werden bei ihm in Streßsituationen negative Teilpersönlichkeiten vom Typ Drei aktiviert: Er flüchtet sich jetzt in die Produktivität und beginnt damit, hart zu arbeiten. In entspannenden Situationen hingegen treten bei ihm positive Teilpersönlichkeiten vom Typ Neun auf: Dadurch wird er in jenen Situationen ausgeglichen und beginnt, in sich selbst zu ruhen.

Wenn ein Menschen in seinem Ich-Komplex hauptsächlich begeisterungsfähige und optimistische Teilpersönlichkeiten vom Typ Sieben hat, dann treten bei ihm als Reaktion auf Streß für gewöhnlich negative Teilpersönlichkeiten vom Typ Eins auf: Er neigt in den entsprechenden Situationen zum Perfektionismus und wird dann auch leicht kritisch gegen sich selbst und gegen andere. In entspannenden Situationen hingegen werden bei ihm in der Regel Teilpersönlichkeiten vom Typ Fünf aktiviert: Dadurch wird er in solchen Situationen ruhiger und verbringt dann auch viel Zeit damit, über seine Erfahrungen nachzudenken, um sie tiefer zu verstehen.

Enthält der Ich-Komplex eines Menschen in erster Linie mutige und kämpferische Teilpersönlichkeiten vom Typ Acht, dann werden bei ihm in belastenden Situationen negative Teilpersönlichkeiten vom Typ Fünf aktiviert: Er zieht sich in solchen Situationen von der Außenwelt zurück in die innere Welt seiner Gedanken. Entspannende Situationen hingegen führen bei ihm zur Aktivierung von positiven Teilpersönlichkeiten des Typs Zwei: Dadurch wird er in jenen Situationen großmütig und fürsorglich und interessiert sich nun auch ernsthaft für das Wohlergehen von anderen.

Ist der Charakter eines Menschen geprägt durch ausgeglichene und gutmütige Teilpersönlichkeiten vom Typ Neun, dann werden bei ihm in Streßsituationen negative Teilpersönlichkeiten vom Typ Sechs aktiviert: Er beginnt in solchen Situationen damit, an sich selbst zu zweifeln und anderen zu mißtrauen. In entspannenden Situationen hingegen treten bei ihm für gewöhnlich positive Teilpersönlichkeiten vom Typ Drei auf: Dadurch wird er in solchen Situationen aktiv und setzt sich nun Ziele, die er auch erreicht.

Zusammenfassung

Die Seele des Menschen hat eine innere Struktur, die darin besteht, daß die seelischen Inhalte wie Gedanken, Emotionen und Phantasien jeweils zu vielschichtigen Gebilden zusammenfügt sind. Diese inneren Gebilde werden auch als Komplexe bezeichnet. Alle seelischen Inhalte, die in unserem Wachbewußtsein auftreten, gliedern sich entweder einem bereits vorhandenen Komplex an, oder sie bilden den Ausgangspunkt für einen neuen Komplex. Wenn wir beispielsweise einen Urlaub in Tunesien verbringen, dann gehen alle unsere Erfahrungen, die wir währenddessen machen, in einen seelischen Komplex ein, der als Tunesien-Komplex bezeichnet werden kann.

Komplexe können bewußt sein oder auch unbewußt. Sie bilden zum einen die Grundlage für ein seelisch gesundes Funktionieren, andererseits können sie aber auch zu krankhaften seelischen Störungen führen. Jeder Komplex entsteht um einen bestimmten zentralen Inhalt, der das Thema dieses Komplexes darstellt. Bei vielen Komplexen ist dieses Thema ein archetypisches. Wenn dies der Fall ist, dann bildet sich der jeweilige Komplex um den entsprechenden Archetypus. Ein Beispiel hierfür ist der Mutter-Komplex: Dieser enthält alle Erinnerungen, Gefühle und Phantasien, die mit der eigenen Mutter in Zusammenhang stehen. Er entwickelt sich während der Kindheit und Jugend um den Archetypus der Mutter herum.

Neben dem Mutter-Komplex ist das Überich ein weiterer wichtiger Komplex. Es besteht aus moralischen Regeln, Vorschriften, Normen, Verboten und Idealen. Die meisten dieser Inhalte übernimmt jeder Mensch in seiner Kindheit entweder freiwillig von seinen Eltern, oder aber sie werden ihm von diesen aufgezwungen. Der Überich-Komplex ist zum Teil bewußt und zum Teil unbewußt. Den bewußten Teil dieses Komplexes erleben wir als unser Gewissen.

Die wichtigsten unbewußten Komplexe sind die Trauma-Komplexe, also jene verdrängten Komplexe, die sich aus traumatischen Kindheitserfahrungen heraus bilden. Bei den traumatischen Kindheitserfahrungen handelt es sich um sehr schmerzliche Erlebnisse, wie sie beispielsweise entstehen, wenn ein kleines Mädchen von seinem Vater sexuell mißhandelt wird oder wenn ein kleiner Junge eine Mutter hat, die immer nur kalt und abweisend zu ihm ist. Aus solchen Erfahrungen heraus bilden sich dann in dem betroffenen Menschen Trauma-Komplexe, die mit den Schmerzen jener Erlebnisse aufgeladen sind und die oftmals schon während ihrer Entstehung verdrängt werden.

Alle unbewußten Komplexe bilden zusammen das persönliche Unbewußte. Doch obwohl jene Komplexe unbewußt sind, beeinflussen auch sie unser bewußtes Erleben und Verhalten: So führen unbewußte Komplexe manchmal dazu, daß wir eine bedeutsame Information vergessen oder einen wichtigen Gegenstand verlieren. Außerdem rufen sie im Organismus ständig nervöse Spannungen hervor, die oft auch als innere Unruhe spürbar werden. Weiterhin sind gerade die unbewußten Trauma-Komplexe die Wurzel für Neurosen und andere psychische Störungen.

Eine besondere Art von Komplexen sind die Teilpersönlichkeiten: Sie enthalten unsere Bedürfnisse, Absichten und Wünsche, und sie äußern sich in entsprechenden Verhaltensweisen. Die Teilpersönlichkeiten können ebenfalls bewußt oder auch unbewußt sein. So existiert in jedem Menschen zum Beispiel eine bewußte oder auch unbewußte Teilpersönlichkeit, die sein Durchsetzungsvermögen verkörpert, eine bewußte Teilpersönlichkeit, die für alle seine Geldangelegenheiten zuständig ist, und eine bewußte oder auch unbewußte Teilpersönlichkeit, die seine wilde Leidenschaftlichkeit beinhaltet. Die Gesamtheit der bewußten Teilpersönlichkeiten eines Menschen bildet seinen Ich-Komplex. So ist das Ich oder die bewußte Persönlichkeit des Menschen in verschiedene Anteile untergliedert, die jeweils in unterschiedlichen Situationen aktiviert werden: Manchmal sind wir höflich und zuvorkommend, manchmal reagieren wir gereizt, und in wieder anderen Situationen neigen wir vielleicht dazu, innerlich in Tagträumen zu versinken. Normalerweise wird dabei durch eine bestimmte Situation jeweils automatisch eine bestimmte Teilpersönlichkeit aktiviert – und zwar ohne daß wir uns absichtlich dafür entscheiden, auf diese Situation gerade mit jenem Anteil unserer selbst zu reagieren.

Die Teilpersönlichkeiten des Ich-Komplexes werden oft in drei Gruppen zusammengefaßt, die Ich-Zustände heißen. Hierbei handelt es sich um das Erwachsenen-Ich, das Kind-Ich und das Eltern-Ich. Das Kind-Ich enthält alle bewußten kindlichen Teilpersönlichkeiten eines Menschen, also beispielsweise jene Anteile seiner selbst, aus denen heraus er ausgelassen und verspielt sein kann oder sich manchmal auch hilflos und ängstlich fühlt. Das Eltern-Ich eines Menschen enthält alle diejenigen bewußten Teilpersönlichkeiten, die Überzeugungen und Verhaltensweisen verkörpern, welche er in der Kindheit von anderen übernommen hat, und zwar besonders von seinen Eltern. Vielen dieser Teilpersönlichkeiten ist gemeinsam, daß sie auf irgendeine Art ein elterliches Verhalten zeigen, daß sie also etwa in elterlicher Weise ermutigen, trösten, kritisieren, strafen oder belohnen. Für die Teilpersönlichkeiten des Erwachsenen-Ichs schließlich sind drei Fähigkeiten charakteristisch, und zwar erstens die Fähigkeit zur realitätsgerechten Erkenntnis, zweitens die Fähigkeit zu unabhängigem Denken und drittens die Fähigkeit zu verantwortlichem Handeln.

Neben den bewußten Teilpersönlichkeiten der verschiedenen Ich-Zustände gibt es auch noch unbewußte Teilpersönlichkeiten. Hierbei handelt es sich einerseits um Anteile der eigenen Persönlichkeit, die sich zunächst unter gutartigen Bedingungen entwickelt haben und die dann später aufgrund von traumatischen Kindheitserfahrungen verdrängt werden mußten. Andererseits gehören zu den unbewußten Teilpersönlichkeiten aber auch solche, die sich überhaupt erst durch Kindheitstraumata gebildet haben und dann ebenfalls früher oder später der Verdrängung anheimgefallen sind. Die letzteren bilden alle miteinander den Schatten-Komplex. Die unbewußten Teilpersönlichkeiten dieses Komplexes verkörpern in der Regel starke Emotionen oder Impulse wie Aggression, Sexualität, Machtstreben, Schuldgefühle oder Angst.

Außer dem Schatten-Komplex gibt es noch zwei weitere unbewußte Komplexe, die ebenfalls verdrängte Teilpersönlichkeiten enthalten, und zwar den Anima- oder Animus-Komplex und den Logos- oder Eros-Komplex. Genauso wie beim Schatten-Komplex sind es auch hier traumatische Kindheitserfahrungen, die dazu geführt haben, daß die entsprechenden Teilpersönlichkeiten verdrängt werden mußten. Doch im Unterschied zum Schatten-Komplex sind die Teilpersönlichkeiten der beiden anderen unbewußten Komplexe nicht auf Grund von traumatischen Kindheitserfahrungen entstanden, sondern haben sich unter gutartigen Bedingungen entwickelt.

Bei den verdrängten Teilpersönlichkeiten des Anima/Animus-Komplexes handelt es sich um solche, die von dem Betreffenden selbst unbewußt als andersgeschlechtlich erlebt werden. Der Anima-Komplex des Mannes enthält dementsprechend verdrängte Anteile, die er unbewußt als weiblich erlebt: Hierbei mag es sich etwa um Teilpersönlichkeiten handeln, die sein Einfühlungsvermögen verkörpern oder auch seine erotische Sinnlichkeit. Der Animus-Komplex einer Frau hingegen enthält alle ihre verdrängten Teilpersönlichkeiten, die sich unter gutartigen Bedingungen entwickelt haben und die sie unbewußt als männlich erlebt: Hierbei handelt es sich nicht selten etwa um solche, die ihr Durchsetzungsvermögen beinhalten oder auch ihr erotisches Verlangen.

Der Logos/Eros-Komplex schließlich enthält alle Teilpersönlichkeiten eines Menschen, die sich erstens in ihm unter gutartigen Bedingungen entwickelt haben, die er zweitens später aufgrund von Kindheitstraumata verdrängen mußte, und die drittens von ihm selbst unbewußt als gleichgeschlechtlich erlebt werden. In der Regel umfaßt dieser Komplex viele der ursprünglichen positiven Qualitäten eines Menschen wie Lebenslust, Neugier, Offenheit und Weisheit.

Im Mittelpunkt der bewußten Persönlichkeit des Menschen steht der Ich-Komplex beziehungsweise das Ich. Dieser Komplex enthält alle unsere bewußten Bedürfnisse, Wünsche und Absichten sowie auch alle unsere bewußten Verhaltensmuster und Gewohnheiten. Hier treffen wir unsere bewußten Entscheidungen, und von diesem Komplex gehen unsere absichtlichen Handlungen aus.

Der Ich-Komplex setzt sich einerseits zusammen aus den Teilpersönlichkeiten der drei Ich-Zustände. Andererseits lassen sich hier auch noch weitere Komplexe unterscheiden, die ebenfalls zum Ich gehören, wie beispielsweise der Selbstwert-Komplex, der Selbstbild-Komplex, der Identitäts-Komplex und die Persona.

Der Selbstwert-Komplex enthält alle Gefühle, Überzeugungen, Erinnerungen und Phantasien, die sich auf den eigenen Wert beziehen. Der Selbstbild-Komplex hingegen umfaßt sämtliche Vorstellungen, die wir von uns haben, also etwa von unseren Fähigkeiten und Eigenschaften sowie von unseren Schwächen. Ein spezieller Bestandteil des Selbstbildes ist das Selbstidealbild – es enthält alle Vorstellungen, die wir davon haben, wie wir selbst gerne werden möchten. Außerdem enthält der Selbstbild-Komplex auch das eigene innere Körperbild. Gemeinsam mit dem Selbstwert-Komplex stellt der Selbstbild-Komplex die Selbst-Repräsentanz dar beziehungsweise das Selbstkonzept: Hierbei handelt es sich um denjenigen Komplex, der die eigene Person im Inneren repräsentiert.

Die Selbst-Repräsentanz wiederum ist Bestandteil eines weiteren Komplexes, nämlich des Identitäts-Komplexes. Dieser repräsentiert unsere eigene Identität. Er enthält über die Selbst-Repräsentanz hinaus auch noch unsere Erinnerungen und Annahmen bezüglich unserer Lebensgeschichte sowie unser Wissen und unsere Vorstellungen darüber, wie wir in die eigene soziale und materielle Umwelt eingebettet sind.

Die Persona ist derjenige Komplex innerhalb des Ichs, der unsere sozialen Umgangsformen verkörpert. Sie umfaßt alle diejenigen Teilpersönlichkeiten, mit denen wir uns normalerweise in der Nachbarschaft oder auch in der Öffentlichkeit zeigen.

Der Ich-Komplex verfolgt in erster Linie das Ziel, die eigenen bewußten Bedürfnisse zu befriedigen und die eigenen bewußten Absichten zu verwirklichen. Um dieses Ziel zu erreichen, bedient er sich verschiedener Funktionen wie Wahrnehmung, Denken, Gedächtnis, Motorik, Sprache und Realitätsprüfung. Es gibt jedoch eine Reihe von Umständen, die die Befriedigung der eigenen Bedürfnisse oder die Verwirklichung der eigenen Absichten erschweren oder sogar verhindern können. Diese schwierigen Umstände liegen manchmal im Ich-Komplex selbst, manchmal in unbewußten Anteilen der eigenen Persönlichkeit und manchmal auch in der äußeren Umwelt. Wir Menschen unterscheiden uns voneinander sehr darin, in welchem Ausmaß unser Ich-Komplex jeweils in der Lage ist, äußere und innere Schwierigkeiten zu bewältigen, um seine Ziele trotzdem erreichen zu können. Dieses Ausmaß wird auch als Ich-Stärke bezeichnet. Die Ich-Stärke eines Menschen beruht auf den hierfür notwendigen Fähigkeiten und Kompetenzen, wie beispielsweise auf der Fähigkeit zur Realitätsprüfung, auf dem Denkvermögen und auf der Effektivität der eigenen Abwehrfunktion. Je weiter diese und andere Fähigkeiten bei einem Menschen entwickelt sind, desto besser gelingt es ihm in der Regel auch, seine bewußten Bedürfnisse zu befriedigen und seine bewußten Wünsche und Absichten zu verwirklichen.

Eng verbunden mit der Ich-Stärke ist die Ich-Stabilität. Hierbei handelt es sich um ein Maß für den Zusammenhalt des Ich-Komplexes. Bei einem hohen Grad an Ich-Stabilität bildet die bewußte Persönlichkeit eine Einheit, in der alle Teilpersönlichkeiten des Ich-Komplexes miteinander integriert sind.

Eines der wichtigsten Eigenschaftspaare zur Charakterisierung der menschlichen Persönlichkeit ist dasjenige von Extraversion und Introversion: Extravertierte Menschen sind gesellig und impulsiv, introvertierte hingegen eigenständig und bedächtig.

Heutzutage werden oftmals neun verschiedene Charaktertypen unterschieden, die meistens einfach mit Zahlen benannt werden: Typ Eins läßt sich hier durch Eigenschaften charakterisieren wie Ernsthaftigkeit und Gewissenhaftigkeit; ein Charakter vom Typ Zwei liegt vor, wenn im Ich-Komplex des betreffenden Menschen die fürsorglichen und die überschwenglichen Teilpersönlichkeiten dominieren, und der Charaktertyp Drei wird von denjenigen Menschen repräsentiert, die hauptsächlich produktiv und erfolgsorientiert sind. Typ Vier umfaßt die gefühlvollen und romantischen Eigenschaften; zu Typ Fünf gehören besonders die intellektuellen und die eigenständigen Teilpersönlichkeiten, und Menschen vom Typ Sechs sind in erster Linie vorsichtig und pflichtbewußt. Typ Sieben läßt sich durch Eigenschaften charakterisieren wie Unbekümmertheit und Optimismus; ein Charakter vom Typ Acht liegt vor, wenn im Ich-Komplex des betreffenden Menschen die durchsetzungsfähigen und kämpferischen Teilpersönlichkeiten dominieren, und der Charaktertyp Neun wird von denjenigen Menschen repräsentiert, die hauptsächlich gutmütig und anpassungsfähig sind.

Bei dem Enneagramm handelt es sich um ein kreisförmiges Symbol, in dem ein Diagramm mit neun Eckpunkten enthalten ist. Mit Hilfe dieses Symbols läßt sich ermitteln, wie Menschen von einem bestimmten Charaktertypus jeweils auf besonders belastende oder deutlich entspannende Situationen reagieren. In solchen Situationen werden nämlich meistens andere Teilpersönlichkeiten aktiviert als diejenigen, die ansonsten im Ich-Komplex des betreffenden Menschen dominieren.

3 Bedürfnisse

Alle Menschen haben bestimmte Bedürfnisse gemeinsam: Jeder von uns braucht zum Leben Luft, Nahrung und Schlaf. Wir alle haben ein Verlangen nach mitmenschlicher Geborgenheit und ein Bedürfnis danach, uns mit unserem Verstand in der Welt zu orientieren. Diese allen Menschen gemeinsamen Bedürfnisse werden im folgenden als Grundbedürfnisse bezeichnet. Es handelt sich bei ihnen um die primären Bedürfnisse, die dem menschlichen Organismus von vornherein innewohnen. Sie machen zu einem guten Teil die Natur des Menschen aus.

Über die allgemein-menschlichen Bedürfnisse hinaus hat jeder von uns auch individuelle Bedürfnisse: Manchen Menschen ist es wichtig, ein eigenes Haus zu besitzen, andere haben ein Verlangen danach, täglich Fleisch zu essen, und wieder anderen ist es wichtig, in ihrer Firma eine leitende Position einzunehmen. So entwickelt jeder Mensch im Laufe seines Lebens eigene Wünsche, Vorlieben und Abneigungen. Diese werden im folgenden als Sekundärbedürfnisse bezeichnet. Sie entstehen durch Lernprozesse und machen zu einem guten Teil die Individualität eines Menschen aus.

Bedürfnisse können aber auch in der Kindheit durch traumatische Erfahrungen der Verdrängung anheimfallen. Oft werden diese verdrängten Bedürfnisse dann durch andere ersetzt, die dementsprechend als Ersatzbedürfnisse bezeichnet werden. So sind viele Menschen in ihrer Kindheit auf Grund von traumatischen Erfahrungen dazu gezwungen, ihr Verlangen nach Liebe zu verdrängen. Manche von ihnen ersetzen es dann unbewußt durch ein unersättliches Bedürfnis nach Ruhm oder Reichtum.

Die Grundbedürfnisse des Menschen

Der menschliche Organismus hat die grundlegende Tendenz, sich selbst zu erhalten und zu verwirklichen. Diese Tendenz findet ihren Ausdruck in den angeborenen Grundbedürfnissen. Beispiele für solche Bedürfnisse sind etwa das Verlangen nach Atemluft, der Wunsch, anderen Personen zu helfen oder das Bedürfnis nach einem Sinn im Leben. Sowohl für seine Selbsterhaltung als auch für seine Selbstverwirklichung muß sich der menschliche Organismus fortwährend mit seiner Umwelt austauschen. Die Grundbedürfnisse beziehen sich dabei auf die verschiedenen Arten dieses Austausches. Ihre Befriedigung findet statt in einem ständigen Geben und Nehmen zwischen dem einzelnen Menschen und seiner materiellen, biologischen und sozialen Umwelt. Auf der einen Seite brauchen wir viel von unserer Umwelt, um uns selbst zu erhalten und zu verwirklichen: So benötigen wir beispielsweise Atemluft, Nahrung und Anerkennung durch unsere Mitmenschen. Insofern sind wir immer in einem gewissen Maße abhängig von den Bedingungen, die in unserer Umwelt vorherrschen. Auf der anderen Seite geben wir aber auch viel in unsere Umwelt hinein, beispielsweise indem wir ein Kind in die Welt setzen, anderen Menschen helfen oder ein Buch schreiben. Auch dadurch befriedigen wir grundlegende Bedürfnisse. Hierbei erleben wir uns aber als sehr viel eigenständiger. Doch unsere Autonomie gegenüber der Umwelt ist stets nur eine teilweise, denn wir bleiben immer grundsätzlich in sie eingebettet und auf sie angewiesen.

Die Grundbedürfnisse des Menschen sind in drei verschiedenen Zentren verankert und lassen sich dementsprechend auch in drei unterschiedliche Kategorien aufteilen: So gibt es hier die körperlichen Bedürfnisse, die dem Körperzentrum entspringen, die gefühlsmäßigen Bedürfnisse, die ihren Sitz im Gefühlszentrum haben, und die intellektuellen Bedürfnisse, die aus dem Denkzentrum hervorgehen.

Die körperlichen Grundbedürfnisse

Die körperlichen Grundbedürfnisse des Menschen resultieren aus der Beschaffenheit und der Funktionsweise seines Körpers. Dieser benötigt bestimmte Umweltbedingungen, damit er überhaupt funktionieren kann, und er muß hierfür bestimmte Substanzen aus der Umwelt aufnehmen und andere in sie abgeben. Weitere körperliche Bedürfnisse ergeben sich aus der Art, wie die menschliche Fortpflanzung organisiert ist.

Zu den wichtigsten körperlichen Grundbedürfnissen gehören diejenigen nach Atemluft, Flüssigkeit und Nahrung. Hier geht es darum, immer wieder die entsprechenden Substanzen aus der Umwelt in den Körper aufzunehmen. Eng damit verbunden ist aber auch das Bedürfnis nach Ausscheidung von gasförmigen, flüssigen und festen Stoffen in Form von Kohlendioxyd, Urin und Stuhl. Hier werden Substanzen in die Umwelt abgegeben und damit wieder in den ökologischen Kreislauf zurückgeführt. So zeigt sich schon auf der ganz grundlegenden Ebene der körperlichen Bedürfnisse das ständigen Nehmen und Geben zwischen Mensch und Umwelt.

Die Befriedigung der körperlichen Bedürfnisse von Durst, Hunger und Ausscheidung ist normalerweise verbunden mit dem Erleben von angenehmen Empfindungen. Aus solchen Zusammenhängen heraus ergibt sich ein allgemeines Verlangen danach, lustvolle Empfindungen zu erfahren. Somit ist im menschlichen Organismus auch das Streben verankert, Lust zu erleben und Austauschprozesse mit der Umwelt einzugehen, die zu Lustempfindungen führen.

Doch der Mensch braucht nicht nur den Austausch mit der Umwelt, sondern er braucht auch Schutz vor bestimmten Umweltbedingungen. So umfaßt die allgemeine Tendenz zur Selbsterhaltung zugleich das Verlangen nach körperlicher Unversehrtheit. Aus diesem Verlangen heraus schützt sich der Mensch beispielsweise vor zu starker Kälte, indem er warme Kleidung anzieht, oder vor zu großer Hitze, indem er danach strebt, schattige Orte aufzusuchen.

Eng verbunden mit dem Bedürfnis nach körperlicher Unversehrtheit ist das Streben danach, Schmerz zu vermeiden – denn Schmerz wird ja meistens durch solche Gegebenheiten hervorgerufen, die dem Organismus schaden.

Obwohl der menschlichen Organismus grundsätzlich danach strebt, Schmerz zu vermeiden, hat er doch ebenfalls ein Bedürfnis, alle Empfindungen zu erleben, die in ihm auftreten, und zwar unabhängig davon, ob sie nun lustvoll sind, unangenehm oder gar schmerzlich. Wenn es im Leben eines Menschen zu unangenehmen oder schmerzlichen Empfindungen kommt, dann drängen diese auch danach, bewußt erlebt zu werden. Der Zweck dieses Grundbedürfnisses liegt bei schmerzlichen Empfindungen darin, daß der Organismus sich so selbst dazu drängt, sich gegen die Ursachen zu wehren, die jene unangenehmen Empfindungen hervorrufen. Wenn wir Schmerzen erleben, dann entsteht aus diesen Schmerzen heraus in uns ein starkes Verlangen danach, durch unser Verhalten sofort zu verhindern, daß in uns weitere Schmerzen auftreten. Auf diese Weise werden wir durch unsere Schmerzen dazu gedrängt, diejenigen Gegebenheiten zu verändern, die uns schaden. Dementsprechend ist das Verlangen danach, die eigenen Schmerzen bewußt zu erleben, ebenfalls ein Ausdruck der grundlegenden Tendenz zur Selbsterhaltung.

Darüber hinaus gibt es noch einige weitere Grundbedürfnisse, die ebenfalls mit dem Verlangen nach körperlicher Unversehrtheit eng verbunden sind. So hat jeder von uns ein Bestreben, den eigenen Körper sauber zu halten. Weiterhin gehört zu dem Bedürfnis nach körperlicher Unversehrtheit auch das Verlangen danach, vor feindlichen Angriffen durch Tiere oder Menschen zu fliehen oder sich ihnen in aggressiver Weise zur Wehr zu setzen. Dieses Grundbedürfnis bezieht sich in ähnlicher Art auch auf Bedrohungen, die von Naturgewalten ausgehen, wie etwa von einem Erdbeben oder einer Überschwemmung.

Bei Kindern umfaßt das Bedürfnis nach körperlicher Unversehrtheit zugleich ein Verlangen danach, sich körperlich gemäß dem eigenen inneren Rhythmus zu entwickeln. Dies bedeutet beispielsweise, daß das Kind ein Bedürfnis hat, dann laufen lernen zu dürfen, wenn es seinem eigenen Entwicklungsrhythmus entspricht – ohne daß es dabei durch den Ehrgeiz seiner Eltern unter Druck gesetzt wird.

Ein weiteres körperliches Grundbedürfnis ist dasjenige nach Ruhe, Erholung und Schlaf. Eng verwandt mit diesem Verlangen ist das Bedürfnis nach Heilung. Dieses Bedürfnis wird immer dann wirksam, wenn der Mensch sich körperlich verletzt hat oder erkrankt ist. Das Verlangen nach Heilung ist ebenfalls ein Ausdruck der angeborenen Tendenz zur Selbsterhaltung. Es drängt den Menschen dahin, sich in einer Weise zu verhalten, die für den eigenen Heilungsprozeß förderlich ist. Je nach Art der Erkrankung kann dieses Verlangen einen Menschen beispielsweise dazu veranlassen, einige Tage lang nichts zu essen oder sich oft zur Ruhe zu begeben oder einen bestimmten Körperteil für längere Zeit still zu halten.

Ein anderes körperliches Grundbedürfnis ist das Verlangen, den eigenen Bewegungsimpulsen Ausdruck zu verleihen. Der Mensch hat nicht nur ein Bedürfnis nach Erholung und Schlaf, sondern er strebt genauso auch danach, körperlich aktiv zu sein und von seinen physischen Kräften Gebrauch zu machen.

Wenn wir wach und ausgeruht sind, haben wir darüber hinaus auch ein grundlegendes Bedürfnis nach Erregung: Wir brauchen nahezu ständig einen Zustrom an Sinnesempfindungen, die wir durch unsere Augen, Ohren und andere Sinnesorgane aufnehmen und die unser Gehirn stimulieren. Hierbei geht es nicht um besonders aufregende Erfahrungen, sondern einfach nur darum, daß unser Gehirn beinahe ununterbrochen irgendwelche Wahrnehmungen benötigt, um in einer gesunden Weise funktionieren zu können.

Besonders wichtig ist hier auch die Stimulation durch Berührung, die aus dem zärtlichen Körperkontakt mit vertrauten Menschen erwächst. Insbesondere für kleine Kinder ist der liebevolle, zärtliche Körperkontakt mit anderen Menschen und in erster Linie mit den eigenen Eltern sehr wichtig. Doch für den Erwachsenen gehört das Verlangen nach zärtlichem Körperkontakt ebenfalls zu seinen Grundbedürfnissen. Bei diesem Bedürfnis zeigt sich wieder einmal sehr deutlich das Geben und Nehmen im Austausch zwischen Mensch und Umwelt: Das Verlangen nach zärtlichem Körperkontakt enthält nämlich nicht nur das Bedürfnis, liebevolle, zärtliche Berührungen von vertrauten Mitmenschen zu empfangen, sondern auch das Verlangen, ihnen selbst ebenfalls solche Berührungen zu geben.

Ein weiteres wichtiges Grundbedürfnis ist die Sexualität, der Trieb zur Fortpflanzung. Dieser körperliche Drang erscheint im Wachbewußtsein des Menschen auf verschiedene Weise, und zwar erstens als Verlangen danach, sexuelle Lust zu verspüren, zweitens als Bedürfnis, andere Menschen sexuell zu stimulieren und sich von ihnen sexuell erregen zu lassen, und drittens als Wunsch, sich durch die Zeugung eines Kindes fortzupflanzen. Das Bedürfnis nach Sexualität entstammt also einerseits dem Fortpflanzungstrieb, es steht aber andererseits auch in einer gewissen Verwandtschaft zu dem Verlangen nach zärtlichem Körperkontakt. Doch während der liebevolle Körperkontakt mit anderen Menschen zu den ganz wichtigen Bedürfnissen des Kindes gehört, erwacht der Fortpflanzungstrieb erst in der Pubertät. Damit ergeben sich für den Jugendlichen und den Erwachsenen sexuelle Bedürfnisse, die dem Kind noch fremd sind, wie beispielsweise der Wunsch nach Geschlechtsverkehr mit einer geliebten Person.

In der Psychoanalyse gibt es den Begriff der Libido. Dieser umfaßt einerseits den sexuellen Fortpflanzungstrieb des Jugendlichen und Erwachsenen und andererseits das Verlangen des Kindes sowie des Erwachsenen danach, Lust zu erleben. Die Lust, um die es dabei geht, nimmt in der Kindheit und Jugend jeweils unterschiedliche Formen an: Im ersten Lebensjahr wird hauptsächlich das Saugen an der Mutterbrust und das Lutschen am Daumen als lustvoll erlebt, sowie darüber hinaus auch jede liebevolle, zärtliche Berührung. Im Verlauf des zweiten Lebensjahres erweist sich die Ausscheidung von Stuhl ebenfalls zunehmend als ein Vorgang, in dem das kindliche Lustbedürfnis Befriedigung finden kann. Spätestens im vierten Lebensjahr wird die lustvolle Stimulation der eigenen Geschlechtsteile durch Masturbation zur hauptsächlichen Quelle des Lusterlebens. Darüber hinaus entwickelt das Kind jetzt auch eine deutliche sexuelle Neugier und einen ausgeprägten Drang nach sexueller Selbstdarstellung: Es hat nun einen starken Wunsch danach, die Geschlechtsteile von anderen Menschen zu sehen, und will zugleich seine eigenen Geschlechtsteile gerne immer wieder anderen Menschen zeigen. In der Pubertät schließlich erwacht der Fortpflanzungstrieb und damit auch das ihm entsprechende sexuelle Bedürfnis. Zugleich erhält die Lust jetzt ebenfalls noch einmal eine neue Dimension: Von nun an erlebt der Mensch die Erregung seiner Geschlechtsteile auf eine Art, die ganz eindeutig sexuelle Qualität hat.

Das sexuelle Verlangen ist noch einmal ein gutes Beispiel dafür, wie bereits bei den körperlichen Grundbedürfnissen Geben und Nehmen in vielfältiger Form ineinander spielen – beides führt hier nicht selten sogar bis hin zu dem Wunsch, neues Leben zu zeugen und auszutragen und auf diesem Wege ein Menschenkind zur Welt zu bringen. Kommt es zur Zeugung und Geburt eines Kindes, so werden in den Eltern weitere Bedürfnisse aktiviert, die darin bestehen, das Kind pflegen und versorgen zu wollen. Hierbei handelt es sich dann aber schon eher um gefühlsmäßige Grundbedürfnisse und nicht mehr so sehr um körperliche.

Die körperlichen Grundbedürfnisse des Menschen können ganz allgemein in zwei übergreifende Gruppen zusammengefaßt werden. Hierbei umfaßt die eine Gruppe alle Bedürfnisse nach Selbsterhaltung und die andere die Bedürfnisse nach Lust, Zärtlichkeit und Sexualität. Beide Arten von Bedürfnissen sind tief im Körper verankert, wobei die physiologische Quelle, der sie entspringen, unbewußt ist. Diese Quelle kann, in Anlehnung an S. Freud, als Es bezeichnet werden. Sie hat ihren Sitz einerseits im Körperzentrum im Bauch-Becken-Raum und andererseits im Körperhirn des Gehirns. Das Es im Sinne von Freud ist allerdings nicht nur die unbewußte Quelle der körperlichen Grundbedürfnisse, sondern es enthält darüber hinaus auch alle unbewußten Trauma-Komplexe und alle verdrängten Teilpersönlichkeiten.

Die gefühlsmäßigen Grundbedürfnisse

Die gefühlsmäßigen Grundbedürfnisse ergeben sich daraus, daß der Mensch sowohl ein fühlendes als auch ein soziales Wesen ist. Er ist einerseits gefühlsmäßig auf seine Umwelt bezogen und andererseits von seiner Natur her darauf hin angelegt, in einer Gemeinschaft mit anderen Menschen zusammenzuleben.

Das vielleicht wichtigste gefühlsmäßige Grundbedürfnis des Menschen ist dasjenige nach Liebe und Geborgenheit. Dieses Bedürfnis enthält einerseits das Verlangen danach, von anderen Menschen ernstgenommen und verstanden zu werden und von ihnen Wertschätzung und Anerkennung zu erfahren. Andererseits enthält es auch unser Verlangen nach zwischenmenschlichen Begegnungen und Beziehungen, in denen wir uns zugehörig, angenommen, versorgt und aufgehoben fühlen.

Das Verlangen nach Geborgenheit gehört zu den sogenannten anaklitischen Bedürfnissen des Menschen. Diese umfassen neben dem gefühlsmäßigen Verlangen nach positiver Zuwendung auch das bereits erwähnte körperliche Verlangen nach liebevollen Berührungen.

Eng verbunden mit dem Grundbedürfnis nach Anerkennung und Wertschätzung ist das Verlangen danach, einen positiven Selbstwert-Komplex zu entwickeln und aufrechtzuerhalten. Dieses Verlangen wird manchmal auch als narzißtisches Bedürfnis bezeichnet. Hierbei geht es in erster Linie darum, in sich selbst eine gefühlsmäßige Haltung der Liebe und Wertschätzung für die eigene Person zu verwirklichen. Voraussetzung dafür ist allerdings normalerweise die Erfahrung, von anderen Menschen geliebt oder wenigstens anerkannt zu werden. Insofern gehört das Verlangen nach Zuwendung von anderen ebenfalls zu den narzißtischen Bedürfnissen.

Es gibt im Menschen aber nicht nur das primäre Verlangen danach, von anderen Liebe und Geborgenheit zu erfahren, sondern auch das grundlegende Bestreben, selbst anderen Menschen Liebe, Zuwendung und Geborgenheit geben zu wollen. Dieses Grundbedürfnis enthält außerdem ein Verlangen danach, sich in andere Menschen einzufühlen und für sie zu sorgen.

Aus dem speziellen Verlangen, Liebe zu erhalten und zu geben, erwächst leicht ein allgemeines gefühlsmäßiges Bedürfnis nach mitmenschlicher Verbundenheit. Dies ist ein Verlangen nach menschlichem Kontakt und nach Beziehungen zu anderen Menschen. Eng verbunden damit ist der Wunsch, in eine Gemeinschaft integriert zu sein, sowie das Gemeinschaftsgefühl. Bei letzterem handelt es sich um das gefühlsmäßige Bedürfnis zur Kooperation. Aus unserem Gemeinschaftsgefühl heraus wollen wir etwas hineingeben in die soziale Umwelt und einen eigenen Beitrag leisten zu gemeinsamen Unternehmungen mit anderen Menschen. Außerdem enthält das Gemeinschaftsgefühl zugleich auch ein Verlangen, anderen Menschen in Not zu helfen.

Jeder Mensch ist aber auch immer wieder selbst auf die Hilfe von anderen angewiesen. Niemand könnte von Geburt an bis ins Alter sich selbst erhalten und verwirklichen, ohne je Unterstützung durch andere zu bekommen. Insofern hat der Mensch nicht nur ein Verlangen zu helfen, sondern auch ein allgemeines Grundbedürfnis nach Hilfe von anderen.

Ähnlich wie bei den körperlichen Bedürfnissen gibt es auch bei den gefühlsmäßigen ein grundlegendes Verlangen danach, angenehme Gefühle zu erleben und unangenehme, schmerzliche zu vermeiden. Dieses Bedürfnis äußert sich beispielsweise in dem Wunsch, aufbauende religiöse Gefühle zu erfahren oder sich in einer schönen Umgebung aufzuhalten, die das eigene ästhetische Erleben in positiver Weise anspricht. Zugleich umfaßt dieses Bedürfnis auch das Verlangen, solche Situationen zu vermeiden, in denen schmerzliche Gefühle auftreten könnten.

Eng verbunden mit dem Grundbedürfnis nach angenehmen Gefühlen ist dasjenige nach gefühlsmäßiger Unversehrtheit. Dieses enthält in erster Linie das Verlangen, nicht von anderen Menschen in den eigenen Gefühlen verletzt zu werden. Außerdem wurzelt in ihm die Bestrebung, sich davor zu schützen, daß andere Menschen mit einschmeichelnden Worten oder strengen Forderungen in die eigene Gefühlswelt eindringen und diese manipulieren oder ausbeuten. Darüber hinaus bezieht sich das Bedürfnis nach gefühlsmäßiger Unversehrtheit auch auf die gefühlsmäßige Entwicklung und enthält hier das Verlangen, sich seelisch gemäß dem eigenen Rhythmus entwickeln zu dürfen.

Neben dem Bedürfnis danach, schmerzliche Gefühle zu vermeiden, existiert in uns aber ebenfalls ein Verlangen, alle Gefühle, die wir nun einmal haben, auch wirklich zu erleben – sie sozusagen erlebend zu durchwandern und auf diesem Wege zu verarbeiten. Das Verlangen danach wird unter anderem immer auch gerade dann aktiviert, wenn unser Leben Situationen mit sich bringt, durch die in uns zwangsläufig unangenehme oder sogar schmerzliche Gefühle auftreten. Wenn solche Gefühle in uns ausgelöst werden, dann will unser Organismus sie auch bewußt durchleben. Allerdings gibt es besonders in der Kindheit eines jeden Menschen hin und wieder Erfahrungen, die zu schmerzhaft sind, als daß sie in den entsprechenden Situation wirklich durchlebt und verarbeitet werden könnten. Solche Erfahrungen werden als Traumata bezeichnet. Sie fallen für gewöhnlich der Verdrängung anheim. In der Verdrängung wird dabei das Grundbedürfnis nach Schmerzvermeidung wirksam. Dementsprechend werden durch die Verdrängung gerade auch die schmerzhaften Emotionen unbewußt gehalten, die mit den traumatischen Erfahrungen verbunden sind. Auf diese Weise bilden sich im Organismus unbewußte Trauma-Komplexe, die sich später im Leben des betreffenden Menschen störend auswirken.

Mit der Verdrängung der schmerzhaften Emotionen wird jedoch keineswegs das Bedürfnis aufgehoben, die eigenen Gefühle zu erleben. Ganz im Gegenteil erscheint dieses Bedürfnis jetzt als ein Verlangen nach seelischer Heilung. Es drückt sich nun darin aus, daß die unbewußten traumatischen Erfahrungen und besonders die damit verbundenen schmerzhaften Emotionen weiterhin immer wieder danach drängen, bewußt durchlebt zu werden. Normalerweise wird dieses nachträgliche bewußte Erleben jener Emotionen jedoch dadurch verhindert, daß die Verdrängung dem entgegenwirkt und sich als stärker erweist.

Wir haben aber nicht nur ein Bedürfnis danach, unsere Gefühle wirklich zu durchleben, sondern darüber hinaus auch ein Verlangen, diese Gefühle ungehindert auszudrücken. Bei kleinen Kindern bilden beide Bedürfnisse eine Einheit: Sie können ihre Gefühle nicht durchleben, ohne sie zugleich auch auszudrücken. Doch wir Erwachsenen haben ebenfalls ein Bedürfnis danach, zu weinen, wenn wir sehr traurig sind, zu schreien, wenn wir wütend sind, oder in die Luft zu springen, wenn wir uns sehr freuen. Abgesehen von kleinen Kindern sind wir Menschen aber nicht immer darauf angewiesen, unsere Gefühle in dieser sehr direkten Weise durch Gestik, Mimik und Laute auszudrücken. Wir können ihnen auch auf eher indirekte Art Ausdruck verleihen, etwa durch künstlerische Tätigkeiten: Ein Gedicht schreiben, ein Bild malen, Musik machen, Singen, Tanzen oder auch der freie Ausdruck im Spielen sind ebenfalls Wege, auf denen wir unsere Gefühle darstellen, gestalten und verarbeiten können.

Wenn wir unsere Gefühle verarbeiten wollen, dann benötigen wir dazu oftmals entweder eine Situation, in der wir mit einem uns vertrauten Menschen zusammen sind, oder aber eine Situation, in der wir ganz für uns sein können. Doch auch darüber hinaus gehören zu den wichtigen gefühlsmäßigen Grundbedürfnissen einerseits das Verlangen nach Alleinsein und andererseits dasjenige nach Vertrautheit mit einem anderen Menschen. Jeder von uns hat ein grundlegendes Verlangen danach, immer wieder einmal alleine für sich zu sein, ohne daß er von anderen Personen umgeben ist. Wir alle brauchen entsprechende Situationen, um uns ungestört auf uns selbst besinnen zu können, auf unsere eigenen Gefühle, Sehnsüchte, Wünsche und Phantasien. So ist es für jeden von uns hin und wieder notwendig, alleine zu sein, um sich gefühlsmäßig zu erholen, Erlebtes zu verarbeiten, Zukünftiges zu erträumen und ganz für sich den eigenen Gedanken und Phantasien nachzugehen.

Darüber hinaus brauchen wir in unserem Leben immer wieder auch zwischenmenschliche Begegnungen und Beziehungen, die von Vertrautheit getragen sind und in denen wir uns gefühlsmäßig öffnen können. Die aufrichtige, innigliche Vertrautheit zwischen Menschen wird auch als Intimität bezeichnet. Begegnungen und Beziehungen, in denen Intimität möglich ist, sind für uns in mehrerlei Hinsicht wichtig: Zum einen brauchen wir des öfteren den persönlichen Austausch mit anderen vertrauten Menschen, um mit ihnen über die eigenen inneren Gefühle, Sehnsüchte, Wünsche und Phantasien sprechen zu können. Außerdem benötigen wir immer wieder Kontakte zu Personen, die uns auf unserem Lebensweg begleiten und uns in unseren Anliegen und Vorhaben unterstützen und beistehen. Und schließlich ist es wichtig für uns, daß wir unsere Bedürfnisse nach zärtlichem Körperkontakt und nach Sexualität in einer innigliche, vertrauten Beziehung zu einem anderen Menschen verwirklichen können. Insofern haben wir nicht nur ein allgemeines Verlangen nach Intimität, sondern auch ein spezielles Grundbedürfnis nach sexueller Intimität.

Das Verlangen danach zu spielen gehört ebenfalls zu den gefühlsmäßigen Grundbedürfnissen des Menschen. Es handelt sich hier um das Bedürfnis, sich in Aktivitäten zu engagieren, die hauptsächlich dazu dienen, daß sie in einem selbst möglichst angenehme Gefühle hervorrufen. Das Spielen verwirklicht sich dabei in sehr unterschiedlichen Tätigkeiten, denen jedoch allen gemeinsam ist, daß sie erstens keinem äußeren Zweck untergeordnet sind, daß sich zweitens in ihnen lustvolle Spannung und befriedigende Entspannung immer wieder abwechseln, und daß drittens der Wechsel zwischen beiden hauptsächlich zu angenehmen Gefühlen führt wie beispielsweise zu Freude oder Überraschung.

Ein weiteres wichtiges Grundbedürfnis ist dasjenige nach gefühlsmäßiger Eigenständigkeit. Obwohl wir ein Verlangen nach Wertschätzung durch andere haben, existiert in uns doch ebenfalls ein Bedürfnis danach, nicht ständig auf diese Wertschätzung angewiesen zu sein. Wir wollen zumindest vorübergehend auch ohne solche Zuwendungen auskommen können. Eine gute Basis für eine entsprechende gefühlsmäßige Eigenständigkeit liegt dann vor, wenn es uns gelingt, ein relativ stabiles positives Selbstwertgefühl zu entwickeln, sowie die Fähigkeit, gefühlsmäßige Belastungen auch alleine verarbeiten zu können.

Die intellektuellen Grundbedürfnisse

Über die körperlichen und gefühlsmäßigen Grundbedürfnisse hinaus gibt es auch intellektuelle. Diese Bedürfnisse ergeben sich daraus, daß der Mensch denken kann, daß er mit einem Verstand ausgestattet ist sowie mit Phantasie und Vorstellungsvermögen.

Das vielleicht wichtigste intellektuelle Grundbedürfnis ist dasjenige nach verstandesmäßiger Orientierung in der Welt. So wollen wir zum Beispiel, wenn wir wach sind, fast immer wissen, an welchem Ort in der Welt wir uns gerade befinden. Doch auch darüber hinaus hat jeder Mensch ein Bedürfnis danach, sich mit dem Verstand in seiner Umwelt zurechtzufinden. Hierzu muß er Wissen über die Außenwelt erlangen und aus diesem heraus in seinem Gedächtnis eine innere Darstellung der äußeren Welt aufbauen. Das Grundbedürfnis nach Orientierung in der Umwelt ist damit zugleich auch ein Verlangen nach Informationen über die Außenwelt.

Eng verbunden mit dem Bedürfnis nach Orientierung in der Welt ist das Verlangen, die Welt zu verstehen. Beide Bedürfnisse sind Ausdrucksformen der menschlichen Neugier.

Außerdem geht mit dem Bedürfnis nach Orientierung auch das intellektuelle Verlangen nach Struktur und Vorhersehbarkeit einher: Es ist uns Menschen wichtig, in unseren Lebensumständen Gesetzmäßigkeiten zu entdecken, die es uns ermöglichen, zukünftige Entwicklungen im voraus einzuschätzen. Dieses Bedürfnis enthält zugleich auch ein Verlangen nach geordneten, organisierten und vorhersehbaren Lebensumständen, auf die wir uns verlassen können und in denen unerwartete, chaotische oder bedrohliche Ereignisse möglichst ausgeschlossen sind. Das Verlangen nach Struktur und Vorhersehbarkeit ist damit quasi ein Gegenpol zur Neugier.

Schließlich besteht neben dem Grundbedürfnis nach Orientierung in der Welt auch ein entsprechendes Verlangen in bezug auf die eigene Person. Hierbei handelt es sich um das Bedürfnis, ein möglichst realistisches inneres Bild der eigenen Person zu entwickeln, ein Selbstbild, das sowohl die eigenen Stärken als auch die eigenen Schwächen enthält und darüber hinaus auch die eigene soziale und lebensgeschichtliche Identität darstellt.

Wir haben aber nicht nur ein Bedürfnis nach einem inneren Selbstbild, sondern wir haben auch das Verlangen, diesem Bild von uns Ausdruck zu geben, indem wir entsprechend unserem eigenen Selbstverständnis handeln. Außerdem soll das eigene Selbstbild nicht nur realistisch sein, sondern zugleich möglichst auch positiv. Daraus ergibt sich ein Verlangen danach, daß wir uns in der Bewältigung von schwierigen Aufgaben als kompetent erweisen wollen.

Neben dem Verlangen nach Struktur und Vorhersehbarkeit besteht auch ein intellektuelles Grundbedürfnis, in der Welt Neues zu entdecken und sich selbst in neuartigen Situationen kennenzulernen und zu bewähren. Dieses Bedürfnis enthält somit ein Verlangen nach Situationen, die gerade nicht geordnet und organisiert sind, sondern in denen Unvorhersehbares geschehen kann. Beide Grundbedürfnisse stehen dabei in einem wechselseitigen Verhältnis zueinander: Manchmal wünschen wir uns neuartige, unvorhersehbare Ereignisse, und zu anderen Zeiten überwiegt in uns das Verlangen danach, uns in altbekannten, geordneten Lebensumständen zu bewegen. So existiert in uns beispielsweise auch ein Grundbedürfnis, das jeweils neu Erfahrene und Erlebte intellektuell zu verarbeiten und einzuordnen. Hierfür aber benötigen wir oftmals geordnete Situationen, die uns nicht allzu schnell wieder mit neuen unerwarteten Ereignissen konfrontieren.

Ebenso wie im gefühlsmäßigen Bereich haben wir auch im intellektuellen ein Bedürfnis nach Eigenständigkeit. Jeder Mensch hat ein Verlangen nach intellektueller Selbstbestimmung, danach, sich selbst seine eigenen Meinungen und Vorstellungen zu bilden und aus ihnen heraus eigenverantwortlich zu handeln.

Eng verbunden mit diesem Verlangen ist das Grundbedürfnis danach, die eigenen Gedanken frei äußern zu dürfen: Wir streben nicht nur danach, uns eigene Meinungen und Ansichten über die Dinge und Ereignisse in der Welt zu bilden, sondern wir wollen diese oftmals auch unseren Mitmenschen kundtun.

Doch unsere intellektuellen Grundbedürfnisse gehen noch weit darüber hinaus: Wir wollen nicht nur unsere Gedanken mitteilen, sondern wir wollen auch die Welt wenigstens ein kleines Stück weit nach unseren Vorstellungen gestalten. So haben wir ebenfalls das Bedürfnis, etwas zu schaffen, zu verändern, aufzubauen oder neu zu erfinden.

Ein weiteres Grundbedürfnis ist dasjenige nach intellektueller Unversehrtheit. Wir wollen uns selbst davor schützen, daß andere Menschen mit ihren eigenen Vorstellungen in unsere Gedankenwelt eindringen und diese ausbeuten oder manipulieren. Insbesondere für Kinder und Jugendliche ist es außerdem auch wichtig, daß sie ihren Verstand in dem Tempo entwickeln dürfen, das ihrem eigenen Rhythmus entspricht.

Schließlich haben wir ein intellektuelles Grundbedürfnis nach Zielen für unser Leben und danach, einen Sinn im Leben zu finden: Wir brauchen für unser Handeln Ziele, die wir für erstrebenswert halten und an denen wir uns ausrichten können. Und wir brauchen einen Sinn, einen Grund zum Leben, etwas, wofür es sich lohnt, die Anstrengungen auf sich zu nehmen, die das Leben mit sich bringt.

Egoistische und soziale Bedürfnisse

Die meisten der bisher beschriebenen Grundbedürfnisse des Menschen lassen sich entweder den egoistischen zuordnen oder aber den sozialen. Egoistische Bedürfnisse sind alle diejenigen, in denen der Mensch etwas aus seiner Umwelt braucht, sei es nun Nahrung, Wertschätzung oder Information. Der Egoismus ist dementsprechend eine natürliche Ausrichtung des Menschen auf das, was er selbst von der Welt benötigt. Neben den egoistischen Bedürfnissen gibt es aber auch die sozialen. Hierbei handelt es sich um alle Verlangen des Menschen, aus denen heraus er etwas hineingibt in seine soziale Umwelt, etwa indem er einen Mitmenschen mit Worten einfühlsam tröstet oder mit Taten hilfreich unterstützt.

Die Entstehung von Sekundärbedürfnissen

Wir Menschen haben nicht nur Grundbedürfnisse, etwa nach Nahrung oder Anerkennung, sondern wir entwickeln darüber hinaus auch solche Bedürfnisse wie das Verlangen, ein Auto zu besitzen oder in der Firma eine leitende Position einzunehmen. Diese Bedürfnisse werden als Sekundärbedürfnisse bezeichnet. Sie erwachsen im Verlauf des Lebens aus den Grundbedürfnissen. Im Gegensatz zu den Grundbedürfnissen selbst, die angeboren sind, handelt es sich bei den Sekundärbedürfnissen um erworbene Bedürfnisse. Sie gehören nicht zur Natur des Menschen, sondern sie entstehen aus Erfahrungen heraus, die der einzelne jeweils in und mit seiner Umwelt macht – oder anders gesagt: sie werden gelernt. Während die Grundbedürfnisse allen Menschen gemeinsam sind, unterscheiden wir uns in den Sekundärbedürfnissen voneinander. Es handelt sich gerade bei den letzteren um die persönlichen Wünsche, Vorlieben und Abneigungen des Einzelnen, die zu einem guten Teil seine Individualität ausmachen.

Lernen durch Einsicht

Eine wichtige Art, wie Sekundärbedürfnisse entstehen, sind gedankliche Prozesse, die schließlich zu Einsichten darüber führen, auf welche Weise die Befriedigung von Grundbedürfnissen sichergestellt oder erleichtert werden kann. Ein solches Lernen durch Einsicht wird auch kurz als Einsichtslernen bezeichnet. Wir Menschen können beispielsweise darüber nachdenken, auf welche Weise es wohl möglich ist, die Befriedigung des Bedürfnisses nach Nahrung zu gewährleisten oder zu vereinfachen. So gelangen wir dann etwa zu Einsichten wie denjenigen, daß es hierfür nützlich ist, Ackerbau zu betreiben oder ein Kühlgerät zu besitzen. Aus jeder dieser Einsichten heraus kann dann ein entsprechendes Sekundärbedürfnis entstehen, also etwa das Verlangen, zu säen und zu ernten, oder der Wunsch nach einem Kühlschrank.

Bei den gedanklichen Prozessen, die zum Lernen durch Einsicht führen, bilden Erwartungen eine wichtige Rolle. So haben wir beispielsweise die Erwartung, daß eine bestimmte Aktion, etwa die Anschaffung eines Kühlschranks, uns die Befriedigung unseres Grundbedürfnisses nach Nahrung erleichtert. Diese Erwartung ist maßgeblich an der Entstehung des entsprechenden Sekundärbedürfnisses beteiligt. Hätten wir sie nicht, dann entstünde in uns auch kein Bedürfnis nach einem Kühlschrank. Wichtig ist hier besonders auch das Verhältnis zwischen Aufwand und Nutzen: Das Sekundärbedürfnis nach einem Kühlschrank entsteht in uns häufig nur dann, wenn wir die Erwartung haben, daß die Erleichterung, die uns solch ein Gerät bietet, langfristig gesehen deutlich größer ist als der Aufwand, der mit seiner Anschaffung verbunden ist.

Sekundärbedürfnisse können nicht nur in bezug auf Grundbedürfnisse entstehen, sondern auch in bezug auf andere Sekundärbedürfnisse. Jemand hat beispielsweise das Sekundärbedürfnis danach, einen Kühlschrank zu besitzen. Wenn er sich nun einen Kühlschrank kaufen will, dann braucht er dazu Geld. Auf solche Weise entsteht der Wunsch danach, Geld zu besitzen oder zu verdienen. Geld kann aber nicht nur für den Erwerb eines Kühlschranks verwendet werden, sondern auch dazu, um die Befriedigung von anderen Grundbedürfnissen und Sekundärbedürfnissen sicherzustellen oder zumindest zu erleichtern, wie beispielsweise die Befriedigung des Bedürfnisses nach einer Wohnung oder nach Nahrung. Auf diese Art stellt das Verlangen nach Geld ein Sekundärbedürfnis dar, das sowohl auf andere Sekundärbedürfnisse bezogen ist als auch auf einige Grundbedürfnisse.

Lernen durch Einsicht zielt jedoch keineswegs immer auf die Entstehung von Sekundärbedürfnissen. Im Grunde genommen stellt die Ausbildung von neuen Bedürfnissen hier nur einen Spezialfall dar. So führt diese Art des Lernens oft auch zu Einsichten, die überhaupt nichts mit der Entstehung von Sekundärbedürfnissen zu tun haben. Bei solchen Einsichten mag es dann beispielsweise um eine Erweiterung des eigenen Wissensstandes gehen oder um die Lösung von abstrakten Problemen etwa aus der Geometrie.

Klassische Konditionierung

Einsichtslernen führt nicht immer zur Entstehung von Sekundärbedürfnissen, und Sekundärbedürfnisse entstehen auch nicht immer nur durch Einsichtslernen, also durch gedankliche Vorgänge, die schließlich neue Einsichten zur Folge haben: Es gibt hier noch andere Arten von Lernprozessen, die genauso zur Ausbildung von Sekundärbedürfnissen führen können. Hierzu gehören beispielsweise jene, die als Konditionierung bezeichnet werden. Diese Lernprozesse rufen oftmals Veränderungen im Verhalten und in den Bedürfnissen hervor, ohne daß dabei irgendwelche gedanklichen Aktivitäten beteiligt sind. Es werden hier zwei verschiedene Arten von Konditionierung unterschieden, und zwar die klassische und die instrumentelle Konditionierung. Beide Arten der Konditionierung führen zunächst einmal zu Änderungen im Verhalten. Doch diese Verhaltensänderungen beinhalten oft auch Veränderungen in den eigenen Wünschen, Vorlieben und Abneigungen – und damit die Entstehung von Sekundärbedürfnissen.

Die grundlegenden Prinzipien der klassischen Konditionierung wurden von dem Forscher I. Pawlow entdeckt. Wie schon vorher bekannt war, verfügt jedes Tier und jeder Mensch über bestimmte angeborene Reaktionen, die jeweils durch entsprechende äußere Reize ausgelöst werden können: So reagieren wir zum Beispiel auf plötzliche laute Geräusche ganz automatisch in der Weise, daß wir erschrecken. Das jeweilige Geräusch ist dabei der äußere Reiz, der die Schreck-Reaktion auslöst. Auf den Anblick und den Geruch einer schmackhaften Speise hingegen reagieren wir unwillkürlich damit, daß sich in unseren Mund hinein Speichel absondert. Pawlow entdeckte nun, daß sich solche angeborenen Reaktionen unter bestimmten Umständen mit neutralen Reizen verkoppeln können, mit Reizen also, die von Natur aus gar nichts mit der jeweiligen Reaktion zu tun haben. Bei diesen neutralen Reizen kann es sich beispielsweise um irgendein Geräusch handeln, um eine körperliche Berührung oder auch um einen visuellen Wahrnehmungsinhalt. Die Verkoppelung eines solchen Reizes mit einer angeborenen Reaktion wird als klassische Konditionierung bezeichnet. Reiz-Reaktions-Verkoppelungen entstehen häufig dann, wenn der neutrale Reiz wiederholt kurz vor oder direkt mit demjenigen Reiz auftritt, durch den die angeborene Reaktion normalerweise hervorgerufen wird. Unter diesen Umständen neigt der Organismus dazu, den neutralen Reiz innerlich mit der ausgelösten Reaktion zu verbinden. Die daraus entstehenden Verkoppelungen haben schließlich zur Folge, daß der anfangs neutrale Reiz alsbald ebenfalls die jeweilige Reaktion auszulösen vermag.

Es sind also für die klassische Konditionierung drei Komponenten notwendig, und zwar erstens eine angeborene Reaktion, zweitens der eigentliche Auslöser dieser Reaktion, also ein Reiz, der natürlicherweise die angeborene Reaktion hervorruft, und drittens ein neutraler Reiz. Die klassische Konditionierung besteht nun darin, daß sich der neutrale Reiz mit der angeborenen Reaktion verkoppelt und dadurch zum konditionierten Auslöser dieser Reaktion wird: Wenn der neutrale Reiz oft genug kurz vor oder direkt mit dem eigentlichen Auslöser aufgetreten ist, dann reicht irgendwann das Auftreten des neutralen Reizes alleine aus, um bei dem betreffenden Tier oder Menschen die entsprechende Reaktion hervorrufen.

Betrachten wir diesen Ablauf an einem klassischen Beispiel: Der Forscher Pawlow verkoppelte bei Hunden den neutralen Reiz eines Glockentones mit der angeborenen Reaktion der Speichelabsonderung. Und zwar ließ er immer wieder eine Glocke ertönen, kurz bevor er den Hunden Futter gab. Der Anblick und der Geruch des Futters sind hier die Reize, durch die natürlicherweise die Reaktion der Speichelabsonderung ausgelöst wird. Indem Pawlow nun kurz vor der Darbietung dieser Auslöser immer mit einer Glocke läutete, verkoppelte er den neutralen Reiz des Glockentones mit dieser Reaktion der Speichelabsonderung. Irgendwann reichte dann der Glockenton alleine aus, um eine Speichelabsonderung bei den Hunden hervorzurufen, und zwar unabhängig davon, ob sie nun Futter bekamen oder nicht. Der Glockenton war damit zu einem konditionierten Reiz geworden, der von nun an die Speichelabsonderung als konditionierte Reaktion hervorrief.

Das nächste Beispiel zur klassischen Konditionierung stammt aus dem menschlichen Leben; außerdem entsteht hier durch den Konditionierungsprozeß zugleich ein Sekundärbedürfnis. Ein junger Mann ist gerade glücklich verliebt. Er hört gerne Radio, und zu dieser Zeit wird ein ganz bestimmtes Lied immer wieder gespielt. Dieses Lied wird dadurch für den jungen Mann zum konditionierten Reiz, der sich mit den Glücksgefühlen verkoppelt, die er in seinem Organismus erlebt. Nach einer gewissen Zeit reicht dann allein schon das Hören dieses Liedes aus, um in ihm etwas von jenen Glücksgefühlen hervorzurufen. Durch eine solche Verkoppelung entsteht oft als Sekundärbedürfnis der Wunsch danach, immer wieder dieses Lied zu hören. Manchmal ist die Verkoppelung zwischen dem Lied und den Glücksgefühlen so stark, daß auch noch Jahre später das Hören jenes Liedes den

Betroffenen an sein glückliches Verliebtsein erinnert und etwas von dem Glücksgefühl in seinem Organismus hervorruft.

Die Verkoppelung zwischen einem neutralen Reiz und einer angeborenen Reaktion kommt allerdings nicht gerade leicht zustande und hält oft auch nicht lange an: Fast immer sind hier mehrere Ereignisse nötig, in denen der neutrale Reiz und der natürliche Auslöser gemeinsam auftreten müssen. In der Regel kommt es nur so schließlich zur Einprägung einer dauerhaften Verkoppelung zwischen dem neutralen Reiz und der angeborenen Reaktion. Außerdem schwächt sich auch eine solche Verkoppelung zumeist schon bald nach ihrer Einprägung wieder ab und verschwindet dann irgendwann ganz. Es gibt dabei mehrere Faktoren, von denen es abhängt, wieviele ähnliche Ereignisse notwendig sind, um eine dauerhafte Verkoppelung einzuprägen, und wie lange eine solche Verkoppelung bestehen bleibt, nachdem sie einmal eingeprägt wurde. Drei wichtige Faktoren sind hier die Intensität des neutralen Reizes, die Art der beteiligten Bedürfnisse und die Stärke der auftretenden Emotionen: Wenn das eigene Leben in hohem Maße bedroht ist und wir starke Angst erleben, dann kann schon ein einziges Ereignis ausreichen, um eine lebenslange Verkoppelung einzuprägen zwischen der Angstreaktion und einem neutralen Wahrnehmungsinhalt, der gerade besonders auffällt. Dies ist zum Beispiel manchmal bei traumatischen Kindheitserfahrungen der Fall. Hier führt mitunter ein einziges Ereignis dazu, daß wir unser ganzes Leben lang Angst haben vor etwas, wovor man sich eigentlich nicht zu fürchten braucht – wie etwa vor kleinen, harmlosen Spinnen. Das traumatische Ereignis selbst wird dabei normalerweise verdrängt, so daß wir später gar nicht verstehen, woher jene Angst überhaupt stammt. Im bewußten Erleben verbleibt lediglich die konditionierte Angstreaktion und ein Sekundärbedürfnis, nämlich das Bestreben, den konditionierten Auslöser der Angst zu vermeiden – in dem genannten Beispiel also die kleinen, harmlosen Spinnen.

Instrumentelle Konditionierung

Neben der klassischen Konditionierung gibt es noch eine zweite Art der Konditionierung, und zwar die instrumentelle oder auch operante. Hier wird das Verhalten eines Menschen durch Ereignisse beeinflußt, die auf dieses Verhalten folgen. Das Entscheidende an jenen nachfolgenden Ereignissen ist dabei, ob sie wichtige Bedürfnisse des betreffenden Menschen befriedigen oder nicht oder ob sie solchen Bedürfnissen vielleicht sogar entgegengesetzt sind. Wenn auf eine Verhaltensweise in einer bestimmten Situation ein Ereignis folgt, das zur Befriedigung eines wichtigen Bedürfnisses führt, dann tritt diese Verhaltensweise für gewöhnlich zukünftig in jener Art von Situation häufiger auf. Dies gilt allerdings nur so lange, wie die betreffende Verhaltensweise auch tatsächlich zu befriedigenden Resultaten führt. Bleiben diese Resultate ab einem bestimmten Zeitpunkt aus, dann verringert sich nach einer Weile auch wieder die Häufigkeit, mit der die jeweilige Verhaltensweise auftritt. Folgt auf eine Verhaltensweise hingegen in einer bestimmten Situation ein Ereignis, das den eigenen Bedürfnissen entgegengesetzt ist, dann wird diese Verhaltensweise zukünftig in jener Art von Situationen seltener gezeigt. Die operante oder instrumentelle Konditionierung besteht also darin, daß die situationsbezogene Auftretenshäufigkeit einer Verhaltensweise durch die Folgen beeinflußt wird, die diese Verhaltensweise in der jeweiligen Art von Situationen für die eigene Bedürfnisbefriedigung nach sich zieht. Pioniere in der Erforschung der operanten Konditionierung sind die Psychologen L. Thorndike, J. B. Watson und B. F. Skinner.

Ein Kind ißt beispielsweise zum ersten Mal in seinem Leben Schokolade. Nehmen wir an, diese schmeckt ihm. Das Verhalten, Schokolade zu essen, zieht somit ein Ereignis nach sich, welches das Bedürfnis des Kindes nach lustvollem Erleben befriedigt. Dieses Ereignis besteht darin, daß das Kind angenehme Geschmacksempfindungen verspürt. Dadurch führt dieses Ereignis dazu, daß das betreffende Kind in Zukunft wahrscheinlich jenes Verhalten häufiger zeigen wird: Das Kind ist hier über den lustvollen Geschmack der Schokolade dahingehend konditioniert worden, von nun an öfter Schokolade zu essen.

Betrachten wir noch ein zweites Beispiel zur operanten Konditionierung: Ein Schüler macht während des Unterrichts Albernheiten. Wenn einige seiner Mitschüler darüber lachen, befriedigt dies sein Bedürfnis nach Zuwendung durch andere. Dadurch wird er darin bestärkt, zumindest in dieser Art von Situationen, also während des Unterrichts, häufiger albern zu sein. Es entsteht in ihm so ein neues Sekundärbedürfnis, nämlich das Verlangen danach, sich albern zu verhalten.

Die operante oder instrumentelle Konditionierung enthält auch die allgemein bekannten Gesetzmäßigkeiten von Belohnung und Bestrafung. Wenn wir jemanden belohnen, heißt dies ja nichts anderes, als daß wir ihm etwas geben, was ein Bedürfnis von ihm befriedigt. Beispielsweise belohnen wir jemanden mit lobenden Worten und befriedigen damit sein Grundbedürfnis nach Anerkennung. Oder wir belohnen ihn finanziell und befriedigen damit sein Sekundärbedürfnis nach Geld. Wir gehen dabei davon aus, daß er das Verhalten, welches wir belohnen, in Zukunft häufiger zeigen wird. Die Belohnung wird in diesem Zusammenhang auch als Verstärker bezeichnet: Sie soll zu einem verstärkten Auftreten des belohnten Verhaltens führen.

Ein Verstärker ist ganz allgemein alles, was geeignet ist, die aktuellen Bedürfnisse eines Menschen zu befriedigen: Das kann Wasser oder Saft sein, wenn wir gerade sehr durstig sind, das kann die zärtliche Berührung von einem uns vertrauten Menschen sein, das kann aber auch öffentliche Anerkennung oder Geld sein, wenn wir eine solche Anerkennung schätzen oder gerade in finanziellen Schwierigkeiten sind. Durch Belohnung können ebenfalls leicht neue Sekundärbedürfnisse gelernt werden: Manche Menschen entwickeln zum Beispiel ein Sekundärbedürfnis danach, fleißig Tennis zu trainieren oder ein großes Auto zu besitzen – wenn sie dafür mit der Anerkennung belohnt werden, derer sie eigentlich bedürfen.

Neben der Belohnung gibt es noch die Möglichkeit der Bestrafung. Jemanden zu bestrafen heißt, etwas zu tun, was einem Bedürfnis von ihm entgegengesetzt ist. Wir können ihn beispielsweise tadeln und damit seinem Bedürfnis nach Anerkennung zuwiderhandeln. Wir haben dabei die Hoffnung, daß er das bestrafte Verhalten in Zukunft seltener zeigen wird. Dies ist allerdings nicht immer der Fall: So ist zum Beispiel das Grundbedürfnis nach Bestätigung und Anerkennung beim Menschen so groß, daß negative Zuwendungen wie etwa Tadel und Beschimpfungen oft immer noch besser sind, als überhaupt keine Beachtung zu finden. Dadurch wirken solche negativen Zuwendungen bei Menschen, die selten Wertschätzung erfahren, leicht als Verstärker, die die Auftretenshäufigkeit des betreffenden Verhaltens erhöhen, statt sie zu verringern. Außerdem wird das menschliche Verhalten nicht allein durch Konditionierungsprozesse gesteuert. Andere Faktoren haben hierauf ebenfalls einen wichtigen und oft sogar entscheidenden Einfluß. Solche Faktoren sind etwa die schon besprochenen gedanklichen Prozesse, die zu neuen Einsichten führen, aber auch beispielsweise das eigene Selbstverständnis oder frühkindliche Traumatisierungen. So kommt es manchmal vor, daß jemand ein Verhalten, für das er belohnt wurde, dennoch nicht häufiger zeigt, und zwar deshalb, weil dieses Verhalten eigentlich seinem Selbstverständnis widerspricht. Oder jemand zeigt ein Verhalten, für das er bestraft wurde, trotzdem auch weiterhin und denkt sich nun lediglich einen Weg aus, wie er die Bestrafung in Zukunft umgehen kann. Frühkindliche Traumatisierungen schließlich führen manchmal zu massiven bewußten oder auch unbewußten Ängsten, die ein bestimmtes Verhalten sehr wirksam verhindern können, auch wenn es in einem starken Maße belohnt wird. Hier sind dann oft sogar sehr attraktive Belohnungen nur wenig geeignet, um den Betroffenen zu dem erwünschten Verhalten zu veranlassen: Was ihm auch immer versprochen wird, er ist doch nicht dazu in der Lage, jenes Verhalten zu verwirklichen.

Dennoch haben Konditionierungsprozesse einen tiefgreifenden Einfluß auf unser Verhalten und auf unsere Bedürfnisse. Dies liegt zu einem großen Teil daran, daß wichtige Grundbedürfnisse bei den meisten Menschen weitgehend unbefriedigt bleiben. Diese unbefriedigten Grundbedürfnisse werden dann sozusagen zu den Schwachstellen, an denen Konditionierungen ansetzen können. In unserer Kultur ist eines dieser Bedürfnisse dasjenige nach Anerkennung und Zuwendung. Bei den meisten von uns ist dieses Bedürfnis in schmerzlicher Weise unbefriedigt. Deshalb können wir relativ leicht dadurch konditioniert werden, daß man uns Anerkennung gibt. So zeigen wir häufig ein Verhalten, das uns gar nicht entspricht – nur um dafür von anderen Zuwendung zu erhalten. Durch eine solche instrumentelle Konditionierung lassen sich aber nicht nur unsere Verhaltensweisen manipulieren, sondern auch unsere aktuellen Überzeugungen. Außerdem können wir auf diese Weise relativ leicht dazu gebracht werden, Sekundärbedürfnisse zu entwickeln, die uns eigentlich fremd sind.

Beobachtungslernen

Eine weitere Form des Lernens ist das Beobachtungslernen. Diese Art des Lernens besteht darin, daß das Verhalten einer anderen Person erst beobachtet und dann nachgeahmt wird. Das Beobachtungslernen heißt dementsprechend auch oft Lernen durch Nachahmung. Eine wichtige Voraussetzung für diese Art des Lernens besteht darin, daß die beobachtete Person mit ihrem Verhalten erfolgreich sein muß: Wir ahmen in erster Linie solche Menschen nach, denen es offensichtlich gelingt, mit ihrem Verhalten die eigenen Absichten zu verwirklichen. Der wichtigste Pionier in der Erforschung des Beobachtungslernens ist der Psychologe A. Bandura.

Genauso wie die bisher vorgestellten Arten des Lernens führt das Beobachtungslernen ebenfalls häufig zur Entstehung von Sekundärbedürfnissen. Hierbei ist es wichtig, daß der Beobachter mitbekommt, wie es der von ihm beobachteten Person gelingt, über ein bestimmtes Verhalten ein Bedürfnis zu befriedigen, das beiden gemeinsam ist. Wenn dies der Fall ist, dann entsteht dadurch bei dem Beobachter leicht das Sekundärbedürfnis, sich in der gleichen Weise zu verhalten. Dieses Sekundärbedürfnis bringt ihn dann dazu, die beobachtete Person nachzuahmen.

Ein Beispiel hierfür finden wir häufig in der Mode: Eine Person kleidet sich sehr modisch und bekommt dadurch die Anerkennung ihrer Mitmenschen. Sie erlangt hier über das Verhalten, sich modisch zu kleiden, eine Befriedigung für ihr Bedürfnis nach Zuwendung. Eine andere Person des gleichen Geschlechts beobachtet dies und entwickelt daraufhin das Sekundärbedürfnis, sich ebenfalls in ähnlicher Weise modisch zu kleiden. Sie beginnt damit, das Verhalten der beobachteten Person nachzuahmen, um auf diesem Wege ihr eigenes Bedürfnis nach Zuwendung zu befriedigen.

An dem gerade vorgestellten Beispiel wird zugleich noch eine zweite Voraussetzung dafür deutlich, daß Beobachtungslernen auch wirklich stattfindet: Diese besteht darin, daß es eine gewisse Ähnlichkeit geben muß zwischen der nachahmenden Person und derjenigen, die ihr als Vorbild dient. Wenn es in unserem Beispiel eine Frau ist, die für ihre modische Kleidung Anerkennung erhält, dann wird dies normalerweise nur Frauen dazu anregen, es ihr gleichzutun, und keinen Mann. Die dritte Voraussetzung für Beobachtungslernen besteht darin, daß die nachahmende Person von ihrem Vorbild einen positiven Eindruck haben muß. Wenn die beobachtete Frau zwar für ihre modische Kleidung Anerkennung bekommt, aber die Beobachterin sie nicht leiden kann, dann wird diese normalerweise auch kein Sekundärbedürfnis danach entwickeln, sich in ähnlicher Weise modisch zu kleiden.

Die Vorbilder beim Beobachtungslernen müssen nicht immer reale Menschen sein, die wir im tatsächlichen Leben beobachten. Es kann sich hierbei auch beispielsweise um Figuren aus einem Roman handeln oder um die Helden und Heldinnen von Fernsehfilmen. Viele Firmen, die Waren herstellen, setzen darauf, daß wir die Hauptfiguren ihrer Werbefilme nachahmen und ein Sekundärbedürfnis nach den Produkten entwickeln, die in jenen Filmen angepriesen werden.

Identifikationsprozesse

Eine weitere Art von Vorgängen, durch die Sekundärbedürfnisse entstehen, sind die Identifikationsprozesse. Die Funktion der Identifikation wurde bereits im ersten Kapitel erläutert. Für die Entstehung von Sekundärbedürfnissen ist dabei sowohl die äußere wie auch die innere Identifikation von Bedeutung.

Die äußere Identifikation besteht darin, daß im eigenen Erleben etwas aus der Außenwelt mit der eigenen Person identisch gesetzt wird. Das Ausmaß, in dem dies geschieht, kann hierbei unterschiedlich sein. Ein leicht zu erkennendes Beispiel für eine äußere Identifikation stellen oft diejenigen Menschen dar, die sich mit ihrem Auto identifizieren. Bei solch einem Menschen kann es zum Beispiel vorkommen, daß man mit ihm zusammen gemütlich im Wohnzimmer sitzt, und auf einmal erzählt er, daß er drei Straßen weiter an dieser oder jener Ecke steht – er meint damit natürlich, daß sein Auto dort steht, aber er identifiziert sich so sehr mit diesem Auto, daß er seine Aussage in einer Weise formuliert, als stünde er selbst dort. Ein solches Verhalten ist ganz normal und tritt so häufig auf, daß es für gewöhnlich gar nicht bemerkt wird – trotzdem ist es ein Beispiel für eine äußere Identifikation. Menschen identifizieren sich aber nicht nur mit ihrem Auto, sondern auch mit anderen Besitztümern wie etwa mit ihrem Geld, ihrem Schmuck, ihrer Kleidung, ihrem Haus oder ihrer Wohnung. Darüber hinaus identifizieren sich viele von uns auch mit ihrer Familie, mit dem Namen, den sie tragen, mit ihrem Ruf, den sie in der Öffentlichkeit haben, oder mit dem Land, in dem sie leben.

Durch Prozesse der äußeren Identifikation werden Grundbedürfnisse, die auf die eigene Person bezogen sind, leicht auf diejenigen Dinge in der Außenwelt ausgedehnt, mit denen wir uns identifizieren. Dadurch führen jene Prozesse dann zur Entstehung von entsprechenden Sekundärbedürfnissen. So kann sich bei einem Menschen beispielsweise durch Identifikation mit dem eigenen Auto das Grundbedürfnis nach körperlicher Unversehrtheit auf seinen Wagen ausdehnen. Auf diese Weise entsteht dann in ihm ein Sekundärbedürfnis nach Unversehrtheit des eigenen Autos. Wenn dieses Sekundärbedürfnis stark ist, dann reagiert der Betreffende sehr empfindlich auf jeden neuen Kratzer, den er an seinem Wagen entdeckt – fast so, als wäre er selbst durch diesen Kratzer an seinem eigenen Körper verletzt worden.

Auch die innere Identifikation, etwa mit einer bestimmten Überzeugung, führt leicht zur Entstehung von Sekundärbedürfnissen. Ein Forscher beispielsweise hat aus seinen wissenschaftlichen Untersuchungen heraus eine Theorie entwickelt und veröffentlicht. Diese Theorie wird daraufhin von anderen Wissenschaftlern kritisch überprüft und in Frage gestellt. Wenn jener Forscher sich nun sehr mit seiner Theorie identifiziert, dann wird er sie mit einer Heftigkeit verteidigen, die eher seinem Bedürfnis nach Selbsterhaltung entspringt und nicht so sehr einer wissenschaftlichen Einstellung. Bei diesem Forscher hat sich dann sein Grundbedürfnis nach Selbsterhaltung durch einen inneren Identifikationsprozeß auf seine eigene Theorie ausgedehnt. Dadurch ist in ihm das Sekundärbedürfnis entstanden, in jener energischen Weise um die Erhaltung seiner Theorie zu kämpfen.

Identifikationsprozesse führen aber auch noch auf eine andere Art zur Ausbildung von Sekundärbedürfnissen, und zwar dadurch, daß wir uns mit den Werten und Normen unserer Eltern oder unserer Kultur identifizieren. Auf diese Weise können nämlich aus jenen Werten und Normen leicht in uns entsprechende Bedürfnisse entstehen. So mag ein Mensch beispielsweise das Sekundärbedürfnis entwickeln, die eigene Wohnung ständig aufgeräumt zu halten – und zwar deshalb, weil Ordnung in seiner Herkunftsfamilie eine wichtige Norm ist, mit der er sich identifiziert hat.

Wechselwirkungen zwischen verschiedenen Arten des Lernens

Sekundärbedürfnisse werden also auf vielerlei Art gelernt: durch gedankliche Einsicht oder durch unwillkürliche Reiz-Reaktions-Verkoppelungen, durch instrumentelle Konditionierung, und hier insbesondere durch Belohnungen, aber auch durch Beobachtung und Nachahmung oder durch Identifikation. Diese verschiedenen Arten des Lernens führen allerdings bei weitem nicht jedesmal zur Entstehung von Sekundärbedürfnissen, sondern sie können statt dessen auch ganz andere Auswirkungen auf das Leben eines Menschen haben: Konditionierungsprozesse ziehen manchmal einfach Verhaltensänderungen nach sich, ohne daß diese sogleich mit der Entstehung von Sekundärbedürfnissen einhergehen, und gedankliche Prozesse führen oft zu neuen Einsichten, die etwas ganz anderes beinhalten als die Ausbildung von neuen Bedürfnissen.

Bei der Entstehung von Sekundärbedürfnissen wirken häufig mehrere Arten des Lernens zusammen: So wird beispielsweise das Lernen durch Belohnung oder Bestrafung oft von gedanklichen Prozessen begleitet, deren Einsichten die Entstehung der jeweiligen Sekundärbedürfnisse unterstützen. Beim Beobachtungslernen findet stets eine äußere Identifikation statt: Wir identifizieren uns erst mit der beobachteten Person, bevor wir ihr Verhalten nachahmen.

Ersatzbedürfnisse und manipulative Spiele

Ersatzbedürfnisse sind eine besondere Art von Sekundärbedürfnissen. Sie unterscheiden sich von anderen Sekundärbedürfnissen dadurch, daß sie direkt oder indirekt aus traumatischen Kindheitserfahrungen resultieren. Dementsprechend handelt es sich bei den Ersatzbedürfnissen ebenfalls um erworbene Bedürfnisse. Allerdings ist der Lernprozeß, durch den sie erworben werden, häufig so schmerzhaft, daß er verdrängt wird: Er ist nämlich oft direkt in den traumatischen Erfahrungen enthalten, aus denen die jeweiligen Ersatzbedürfnisse hervorgehen.

Die Entstehung der Ersatzbedürfnisse

Die Entstehung von Ersatzbedürfnissen wurde hauptsächlich von A. Janov beschrieben. Bei einigen Ersatzbedürfnissen handelt es sich um ehemalige Grundbedürfnisse, die durch traumatische Kindheitserfahrungen in ihrer Intensität verstärkt worden sind. So werden viele Menschen beispielsweise in ihrer Kindheit dadurch traumatisiert, daß sie als Baby immer wieder allein sind, wenn sie Hunger haben – ohne daß jemand bei ihnen ist, der ihnen Nahrung gibt oder sie wenigstens tröstet. Einige dieser Menschen entwickeln später ein gesteigertes Bedürfnis nach Nahrung. Hierbei handelt es sich dann um ein Ersatzbedürfnis, das deutlich stärker ist als das natürliche Nahrungsbedürfnis, welches ihm zugrunde liegt.

Häufig führt ein Kindheitstrauma aber auch dazu, daß ein Grundbedürfnis ganz oder wenigstens teilweise verdrängt wird. Hier entsteht dann oftmals ein Ersatzbedürfnis, das an die Stelle des traumatisierten Grundbedürfnisses tritt. Ein Beispiel für ein solches Ersatzbedürfnis ist das Verlangen, berühmt zu werden. In der Kindheit der Betroffenen finden sich hier meistens traumatische Erfahrungen mit den eigenen Eltern, die schließlich dazu geführt haben, daß sie ihr Grundbedürfnis nach deren Liebe verdrängen mußten. Dieses Bedürfnis wird dann nicht selten unbewußt ersetzt durch ein solches Verlangen nach Ruhm.

Ersatzbedürfnisse erwachsen häufig aus dem Drang, später im Leben doch noch zu einer Befriedigung der verdrängten Grundbedürfnisse zu gelangen – wenn auch nur auf indirekte Weise. So kann ein Kindheitstrauma etwa zur Folge haben, daß ein Mensch als Erwachsener immer wieder ein Verlangen danach spürt, für ein traumatisiertes Grundbedürfnis in einem anderen Lebensbereich Befriedigung zu suchen. In diesem Fall wird das ursprüngliche Grundbedürfnis verdrängt und durch ein ähnliches Bedürfnis ersetzt, welches lediglich auf einen anderen Bereich bezogen ist. Manch ein Mensch wird beispielsweise als Kind von seinen Eltern dadurch traumatisiert, daß sie ihn nahezu immer übergehen und ihm nur dann Beachtung schenken, wenn es sich kaum noch vermeiden läßt. Ein solches Trauma führt normalerweise dazu, daß das Grundbedürfnis nach Beachtung schließlich verdrängt wird. Oft entwickelt der Organismus des Betroffenen dann ein Ersatzbedürfnis nach Beachtung, welches auf einen anderen Lebensbereich bezogen ist. So mag der Betroffene beispielsweise als Jugendlicher und Erwachsener ein starkes Verlangen danach spüren, sich immer wieder irgendwelchen Gruppen anzuschließen, um hier die Beachtung zu finden, die er als Kind bei seinen Eltern so schmerzlich vermißt hat. Dieses Bedürfnis nach Beachtung in der Gruppe ist dabei eigentlich ein Ersatz für das verdrängte ursprüngliche Bedürfnis nach Beachtung durch die Eltern. Leider ist es hier nun so, daß die Erfüllung des Ersatzbedürfnisses nie tatsächlich das verdrängte ursprüngliche Bedürfnis erreicht. Deshalb kann diese Erfüllung das ursprüngliche Bedürfnis auch nicht befriedigen: Wieviel Beachtung ein solcher Mensch auch in Gruppen finden mag, er wird immer ein gieriges Verlangen nach noch mehr Zuwendung verspüren.

Viele Menschen, die von ihren Eltern nicht geliebt wurden, entwickeln aus dieser traumatischen Erfahrung heraus aber auch ganz andere Ersatzbedürfnisse, wie beispielsweise ein Verlangen danach, schwer zu arbeiten, sportlich immer fit zu sein oder stets attraktiv auszusehen. Hier wird das ursprüngliche Bedürfnis nach elterlicher Liebe ebenfalls verdrängt und dann durch ein solches Verlangen ersetzt. Hinter diesem Verlangen steht dabei jeweils die unbewußte Hoffnung, auf jene Weise doch noch irgendwann einmal die Liebe der Eltern zu bekommen.

Manche Menschen bemühen sich auch aus traumatischen Kindheitserfahrungen heraus, anderen jetzt das zu geben, was sie selbst damals schmerzlich vermißt haben. Hier wird das ursprüngliche Kindheitsbedürfnis nach seiner Verdrängung durch ein umgekehrtes Verlangen ersetzt. Wenn ein Kind beispielsweise von seinen Eltern nie die Hilfe bekommt, die es braucht, dann führt eine solche traumatische Erfahrung normalerweise zur Verdrängung des Bedürfnisses nach Hilfe und Unterstützung durch andere. Einige der Betroffenen entwickeln nun aus einem solchen Trauma heraus ein Verlangen danach, selbst anderen Menschen zu helfen. Sie sind dann als Erwachsene stets hilfsbereit und kümmern sich immer um andere. Dieses Bedürfnis danach, ständig anderen helfen zu wollen, ersetzt bei ihnen das ursprünglich Bedürfnis nach Hilfe und Unterstützung durch andere. Dahinter steht für sie die unbewußte Hoffnung, irgendwann einmal selbst Hilfe zu bekommen, wenn sie erst anderen genügend Hilfe gegeben haben. Diese unbewußte Hoffnung ist ein wichtiger Unterschied zwischen jenem Ersatzbedürfnis und dem allgemeinen Grundbedürfnis danach, anderen Personen zu helfen und sie zu unterstützen. Während das Grundbedürfnis zu helfen einfach aus der Natur des Menschen erwächst, wird das Ersatzbedürfnis danach letztendlich von jener unbewußten Hoffnung motiviert. Ein zweiter wichtiger Unterschied besteht darin, daß ein Mensch mit einem solchen Ersatzbedürfnis oft auch dann anderen Personen hilft, wenn eigene Bedürfnisse, deren Befriedigung viel wichtiger wäre, dem entgegenstehen, oder wenn diejenigen, denen er hilft, seine Unterstützung überhaupt nicht wollen.

Welches Ersatzbedürfnis ein Mensch unbewußt als Reaktion auf traumatische Kindheitserfahrungen entwickelt, das hängt von verschiedenen Umständen ab. Die Erfahrungen, die er bisher mit seiner Umwelt gemacht hat, sind hier ebenso von Bedeutung wie sein Temperament und unbewußte Hoffnungen darauf, auf welchem indirekten Weg er vielleicht doch noch die ersehnte Bedürfnisbefriedigung erlangen könnte.

Doch wie ein Mensch auch immer versucht, ein traumatisiertes Grundbedürfnis über Ersatzbedürfnisse zu befriedigen, es wird ihm nie wirklich gelingen. Der Grund hierfür liegt darin, daß der Schmerz der Traumatisierung einer solchen Befriedigung im Wege steht. Jedes traumatisierte Bedürfnis ist hineinverwoben in den unbewußten Trauma-Komplex, der aus dem jeweiligen Kindheitstrauma entstanden ist – und dieser Komplex enthält immer zugleich auch jene schmerzlichen Emotionen, durch die das jeweilige Erlebnis überhaupt erst zum Trauma geworden ist. Eine befriedigende Erfahrung müßte das traumatisierte Bedürfnis erreichen, damit sie tatsächlich als Befriedigung dieses Bedürfnisses erlebt werden könnte. Dadurch aber würde sie zugleich auch den damit verbundenen Schmerz erreichen und aktivieren, so daß dieser ebenfalls bewußt erlebt werden würde. Die Bewußtwerdung dieses Schmerzes wird jedoch durch unbewußte Verdrängungsvorgänge verhindert. Jene Vorgänge schirmen damit zugleich auch das verdrängte Bedürfnis von allen befriedigenden Erfahrungen ab. Auf diese Weise vereiteln sie eine Befriedigung des ursprünglichen Bedürfnisses.

Spannungslindernde Ersatzbedürfnisse

Eine besondere Art von Ersatzbedürfnissen sind die spannungslindernden. Der Schmerz, der aus Kindheitstraumata resultiert, führt in der Regel zu mehr oder weniger starken inneren Spannungen, die oft als innere Unruhe erlebt werden. Wenn diese Spannungen sehr intensiv sind, müssen sie in irgendeiner Form verarbeitet werden. Häufig entsteht dann aus diesen Spannungen heraus ein Bedürfnis danach, sie durch ein hierfür geeignetes Verhalten nach außen hin abzuleiten. Bei diesem Bedürfnis nach Spannungslinderung handelt es sich um ein Ersatzbedürfnis, das aus dem Grundbedürfnis entspringt, unangenehme Empfindungen zu vermeiden und nach lustvollen Emotionen zu streben.

Es gibt nun sehr viele verschiedene Wege, Spannungen durch ein bestimmtes Verhalten abzuführen. Jeder dieser Wege stellt im Grunde genommen ein eigenes Ersatzbedürfnis dar. So kann die innere Spannung beispielsweise durch Rauchen von Zigaretten gelindert werden, durch Trinken von Alkohol, durch übermäßiges Essen oder durch hektische körperliche Arbeit. Sie kann beim Autofahren durch einen riskanten Fahrstil abgeleitet werden oder beim Saubermachen durch übertriebenes Putzen. Die entsprechenden Bedürfnisse, wie etwa das Verlangen zu rauchen, sind Ersatzbedürfnisse, die darauf abzielen, die eigenen inneren Spannungen auf solchen Wegen loszuwerden. Andere Wege zur Spannungsabfuhr sind etwa Wutausbrüche oder auch ein übersteigertes Konsumverhalten, insbesondere wenn man Dinge kauft, die man eigentlich gar nicht benötigt. Sogar Sexualität stellt nicht selten einen Weg dar, um innere Spannungen abzuleiten: Viele Menschen stehen in Wirklichkeit unter starker Spannung, wenn sie sich sexuell erregt fühlen. Ihre innere Spannung tritt dann bei ihnen in sexualisierter Form auf und kann dadurch auch über sexuelles Verhalten abgeleitet werden. Das sexuelle Bedürfnis ist in solchen Fällen ein spannungslinderndes Ersatzbedürfnis, das sehr wenig zu tun hat mit dem Grundbedürfnis nach Sexualität.

Letztendlich kann sich das Ersatzbedürfnis, Spannungen abzuleiten, für seinen Zweck fast jede Tätigkeit zunutze machen. Auch ziellose Bewegungen können Wege sein, um Spannungen abführen, so etwa, wenn jemand unruhig auf und ab schreitet oder immer wieder mit den Fingern auf einer Tischplatte trommelt.

Während die innere Spannung selbst aus Kindheitstraumata resultiert, werden die verschiedenen Arten des spannungslindernden Verhaltens meistens erst später gelernt, in der Kindheit, in der Jugend oder im Erwachsenenalter – und zwar beispielsweise durch Konditionierungsprozesse oder über Beobachtungslernen. Insofern wirken bei der Entstehung von spannungslindernden Ersatzbedürfnissen häufig Kindheitstrauma und die verschiedenen Arten des Lernens zusammen. Das Rauchen ist ein gutes Beispiel hierfür: Die innere Spannung, die durch das Rauchen abgeführt wird, entsteht bereits in der Kindheit durch traumatische Erfahrungen. Trotzdem sind es Lernprozesse in der Jugend oder im Erwachsenenalter, die zur Folge haben, daß jemand gerade das Bedürfnis entwickelt, Zigaretten zu rauchen, um dadurch seine inneren Spannungen abzuführen. Zu den entscheidenden Lernprozessen gehört hier etwa das Beobachtungslernen, bei dem bewunderte Erwachsene nachgeahmt werden, die selber rauchen, oder auch die instrumentelle Konditionierung, bei der diejenige Anerkennung als Verstärker wirkt, die der Jugendliche in der Gruppe der Gleichaltrigen für das Rauchen erfährt.

Spannungen werden jedoch nicht nur durch äußere Verhaltensweisen abreagiert, sondern auch im eigenen Inneren über Phantasien und Tagträume. Diese Art der Spannungsabfuhr wurde insbesondere von R. Taëni beschrieben: Viele Menschen phantasieren sich immer wieder in eine innere Welt hinein, in der sie ein großer Held sind, ein mächtiger Diktator, eine umschwärmte Filmschauspielerin, eine schöne Prinzessin oder ein einsamer Märtyrer. In jener Phantasiewelt finden sie dann Linderung für ihre Spannungen und können zugleich ihr Bedürfnis nach Bestätigung ein Stück weit selbst befriedigen. Die meisten Menschen entwickeln schon von Kindheit an eine entsprechende innere Phantasierolle und auch das Ersatzbedürfnis danach, sich im Verlaufe ihres Lebens immer wieder in diese Rolle hineinzuphantasieren, wenn sie unter inneren Spannungen stehen.

Auf welchem der beschriebenen Wege auch immer jemand versucht, seine inneren Spannungen abzuführen, er wird damit nie einen dauerhaften Erfolg erzielen: Alle diese inneren und äußeren Verhaltensweisen können durchaus zur Spannungslinderung beitragen, doch sie ändern nichts an der Ursache der inneren Spannungen, nämlich dem verdrängten Schmerz, der aus traumatischen Kindheitserfahrungen herrührt und der von da an in den entsprechenden Trauma-Komplexen gespeichert ist. Dieser seelische Schmerz führt immer wieder neu zu inneren Spannungen, die immer wieder neu danach drängen, auf irgendeine Weise abgeleitet zu werden. Wieviel innere Spannungen also jemand beispielsweise durch seine Wutausbrüche auch abreagiert, es wird immer wieder neue Spannung in ihm entstehen, die ebenfalls danach drängt, auf diesem oder auch auf einem anderen Wege abgeleitet zu werden. Deshalb ist die Spannungslinderung, die durch Ersatzbedürfnisse erreicht wird, stets nur vorübergehend.

Begierden und Aversionen

Ähnlich wie die meisten Grundbedürfnisse, so lassen sich auch die meisten Ersatzbedürfnisse entweder den egoistischen Bedürfnissen zuordnen oder aber den sozialen. Allerdings haben hier sogar die sozialen Ersatzbedürfnisse letztendlich immer ein egoistisches Motiv: Es geht dem betreffenden Menschen auch bei ihnen im Grunde genommen nicht so sehr darum, etwas in die soziale Umwelt hineinzugeben, als vielmehr darum, seine eigenen verdrängten Schmerzen abzuwehren. Allerdings ist ihm dieses Motiv in der Regel nicht bewußt.

Bei vielen anderen Ersatzbedürfnissen jedoch ist ihre egoistische Ausrichtung offensichtlich. Diese Ersatzbedürfnisse werden oft auch als Begierden bezeichnet. Hierzu gehören etwa die Gier nach Macht, Ruhm, Sex oder Reichtum. Solchen Begierden stehen in der Regel auch Aversionen gegenüber, also Abneigungen, die ähnlich stark sind und sich auf das Gegenteil beziehen: Menschen mit einer ausgeprägten Habgier beispielsweise erleben Armut zumeist als äußerst unangenehm, und Menschen mit intensiven sexuellen Spannungen haben oft eine starke Abneigung dagegen, ihre Nächte alleine zu verbringen, ohne irgendeinen Geschlechtspartner, mit dem sie ihre sexuellen Spannungen abführen können.

Neuinszenierungen

Ein spezieller Mechanismus, durch den Ersatzbedürfnisse entstehen, ist die Neuinszenierung. Dieser Mechanismus wurde vor allem von der Psychoanalytikerin A. Miller ausführlich beschrieben. Die Neuinszenierung ist ein Abwehrmechanismus ähnlich der Verdrängung. Bei der Neuinszenierung wiederholt der Betroffene in seinem gegenwärtigen Leben eigene traumatische Kindheitserfahrungen, in denen er etwa gekränkt, sexuell mißhandelt oder geschlagen wurde. Er setzt solche Erfahrungen immer wieder neu in Szene und ruft auf diese Weise in sich selbst Emotionen hervor, die denjenigen ähnlich sind, welche er damals verdrängen mußte. Gerade dadurch aber gelingt es seinem Organismus, die seelischen Schmerzen des ursprünglichen Traumas weiterhin unbewußt zu halten. Der Organismus des Betroffenen überdeckt hier quasi die ursprünglichen Schmerzen mit ähnlichen Emotionen, die er in der gegenwärtigen Situation herbeiführt und die letztendlich doch weit weniger unangenehm sind.

Wenn jemand beispielsweise als Kind sehr einsam war, dann ist es ihm meistens auch im Erwachsenenalter unmöglich, sich einfach einen Menschen zu suchen, bei dem er Geborgenheit erleben kann. Statt dessen steht der Betroffene unter dem unbewußten Drang, seine traumatische Kindheitserfahrung von Einsamkeit immer wieder dadurch zu inszenieren, daß er Situationen herstellt, in denen er sich erneut einsam fühlt. Er hat hier also aus seinem Kindheitstrauma heraus über den Mechanismus der Neuinszenierung ein Ersatzbedürfnis nach Einsamkeit entwickelt.

Das gleiche gilt in entsprechender Weise auch für einige derjenigen Frauen, die als Kinder von ihren Vätern sexuell mißbraucht worden sind. Manche von ihnen inszenieren jene traumatischen Kindheitserfahrungen später in ihrer Jugend und in ihrem Erwachsenenleben immer wieder in der Weise, daß sie nun als Prostituierte tätig werden und den Geschlechtsverkehr gegen Bezahlung ausüben: Sie lassen sich jetzt von fremden Männern auf eine ähnliche Art benutzen, wie sie damals von ihren Vätern benutzt wurden.

Die Neuinszenierung von traumatischen Kindheitserfahrungen entsteht aus einem unbewußten Konflikt heraus. Auf der einen Seite steht hier das Grundbedürfnis nach Schmerzvermeidung. Es führt dazu, daß die traumatischen Kindheitserfahrungen und die damit verbundenen schmerzhaften Emotionen verdrängt werden – und zwar noch bevor sie vollständig erlebt wurden. Auf der anderen Seite existiert aber auch das Grundbedürfnis, die eigenen Gefühle wirklich zu durchleben. Aus diesem inneren Konflikt heraus entsteht dann ein Ersatzbedürfnis danach, die traumatischen Kindheitserfahrungen immer wieder neu zu inszenieren. Es ersetzt das Bedürfnis, die mit diesen Erfahrungen verbundenen schmerzhaften Emotionen wirklich zu durchleben. Statt dessen führt es dazu, daß die Kindheitstraumata immer wieder neu in Szene gesetzt werden. Dadurch wird das Ersatzbedürfnis nach Neuinszenierung zugleich auch dem Verlangen nach Schmerzvermeidung gerecht – denn so unangenehm die Neuinszenierungen für den Betroffenen auch sein mögen, sie sind immer noch sehr viel weniger schmerzhaft als die ursprüngliche traumatische Erfahrung, deren Schmerzen weiterhin in dem jeweiligen Trauma-Komplex eingespeichert sind. Neuinszenierungen haben dementsprechend nicht nur die Entstehung von neuen Ersatzbedürfnissen zur Folge, sondern sie beruhen selbst ebenfalls auf einem Ersatzbedürfnis.

Die innere Dynamik, die der Neuinszenierung zugrunde liegt, wird manchmal auch als Wiederholungszwang bezeichnet: Das Ersatzbedürfnis nach Neuinszenierung stellt einen inneren Zwang dar, die traumatischen Kindheitserfahrungen ständig zu wiederholen.

Traumatische Kindheitserfahrungen können von dem Betroffenen aus zwei verschiedenen Rollen heraus neu inszeniert werden, und zwar entweder aus der gleichen Rolle, die er auch in dem Trauma selbst inne hatte, oder aber aus der umgekehrten Rolle. Betrachten wir hierzu eine Frau, die als Kind von ihrem Vater immer wieder gekränkt wurde: Diese Frau mag in ihren Neuinszenierungen unbewußt dazu neigen, daß sie sich nun als Erwachsene häufig in Situationen manövriert, in denen sie von anderen Männern ebenfalls gekränkt wird. Oder aber sie inszeniert ihre traumatische Kindheitserfahrung als erwachsene Frau mit umgekehrten Rollen: In diesem Fall hat sie dann das unbewußte Ersatzbedürfnis danach, immer wieder Situationen herzustellen, in denen sie es ist, die den Männern überlegen ist und sie kränken kann. Das gleiche gilt in entsprechender Form auch für einen Mann, der schon sehr früh in seiner Kindheit erfahren mußte, daß er seiner Mutter eigentlich nur lästig ist. Ein solcher Mann kann als Erwachsener entweder unbewußt dazu neigen, weiterhin denjenigen Menschen lästig zu sein, die ihm lieb sind, oder er tendiert dazu, nun selbst andere Menschen als lästig zu erleben, also beispielsweise seine eigenen Kinder.

Wenn jemand ein bestimmtes Kindheitstrauma immer wieder neu inszeniert, dann erlebt er auch ständig die gleichen Gefühle, die mit dieser Inszenierung verbunden sind. Hierbei handelt es sich jeweils um Gefühle, die sich aus dem entsprechenden Trauma ergeben und die entweder mit der ursprünglichen Rolle einhergehen oder aber mit der umgekehrten. Bei einer Neuinszenierung erlebt der Betreffende die gegenwärtige Situation nicht so, wie sie sich natürlicherweise aus den äußeren Umständen und den inneren Bedürfnissen der Beteiligten heraus ergeben würde. Statt dessen inszeniert er in diese Situation hinein seine traumatischen Kindheitserfahrungen. Dadurch erfährt er dann auch nicht die Gefühle, die in ihm aus dieser Situation heraus normalerweise entstehen würden, sondern er ersetzt sie in seinem Erleben durch dasjenige Gefühl, welches für ihn aus seiner Neuinszenierung resultiert. Solche Gefühle können in Anlehnung an die Psychotherapeutin F. English als Ersatzgefühle bezeichnet werden. So inszenieren manche Menschen unbewußt häufig Situationen, in denen sie dann eifersüchtig werden, während andere Menschen sich immer wieder in eine Lage manövrieren, in der sie sich letztendlich schuldig fühlen. Weitere Ersatzgefühle, die oft aus Neuinszenierungen resultieren, sind solche der Niedergeschlagenheit, der Hilflosigkeit oder auch der Überlegenheit.

Viele derjenigen Gefühle, die sich aus Neuinszenierungen ergeben, sind eigentlich unangenehm oder sogar schmerzlich. Auf der anderen Seite handelt es sich hierbei jedoch um Gefühle, die dem Betroffenen sehr vertraut sind, weil er sie schon in seiner Kindheit und Jugend immer wieder erlebt hat. Außerdem erfüllen diese Gefühle eine wichtige Abwehrfunktion: Indem der Betroffene durch seine Neuinszenierungen solche Gefühle erlebt, vermeidet er zugleich eine innere Konfrontation mit den Schmerzen aus den traumatischen Kindheitserfahrungen. Deshalb werden solche Gefühle von dem Betroffenen selbst innerlich als positiv erfahren, während er zugleich einige derjenigen Gefühle, die an und für sich angenehm sind, auf Grund von traumatischen Kindheitserfahrungen als negativ erlebt.

Innere und äußere Maschen

Es gibt viele verschiedene Reaktionsmuster, die Menschen unbewußt einsetzen, um bei sich selbst Ersatzgefühle hervorzurufen. Solche Muster werden ganz allgemein auch als Maschen bezeichnet. Es lassen sich hier innere und äußere Maschen voneinander unterscheiden. Innere Maschen sind gedankliche Muster, die Menschen einsetzen, um als Reaktion auf äußere Situationen in sich Ersatzgefühle erleben zu können. Äußere Maschen hingegen sind Verhaltensmuster, mit denen die Betreffenden ihre Mitmenschen unbewußt dahingehend manipulieren, daß diese mit ihnen zusammen eine Situation schaffen, die bei ihnen selbst schließlich zu einem Ersatzgefühl führt. Alle Maschen verlaufen jeweils nach bestimmten Regeln, die den Beteiligten für gewöhnlich nicht bewußt sind. Diese Regeln werden darin deutlich, daß die Maschen immer wieder nach ähnlichen Mustern ablaufen und in ähnlicher Weise enden.

Ein Beispiel für eine innere Masche ist jenes Denkmuster, bei dem der Betroffene in Gedanken die Ursachen für alle Schwierigkeiten, die in seinem Leben auftreten, stets nur bei sich selbst sucht. Durch dieses Muster kann er sich häufig als Versager erfahren und dabei immer wieder ein Ersatzgefühl der Niedergeschlagenheit erleben. Doch auch im umgekehrten Fall liegt eine innere Masche vor, nämlich dann, wenn ein Mensch die Ursachen für alle Schwierigkeiten stets nur bei anderen sucht, um dann auf sie wütend sein zu können. Eine weitere innere Masche besteht darin, in alles, was einem gesagt wird, eine Abwertung hineinzudeuten. Auf diese Weise schafft sich der Betreffende immer wieder einen Anlaß dafür, um Ersatzgefühle der Minderwertigkeit zu erleben.

Maschen treten jedoch nicht nur im Inneren auf, sondern sie können auch als äußere Verhaltensmuster inszeniert werden. Diese äußeren Maschen wurden von dem Psychotherapeuten E. Berne entdeckt. Ihnen liegt jeweils ein unbewußter Verhaltensplan zugrunde, den der Betreffende immer wieder in seinem sozialen Umfeld verwirklicht. Ein Beispiel für eine äußere Masche besteht etwa darin, sich selbst immer wieder viel zu viele Verpflichtungen aufzubürden, nur um dann in ihrer Bewältigung zu versagen. Das unbewußte Ziel besteht hier darin, sich selbst als Versager zu erleben und sich dafür schuldig zu fühlen. So mag sich etwa eine Hausfrau stets dann mit zusätzlichen Verpflichtungen überlasten, wenn gerade sowieso schon viele Aufgaben anstehen. Erwartet das Ehepaar beispielsweise Gäste zum Abendessen, dann strebt sie nicht nur danach, die Wohnung noch einmal gründlich zu putzen, ein schmackhaftes Essen mit Vorspeise und Nachtisch zu kochen, sich selbst adrett zu kleiden und am Abend eine genauso interessante wie diplomatische Gesprächspartnerin abzugeben – sondern sie erklärt sich auch noch dazu bereit, am Vormittag des gleichen Tages ihre Kinder zum Arzt zu begleiten, für ihren Mann ein paar wichtige Besorgungen zu machen und das Auto in die Werkstatt zu bringen. So bricht sie dann am Nachmittag plötzlich zusammen, und alles bleibt liegen: Sie macht sich nun heftige Vorwürfe, erlebt sich als Versagerin und fühlt sich schuldig. Dies aber sind genau die Ersatzgefühle, die sie mit ihrer Masche der Überlastung unbewußt von vornherein angestrebt hat.

Nicht immer jedoch geht es bei den Maschen darum, am Ende unangenehme Gefühle zu erleben; manche Maschen zielen auch auf ein Ersatzgefühl der Überlegenheit. Eine solche Masche besteht beispielsweise darin, bei anderen Menschen ständig nach Makeln zu suchen, für die man sie dann abwerten kann: Vielleicht hat der andere eine Bildungslücke, oder er kleidet sich nicht entsprechend der neuesten Mode, vielleicht neigt er eher zu phantasievoller Kreativität als zu logischem Denken, oder er hat noch nicht einmal Schulden auf der Bank – indem man ihm seinen vermeintlichen Fehler vorhält, kann man sich selbst aufwerten und ein Ersatzgefühl von Überlegenheit verspüren.

Manipulative Spiele

Eine besondere Form von äußeren Maschen sind die manipulativen Spiele. Diese wurden, genauso wie die äußeren Maschen, ebenfalls von dem Psychotherapeuten

E. Berne entdeckt. Ähnlich wie die Maschen verlaufen auch solche Spiele jeweils nach unbewußten Regeln und führen letztendlich dazu, daß die Beteiligten diejenigen Ersatzgefühle erleben, die für sie typisch sind. Der wichtigste Unterschied zu den äußeren Maschen besteht hier darin, daß es im Verlauf der manipulativen Spiele zu einem überraschenden Rollenwechsel kommt.

Ein typisches Beispiel für ein manipulatives Spiel finden wir manchmal in Psychotherapie-Gruppen: Eine Teilnehmerin fragt den ärztlichen Leiter der Gruppe: „Glauben Sie, Herr Doktor, daß es mir bald besser gehen wird?“ Der Arzt antwortet ihr in väterlicher Weise: „Natürlich wird es Ihnen schon bald besser gehen!“, worauf die Teilnehmerin plötzlich spitz erwidert: „Warum glauben Sie eigentlich, daß Sie alles wissen?“ Nun schweigt der Arzt verdutzt. Jeder der beiden Beteiligten erlebt hier am Ende des Spiels das Ersatzgefühl, welches für ihn typisch ist: Die Patientin erlebt ein Gefühl der triumphierenden Überlegenheit, und der Arzt fühlt sich verwirrt.

In einem manipulativen Spiel nehmen alle Beteiligten jeweils bestimmte Rollen ein, aus denen heraus sie die anderen unbewußt manipulieren. Es gibt hierbei drei verschiedene Arten von Rollen, und zwar die Verfolger-Rolle, die Retter-Rolle und die Opfer-Rolle. Die Verfolger-Rolle hat in einem manipulativen Spiel jeder inne, der andere kritisiert, ihnen Vorwürfe macht oder sich ihnen aufdrängt. Die Retter-Rolle wird jeweils von denjenigen eingenommen, die vordergründig anderen Hilfe anbieten oder ihnen auch tatsächlich zu helfen versuchen. Eine Opfer-Rolle schließlich hat jeder inne, der sich bei anderen einschmeichelt, sie verführt oder bei ihnen Hilfe sucht, oder aber der von anderen bedrängt oder kritisiert wird. Typisch für ein manipulatives Spiel ist nun, daß es während des Spiels plötzlich zu einem Wechsel zwischen diesen Rollen kommt.

In dem eben dargestellten Beispiel gibt sich die Teilnehmerin zunächst als hilfesuchende Patientin: Sie stellt ihre Frage an den ärztlichen Gruppenleiter aus der Opfer-Rolle heraus. Der Arzt hingegen fühlt sich als ihr Retter: Aus dieser Rolle heraus gibt er ihr seine ermutigend gemeinte Antwort. Daraufhin wechselt die Teilnehmerin plötzlich ihre Rolle: Sie erteilt dem Arzt nun aus der Verfolger-Rolle heraus ihre spitze Entgegnung. Der Arzt gerät dadurch in die Opfer-Rolle und schweigt verwirrt. Mit diesem Rollenwechsel geht zugleich auch ein Wechsel bei den Teilpersönlichkeiten einher: Die Patientin fragt zunächst aus der Teilpersönlichkeit eines hilfesuchenden Kindes heraus und antwortet dann aus der Teilpersönlichkeit einer zurechtweisenden Mutter. Der Arzt antwortet zunächst aus einer fürsorglichen Vater-Teilpersönlichkeit heraus und findet sich am Ende in der Teilpersönlichkeit eines verwirrten Kindes wieder.

Manipulative Spiele treten nicht nur in Psychotherapie-Gruppen auf. Ganz im Gegenteil finden solche Spiele hauptsächlich im gewöhnlichen Alltag statt. Ein ganz alltägliches Spiel, das dem zuvor beschriebenen ähnelt, ist das Ja-Aber-Spiel: Hier fragt jemand andere um Rat, aber alle Vorschläge, die er von ihnen erhält, weist er mit irgendwelchen Argumenten zurück. Dieses Spiel wird von einem Menschen eingeleitet, dem es schlecht geht und der sich hilflos fühlt. Doch obwohl es ihm tatsächlich schlecht geht und er vielleicht sogar ein Opfer äußerer Umstände ist, sucht er nicht wirklich aufrichtig nach Hilfe. Er bringt zwar aus seiner Opfer-Rolle heraus andere Menschen dazu, ihm Ratschläge zu erteilen, doch unbewußt geht es ihm gar nicht um diese Ratschläge, sondern darum, sich selbst und den anderen zu beweisen, daß ihm sowieso nicht zu helfen ist. Als Mitspieler lassen sich für dieses Spiel besonders solche Menschen ködern, die zwar einerseits gerne anderen helfen, die sich aber andererseits doch nicht kompetent genug dafür fühlen. Sie erleben sich zu Beginn des Spiels in der Retter-Rolle und geben dem Ratsuchenden aus dieser Rolle heraus ihre Ratschläge. Da der Ratsuchende aber alle Ratschläge zurückweist, fällt ihnen irgendwann nichts mehr ein. Es herrscht dann oftmals ein betretenes Schweigen, oder der Ratsuchende bedankt sich vielleicht sogar für die gutgemeinten Ratschläge, auch wenn sie zu keinem Ergebnis geführt haben. Auf jeden Fall aber ist dies der Punkt, an dem es zu einem plötzlichen Wechsel kommt: Die Ratgebenden erleben sich nun nicht mehr als Retter des Ratsuchenden, sondern sind plötzlich selber Opfer einer Situation geworden, die ihnen ihre Unfähigkeit vor Augen geführt hat. Dementsprechend fühlen sie sich jetzt auf einmal niedergeschlagen. Der Ratsuchende hingegen fühlt sich nun in seiner Überzeugung bestätigt, daß ihm doch nicht zu helfen ist. Er erlebt damit innerlich einen gewissen Triumph über die anderen, denen er zeigen konnte, daß sie auch keinen Rat wissen. Bei ihm hat dementsprechend ein Wechsel stattgefunden von der unterlegenen Opfer-Rolle in eine überlegene Rolle, aus der heraus er nun sogar zum Verfolger seiner Mitspieler werden kann, indem er ihnen jetzt ihre Unfähigkeit vorwirft. Auf jeden Fall aber erlebt am Ende des Ja-Aber-Spiels jeder der Beteiligten das ihm vertraute Ersatzgefühl: Der Ratsuchende verspürt ein Gefühl der Überlegenheit, während sich die Ratgebenden unzulänglich fühlen. Nicht jeder Mensch, der andere um Rat fragt, strebt unbewußt danach, letztendlich über sie zu triumphieren. Bei den meisten ist ihr Bedürfnis nach Hilfe durchaus aufrichtig – doch manchen geht es tatsächlich eigentlich nur darum, ihre Mitmenschen in ein Ja-Aber-Spiel zu verstricken.

Bei vielen Spielen befindet sich derjenige, der sie einleitet, zunächst in der Opfer-Rolle – so wie bei den bisher dargestellten. Daneben existieren aber auch Spiele, die aus einer der beiden anderen Rollen heraus initiiert werden. So gibt es beispielsweise zu dem Ja-Aber-Spiel auch eine Art Gegenstück, ein Spiel, das aus der Retter-Rolle heraus eingefädelt wird. Hier wendet sich der Spieler aus jener Rolle heraus an einen anderen Menschen, der sich in Schwierigkeiten befindet, und erteilt ihm großzügig Ratschläge. Sein Mitspieler führt die Ratschläge scheinbar sehr gewissenhaft durch, doch sie erweisen sich alle als untauglich. Irgendwann wird der Mitspieler darüber wütend und läßt seine Wut auch an dem Ratgeber aus. Dies ist der Punkt, an dem der Mitspieler von seiner Opfer-Rolle in eine Verfolger-Rolle wechselt: War er zuvor in erster Linie Opfer seiner Schwierigkeiten, so wendet er sich nun gegen seinen Ratgeber. Dadurch aber gerät der Initiator des Spiels jetzt in die Opfer-Rolle – er fühlt sich nun einerseits unzulänglich, andererseits aber auch zu unrecht angegriffen: Er hat ja nur versucht zu helfen!

Im Zusammenhang mit den Maschen wurde eine erwähnt, die darin besteht, daß ein Mensch ständig bei anderen Personen nach Makeln sucht, die er ihnen dann zum Vorwurf macht. Diese Masche kann nun leicht auch zu einem Spiel werden, und zwar dadurch, daß der Initiator sich für seine Makel-Aktionen stets nur Personen aussucht, die ihm letztendlich überlegen sind. Solche Personen wechseln nämlich in der Regel schnell zu einem Gegenangriff über, aus dem der Initiator bald als Verlierer hervorgeht. So beginnt er das Spiel zwar aus der Verfolger-Rolle heraus, endet aber schließlich in der Opfer-Rolle.

Ein anderes manipulatives Spiel wird von einer Frau eingeleitet, die sich zunächst sexuell aufreizend verhält, später aber den Mann, der sich ihr sexuell annähert, entrüstet von sich weist. Hier beginnt die Frau das Spiel aus einer Position heraus, die der Opfer-Rolle entspricht: Sie ist attraktiv gekleidet, flirtet intensiv und bewegt sich sehr verführerisch. Auf diese Weise bietet sie sich als Opfer für männliche Verführungskünste an. Früher oder später nähert sich ihr ein Mann aus einer Position heraus, die der Verfolger-Rolle entspricht: er versucht, sie sexuell zu erobern. Sobald er jedoch tatsächlich damit beginnt, sexuell übergriffig zu werden, kommt es zu einem plötzlichen Rollenwechsel: Die verführerische Frau wechselt in die Verfolger-Rolle und weist den Mann entrüstet von sich. Der betroffene Mann gerät dadurch in die Opfer-Rolle und fühlt sich nun zurückgewiesen und deprimiert.

Bei den Männern, die sich in dieses Spiel hineinziehen lassen, handelt es sich meistens um solche, deren unbewußtes Ziel gerade in der Zurückweisung besteht, die sie dann auch von der verführerischen Frau erhalten. Die Frau erlebt am Ende des Spiels ein Ersatzgefühl der selbstgerechten Überlegenheit über den Mann. Außerdem kann sie in dem Augenblick, in dem sie ihn entrüstet von sich weist, zugleich auch einiges von ihren inneren Spannungen abführen. Der beteiligte Mann erlebt am Ende des Spiels Ersatzgefühle der Enttäuschung und der Niedergeschlagenheit. Darüber hinaus gelingt es beiden Beteiligten durch dieses Spiel, wirkliche sexuelle Intimität zu vermeiden.

Alle manipulativen Spiele sind Neuinszenierungen von Kindheitstraumata, bei denen jene Erlebnisse immer wieder neu in Szene gesetzt werden – meistens in einer mehr oder weniger verzerrten Form und oftmals mit vertauschten Rollen. Dementsprechend liegt den manipulativen Spielen ganz allgemein das unbewußte Bedürfnis nach Neuinszenierung zugrunde. Dieses Ersatzbedürfnis tritt hier als ein Verlangen in Erscheinung, sich selbst und andere in manipulative Spiele zu verstricken. So können wir beispielsweise bei dem zuletzt beschriebenen Spiel davon ausgehen, daß die verführerisch auftretende Frau dort unbewußt und in einer verzerrten Form Kindheitstraumata inszeniert, in denen sie von ihrem Vater oder einem anderen Mann sexuell mißhandelt wurde.

Manipulative Spiele stellen aber nicht nur Neuinszenierungen von traumatischen Kindheitserfahrungen dar, sondern sie befriedigen außerdem auch noch andere unbewußte Bedürfnisse. So wohnt jedem Spiel eine gewisse Dramatik inne, die immer auch Gelegenheit bietet, einen Teil der eigenen inneren Spannungen abzureagieren. Auf diese Weise befriedigt ein solches Spiel stets zu einem gewissen Grad ebenfalls das Bedürfnis nach Spannungsabfuhr. Außerdem wird jeder der Beteiligten von den anderen beachtet. Auch wenn diese Zuwendung oftmals negativ ist, erscheint sie den Beteiligten doch immer noch besser als keine Zuwendung.

Häufig sind manipulative Spiele ein Weg, um Situationen der persönlichen Vertrautheit zu vermeiden. Sie stellen hier eine Form der zwischenmenschlichen Begegnung dar, die in dieser Hinsicht weniger riskant erscheint. Eigentlich gehört das Verlangen nach Intimität zu den wichtigsten gefühlsmäßigen Grundbedürfnissen des Menschen. Es handelt sich hierbei um das Verlangen nach zwischenmenschlichen Begegnungen, die von Vertrautheit getragen sind und in denen wir uns emotional öffnen können. Jeder Mensch hat in sich ein Bedürfnis danach, anderen Personen, die ihm nahe stehen, offen mitzuteilen, was er fühlt, was er erlebt hat und worüber er nachdenkt. Als Säuglinge zeigen wir mit unserem gesamten Organismus, wie wir uns fühlen, und auch als Kleinkinder begegnen wir unseren Mitmenschen noch mit mehr oder weniger rückhaltloser Offenheit. Doch die meisten von uns erleben in ihrer Kindheit so viele schmerzhafte Kränkungen und seelische Verletzungen, daß sie in der Folge immer weniger bereit sind, sich anderen Menschen zu öffnen. Das Bedürfnis nach vertrauten, offenen, inniglichen Begegnungen und Beziehungen tritt so immer mehr in den Hintergrund und wird oft sogar verdrängt. Viele Menschen ersetzen dieses Bedürfnis dann unbewußt durch ein Verlangen, sich selbst und andere in manipulative Spiele zu verstricken.

Bedürfnisregulation

Die Bedürfnisse eines Menschen bilden das Fundament seiner Persönlichkeit. Sie umfassen seine Wünsche und Absichten sowie seine Vorlieben und Abneigungen. Sie motivieren sein Handeln und haben einen wesentlichen Einfluß auf sein Fühlen, sein Denken und sein Phantasieleben. Schon von frühester Kindheit an bilden sich um die Bedürfnisse herum die einzelnen Teilpersönlichkeiten eines Menschen. Diese verkörpern nicht nur die eigenen Bedürfnisse sowie die eigenen Vorlieben und Abneigungen, sondern sie enthalten zugleich auch jene Verhaltensmuster und Gewohnheiten, durch die der betreffende Mensch danach strebt, seine Bedürfnisse zu befriedigen, sich seine Wünsche zu erfüllen und seine Absichten zu verwirklichen.

Die Wahrnehmung der eigenen Bedürfnisse verläuft über die Körperempfindungen, Gefühle, Phantasien und Gedanken, die sie in uns hervorrufen. Das Bedürfnis nach Nahrung beispielsweise kann zu Hungerempfindungen führen oder auch zu dem Gedanken, daß es bald Zeit ist, das Mittagessen einzunehmen. Es gelangt dabei zu jedem Zeitpunkt im Leben immer gerade dasjenige Bedürfnis in den Vordergrund der eigenen Aufmerksamkeit, das alles in allem für den Organismus am dringlichsten ist. Somit wird auch stets diejenige Teilpersönlichkeit aktiviert, die gerade dieses Bedürfnis verkörpert. Gesteuert wird jener Vorgang durch die organismische Bedürfnisregulation. Hierbei handelt es sich um eine Funktionsweise, die dem Organismus von Natur aus innewohnt und die ihn stets dazu veranlaßt, sich um die Befriedigung desjenigen Bedürfnisses zu kümmern, welches für die eigene Selbsterhaltung oder für die eigene Selbstverwirklichung gerade am dringlichsten ist. Der Bedürfnisregulation liegt dafür eine innere Hierarchie der Bedürfnisse zugrunde: Der Organismus verfügt über ein archetypisches Wissen darum, wie wichtig die einzelnen Bedürfnisse jeweils für seine Selbsterhaltung oder Selbstverwirklichung sind. Mit diesem Wissen steuert er die Regulation seiner Bedürfnisse. Wichtige Pioniere in der Erforschung der Bedürfnisregulation sind F.S. Perls und A. Maslow.

Ein Beispiel für die Bedürfnisregulation wurde bereits im ersten Kapitel geschildert: Nehmen wir an, unser Körper benötigt Flüssigkeit. In einem solchen Fall ruft dieses zu befriedigende Bedürfnis jene Körperempfindungen in uns hervor, die wir als Durst erleben, also beispielsweise einen trockenen Mund. Die entsprechenden Körperempfindungen werden mit der Zeit stärker und ziehen unsere Aufmerksamkeit immer mehr auf sich. Sie veranlassen uns, an Getränke zu denken, und sie drängen uns dazu, unser Bedürfnis nach Flüssigkeit zu befriedigen. Wenn wir dann etwas trinken, gehen die Durstempfindungen zurück, und wenn wir genug getrunken haben, verspüren wir angenehme Empfindungen der Befriedigung. Die Bedürfnisregulation hat nun ihr momentanes Ziel erreicht: Sie hat dazu geführt, daß wir wieder genügend Flüssigkeit in unserem Körper haben. Das Bedürfnis nach Flüssigkeit ist aus dem Feld unserer Aufmerksamkeit verschwunden, und es kann jetzt ein neues Bedürfnis in dieses Feld eintreten: Vielleicht haben wir nun den Wunsch, ein Bild zu malen oder ein Buch zu lesen.

Die natürliche Regulation der Bedürfnisse

Die natürliche Bedürfnisregulation des Organismus bezieht sich im wesentlichen auf seine Grundbedürfnisse und seine Sekundärbedürfnisse. Was die Grundbedürfnisse des Menschen angeht, so läßt sich die Hierarchie dieser Bedürfnisse ganz allgemein so beschreiben, daß hier an erster Stelle die Befriedigung der körperlichen Bedürfnisse steht, an zweiter Stelle die Befriedigung der gefühlsmäßigen und an dritter die Befriedigung der intellektuellen Bedürfnisse. Besonders für die gefühlsmäßigen und für die intellektuellen Bedürfnisse gilt außerdem, daß hier zumeist die Befriedigung derjenigen Bedürfnisse wichtiger ist, bei denen der Mensch etwas von der Umwelt benötigt – erst danach kommen die Bedürfnisse, bei denen es darum geht, etwas in die Umwelt hineinzugeben.

Innerhalb der einzelnen Kategorien von Grundbedürfnissen ergeben sich dann weitere Untergliederungen der Bedürfnishierarchie: So ist in der Kategorie der körperlichen Bedürfnisse beispielsweise Atemluft dringlicher als die Aufnahme von Flüssigkeit, und diese wiederum ist wichtiger als Sexualität. Bei den gefühlsmäßigen Bedürfnissen ist beispielsweise das Verlangen nach Anerkennung wichtiger als dasjenige nach Alleinsein. Für die intellektuellen Bedürfnisse gilt unter anderem, daß hier zuerst das Verlangen nach einer grundlegenden Orientierung in der Umwelt befriedigt werden muß, bevor der Mensch danach strebt, neuartige und unvorhersehbare Situationen aufzusuchen.

Die Hierarchie der Bedürfnisse wird allerdings dadurch kompliziert, daß es nicht nur Grundbedürfnisse gibt, die allen Menschen gemeinsamen sind, sondern auch Sekundärbedürfnisse, in denen sich die Menschen voneinander unterscheiden. Je nachdem auf welche Grundbedürfnisse sich die Sekundärbedürfnisse jeweils beziehen, sind sie in unterschiedlicher Weise in die Bedürfnishierarchie mit hineinverwoben. Dadurch ergibt sich für jeden Menschen eine eigene Hierarchie seiner Bedürfnisse, die normalerweise nur in wichtigen Grundzügen mit den Bedürfnishierarchien anderer Menschen übereinstimmt.

Die Bedürfnisregulation sorgt bei jedem Menschen dafür, daß er jeweils dasjenige Bedürfnis verspürt und als dringlich erlebt, dessen Befriedigung für seinen Organismus gerade am wichtigsten ist. Auf diese Weise werden wir dazu veranlaßt, uns um die Befriedigung gerade dieses Bedürfnisses zu kümmern. Gelingt uns die Bedürfnisbefriedigung, dann verschwindet das entsprechende Verlangen aus dem Fokus unserer Aufmerksamkeit, und es tritt nun dasjenige Bedürfnis in den Vordergrund des Erlebens, welches von den übrigen unbefriedigten Bedürfnissen wiederum am wichtigsten ist. Manche Bedürfnisse sind dabei für die Selbsterhaltung so bedeutsam, daß ihre Befriedigung normalerweise automatisch und unbemerkt abläuft. Ein Beispiel hierfür ist die Atmung. Das Bedürfnis nach Atemluft zieht normalerweise nur dann den Fokus der Aufmerksamkeit auf sich, wenn seine Befriedigung akut bedroht ist, also wenn wir zu wenig Luft bekommen oder gar zu ersticken drohen. In einem solchen Fall wird dieses Bedürfnis dann ganz bewußt als äußerst dringlich erlebt.

Nicht immer tritt ein Bedürfnis alleine als das eindeutig dringlichste in den Vordergrund der Aufmerksamkeit. Es gibt auch Umstände, unter denen zwei Bedürfnisse gleichzeitig als sehr wichtig erlebt werden. In solchen Situationen kommt es dann zu einem inneren Konflikt zwischen den Teilpersönlichkeiten, die jene beiden Bedürfnisse verkörpern. So geraten beispielsweise manche Menschen spät abends immer wieder in einen Konflikt zwischen ihrem Bedürfnis nach Schlaf und ihrem Verlangen danach, noch etwas Aufregendes zu erleben.

Verzerrungen in der natürlichen Bedürfnisregulation

Es gibt zwei Arten von Faktoren, durch die der natürliche Ablauf der Bedürfnisregulation unterbunden oder verzerrt werden kann. Die erste Art besteht hier in den vielfältigen negativen Effekten, die aus traumatischen Kindheitserfahrungen resultieren. Diese Effekte wirken unbewußt und können zu weitreichenden Veränderungen in der Bedürfnisregulation führen. Die zweite Art von Faktoren besteht in bewußten Entscheidungen, durch die wir absichtlich unserer natürlichen Bedürfnisregulation zuwiderhandeln können. Diese Entscheidungen sind ein Ausdruck unserer inneren Freiheit und unserer Fähigkeit zur Selbstbestimmung.

Traumatische Kindheitserfahrungen führen oft dazu, daß die von ihnen betroffenen Bedürfnisse verdrängt werden, und zwar entweder vollständig oder zumindest teilweise. Außerdem führen solche Erfahrungen häufig auch zur Entstehung von neuen Bedürfnissen, den Ersatzbedürfnissen. Bei der Verdrängung von Bedürfnissen bilden sich zugleich im Überich-Komplex des Betroffenen entsprechende Verbote, die den traumatisierten Bedürfnissen entgegenstehen und ihre Befriedigung verhindern. Diese Verbote können bewußt sein, sie sind aber häufig ebenfalls unbewußt. Auf jeden Fall führt sowohl die Verdrängung eines Bedürfnisses als auch die Entstehung des entsprechenden Verbotes dazu, daß das traumatisierte Bedürfnis von da an nicht mehr in die natürliche Bedürfnisregulation des Betroffenen mit einbezogen ist. Seine Bedürfnisregulation ist damit in dieser Hinsicht verzerrt. So wird zum Beispiel manch ein Kind dadurch traumatisiert, daß seine Eltern es jedesmal hart zurückstoßen, wenn es mit ihnen schmusen will. Solche Erfahrungen führen im Extremfall dazu, daß das eigene Bedürfnis danach, Zärtlichkeit auszudrücken, vollständig verdrängt wird. Wenn dies der Fall ist, dann verspürt das Kind ab irgendeinem Zeitpunkt kein Verlangen mehr danach, mit seinen Eltern oder mit irgendeiner anderen Person zu schmusen. Das entsprechende Bedürfnis ist nicht mehr in seine Bedürfnisregulation mit einbezogen, obwohl es weiterhin in ihm existiert. Außerdem entsteht durch jene traumatischen Erfahrungen im Überich des betroffenen Kindes eine Vorschrift, die es ihm untersagt, Zärtlichkeit auszudrücken. Dieses Verbot wird oft ebenfalls verdrängt und bildet dann einen unbewußten Bestandteil des eigenen Überich-Komplexes, an den sich der Betroffene auch noch als Erwachsener hält, ohne daß er überhaupt von ihm weiß. Möglicherweise sind die Umstände und Folgen der Traumatisierung aber auch weniger extrem: In einem solchen Fall bezieht das Kind das entsprechende Verbot vielleicht nur auf seine Eltern, aber nicht auf seine Großeltern oder seine Geschwister; somit verdrängt es auch sein Bedürfnis nach dem Ausdruck von Zärtlichkeit nur teilweise. Es verspürt dann zwar noch ein Bedürfnis, mit den Großeltern oder den Geschwistern zu schmusen, aber keines mehr nach dem Austausch von Zärtlichkeiten mit den eigenen Eltern.

Es lassen sich allerdings nicht alle Grundbedürfnisse verdrängen. Manche dieser Bedürfnisse sind für den Organismus von so fundamentaler Bedeutung, daß es ihm unmöglich ist, sie vollständig auszuschalten. Hierzu gehören etwa Durst und Hunger. Trotzdem führen traumatische Kindheitserfahrungen mitunter auch bei solchen Bedürfnissen zu sehr schwerwiegenden Veränderungen in der natürlichen Bedürfnisregulation. Ein drastisches Beispiel dafür ist die Magersucht. Es handelt sich hierbei um eine psychosomatische Krankheit, die fast nur bei Mädchen in der Pubertät auftritt. Die betroffenen Mädchen stehen unter dem inneren Zwang, bei sich selbst eine deutliche Gewichtsabnahme herbeizuführen: Sie essen plötzlich nur noch wenig und beschränken sich dabei auch noch auf Nahrungsmittel, die kaum Kalorien haben. Auf diese Art handeln sie der natürlichen Regulation ihrer Nahrungsaufnahme zuwider – und zwar in so drastischer Weise, daß sie sich mit der

Zeit auf ein sehr geringes Körpergewicht herunterhungern. Das bewußte Motiv für ein solches Verhalten ist oftmals der Wunsch, schlank und dünn zu werden und zu bleiben. Die Ursache dieser Erkrankung besteht jedoch in massiven Kindheitstraumata, die zum Teil nur unzureichend verdrängt wurden und schließlich in der Pubertät den Ausbruch der Magersucht zur Folge haben.

Oft führen traumatische Kindheitserfahrungen nicht nur dazu, daß bestimmte Bedürfnisse ganz oder teilweise verdrängt werden, sondern sie enthalten zugleich auch noch Forderungen, bei denen statt dessen ein anderes Verhalten verlangt wird. Wenn diese Forderungen in das eigene Überich aufgenommen werden, dann führen auch sie zu Verzerrungen in der Bedürfnisregulation. So mag ein Kind beispielsweise von seinen Eltern immer wieder dazu angehalten werden, verschiedenen Personen aus der Verwandtschaft, die es überhaupt nicht mag, ein Küßchen zu geben. Auch wenn es sich hierbei meistens nicht gerade um ein sehr schwerwiegendes Trauma handelt, so enthält jene traumatische Erfahrung doch wenigstens zweierlei: Zum einen wird dem Kind verboten, seine wahren Gefühle gegenüber jenen Personen auszudrücken, und zum anderen wird von ihm verlangt, daß es sich auf eine Weise verhalten soll, die ihm selbst zuwider ist. Als Folge hiervon verdrängt das betroffene Kind mit der Zeit mehr oder weniger vollständig sein Bedürfnis, jenen Personen seine wahren Gefühle zu zeigen. Außerdem werden unter diesen Umständen die elterlichen Forderungen sehr bald zu festen Bestandteilen seines Überich-Komplexes. Daraus ergibt sich dann ein verzerrender Einfluß auf die eigene Bedürfnisregulation: Das betroffene Kind verspürt nun in den entsprechenden Situationen nicht mehr das Bedürfnis, seine eigenen Gefühle auszudrücken, sondern statt dessen das Verlangen, den elterlichen Forderungen zu genügen und die ungeliebten Verwandten zu küssen.

Das Überich eines Menschen enthält oft eine Vielzahl von Verboten und Vorschriften, die ihm in der Kindheit von anderen aufgezwungen wurden und die er dann ungeprüft übernehmen mußte. Solche Inhalte des Überichs werden auch als Introjekte bezeichnet. Der Vorgang, durch den sie aufgenommen werden, heißt Introjektion. Charakteristisch für diesen Vorgang ist, daß das betroffene Kind hierbei auf Grund der traumatischen äußeren Umstände praktisch keine andere Wahl hat, als die Introjekte in sich zu übernehmen: Es hat nicht die Möglichkeit zu überprüfen, ob es die entsprechenden Vorschriften und Verbote für sein Leben als sinnvoll akzeptieren kann oder nicht. Außerdem ist es ihm untersagt, diejenigen Vorschriften und Verbote zurückzuweisen, die es nicht übernehmen will.

Auf die gleiche Art werden Kindern oft auch Bewertungen aufgezwungen, die sich auf ihr eigenes Verhalten oder Erleben beziehen: Hier wird dem Kind zwar nicht direkt etwas verboten oder vorgeschrieben, aber es werden doch bestimmte seiner Gefühle und Verhaltensweisen als gut bewertet und andere als schlecht. So wird einem kleinen Jungen von seinen Eltern vielleicht nicht gerade verboten zu weinen, aber sie vermitteln ihm doch, daß sie Weinen als schlecht bewerten, während er selbst in seiner eigenen Erfahrung sein Weinen mitunter durchaus als eine Erleichterung und damit als angenehm erlebt, so insbesondere dann, wenn er traurig ist oder starke Schmerzen hat. Je mehr sich nun ein Kind in traumatischer Weise als ungeliebt erfährt, desto stärker fühlt es sich gezwungen, solche Bewertungen von den eigenen Eltern ebenfalls als ungeprüfte Introjekte in sein Überich aufzunehmen. Dadurch bekommen diese Bewertungen für den Betroffenen die gleiche Gültigkeit, als würden sie aus seinen eigenen Erfahrungen stammen.

Alle Introjekte führen zu Verzerrungen in der natürlichen Bedürfnisregulation. Sie schreiben dem Organismus jeweils ein Verhalten vor, das im Widerspruch zu dem Verhalten steht, welches aus seiner natürlichen Bedürfnisregulation resultieren würde. Der betroffene Mensch verhält sich dann auf eine Art, die nicht mehr seinen ursprünglichen Bedürfnissen entspricht, sondern statt dessen irgendwelchen innerlich wirksamen Anweisungen, Verboten oder Bewertungen, die er in seiner Kindheit ungeprüft übernommen hat und die in der gegenwärtigen Situation eventuell völlig unpassend sind.

Traumatische Kindheitserfahrungen verzerren aber auch noch auf andere Arten die natürliche Bedürfnisregulation: So haben Kindheitstraumata oftmals die Entstehung von neuen Bedürfnissen zur Folge, die letztendlich nicht erfüllt werden können. Dies sind stets Ersatzbedürfnisse. Sie lassen sich immer nur scheinbar befriedigen, denn sie stehen in Wirklichkeit für ganz andere Bedürfnisse, die verdrängt werden mußten. Bei jenen verdrängten Bedürfnissen handelt es sich für gewöhnlich um die eigentlichen Grundbedürfnisse des betroffenen Menschen. Diese aber bleiben auch dann unbefriedigt, wenn der Mensch das erreicht, was er durch seine Ersatzbedürfnisse anstrebt. So entsteht in den Betroffenem leicht eine unstillbare Gier nach Essen, Sex, Besitz, Reichtum, Macht, Bewunderung oder Ruhm. Diese Gier wird dann zum Inhalt seiner Ersatzbedürfnisse. Dadurch, daß sie so unersättlich sind, drängen sich jene Bedürfnisse immer wieder in den Vordergrund der eigenen Aufmerksamkeit. Dabei drängen sie andere Bedürfnisse in den Hintergrund, die mit ihnen unvereinbar sind. Auf diese Weise verzerren sie die natürliche Bedürfnisregulation des betreffenden Menschen. So kann es zum Beispiel dazu kommen, daß jemand sein Grundbedürfnis, anderen zu helfen, nicht mehr verspürt, weil es mit seiner unersättlichen Gier nach Macht unvereinbar ist. Außerdem können aus einer solchen Gier heraus auch neue Sekundärbedürfnisse entstehen. So mag aus ihr beispielsweise das Bedürfnis erwachsen, Aggression als ein Mittel zum Zweck einzusetzen, um das zu erlangen, wonach das eigene Herz begehrt. Im Extremfall kommt es hier sogar zu einer regelrechten psychischen Besessenheit. Eine solche Besessenheit liegt immer dann vor, wenn der Ich-Komplex in einem hohen Ausmaß von einer einzigen bewußten Teilpersönlichkeit dominiert wird, die beispielsweise eine starke Gier nach Macht, Geld oder Sex verkörpert. Diese Teilpersönlichkeit bestimmt dann fast das gesamte Denken, Fühlen und Handeln des betreffenden Menschen.

Eng verbunden mit der Entstehung von Ersatzbedürfnissen ist der Mechanismus der Neuinszenierung. Bei diesem Abwehrmechanismus neigen die Betroffenen unbewußt dazu, eigene traumatische Kindheitserlebnisse in ihrem späteren Leben ständig zu wiederholen, statt den damit verbundenen Schmerz wirklich zu durchleben. Die Neuinszenierung führt dabei stets zu einer mehr oder weniger ausgeprägten Verzerrung der natürlichen Bedürfnisregulation. Die Art dieser Verzerrung hängt hier besonders davon ab, ob der Betroffene seine Traumata aus der gleichen Rolle heraus inszeniert, die er auch damals innehatte, oder aus der umgekehrten Rolle: Wenn jemand beispielsweise als Kind von seinen Eltern immer wieder brutal behandelt wurde, dann wird er als Erwachsener entweder des öfteren Situationen inszenieren, in denen er ebenfalls von anderen in irgendeiner Form Brutalität erfährt, oder aber er neigt jetzt seinerseits dazu, Schwächeren gegenüber brutal zu sein. Im ersten Fall handelt er unbewußt seinem Bedürfnis nach eigener Unversehrtheit zuwider und im zweiten Fall seinem verdrängten Bedürfnis danach, anderen Menschen zu helfen und ihnen beizustehen.

Die Trotzmacht des Geistes

Die natürliche Bedürfnisregulation kann jedoch nicht nur durch traumatische Kindheitserfahrungen verzerrt werden, sondern sie läßt sich auch durch bewußte Entscheidungen beeinflussen, die wir aus unserem Geist heraus treffen. Kraft solcher Entscheidungen können wir absichtlich der natürlichen Bedürfnisregulation trotzen und ihr zuwiderhandeln. In ihnen drückt sich das aus, was der Psychotherapeut V. E. Frankl als Trotzmacht des Geistes bezeichnet hat. Diese geistige Trotzmacht besteht in der inneren Freiheit, die der Mensch gegenüber den Kräften hat, die aus seinem Körper, seiner Seele und seiner Umwelt heraus auf seinen Ich-Komplex einwirken. In seinem Geist fühlt sich der Mensch einzig den Werten und Zielen verpflichtet, die er selbst frei gewählt hat. Aus diesen Werten und Zielen heraus kann ein Mensch beispielsweise beschließen, für mehrere Wochen zu fasten. So ist es ihm unter Umständen möglich, tatsächlich seinem körperlichen Grundbedürfnis nach Nahrung zu trotzen. Vielleicht entscheidet er sich auch dafür, bestimmte gesellschaftliche Erwartungen zu ignorieren und damit zugleich seinem eigenen Bedürfnis nach gesellschaftlicher Anerkennung zuwiderzuhandeln. Wenn sein Geist stark genug ist, dann vermag er sogar von einem Augenblick zum anderen mit dem Rauchen aufzuhören und damit diesem Ersatzbedürfnis zu trotzen.

Die Trotzmacht des Geistes ist allerdings nicht unbegrenzt: Niemand kann viele Monate lang fasten, und die meisten Menschen, die das Rauchen plötzlich aufgegeben haben, mußten im nachhinein feststellen, daß sie daraufhin ein anderes Ersatzbedürfnis entwickelt haben, etwa dasjenige, vermehrt Süßigkeiten zu essen. Dennoch stellt die Trotzmacht des Geistes eine wichtige Fähigkeit dar, durch die der Mensch bewußt und absichtlich in seine eigene Bedürfnisregulation eingreifen kann. Er ist auf diese Weise nicht einfach nur das Objekt von Regulationsprozessen, die ohne seinen Willen in ihm ablaufen, sondern er vermag auch selbst als Subjekt den Ablauf dieser Prozesse mitzubestimmen.

Die Trotzmacht des Geistes ist letztendlich ein Ausdruck des menschlichen Willens. Wie der Psychotherapeut R. Assagioli hervorgehoben hat, kann die

Qualität dieses Willens jedoch sehr unterschiedlich sein: Manche Menschen haben einen starken Willen und andere nur einen schwachen. Außerdem haben manche Menschen einen geschickteren Willen als andere: Dadurch brauchen sie sehr viel weniger in die natürliche Bedürfnisregulation einzugreifen, um ihre Absichten zu verwirklichen. Wenn jemand beispielsweise durch einen Willensentschluß mit dem Rauchen aufhören will, dann kann es unter Umständen sehr geschickt sein, wenn er sich wenigstens für eine gewisse Zeit ganz bewußt die Befriedigung eines anderen Ersatzbedürfnisses zugesteht. Menschen mit einem ungeschickten Willen hingegen verfolgen einfach den offensichtlichsten Weg, um ihr Ziel zu erreichen. Sie müssen dabei dann jedoch vielleicht in einem unnötig großen Ausmaß gegen ihre eigenen Bedürfnisse vorgehen. Schließlich kann der Wille, in dem sich die geistige Trotzmacht ausdrückt, auch einen unterschiedlichen Grad an Souveränität besitzen. Ein wirklich souveräner Wille fühlt sich tatsächlich nur denjenigen Werten und Zielen verpflichtet, für die sich die betreffende Person bewußt und frei entschieden hat. Aber bei den meisten Menschen hat ihr Wille nicht einen solchen Grad an Souveränität, sondern er ist in einem mehr oder weniger hohen Ausmaß korrumpiert durch unbewußte Ersatzbedürfnisse und Introjekte. Die Betroffenen haben dann in vielen Situationen zwar den Eindruck, daß sie ihrem eigenen freien Willen Ausdruck verleihen, doch in Wirklichkeit sind sie dabei nur Sklaven ihrer unbewußten Ersatzbedürfnisse und verbleiben so letztendlich weiterhin im inneren Gefängnis ihrer introjizierten Werte und Normen.

Zusammenfassung

Grundbedürfnisse sind alle diejenigen Verlangen, die zur Natur des Menschen gehören. Sie lassen sich aufteilen in die körperlichen, die gefühlsmäßigen und die intellektuellen Grundbedürfnisse. Zu den körperlichen Grundbedürfnissen gehören im wesentlichen:

- die Bedürfnisse nach Atemluft, Flüssigkeit und Nahrung,
- das Verlangen nach körperlicher Unversehrtheit,
- das Streben danach, lustvolle Empfindungen zu verspüren und schmerzhafte zu vermeiden,
- das Bedürfnis, alle Empfindungen, die im eigenen Organismus auftreten, auch zu erleben – und zwar unabhängig davon, ob sie nun lustvoll sind, unangenehm oder gar schmerzhaft,
- das Verlangen danach, sich in der Kindheit gemäß dem eigenen Rhythmus entwickeln zu dürfen,
- das Bedürfnis nach Erholung und Schlaf,
- das Streben nach körperlicher Aktivität,
- das Verlangen nach Erregung über die Sinnesorgane,
- das Bedürfnis nach zärtlichem Körperkontakt mit anderen vertrauten Menschen, und

- der Fortpflanzungstrieb sowie das Verlangen danach, sexuelle Lust zu erleben.

Die gefühlsmäßigen Grundbedürfnisse ergeben sich daraus, daß der Mensch sowohl ein fühlendes als auch ein soziales Wesen ist. Zu diesen Bedürfnissen gehören hauptsächlich:

- das Verlangen nach Anerkennung, Liebe und Geborgenheit,
- das Streben danach, einen positiven Selbstwert-Komplex zu entwickeln und aufrechtzuerhalten,
- das Verlangen nach mitmenschlicher Verbundenheit und nach Vertrautheit mit anderen Menschen,
- das Bedürfnis nach Alleinsein,
- das Verlangen, auch selbst andere Menschen zu lieben,
- das Bestreben, angenehme Gefühle zu erfahren und schmerzliche zu vermeiden,
- das Bedürfnis, alle Gefühle, die im eigenen Organismus auftreten, auch wirklich zu erleben,
- das Verlangen nach Ausdruck der eigenen Gefühle,
- das Bedürfnis nach gefühlsmäßiger Unversehrtheit,
- das Verlangen nach seelischer Heilung,
- das Bedürfnis zu spielen und
- das Verlangen nach gefühlsmäßiger Eigenständigkeit.

Die intellektuellen Grundbedürfnisse haben ihre Wurzel darin, daß der Mensch mit Verstand und Phantasie ausgestattet ist. Zu diesen Bedürfnissen gehören insbesondere:

- das Verlangen nach verstandesmäßiger Orientierung in der Welt sowie nach Informationen über die Außenwelt,
- das Bedürfnis danach, in den eigenen Lebensumständen Gesetzmäßigkeiten zu entdecken, die es ermöglichen, zukünftige Entwicklungen im voraus einzuschätzen,
- das Verlangen nach einem möglichst realistischen Selbstbild,
- das Bestreben, sich in der Bewältigung von schwierigen Aufgaben als kompetent zu erweisen,
- das Bedürfnis nach neuartigen Situationen,
- das Verlangen nach intellektueller Selbstbestimmung und nach einer freien Meinungsäußerung,
- das Bedürfnis, etwas zu schaffen, zu verändern, aufzubauen oder neu zu erfinden, und
- das Verlangen nach Zielen für das eigene Leben sowie danach, einen Sinn im Leben zu entdecken.

Obwohl es sich bei den Grundbedürfnissen um die primären Verlangen des Menschen handelt, sind sie doch keineswegs alle egoistisch. So hat jeder Mensch immer auch soziale Grundbedürfnisse.

Während die Grundbedürfnisse dem Menschen angeboren sind, handelt es sich bei den Sekundärbedürfnissen um solche, die erlernt werden. Beispiele hierfür sind etwa das Verlangen, ein Auto zu besitzen, oder der Wunsch, in der Firma eine leitende Position einzunehmen. Die Wege, auf denen solche Bedürfnisse entstehen, sind vielfältig: Es handelt sich hierbei im Grunde genommen um die verschiedenen Arten des Lernens. Diese führen jedoch nicht immer gleich zur Entstehung von Sekundärbedürfnissen, sondern oft auch nur zu einfachen Verhaltensänderungen oder zu neuen Ideen.

Eine Art des Lernens ist diejenige durch Einsicht: Hier sind es gedankliche Erkenntnisse, die mitunter dazu führen, daß ein Mensch neue Bedürfnisse entwickelt – wie etwa das Verlangen danach, Geld zu verdienen. Andere Arten des Lernens kommen auch ohne gedankliche Prozesse aus, so etwa die klassische und die instrumentelle Konditionierung. Die klassische Konditionierung besteht darin, daß es hier zu einer Verkoppelung kommt zwischen einem an und für sich neutralen Reiz und einer angeborenen Reaktion: Durch diese Verkoppelung wird der vormals neutrale Reiz zu einem konditionierten Auslöser für jene Reaktion. Instrumentelle Konditionierungen ergeben sich aus den Folgen, die ein Verhalten für den betreffenden Menschen hat: Wenn diese Folgen angenehm sind, dann wirken sie als Verstärker und führen dazu, daß er das entsprechende Verhalten zukünftig in der gleichen Art von Situationen häufiger zeigen wird; sind die Folgen hingegen unangenehm, dann resultiert daraus oftmals eine Verringerung in der Auftretenswahrscheinlichkeit des entsprechenden Verhaltens.

Eine andere Art des Lernens ist diejenige durch Beobachtung. Hier findet Lernen in der Weise statt, daß ein Mensch das Verhalten einer anderen Person erst beobachtet und dann nachahmt. Er identifiziert sich dabei mit der Person, die er beobachtet, und übernimmt dadurch deren Verhalten in sein eigenes Verhaltensrepertoire. So mag er beispielsweise das Sekundärbedürfnis entwickeln, sich in einer ähnlichen Weise zu kleiden wie die beobachtete Person oder ein genauso elegantes Auto zu besitzen.

Eine besondere Art von Sekundärbedürfnissen sind die Ersatzbedürfnisse. Sie entstehen entweder direkt oder aber indirekt aus traumatischen Kindheitserfahrungen. So ist es zum Beispiel für jedes Kind traumatisch, wenn es von seinen Eltern nicht geliebt wird. Viele der Betroffenen entwickeln nun aus solchen traumatischen Erfahrungen heraus später Ersatzbedürfnisse, wie beispielsweise ein Verlangen danach, schwer zu arbeiten, sportlich immer fit zu sein oder stets attraktiv auszusehen. Hier wird das ursprüngliche Bedürfnis nach elterlicher Liebe verdrängt und dann durch ein solches Verlangen ersetzt. Hinter diesem Verlangen steht dabei jeweils die unbewußte Hoffnung, auf jene Art doch noch irgendwann einmal die Liebe der Eltern zu bekommen.

Andere Ersatzbedürfnisse haben hauptsächlich den Zweck, innere Spannungen abzuführen – wobei die Ursache jener Spannungen wiederum letztendlich in traumatischen Kindheitserfahrungen liegt: Entsprechende spannungslindernde Ersatzbedürfnisse bestehen etwa darin, eine Zigarette nach der anderen zu rauchen oder ständig in der eigenen Wohnung putzen zu müssen. Auch Wutausbrüche und sexuelle Verhaltensweisen dienen nicht selten hauptsächlich zur Abfuhr von inneren Spannungen.

Die größte Schwierigkeit besteht bei den Ersatzbedürfnissen darin, daß sie niemals tatsächlich zu einer Befriedigung führen – denn jedes dieser Bedürfnisse ist in Wirklichkeit nur ein Ersatz für ein verdrängtes unbefriedigtes Grundbedürfnis: Wie sehr ein Mensch auch immer das bekommt oder verwirklicht, was er aus einem Ersatzbedürfnis heraus will, das verdrängte Grundbedürfnis in ihm bleibt trotzdem weiterhin unbefriedigt.

Ein spezieller Mechanismus, durch den Ersatzbedürfnisse entstehen, ist die Neuinszenierung. Diese ist ein Abwehrmechanismus ähnlich der Verdrängung. Bei der Neuinszenierung wiederholt der Betroffene in seinem gegenwärtigen Leben eigene traumatische Kindheitserfahrungen, in denen er etwa gekränkt, sexuell mißhandelt oder geschlagen wurde. Er setzt solche Erfahrungen immer wieder neu in Szene und ruft auf diese Weise in sich selbst Emotionen hervor, die denjenigen ähnlich sind, welche er damals verdrängen mußte. Wenn jemand beispielsweise als Kind sehr einsam war, dann ist es ihm meistens auch im Erwachsenenalter nicht möglich, sich einfach einen Menschen zu suchen, bei dem er Geborgenheit erleben kann. Statt dessen steht der Betroffene unter dem unbewußten Drang, seine traumatische Kindheitserfahrung von Einsamkeit immer wieder dadurch zu inszenieren, daß er Situationen herstellt, in denen er sich erneut einsam fühlt. Er entwickelt hier also aus seinem Kindheitstrauma heraus über den Mechanismus der Neuinszenierung ein unbewußtes Ersatzbedürfnis nach Einsamkeit – und er arrangiert außerdem seine Lebensumstände unbewußt immer wieder entsprechend diesem Ersatzbedürfnis. Das Gefühl der Einsamkeit, das er dann durch seine Neuinszenierungen erlebt, ist dabei stets ein Ersatzgefühl. Andere Neuinszenierungen führen zu anderen Ersatzgefühlen, so etwa zu einem der Eifersucht, der Niedergeschlagenheit oder auch der Überlegenheit.

Eine besondere Form der Neuinszenierung sind die manipulativen Spiele: Auch hier werden eigene traumatische Kindheitserfahrungen im Erwachsenenleben mit anderen Personen unbewußt immer wieder neu in Szene gesetzt, um auf diese Weise wiederholt altvertraute Ersatzgefühle erleben zu können. Manipulative Spiele verlaufen dabei jeweils nach unbewußten Regeln und enthalten stets einen überraschenden Rollenwechsel zwischen den Beteiligten.

Die Befriedigung der Grundbedürfnisse und der Sekundärbedürfnisse wird durch die natürliche Bedürfnisregulation gesteuert. Hierbei handelt es sich um eine Funktionsweise des menschlichen Organismus, die dazu führt, daß der Mensch immer dasjenige Bedürfnis als am dringlichsten verspürt, welches für sein Überleben oder für sein Wohlbefinden gerade am wichtigsten ist. Der Bedürfnisregulation liegt dabei eine innere Hierarchie der Bedürfnisse zugrunde.

Es gibt jedoch zwei Arten von Faktoren, durch die der natürliche Ablauf der Bedürfnisregulation verzerrt oder unterbunden werden kann. Bei der ersten Art handelt es sich um die vielfältigen Verzerrungen, die aus traumatischen Kindheitserfahrungen resultieren – und die zweite Art besteht in bewußten Entscheidungen, durch die wir absichtlich unserer natürlichen Bedürfnisregulation zuwiderhandeln können.

Traumatische Kindheitserfahrungen haben oft zur Folge, daß die von ihnen betroffenen Grundbedürfnisse teilweise oder vollständig verdrängt werden. Außerdem führen solche Erfahrungen häufig auch zur Entstehung von neuen Verlangen, den Ersatzbedürfnissen. Im ersten Fall werden die verdrängten Grundbedürfnisse einfach aus der natürlichen Bedürfnisregulation ausgeschlossen, und im zweiten Fall werden statt dessen außerdem auch noch Ersatzbedürfnisse mit in die Bedürfnisregulation aufgenommen. So ergeben sich jeweils mehr oder weniger starke Verzerrungen in der natürlichen Regulation der Bedürfnisse.

Die natürliche Bedürfnisregulation läßt sich aber auch durch bewußte Entscheidungen beeinflussen, die wir aus unserem Geist heraus treffen. Kraft solcher Entscheidungen können wir absichtlich der natürlichen Bedürfnisregulation trotzen – beispielsweise indem wir beschließen, für mehrere Wochen zu fasten und so dem eigenen Grundbedürfnis nach Nahrung eine Zeit lang zuwiderzuhandeln.

4 Entwicklung

Dieses Kapitel befaßt sich mit der seelischen Entwicklung des Kindes und des Jugendlichen. Bei jener Entwicklung handelt es sich um einen Prozeß, der eine Vielzahl von einzelnen Entwicklungsaufgaben umfaßt. Solche Aufgaben bestehen zum Beispiel für das kleine Kind darin, laufen und sprechen zu lernen, und für den Jugendlichen darin, sich von den Eltern zu lösen und seinen eigenen Platz in der Gesellschaft zu finden. Ein Teil der Entwicklungsaufgaben ergibt sich aus einem inneren Reifungsgeschehen heraus, ein anderer wird dem Menschen von seiner sozialen Umwelt auferlegt.

In der Entwicklung des Menschen wirken dabei von Anfang an drei, später sogar vier Faktoren zusammen: die ererbte Anlage, die äußeren Umwelteinflüsse, die unwillkürliche Selbstregulation und die eigenen Entscheidungen. Die Erbanlage eines Menschen, mit der er zur Welt kommt, treibt von innen her seine Entwicklung voran und gibt deren Möglichkeiten und Grenzen vor. Diejenigen Entwicklungsprozesse, die hauptsächlich von ihr gesteuert werden, machen das innere Reifungsgeschehen des Menschen aus. Der zweite Faktor besteht aus den Umwelteinflüssen, welche von außen auf die Entwicklung des Menschen einwirken. Entwicklungsprozesse, die durch diesen Faktor bestimmt werden, können auch als Lernprozesse bezeichnet werden. In der Entwicklung des Menschen sind Reifung und Lernen meistens sehr eng miteinander verknüpft. Bei dem dritten Faktor handelt es sich um die unwillkürliche Selbstregulation des Organismus: Jeder lebende Organismus ist von sich aus dazu in der Lage, sich selbst zu regulieren. Er läßt sich nicht einfach von Vererbung und Umwelt bestimmen, sondern verarbeitet diese Einflüsse jeweils auf seine eigene Weise. Damit ist die unwillkürliche Selbstregulation ein weiterer Faktor, der ebenfalls mit darüber entscheidet, wie der jeweilige Mensch reift und was er lernt. Je älter ein Mensch wird, desto stärker wird darüber hinaus in seiner Entwicklung noch ein vierter Faktor wirksam: Dieser besteht aus den eigenen bewußten Entscheidungen, mit denen der Betreffende selbst willentlich den weiteren Verlauf seiner Entwicklung beeinflußt. So können wir beispielsweise mit zunehmendem Alter mehr und mehr auch selbst entscheiden, ob wir etwa eine bestimmte Begabung weiterentwickeln oder aber verkümmern lassen.

Eine wichtige Komponente der Entwicklung ist die Sozialisation. Hiermit ist jener vielschichtige Lernprozeß gemeint, durch den der Mensch zu einer Person wird, die in der Gesellschaft, in der sie lebt, auch handlungsfähig ist. Da es sich bei der Sozialisation um einen Lernprozeß handelt, verwirklicht sich in ihr hauptsächlich der zweite von den zuvor genannten vier Faktoren: Die Sozialisation findet also in erster Linie über Umwelteinflüsse statt, durch die der Einzelne im Sinne der Gesellschaft geprägt wird. Um in unserer Gesellschaft handlungsfähig sein zu können, muß ein Mensch beispielsweise lernen, Enttäuschungen hinzunehmen, Verträge zu verstehen und unberechtigte Forderungen von anderen zurückzuweisen.

Die gesellschaftliche Handlungsfähigkeit des Individuums ist dabei aber nur das eine Ziel der Sozialisation. Auf der anderen Seite geht es hier auch darum, daß der Mensch genau jene Eigenschaften, Bedürfnisse und Fähigkeiten erwirbt, die seine Gesellschaft braucht, um weiterhin in der bestehenden Weise funktionieren zu können. So wäre unsere Gesellschaft beispielsweise in ihrer Funktionsfähigkeit stark beeinträchtigt, wenn ein großer Teil ihrer erwachsenen Mitglieder nicht dazu in der Lage wäre, Kaufverträge oder Arbeitsverträge zu begreifen.

Die Sozialisation beginnt bereits in den ersten Lebensjahren und erstreckt sich im Grunde genommen bis in das hohe Alter. Es lassen sich hier im wesentlichen drei Arten von Inhalten unterscheiden, die durch diesen Prozeß gelernt werden, und zwar Fertigkeiten, Werte und Rollen. Zu den Fertigkeiten gehören hier beispielsweise das Lesen, Schreiben und Rechnen. Darüber hinaus werden dem Menschen durch seine Sozialisation auch die moralischen Werte vermittelt, die in der Gesellschaft gültig sind, in der er lebt. Und schließlich lernt er im Verlauf seiner Sozialisation eine Vielzahl von sozialen Rollen. Hierbei handelt es sich jeweils um bestimmte Verhaltensmuster, die von ihm erwartet werden, entweder weil er in der Gesellschaft eine bestimmte Position einnimmt, oder aber weil er selbst bestimmte Attribute aufweist. So wird beispielsweise von einem Vorgesetzten ein anderes Verhalten erwartet als von einem Untergebenen: Der Vorgesetzte muß Anweisungen erteilen, und der Untergebene hat diese zu befolgen. Darüber hinaus gibt es für jeden Beruf auch noch spezielle Rollenvorschriften. So darf ein Arzt beispielsweise seine Patienten im Rahmen einer medizinischen Untersuchung am ganzen Körper berühren, während es einem Rechtsanwalt lediglich erlaubt ist, seinen Klienten die Hand zu geben. Rollen existieren aber nicht nur für die verschiedenen Berufe, sondern auch in bezug auf solche persönlichen Attribute wie beispielsweise das Geschlecht. Hier wird in unserer Gesellschaft von Mädchen und Frauen immer noch erwartet, daß sie sich adrett kleiden, eher nachgiebig sind und emotionale Wärme ausstrahlen. Die Geschlechtsrolle der Jungen und Männer hingegen besteht darin, möglichst nicht auf Hilfe angewiesen zu sein, die eigenen Gefühle zu kontrollieren und sich gegenüber anderen durchzusetzen. Außerdem gibt es auch noch Rollenerwartungen, die sich auf alle erwachsenen Mitglieder einer Gesellschaft beziehen: So wird beispielsweise in unserer Gesellschaft von jedem Jugendlichen und von jedem Erwachsenen erwartet, daß er möglichst viele Waren und Dienstleistungen konsumiert – und daß er am besten auch noch Kredite aufnimmt, um noch mehr Waren und Dienstleistungen konsumieren zu können.

Auf die Welt kommen

Die Entwicklung des Kindes beginnt schon in der Zeit vor der Geburt: Bereits während der Schwangerschaft entwickeln sich die einzelnen Sinnesfunktionen und die Bewegungsfunktion. Die Fähigkeit des noch ungeborenen Kindes, Empfindungen zu erleben, bildet sich hier nach und nach zu einer differenzierten Empfindungsseele aus. Daraufhin bringt die Geburt selbst weitreichende und unwiderrufliche Veränderungen im Leben des Kindes mit sich: Sie führt dazu, daß es körperlich ein selbständiges Einzelwesen wird.

Die neun Monate der Schwangerschaft

Jeder Mensch beginnt sein Leben als befruchtete Eizelle. Er ist am Anfang nur eine winzig kleine Kugel von etwas mehr als einen zehntel Millimeter Durchmesser. In dieser lebenden Kugel sind Sinnesfunktion und Bewegungsfunktion noch ungetrennt: Alles Leben hat die Fähigkeit, Empfindungen zu spüren und auf Reize zu reagieren. Diese Fähigkeit wird ganz am Anfang der menschlichen Entwicklung von nur einer einzigen Funktion realisiert, die in der organischen Struktur der Eizelle verankert ist. Doch die befruchtete Eizelle enthält zugleich auch unzählige Informationen, die es ihr ermöglichen, sich als menschlicher Organismus zu entwickeln und auszudifferenzieren.

Zunächst jedoch teilt sich die befruchtete Eizelle in zwei genau gleiche Zellen, die sich wiederum in identische Zellen dividieren. Dieser Teilungsprozeß setzt sich eine Zeit lang immer weiter fort. Dadurch entsteht aus der befruchteten Eizelle ein Zellgebilde, das nun immer größer wird. Nach ungefähr zehn Tagen nistet sich dieses Zellgebilde in den Schleimhäuten der Gebärmutter ein. Etwa zu dieser Zeit beginnt es auch damit, sich auszudifferenzieren und einen menschlichen Körper zu bilden: Schon in der dritten Woche der Schwangerschaft formen sich Herz und Gehirn, und gegen Ende des zweiten Monats sind bereits alle inneren Organe vorhanden, sowie auch Arme und Beine. Auf diese Weise wächst das Zellgebilde sehr schnell zu einem Embryo heran, an dem sich schon bald Kopf, Rumpf und Glieder unterscheiden lassen.

Spätestens gegen Ende des zweiten Schwangerschaftsmonats beginnt der Embryo damit, spontan seinen Kopf und seine Glieder zu bewegen. Mit diesen Bewegungen unterstützt er die gesunde Entwicklung seiner Knochen, Sehnen und Muskeln. Außerdem entwickelt sich die Haut in jener Zeit mehr und mehr zu einem differenzierten Sinnesorgan, mit dem der Embryo jetzt immer deutlicher Berührungen und Druck wahrnehmen kann.

Am Ende des dritten Schwangerschaftsmonats hat sich das ungeborene Kind bereits zu einem funktionsfähigen Organismus entwickelt: Die inneren Organe wie Herz, Leber und Nieren haben zu arbeiten begonnen. Augen und Ohren sind bereits vorhanden. Das Kind schwebt relativ schwerelos im warmen Fruchtwasser der Gebärmutter und wird durch die Nabelschnur in der Regel gut versorgt. Unter günstigen Bedingungen verspürt es hauptsächlich angenehme und lustvolle Empfindungen. Es erlebt sich als geborgen und als eins mit sich selbst und seiner Umwelt. Diese Empfindungen während der Schwangerschaft bilden die Basis für das Urvertrauen des Menschen. Sie spiegeln sich wider im Symbol des Paradieses, bei dem es sich um ein archetypisches Motiv für unser Erleben in jener Zeit handelt.

Doch nicht immer sind die Empfindungen des Babys nur angenehm: Manchmal treten während der Schwangerschaft auch unangenehme und schmerzliche Empfindungen auf.

Ab dem vierten Schwangerschaftsmonat beginnt das Ungeborene Geräusche wahrzunehmen. Als erstes hört es solche Geräusche, die aus dem Körper seiner Mutter stammen. Die vorherrschenden Töne sind hierbei ihr Herzschlag und ihre Darmgeräusche. Einige Wochen später beginnt das Ungeborene auch damit, laute Geräusche von außerhalb des Mutterleibes wahrzunehmen und auf diese zu reagieren. Die sanften Klänge der Musik von Mozart beispielsweise haben hier meistens einen beruhigenden Einfluß auf das Ungeborene: Sein Herzschlag wird durch eine solche Musik regelmäßiger und seine Bewegungen langsamer. Bei Rockmusik hingegen strampelt es hektisch, und beim Ertönen einer Autohupe zuckt es zusammen.

Im fünften Monat zeigt das Ungeborene bereits ein ausgeprägtes Bewegungsverhalten: Es turnt in der Gebärmutter herum, lutscht an seinem Daumen oder an den Zehen und spielt mit seiner Nabelschnur. Außerdem schluckt es hin und wieder Fruchtwasser und verspürt dabei auch Geschmacksempfindungen.

Am Ende des sechsten Schwangerschaftsmonats hat das ungeborene Kind schon eine differenzierte Empfindungsseele: Es nimmt über den Berührungssinn, die Ohren und über den Geschmackssinn verschiedene Arten von Sinnesempfindungen wahr, erlebt in seinem Körper Lust und Unlust, reagiert auch bereits auf all diese Empfindungen und speichert sie sogar schon ab. Auf diese Weise bildet sich das Gedächtnis, während zugleich in ihm die ersten Erfahrungskomplexe entstehen. Außerdem werden jetzt auch schon Archetypen im Inneren des Kindes wirksam, um seine Erfahrungen zu organisieren. Von Bedeutung sind hier in dieser Zeit hauptsächlich die Archetypen von Gut und Böse: Alle angenehmen und lustvollen Erfahrungen organisieren sich um den Archetypus des Guten, während alle Erinnerungen an unangenehme und schmerzliche Erfahrungen um den Archetypus des Bösen herum gespeichert werden. Die Gehirntätigkeit selbst wird in der Zeit vor der Geburt insgesamt gesehen vom Körperhirn dominiert.

Es besteht am Ende des sechsten Schwangerschaftsmonats auch bereits eine regelrechte Kommunikation zwischen Mutter und Kind: Das Gefühlsleben der Mutter teilt sich dem Ungeborenen über die Hormone mit, die durch ihr Blut über die Nabelschnur in seinen Blutkreislauf gelangen. Diese Hormone lösen in seinem Organismus entsprechende Empfindungen aus. Dadurch erlebt das Kind die Gefühle seiner Mutter in Form von Empfindungen mit. Außerdem hört es auch den Herzschlag seiner Mutter. Dieser wirkt manchmal beruhigend auf das Ungeborene, manchmal aber auch beängstigend. Doch wenn die Mutter ihren Bauch streichelt, dann ist dies stets eine liebevolle Mitteilung an das Kind in ihr, die von diesem jetzt auch wahrgenommen wird. Die Befindlichkeit des Kindes teilt sich der Mutter auf ähnlichen Wegen mit, wird von dieser aber meistens nur unbewußt wahrgenommen. So spürt die schwangere Mutter zumindest unbewußt, ob sich das Kind in ihr beispielsweise ruhig verhält oder unruhig hin und her bewegt. Manchmal verarbeitet sie etwas von solchen Mitteilungen auch in ihren Träumen. Insbesondere stärkere

Bewegungen, die das Kind in ihrem Leib ausführt, nimmt sie aber auch bewußt wahr.

Im siebten Schwangerschaftsmonat beginnt das visuelle Wahrnehmungssystem des Kindes zu funktionieren. Wenn es auch in der Gebärmutter relativ dunkel ist, so läßt doch die Bauchwand der Mutter wenigstens ein bißchen Licht hindurch. Dadurch können insbesondere starke Helligkeitsschwankungen in der Außenwelt bis zum Baby vordringen und werden von ihm ab dem siebten Monat auch mit den Augen wahrgenommen: Das Ungeborene bemerkt es von nun an, wenn sich seine Mutter sonnt, und es erschrickt, wenn plötzlich ein starkes Blitzlicht vor dem Mutterleib aufleuchtet. Spätestens in dieser Zeit bildet das Baby auch einen Schlaf-Wach-Rhythmus aus, der sogar nach der Geburt noch weiter bestehen bleibt.

Im achten Monat läßt die Bewegungsaktivität des Kindes nach, während seine seelische Aktivität weiter zunimmt: Erfahrungen werden auf der Empfindungsebene verarbeitet, bereits bestehende Erfahrungs-Komplexe erweitern sich, und neue bilden sich aus. Das Gehirn setzt sich auf diese Weise ständig mit der Realität auseinander und entwickelt sich dadurch weiter, während sich zugleich das Seelenleben des Ungeborenen immer mehr ausdifferenziert. Körperlich wächst das Baby jetzt schneller, als sich die Gebärmutter ausdehnt. Dadurch wird es dem Ungeborenen nun langsam eng im Leib seiner Mutter.

Am Ende des neunten Schwangerschaftsmonats ist das Baby so weit entwickelt, daß es geboren werden kann. Sein Atemsystem ist fähig, Luft aufzunehmen, und sein Verdauungssystem ist in der Lage, flüssige Nahrung zu verarbeiten. Aus der befruchteten Eizelle ist im Verlauf der Schwangerschaft ein ausdifferenzierter Organismus entstanden, der aus etwa 200 Millionen Zellen besteht. Das Kind ist nun ungefähr einen halben Meter groß und wiegt etwa drei Kilogramm. Auf Grund seiner Größe ist es in der Gebärmutter inzwischen regelrecht eingeengt und kann sich dort kaum noch bewegen.

Die vier Phasen der Geburt

Durch die Geburt wandelt sich die Situation für das Kind vollständig. Abgesehen vom Tod ist sie dasjenige Ereignis im Leben eines Menschen, das die meisten Veränderungen mit sich bringt. Sie dauert oft nur mehrere Stunden und selten länger als einen Tag, aber sie versetzt das Kind in eine völlig andere Umwelt. Das Kind verläßt bei der Geburt den Bauch der Mutter. Hierfür bewegt es sich durch den Gebärmutterhals und die Scheide. Beide bilden zusammen einen röhrenförmigen Kanal, der sich von der Gebärmutter zum Scheidenausgang erstreckt. Indem das Kind sich mit Hilfe der Mutter durch diesen Geburtskanal bewegt, gelangt es auf die Welt. Wenn es einmal dort angekommen ist, wird es nie wieder von der Gebärmutter umhüllt, beschützt und versorgt werden. Es ist aus seinem vorgeburtlichen Paradies vertrieben worden. Dafür gewinnt es eine neue Bewegungsfreiheit, den Raum, um weiter zu wachsen, und die Möglichkeit, ein eigenes Leben zu verwirklichen.

Mit der Geburt verläßt das Kind die relative Dunkelheit des Mutterleibes und erblickt das Licht der Welt. Es ist nun nicht mehr vom warmen Fruchtwasser umgeben, sondern von zumeist kühler Luft. Auch die Geräusche sind jetzt nicht mehr durch den Mutterleib und das Fruchtwasser gedämpft, sondern dringen lauter und deutlicher an seine Ohren. Alsbald muß das Kind selber atmen und wird nicht mehr automatisch durch die Nabelschnur mit Nahrung versorgt. Der gesamte Stoffwechsel des Neugeborenen muß sich nun umstellen, und viele Lebensprozesse funktionieren jetzt anders oder nehmen überhaupt erst ihre Funktion auf. Nie wieder in unserem Leben vollziehen wir in so kurzer Zeit einen so großen Entwicklungsschritt wie während und direkt nach der Geburt.

Im einzelnen lassen sich bei der Geburt vier Phasen unterscheiden, und zwar die Einleitungsphase, die Eröffnungsphase, die Austreibungsphase und die Abschlußphase. In der Einleitungsphase verständigen sich das Ungeborene und seiner Mutter darüber, daß nun die Zeit für die Geburt gekommen ist. Diese Verständigung findet in Form einer chemischen Kommunikation statt. Wenn das Ungeborene bereit ist, geboren zu werden, sendet es bestimmte Hormone aus und teilt damit der Mutter diese Bereitschaft mit. Der Körper der Mutter schüttet nun ebenfalls bestimmte Hormone aus und leitet dadurch die Wehentätigkeit ein. Dieser Anfang der Geburt wird vom Baby als eine Art Sog erlebt, der es in den Geburtsprozeß hineinzieht.

Auf die Einleitungsphase folgt die Eröffnungsphase. Sie besteht darin, daß der Gebärmutterhals durch die Wehentätigkeit zunächst für die Geburt ausgerichtet und schließlich geöffnet wird. Wenn die Wehentätigkeit einmal begonnen hat, kann sie von der Mutter nicht mehr willentlich gestoppt oder unterbrochen werden. Der Gebärmuttermuskel ist jetzt tätig geworden; abwechselnd streckt er sich und zieht sich zusammen. Diese Kontraktionen bewirken zunächst, daß der Gebärmutterhals ausgerichtet wird. Zugleich schieben sie das Kind sanft vorwärts, dem Geburtskanal entgegen. Das Kind selbst ist diesem Geschehen zunächst passiv anheimgegeben. Die Wehentätigkeit nimmt allmählich zu, langsam genug, damit sich Mutter und Kind daran gewöhnen können, daß die Kontraktionen nun immer stärker und häufiger werden. Das Kind wird dabei von der Gebärmutter gegen den Gebärmutterhals gedrückt, der ja zunächst noch geschlossen ist. Durch den Druck, dem das Kind so ausgesetzt ist, wird sein Rückgrat aufgerichtet. Auf diese Weise wird das Kind insgesamt gesehen in jene Körperhaltung gebracht, die sich für den Eintritt in den Geburtskanal am besten eignet. Darüber hinaus wird es von den Kontraktionen am ganzen Körper massiert. Diese Massage stimuliert und aktiviert das Baby. Wenn der Gebärmutterhals ausgerichtet ist, wird er durch die Wehentätigkeit geöffnet. Schließlich ist er weit genug offen, so daß das Kind in ihn hineingelangen kann.

Die Austreibungsphase besteht darin, daß das Kind den Geburtskanal passiert. Obwohl seine Mutter weiterhin den Hauptteil der Geburtsarbeit leistet, bewegt sich das Kind nun auch selbst aktiv vorwärts. Die Wehentätigkeit der Mutter dauert an und unterstützt jetzt die Vorwärtsbewegung des Babys. Jede Kontraktion schiebt es ein Stück weiter durch den Geburtskanal und hilft ihm damit, jenen Kanal zu passieren. Auch in dieser Phase haben die Kontraktionen darüber hinaus die Funktion, das Baby zu massieren. Sie stimulieren dadurch in ihm jene Körpersysteme, die ihre Funktionsweise nach der Geburt vollständig umstellen müssen oder aber jetzt überhaupt erst zu funktionieren beginnen. Hierzu gehört beispielsweise das Atemsystem, das Verdauungssystem und das Nervensystem. Die Stimulationen selbst werden dabei vom Baby als lustvolle Erregung erlebt.

Die Abschlußphase der Geburt setzt ein, sobald das Kind den Geburtskanal verläßt: Sie umfaßt die Versorgung des Kindes in den ersten Stunden nach der Geburt. Wenn das Kind durch den Scheidenausgang hindurch die Außenwelt erreicht hat, ist es geboren. Alsbald atmet es zum ersten Mal, und früher oder später wird auch seine Nabelschnur durchtrennt. Damit wird es körperlich zu einem selbständigen Einzelwesen. Der Durchgang durch den Geburtskanal war für das Kind zwar lustvoll erregend, er stellte aber doch auch die erste anstrengende Tätigkeit in seinem Leben dar. So erlebt das Kind den erfolgreichen Abschluß der Geburt jetzt mit Erleichterung.

Die Erfahrungen während der einzelnen Geburtsphasen führen in der Seele des Kindes zur Entstehung von verschiedenen Komplexen, die der Psychotherapeut S. Grof als perinatale Matrizen bezeichnet hat. Diese Komplexe entstehen kurz vor, während und kurz nach der Geburt. Sie organisieren sich insbesondere um die archetypischen Themen von Anfang und Ende sowie von Passivität und Aktivität. Je nachdem, wie die Geburt des Kindes verläuft, haben die perinatalen Matrizen unterschiedliche Inhalte: Manche Kinder werden geboren, wenn sie selbst dazu bereit sind, während andere zu früh auf die Welt kommen. Viele Kinder gelangen durch einen Kaiserschnitt auf die Welt und erleben dadurch nichts oder nur sehr wenig von der aktivierenden Stimulation durch die Wehen. Oft hat die Mutter Verspannungen in der Gebärmutter-Muskulatur. Dadurch wird die Geburt zu einer eher schmerzhaften Erfahrung für das Kind. Manche Kinder müssen sich dabei regelrecht durch den Geburtskanal hindurchkämpfen. Entscheidend ist auch, wie das Kind empfangen wird: Viele Babys werden mit groben Griffen in Empfang genommen, von hellem Licht geblendet, sofort abgenabelt und schnell von ihrer Mutter getrennt. Andere Babys werden liebevoll empfangen, in einem abgedunkelten Raum, bleiben noch eine Weile angenabelt und dürfen erst einmal auf dem Leib ihrer Mutter liegen. So macht jeder Mensch bei seiner Geburt seine eigenen Erfahrungen, die sich in seinen perinatalen Matrizen niederschlagen.

Die perinatalen Matrizen nehmen aber nicht nur alle Erfahrungen in sich auf, die das Kind kurz vor, während und kurz nach seiner Geburt macht. Sondern sie werden dadurch auch zu Vorlagen, die einen wesentlichen Einfluß haben auf das zukünftige Erleben und Verhalten des jeweiligen Menschen: So bleibt bei einer guten Geburt im Neugeborenen ein Urvertrauen erhalten, das auch im weiteren Leben der betreffenden Person nicht mehr so leicht zerstört werden kann. Viele derjenigen Menschen hingegen, die sich durch den Geburtskanal regelrecht hindurchkämpfen mußten, richten sich auch ihr späteres Leben unbewußt immer wieder so ein, daß sie um alles kämpfen müssen. Wenn ein Mensch als Neugeborener sofort von seiner Mutter getrennt wird, dann erlebt er katastrophale Empfindungen des Alleinseins, die sich ihm tief einprägen. Je nachdem, wie er diese Empfindungen innerlich verarbeitet und welche Erfahrungen er im weiteren Verlauf seiner Kindheit macht, kann dies beispielsweise zur Folge haben, daß er im Erwachsenenleben starke Angst vor dem Alleinsein hat – er verspürt dann ständig einen inneren Drang danach, mit anderen Menschen zusammen sein zu müssen.

Ein Individuum werden

Die Geburt bringt eine sehr weitreichende und unwiderrufliche Veränderung im Leben des Kindes mit sich: Sie führt dazu, daß es körperlich ein selbständiges Einzelwesen wird. Die wichtigste Entwicklungsaufgabe der ersten drei Lebensjahre besteht nun für das Kind darin, sich jetzt auch seelisch nach und nach aus der ursprünglichen Bindung an die Mutter zu lösen und damit psychisch ebenfalls ein Individuum zu werden. Diese Entwicklung verläuft über eine größere Anzahl von Schritten. Sie enthält einerseits, daß sich das Kind zunehmend seiner Getrenntheit bewußt wird, und andererseits, daß es in seinem Inneren einzelne Selbst-Repräsentanzen ausbildet, die sich dann Schritt für Schritt zu einer übergeordneten Selbst-Repräsentanz verbinden. Damit verbinden sich zugleich auch die bewußten Teilpersönlichkeiten des Kindes zu einem einheitlichen, stabilen Ich-Komplex.

Das erste Lebensjahr

Mit der Geburt wird das Kind körperlich zu einem selbständigen Einzelwesen. Trotzdem bleibt es noch lange auf die Hilfe von anderen Menschen angewiesen. Außerdem ist es in der ersten Zeit nach der Geburt noch unfähig, wirklich zu unterscheiden zwischen sich selbst und dem, was außerhalb von ihm ist: Es erlebt sich noch nicht als ein abgegrenztes Individuum, das seiner sozialen, biologischen und physikalischen Umwelt gegenübersteht. Diese Unfähigkeit zur Differenzierung zwischen sich selbst und der Außenwelt prägt besonders die Beziehung des Neugeborenen zu seiner Mutter: Es erlebt sich in den ersten Monaten seines Lebens als eins mit ihr. Für das Neugeborene ist damit andersherum auch seine Mutter kein eigenständiges Wesen, sondern ein Teil seiner selbst.

Ein archetypisches Symbol für diese frühkindliche Erfahrung des Einsseins ist der Uroboros, die Schlange, die sich in den eigenen Schwanz beißt. Die Uroboros-Schlange bildet dadurch einen in sich geschlossenen Kreis und symbolisiert damit jenen undifferenzierten Zustand des kindlichen Erlebens, in dem es sich noch als eins mit seiner Umwelt erfährt.

Tatsächlich ist aber auch in dieser Lebensphase das Vorhandensein der Mutter oder einer anderen Bezugsperson unbedingt notwendig für das Überleben des Kindes. Wie jeder Mensch Luft zum Atmen braucht, benötigt das Kind in der ersten

Zeit seines Lebens fast genauso dringend einen vertrauten Menschen, der für es da ist und seine Bedürfnisse befriedigt: Es benötigt zärtlichen Körperkontakt und liebevolle Blicke. Es braucht die Milch der Mutter und auch die Sicherheit, daß sein Durst und sein Hunger gestillt werden. Es hat ein Bedürfnis danach, es warm und trocken zu haben, und es ist angewiesen auf jemanden, der seinen Körper pflegt. Es braucht die Sicherheit, daß sein Schreien gehört wird, und es benötigt jemanden, der es vor Gefahren schützt. Es braucht die Gewißheit, daß sein Kommen erwünscht war und daß es um seiner selbst willen geliebt wird. Es ist angewiesen auf jemanden, der es in seinem Erleben versteht, ernstnimmt und wertschätzt. Es braucht einen vertrauten Menschen, der einfühlsam spürt, wann und wie es beruhigt und besänftigt werden will.

Für die Befriedigung der kindlichen Bedürfnisse kann ein anderer Mensch die Mutter durchaus zumindest weitgehend ersetzen. Dennoch ist es für gewöhnlich in erster Linie die Mutter, an die das Kind sich nach der Geburt bindet. Das Bindungsverhalten des Kindes ist dabei zunächst ein instinktives, angeborenes Verhalten. Es äußert sich darin, daß das Kind von Geburt an aktiv die Nähe zur Mutter sucht, sowie auch den Kontakt mit ihr: Es schaut die Mutter an, greift nach ihr und will sie berühren, es sucht ihre Brust und will an dieser saugen, und es schreit nach seiner Mutter, wann immer es sie braucht.

In dem instinktiven Bindungsverhalten kommen angeborene Teilpersönlichkeiten des Kindes zum Ausdruck, die in seinem Bedürfnis nach Bindung verankert sind. Daneben gibt es im Kind aber auch noch weitere Teilpersönlichkeiten, die in anderen Bedürfnissen wurzeln und in anderen Verhaltensweisen ihren Ausdruck finden. Hierzu gehört beispielsweise eine Teilpersönlichkeit, die das Bedürfnis des Kindes nach Ruhe verkörpert, oder auch eine, aus der heraus es sehr neugierig ist. Zu Beginn des Lebens sind die einzelnen bewußten Teilpersönlichkeiten des Kindes noch nicht in einem übergeordneten Ich-Komplex miteinander verbunden.

Auf welche Weise und in welchem Ausmaß die Mutter die Bedürfnisse des Kindes gerade in den ersten Monaten seines Lebens befriedigt, das hat einen entscheidenden Einfluß auf die weitere Entwicklung des kindlichen Urvertrauens. Wenn die Mutter selbstsicher, zuverlässig und liebevoll auf die Bedürfnisse des Kindes eingeht, führt dies zu einer Stärkung und Stabilisierung seines Urvertrauens. Die einzelnen Situationen, in denen das Kind sein Urvertrauen festigt, sind dabei genauso alltäglich wie vielfältig: Von der Mutter gestreichelt und gestillt werden, ihre Haut spüren und ihren Körper riechen, in ihre Augen schauen und sehen, wie diese vor Freude leuchten – all dies trägt dazu bei, daß das Kind ein grundlegendes Vertrauen in sich und die Welt aufbaut. Geht die Mutter hingegen ständig unsicher, nachlässig oder lieblos mit den Bedürfnissen ihres Kindes um, dann frustriert sie damit das Kind und untergräbt auf diese Weise zugleich auch sein Urvertrauen. Ein solches Kind entwickelt statt dessen ein grundlegendes Mißtrauen gegenüber sich selbst und der Welt.

Die wichtigsten Quellen der Lust sind in der frühen Kindheit die Haut und besonders der Mund. Liebevolle Berührungen und zärtlicher Körperkontakt werden als sehr angenehm erlebt. Besonders intensive Lusterlebnisse erfährt das Kind in diesem Alter, wenn es mit dem Mund an der Mutterbrust saugt. Aber auch das Lutschen am eigenen Daumen ist lustvoll. Diese Art der Lust, die auf den Mund bezogen ist, wird auch als orale Lust bezeichnet.

In der ersten Zeit seines Lebens nach der Geburt umfaßt die Welt für den Säugling hauptsächlich ihn selbst und seine Mutter sowie das Geschehen zwischen ihm und ihr. Der Säugling beginnt zwar von Anfang an, mit seinen Augen auch schon anderes zu erforschen, doch seine Aufmerksamkeit gilt zunächst im wesentlichen der eigenen Mutter: Er erkennt sie schon bald als jenen Menschen, der für ihn von ganz besonderer Bedeutung ist und sich dadurch von allen anderen Personen unterscheidet. Die Mimik ihres Gesichtes ist für den Säugling das erste wirklich Wichtige, was es in der Welt zu sehen gibt.

Am Anfang erlebt der Säugling jeweils nur Teilaspekte von sich selbst und seiner Mutter. Diese aber werden von ihm in jener Zeit stets als miteinander verbundene Einheit erfahren: So erlebt er beispielsweise beim Stillen im wesentlichen seinen saugenden Mund, die Milch und die stillende Brust seiner Mutter, wobei diese drei Aspekte für ihn in jener Erfahrung untrennbar zusammengehören.

Die Erfahrungen, die das Kind mit sich und der Welt macht, ordnen sich in ihm zunächst, wie auch schon vor der Geburt, hauptsächlich dementsprechend, ob es sich um angenehme, lustvolle Erfahrungen handelt oder aber um unangenehme, schmerzliche. In diesem Sinne werden sie in seinem Inneren entweder als gute oder als schlechte Erfahrungen repräsentiert. Die einzelnen Komplexe, die sich aus jenen Erfahrungen bilden, sind dabei vorerst nur sehr locker miteinander verbunden. Sie ordnen sich jeweils an um den Archetyp des Guten oder um denjenigen des Bösen.

Jeder einzelne Erfahrungs-Komplex repräsentiert zunächst sowohl Aspekte der eigenen Person als auch Aspekte der Außenwelt, und hier besonders solche der Mutter. Damit enthält er meistens sowohl eine kleine Selbst-Repräsentanz als auch eine kleine Mutter-Repräsentanz. Diese kleinen Repräsentanzen stellen allerdings jeweils nur Teilaspekte der beteiligten Personen dar. Dafür sind sie in ihrem Erfahrungs-Komplex miteinander zu einer Einheit verschmolzen. Solche Erfahrungs-Komplexe können dementsprechend auch als Selbst/Mutter-Repräsentanzen bezeichnet werden: Sie repräsentieren gleichzeitig sowohl einen Teil des eigenen Selbst als auch einen der Mutter. Die Repräsentation findet dabei vorerst auf nonverbale Art statt. Es handelt sich dementsprechend bei den Selbst/Mutter-Repräsentanzen um gefühlsbeladene bildhafte Vorstellungskomplexe.

Im Inneren des Kindes bündeln sich die einzelnen Selbst/Mutter-Repräsentanzen im Laufe des ersten Lebensjahres zunehmend in zwei übergeordneten Komplexen. In dem einen Komplex werden alle angenehmen Erfahrungen gespeichert, die das Kind mit seiner Mutter macht, und in dem anderen alle unangenehmen. Dementsprechend bildet sich der erste Komplex um den Archetyp des Guten herum, und der zweite um den Archetyp des Bösen.

Eine lustvolle Erfahrung des Gestilltwerdens beispielsweise führt im Inneren des Kindes zu einem Erfahrungs-Komplex, der erstens den eigenen saugenden Mund repräsentiert, zweitens die Muttermilch und drittens die stillende Brust der Mutter. Diese drei Aspekte bilden in jenem Komplex eine Einheit miteinander. Und da es sich bei dem Gestilltwerden um eine lustvolle Erfahrung handelt, ordnet sich dieser Komplex als Ganzes an den Archetypus des Guten an.

In den ersten Monaten nach der Geburt erwächst aus der Empfindungsseele des Kindes sein Gefühlsleben: Aus den angenehmen und unangenehmen Empfindungen entwickelt sich ein breites und vielfältiges Spektrum von Gefühlen, das von Liebe zu Haß reicht, sowie von Freude zu Trauer, und das zugleich auch noch andere Gefühle mit einschließt wie beispielsweise Furcht. Auf diese Weise erlangt das Kind ungefähr im dritten Monat zugleich auch die Fähigkeit zum sozialen Kontakt: Es tritt von jetzt an in einen direkten Blickkontakt mit der Mutter und reagiert auf ihr Gesicht, indem es sie anlächelt. Außerdem lernt es nun auch, den Kontakt zur Mutter von sich aus wieder abzubrechen, indem es seine Augen von ihr abwendet und seinen Kopf wegdreht. Darüber hinaus beginnt es in dieser Zeit damit, Laute zu bilden. Auf diese Weise wird es nun fähig, gefühlsmäßige Bindungen zu anderen Menschen herzustellen, zu seiner Mutter, aber auch zu seinem Vater und zu weiteren Verwandten. So verwandelt sich die zunächst nur instinkthafte Bindung an die Mutter nun in eine soziale – und erweitert sich zugleich auch auf andere Familienangehörige.

Im Alter von etwa zwei oder drei Monaten beginnt der Säugling damit, sich selbst als Urheber seiner eigenen Handlungen zu erfahren. Er begreift jetzt zunehmend, daß er selbst es ist, der seine Handlungen verursacht. Dadurch erwirbt er auch mehr und mehr die Fähigkeit, seine Handlungen aktiv zu steuern. Die im vorangegangen Absatz beschriebene Handlung des selbstbestimmten Kontaktabbruchs ist bereits ein Ausdruck dieser neu erworbenen Fähigkeit.

Eine weitere Entwicklung nimmt nun ebenfalls ihren Anfang: Etwa ab dem zweiten oder dritten Monat beginnt das Kind langsam damit, den eigenen Körper von demjenigen der Mutter zu unterscheiden. Es wird sich mehr und mehr seiner körperlichen Getrenntheit von der Mutter gewahr, allerdings ohne daß es auch schon begreift, was diese Getrenntheit eigentlich bedeutet. Es erfährt sie zunächst auf der Grundlage eines sie übergreifenden Erlebens von Einheit, das die Mutter umfaßt und im günstigen Fall auch den Vater als weitere wichtige Bezugsperson mit einschließt. So ist sich das Kind von nun an zwar seiner körperlichen Getrenntheit vage bewußt, ohne daß es sich aber schon wirklich als getrennt von seiner Mutter erlebt. Trotzdem beginnt durch diese Erfahrung in den darauf folgenden Monaten ganz langsam jener Prozeß, durch den sich im Inneren des Kindes die kleinen Selbst-Repräsentanzen von den kleinen Mutter-Repräsentanzen differenzieren.

Ungefähr zwischen dem dritten und dem sechsten Lebensmonat fangen die meisten Kinder damit an, einen weichen, anschmiegsamen Gegenstand zu verwenden, um bei ihm Trost zu finden, wenn sie allein gelassen werden. Es handelt sich hierbei jeweils um einen ganz bestimmten Gegenstand, für den das Kind eine besondere Vorliebe entwickelt – um eine speziellen Teddybär etwa oder um eine bestimmte Schmusedecke. Dieser Gegenstand wurde von dem Psychoanalytiker D. W.

Winnicott auch als Übergangsobjekt bezeichnet. Er dient in den Zeiten, in denen die Mutter abwesend ist, als vorübergehender Ersatz für sie und vermittelt dem Kind Trost, solange es noch nicht die Fähigkeit erworben hat, sich selbst zu trösten. Das Verlangen nach dem Übergangsobjekt tritt dabei jeweils besonders abends auf, wenn das Kind allein in sein Bettchen gelegt wird. Darüber hinaus verwenden viele Kinder ihr Übergangsobjekt aber auch tagsüber, beispielsweise wenn sie unter Streß stehen oder wenn sie müde werden.

Etwa im achten Monat beginnt das Kind damit, die Gesichter von fremden Menschen zu erforschen, indem es sie betrachtet und berührt. Je nachdem, wieviel Urvertrauen es bisher erworben hat, ist es dabei eher neugierig oder eher vorsichtig. Viele Kinder zeigen in diesem Alter aber auch eine deutliche Ängstlichkeit gegenüber Fremden. Sie reagieren auf fremde Personen zurückweisend, wenden sich von ihnen ab, protestieren dagegen, wenn sie von diesen berührt werden, und fangen oft sogar in ihrer Gegenwart an zu weinen. Diese Fremdenangst wird auch als Achtmonatsangst bezeichnet.

Was den eigenen Körper angeht, so macht der Junge ungefähr in dieser Zeit die Entdeckung, daß die Berührung des Penis zu lustvollen Empfindungen führen kann. Das Mädchen entdeckt das lustvolle Spiel mit ihrer Klitoris für gewöhnlich einige Monate später. Sowohl der Junge wie auch das Mädchen lernen auf diese Weise, in sich selbst durch Masturbation wonnigliche Empfindungen hervorzurufen. Die Lust, die sie dabei erleben, kann auch als genitale Lust bezeichnet werden.

Im Alter von etwa neun Monaten entdecken Kinder, daß sie ein eigenes inneres subjektives Erleben haben und daß dies für andere Menschen ebenfalls zutrifft. Sie erkennen damit zugleich auch, daß ihre eigenen Gefühle und Absichten anderen Menschen verborgen bleiben, wenn sie ihnen diese nicht zeigen. Dadurch vertieft sich ein Stück weit mehr die vage Erkenntnis des Getrenntseins von anderen Menschen. Zugleich wird durch diese Entdeckung aber auch das eigene Bedürfnis nach gefühlsmäßiger Gemeinsamkeit aktualisiert: Der Säugling entwickelt nun ein Verlangen danach, daß andere Menschen und besonders seine Eltern seine Gefühle mit ihm teilen. Die Mutter befriedigt dieses Bedürfnis meistens intuitiv durch ein Verhalten, das der Psychoanalytiker D. Stern als Affektabstimmung bezeichnet hat. Sie fühlt sich in das Erleben des Kindes ein und spiegelt ihm die Emotionen, die es ausdrückt, in einer anderen Ausdrucksform wider. Wenn das Kind beispielsweise in seiner Mimik und in seinen Bewegungen freudige Erregung ausdrückt, dann kommentiert die Mutter dies etwa mit einem Satz, den sie in einer Lautstärke und in einer Tonhöhe ausspricht, die dem Gefühlsausdruck des Kindes entsprechen. Auf diese Weise erreicht sie eine Affektabstimmung mit dem Kind, die ihm deutlich macht, daß sie sein Erleben mit ihm teilt.

Gegen Ende des ersten Lebensjahres lernt das Kind zu krabbeln und erobert nun die Welt für sich. Obwohl die Mutter für das Kind auch jetzt noch die wichtigste Bezugsperson ist, wendet es sich nun in einem hohen Ausmaß allem anderen zu, was es in der Welt außerdem noch zu sehen, zu hören, zu betasten, in den Mund zu stecken oder sonstwie zu erforschen gibt. Diese Erforschung der Welt bringt es mit sich, daß das Kind zugleich auch verstärkt seine motorischen Fähigkeiten trainiert. Es freut sich dabei sowohl über seine eigenen neuen Möglichkeiten als auch über jede Entdeckung, die es in der Welt macht. Es entfernt sich jetzt weiter von der Mutter und beschäftigt sich für längere Zeitspannen selbst, ohne sie auch nur zu beachten. Auf diese Weise entwickelt das Kind seine Eigenständigkeit. Trotzdem entfernt es sich nur so weit von der Mutter, daß es jederzeit wieder zu ihr zurückkehren kann – und tatsächlich kehrt es auch häufig zurück, um ihre Zuwendung zu suchen sowie den Körperkontakt mit ihr.

In der gerade beschriebenen Entwicklungsphase erlebt sich das Kind immer noch als eins mit seiner Mutter. Es überträgt dieses Erleben nun auf die neu eroberte Welt und erfährt dadurch jetzt in einem gewissen Sinne die Welt ebenfalls als seine Mutter und sich selbst als eins mit dieser Welt.

Im ersten Lebensjahr und noch bis weit in das zweite hinein erfaßt das Kind die Welt ganzheitlich über alle seine Sinnesorgane sowie über seine Körperbewegungen: Es verarbeitet seine Erfahrungen mit der Welt innerlich auf visuelle, auditive, emotionale und kinästhetische Weise. In Anlehnung an den Psychologen J. Piaget sprechen wir in diesem Zusammenhang auch von der sensomotorischen Intelligenz des Kindes. Die Grundlage dieser Form von Intelligenz ist das nonverbale Denken, also das Denken in Bildern, Tönen, Gefühlen und Körperempfindungen.

Besonders im ersten Lebensjahr erlebt das Kind die Welt zudem als eine, in der alles in magischer Weise miteinander zusammenhängt und aufeinander bezogen ist. Außerdem lernt es gerade in der zweiten Hälfte des ersten Jahres verstärkt, die Bewegungen seines eigenen Körpers willentlich zu steuern. Dadurch meint es nun, in gleicher Weise auch die Gegenstände der äußeren Welt beherrschen zu können, also jene Gegenstände, mit denen es in seinem Erleben auf magische Weise verbunden ist. Die daraus resultierenden magischen Phantasien des Kindes werden manchmal auch als Allmachtsphantasien bezeichnet.

Am Ende des ersten Lebensjahres fängt das Kind an, die ersten erkennbaren Wörter zu sprechen. Es benutzt nun zunächst Wörter, mit denen es seine Eltern und konkrete Gegenstände benennt. Bald verwendet es auch seinen eigenen Vornamen, um sich selbst damit zu bezeichnen. Mit diesen Wörtern beginnt die eigentliche Sprachentwicklung des Kindes. Die einzelnen Wörter erhalten für das Kind sehr schnell die Funktion von ganzen Sätzen und werden damit zu sogenannten Einwortsätzen. Hierbei kann jedes Wort unterschiedliche Sätze bedeuten, je nachdem, in welcher Situation und auf welche Art das Kind dieses Wort ausspricht und welche Mimik und Gestik es dazu macht. So heißt das Wort „Mama“ beispielsweise für das Kind in einer Situation: „Wo bist du, Mama?“, während es in einer anderen Situation bedeutet: „Gib mir zu essen, Mama!“, und in wieder einer anderen: „Ich fühle mich wohl bei dir, Mama!“.

Das zweite Lebensjahr

In den ersten Monaten des zweiten Lebensjahres lernt das Kind zu laufen. Außerdem nimmt seine Erkenntnisfähigkeit weiterhin zu, mit der Folge, daß es nun bald beginnt, seine Getrenntheit von der Mutter und auch von allen anderen Menschen wirklich zu begreifen. Bisher war sich das Kind seiner Getrenntheit nur vage bewußt. In der ersten Hälfte des zweiten Lebensjahres jedoch erkennt es auf einmal sehr deutlich, was diese Getrenntheit tatsächlich bedeutet: Von der Mutter getrennt sein heißt nämlich für das Kind, daß sie nicht immer bei ihm ist, daß sie ihm nicht kontinuierlich ihre Zuwendung geben kann und daß sie es nicht vor allen Gefahren zu schützen vermag.

Darüber hinaus begreift das Kind jetzt auch mehr und mehr, daß es die Gegenstände der Welt doch nicht in magischer Weise beherrschen kann – es ist nun gezwungen, seine eigenen Fähigkeiten und Möglichkeiten realistischer wahrzunehmen. Alle diese Faktoren bewirken, daß das Kind jetzt zunehmend die Erfahrung macht, daß es der Welt eigentlich relativ klein und hilflos gegenübersteht. Aus diesem Grund hat es nun abermals vermehrt Angst davor, seine Mutter zu verlieren. Diese Angst bringt das Kind dazu, sich ihr wieder anzunähern: Es hat jetzt erneut ein starkes Bedürfnis danach, immer genau zu wissen, wo sie sich aufhält. Außerdem nimmt jetzt auch sein Bedürfnis nach ihrer Liebe und Wertschätzung wieder zu. Wenn die Mutter vorübergehend abwesend ist, wird das Kind nun leicht unruhig. Deshalb ist es in dieser Zeit sehr wichtig für das Kind, daß seine Mutter da ist, um ihm die Liebe und Zuwendung zu geben, die es jetzt erneut in verstärktem Maße braucht.

In dieser Phase der Wiederannäherung an die Mutter ist auch der Einfluß des Vaters sehr bedeutsam für das Kind: Wenn Vater und Kind eine gute Beziehung miteinander haben und das Kind viel mit ihm spielen und schmusen kann, dann hilft dies dem Kind dabei, daß es nicht zuviel Angst davor bekommt, seine Mutter zu verlieren. Es braucht sich dadurch nun nicht zu sehr wieder an die Mutter zu binden. Spätestens vom zweiten Lebensjahr an kann der Vater die Mutter auch in der Versorgung des Kindes ersetzen – und zwar besonders dann, wenn das Kind ihn bisher schon als zweite wichtige Bezugsperson erleben konnte. Trotzdem bleibt auch in einem solchen Fall die gefühlsmäßige Bindung an die Mutter für das Kind weiterhin wichtig.

Im ersten Lebensjahr hatte sich das Kind noch als eins mit seiner Mutter erlebt. Diese Erfahrungsweise hat damals dazu geführt, daß es in seinem Inneren sich selbst und seine Mutter jeweils in gemeinsamen Repräsentanzen abgebildet hat. In jeder dieser Selbst/Mutter-Repräsentanzen ist dabei sowohl ein Teilaspekt von ihm dargestellt als auch ein Teilaspekt von seiner Mutter. Außerdem sind alle diese Selbst/Mutter-Repräsentanzen in zwei unterschiedlichen Komplexen gebündelt, je nachdem, ob sie gute Erfahrungen enthalten oder schlechte. Die zunehmende Bewußtwerdung der Getrenntheit führt nun im zweiten Lebensjahr dazu, daß sich im Inneren des Kindes die Repräsentanzen, die es von sich selbst hat, mehr und mehr von denjenigen unterscheiden, die es von seiner Mutter hat. Die Selbst/Mutter-Repräsentanzen trennen sich also langsam auf in Selbst-Repräsentanzen auf der einen Seite und Mutter-Repräsentanzen auf der anderen. Außerdem existieren im Kind seit mehreren Monaten auch ausgeprägte innere Repräsentanzen von seinem Vater. Diese Vater-Repräsentanzen erweisen sich jetzt als sehr förderlich für den dargestellten Unterscheidungsprozeß. Sie sind zwar zunächst ebenfalls mit den Selbst-Repräsentanzen verbunden, aber dennoch repräsentieren sie eine andere, dritte Person. Dadurch stellen sie einen Kontrast dar zu den Mutter-Repräsentanzen und erleichtern so ganz allgemein die Trennung der Repräsentanzen voneinander.

Der gerade beschriebene innere Entwicklungsprozeß wird manchmal auch Triangulierung genannt: Er beinhaltet, daß sich die Selbst-Repräsentanzen mit Hilfe der Vater-Repräsentanzen zunehmend von den Mutter-Repräsentanzen trennen. Die Mutter-Repräsentanzen und die Vater-Repräsentanzen werden dabei ganz allgemein auch als Objekt-Repräsentanzen bezeichnet. Dieser Begriff bezieht sich darüber hinaus auf alle weiteren Komplexe, die ebenfalls andere Personen der Außenwelt im eigenen Inneren repräsentieren. Insofern gehören zu den Objekt-Repräsentanzen auch die verschiedenen Großmutter-Repräsentanzen sowie gegebenenfalls eine Kindermädchen-Repräsentanz oder eine Patentanten-Repräsentanz.

In der Triangulierung trennen sich also die Selbst-Repräsentanzen zunehmend von den Mutter-Repräsentanzen und auch von den Vater-Repräsentanzen. Dennoch bleiben die Selbst-Repräsentanzen hier zunächst weiterhin in zwei verschiedenen Komplexen gebündelt, von denen der eine alle diejenigen enthält, die sich gut anfühlen, und der andere alle diejenigen, die als schlecht erlebt werden. Das gleiche gilt entsprechend auch für alle Repräsentanzen, die die Mutter, den Vater oder andere Menschen abbilden: So bleiben im Inneren des Kindes weiterhin die positiven Mutter-Repräsentanzen von denjenigen getrennt, die aus negativen Erfahrungen mit ihr hervorgegangen sind.

In der Seele des Kindes befinden sich jetzt also auf der einen Seite Repräsentanzen von seiner Mutter, in denen sie beispielsweise als versorgende Mutter dargestellt ist oder auch als zärtliche Mutter, als spielende Mutter oder als einfühlsame Mutter. Hiervon deutlich getrennt existieren in ihm auf der anderen Seite aber auch solche Repräsentanzen, in denen sie als fordernde Mutter abgebildet ist oder auch als strafende Mutter, als hastige Mutter oder als abweisende Mutter. Alle diese unterschiedlichen Mutter-Repräsentanzen werden im Kind jeweils zu verschiedenen Zeitpunkten aktiviert. Dadurch erlebt es zu jeder Zeit in seinem Inneren immer nur eine dieser Repräsentanzen. Auf diese Weise ist ein Konflikt zwischen den unterschiedlichen Mutter-Repräsentanzen ausgeschlossen: Das Kind erfährt jede von ihnen zu ihrer Zeit als die innere Darstellung der einen Mutter, die es hat.

In den Selbst-Repräsentanzen sind die einzelnen bewußten Teilpersönlichkeiten des Kindes dargestellt, also beispielsweise die neugierige Teilpersönlichkeit und diejenige, die sein Bedürfnis nach Bindung verkörpert. Diese Teilpersönlichkeiten sind in den ersten Lebensjahren noch nicht zu einem einheitlichen Ich-Komplex miteinander verbunden. Besonders ausgeprägt ist dabei die Trennung zwischen denjenigen Teilpersönlichkeiten, die vom Kind selbst als positiv erlebt werden, und denjenigen, die für das Kind mit negativen Emotionen verbunden sind. Das Kind begreift zwar nun, daß es von seiner Umwelt getrennt ist, und damit besonders auch von seiner Mutter, doch es ist noch nicht dazu in der Lage, die positiven und die negativen Anteile seiner bewußten Persönlichkeit in einem einheitlichen Ich miteinander zu integrieren.

Dennoch ist das Begreifen der Getrenntheit von der Umwelt nicht die einzige fundamentale Erkenntnis, die dem Kind im zweiten Lebensjahr zuteil wird. So erkennt es nun auch immer deutlicher, daß seine eigenen Fähigkeiten begrenzt sind. Diese beiden Erkenntnisse führen dazu, daß jetzt häufig Situationen auftreten, in denen sich das Kind klein, ohnmächtig und abhängig fühlt. Um diese unangenehmen Gefühle auszugleichen, neigt es nun dazu, seine Eltern zu idealisieren: Wenn es schon ein getrenntes Lebewesen mit begrenzten Fähigkeiten ist und die Welt nicht mehr als schützende Mutter erfahren kann, dann sollen wenigstens seine Eltern mutig, stark und mächtig sein. Außerdem hegt das Kind auch weiterhin Illusionen über seine eigenen Fähigkeiten – von nun an jedoch wider besseren Wissens.

Die dargestellten Idealisierungen finden ihren Ausdruck in entsprechenden Veränderungen der Repräsentanzen: So verändert das Kind jetzt einen großen Teil seiner guten Selbst-Repräsentanzen sowie der guten Eltern-Repräsentanzen unbewußt in der Weise, daß es sich selbst und seinen Eltern großartige Fähigkeiten zuschreibt: Es entwickelt Größenphantasien über seine eigene Person und stellt sich seine Eltern als starke, mächtige Wesen vor, die ihm unter allen Umständen Schutz und Geborgenheit geben können.

Gegen Ende des ersten Lebensjahres hat das Kind bereits erkannt, daß jeder Mensch ein eigenes subjektives Erleben hat. Im Verlauf des zweiten Lebensjahres macht es nun die schmerzliche Entdeckung, daß andere Menschen aus ihrem Erleben heraus oft Interessen und Wünsche haben, die keineswegs mit seinen eigenen Bedürfnissen übereinstimmen. Dafür lernt das Kind jetzt aber mehr und mehr, seine eigenen Wünsche durch Worte oder Gesten deutlich auszudrücken. Im zweiten Lebensjahr tritt es nun zunehmend auch zu anderen Personen in Beziehung, und nicht nur zu seinen Eltern. Je weitergehend es auf diese Weise mit anderen Erwachsenen vertraut wird, desto leichter gelingt es ihm auch, sich diesen anzuschließen, wenn seine Mutter gerade einmal abwesend ist. Obwohl die Abwesenheit der eigenen Mutter für das Kind weiterhin beunruhigend ist, kann es so seine Unruhe jetzt wenigstens vorübergehend besänftigen.

Trotzdem gerät das Kind in der zweiten Hälfte des zweiten Lebensjahres in eine Krise: Einerseits verspürt es nun schon seit mehreren Monaten erneut ein verstärktes Bedürfnis nach Annäherung an die Mutter. Doch andererseits ist es jetzt immer weniger bereit, die Eigenständigkeit wieder aufzugeben, die es seit derjenigen Zeit errungen hat, in der es zunächst Krabbeln und später Laufen gelernt hat. Es hat bereits damit begonnen, die Welt für sich zu erobern, und befürchtet nun, wieder vermehrt von seiner Mutter abhängig zu werden. Dadurch gerät es in eine Krise, die von der Psychoanalytikerin M. Mahler als Wiederannäherungskrise bezeichnet wurde. Die beiden Bestrebungen, die das Kind in dieser Krise verspürt, werden in seinem Inneren jeweils von verschiedenen Teilpersönlichkeiten verkörpert: Während es aus einigen seiner Teilpersönlichkeiten heraus nachdrücklich verlangt, daß seine Mutter jederzeit dazu bereit ist, sich mit ihm zu beschäftigen, verteidigt es nun aus anderen heraus ebenso intensiv seine neu erworbene Selbständigkeit. Es gerät in Wut über die Mutter, weil es sich von ihr abhängig fühlt, und es fühlt sich gleichzeitig auch zu ihr hingezogen. Aufgrund dieser zwiespältigen Gefühle wird es jetzt leicht unzufrieden und tendiert zu deutlichen Stimmungsschwankungen. Es sagt häufig Nein und neigt zu trotzigem Verhalten. Außerdem drückt es nun deutlich seine Abneigung aus, wenn es von Erwachsenen geherzt oder geküßt wird, ohne daß dies seinen eigenen Bedürfnissen entspricht. Das Kind ist jetzt zwar in zunehmendem Maße fähig, sich selbst vorübergehend von seiner Mutter zu entfernen, doch es klammert sich trotzdem sehr an sie, sobald eine solche Trennung von ihr ausgeht und sie es ist, die sich von ihm vorübergehend verabschieden will.

Das Erleben des Kindes in der Wiederannäherungskrise wird durch das archetypische Motiv vom Drachenkampf symbolisiert: In diesem Motiv kämpft ein Held gegen einen Drachen, um einen Schatz zu erringen. Der Held ist das Kind selbst, beziehungsweise sein entstehendes Ich. Der Drache symbolisiert hier die Gefahr, aufgrund des eigenen Bedürfnisses nach Nähe wieder vermehrt in Abhängigkeit von der Mutter zu geraten. Der Schatz, den es zu erringen gilt, ist die Eigenständigkeit. Das Kind kämpft hier also gegen seine eigene Sehnsucht nach Abhängigkeit um seine Autonomie.

Während der Wiederannäherungskrise kann der Vater für das Kind sehr hilfreich sein: Wenn er dem Kind in dieser Zeit als eine weitere Bezugsperson zur Verfügung steht, der es sich ebenfalls zuwenden kann, dann ist die Gefahr nicht so groß, daß es nun wieder vermehrt von der Mutter abhängig wird. Außerdem kann das Kind unter solchen Umständen seine zwiespältigen Gefühle für die Mutter besser verarbeiten.

Was das Erleben von Lust angeht, so wird hier im Verlauf des zweiten Jahres neben dem Mund auch das andere Ende des Ernährungstraktes bedeutungsvoll, nämlich der Anus: Die Entleerung des Darmes erweist sich nun für das Kind als ein Vorgang, in dem sein Bedürfnis danach, Lust zu erfahren, ebenfalls Befriedigung finden kann. Die dabei erlebte Lust wird als anale Lust bezeichnet. Darüber hinaus erlebt das Kind in dieser Entwicklungsphase die Ausscheidung des Stuhls auch als einen schöpferischen Akt, mit dem es etwas Eigenes in die Welt setzt. Nach und nach erlangt es die willentliche Kontrolle über seinen analen Schließmuskel und erlebt nun diese neu erworbene Fähigkeit ebenfalls mit Freude: Es kann jetzt auch daraus Befriedigung ziehen, daß es von jener Fähigkeit Gebrauch macht und seinen Kot absichtlich zurückhält. Ähnliche Erfahrungsmöglichkeiten bietet die Ausscheidung des Urins: Hier wird vom Kind oft zunächst das Urinieren als lustvoll erlebt und später der Urin auch mit Freude zurückgehalten.

Ungefähr im Alter von achtzehn Monaten beginnen Kinder damit, sich selbst im Spiegel zu erkennen. Sie entdecken jetzt, daß das Spiegelbild ihre eigene Person darstellt. Zur gleichen Zeit entwickelt sich auch in ihrem Verstand die Fähigkeit, sich selbst in Gedanken gleichwie von außen betrachten zu können.

In der zweiten Hälfte des zweiten Lebensjahres fangen Kinder an, äußere Gegenstände und andere Personen innerlich mit Hilfe von sprachlichen Begriffen darzustellen. Auf diese Weise nehmen die bereits vorhandenen Repräsentanzen zunehmend sprachliche Züge an; so werden beispielsweise die Erfahrungen des Kindes mit seiner Mutter von nun an in seinem Inneren mehr und mehr auch durch Wörter und Sätze repräsentiert. So erlebt es jetzt seine Mutter-Repräsentanz nicht mehr nur als gefühlsbeladenen bildhaften Vorstellungskomplex, sondern zunehmend auch als innere Stimme.

Andere wichtige Entwicklungen ergeben sich daraus, daß Kinder in dieser Zeit den anatomischen Geschlechtsunterschied entdecken. Mädchen werden dabei durch die Entdeckung des männlichen Gliedes mit etwas konfrontiert, was sie selbst nicht haben. Diese Entdeckung ist für viele Mädchen irritierend und kann bei ihnen vorübergehend zu Ärger, Neid oder Furcht führen. Jungen begreifen erst sehr viel später, daß auch ihnen etwas fehlt, nämlich die Fähigkeit, Kinder in sich wachsen lassen und auf die Welt bringen zu können. Diese Entdeckung stellt dann für den Knaben ebenfalls häufig eine Enttäuschung dar. In diesem Sinne gibt es sowohl einen Penisneid bei Mädchen als auch einen Gebärneid bei Jungen.

Mit der Entdeckung des Geschlechtsunterschiedes beginnt das Kind auch zu begreifen, welchem Geschlecht es selbst angehört. Von dieser Erkenntnis ausgehend entwickelt es allmählich seine Geschlechtsidentität: Der Junge erlebt sich nun deutlicher als männliches Wesen und das Mädchen deutlicher als weibliches. Mädchen neigen jetzt dazu, sich wieder enger an die Mutter anzuschließen, während Jungen dazu tendieren, sich innerlich noch mehr von der Mutter zu entfernen: Dem Mädchen ist es in dieser Entwicklungsstufe möglich, seine Identität als weibliches Wesen dadurch zu finden, daß es sich mit seiner Mutter verbindet und identifiziert. Der Junge hingegen muß sich nun von seiner Mutter sowohl lösen als auch abgrenzen. Er sucht stattdessen vermehrt die Beziehung zum Vater, um in der Verbundenheit und Identifikation mit ihm seine Identität als männliches Wesen zu entwickeln.

Die Entstehung des Gewissens hat seinen Anfang ebenfalls im zweiten Lebensjahr: Das Kind beginnt jetzt damit, elterliche Anforderungen in den bewußten Teil seiner Persönlichkeit aufzunehmen und sich zu eigen zu machen. Es identifiziert sich mit diesen Anforderungen und erlebt sie dadurch zunehmend als solche, die es selbst an sich stellt. Auf diese Weise verwandelt sich im Kind die Stimme der Eltern zur inneren Stimme des eigenen Gewissens. Verstöße gegen das Gewissen lösen im Kind von nun an heftige Unlustempfindungen aus, die umgangssprachlich auch als Gewissensbisse bezeichnet werden. Diese Empfindungen bekommen alsbald eine wichtige Funktion in der Steuerung des eigenen Verhaltens: Oft folgt das Kind den verinnerlichten Anforderungen nur deshalb, um so Gewissensbisse zu vermeiden.

Was die Sprachentwicklung angeht, so beginnt das Kind gegen Ende des zweiten Lebensjahres damit, zwei und bald auch mehrere Wörter gemeinsam zu benutzen. Auf diese Weise wächst es über das Stadium der Einwortsätze hinaus. Allerdings hängt es die Wörter zunächst nur einfach aneinander, ohne dabei irgendwelchen grammatikalischen Regeln gerecht zu werden.

Aufgrund all der beschriebenen Entwicklungsprozesse polarisiert sich die Wirklichkeit für das Kind während der ersten beiden Lebensjahre zunehmend in vielfältige Gegensätze: Es lernt zu unterscheiden zwischen Ich und Du, Selbst und Welt, Gut und Böse, Frau und Mann, Ja und Nein.

Das dritte Lebensjahr

Im Verlauf des dritten Lebensjahres und oft noch bis in das vierte hinein strukturiert sich langsam der Ich-Komplex des Kindes zu einem einheitlichen stabilen Gebilde. Dieses grenzt sich jetzt immer deutlicher gegen alle Komplexe ab, die im eigenen Inneren andere Personen repräsentieren. Außerdem verbinden sich nun im Ich-Komplex selbst zunehmend alle bewußten Teilpersönlichkeiten miteinander. Die Stabilität des eigenen Ichs, die sich daraus ergibt, entspricht allerdings noch bei weitem nicht derjenigen Ich-Stabilität, die für einen seelisch gesunden Erwachsenen charakteristisch ist. Ganz im Gegenteil handelt sich hier zunächst einmal lediglich um die unterste Stufe in der Entwicklung der Ich-Stabilität.

Das innere Zusammenwachsen des Ich-Komplexes, das zu dieser untersten Stufe führt, wird jetzt dadurch möglich, daß sich im dritten und vierten Lebensjahr die einzelnen positiven und negativen Selbst-Repräsentanzen zu einer übergeordneten Repräsentanz verbinden. Im ersten Lebensjahr hatten sich im Inneren des Kindes einzelne Erfahrungs-Komplexe gebildet, in denen sowohl es selbst als auch seine Mutter gemeinsam repräsentiert waren – in jenen Komplexen waren also Selbst-Repräsentanzen und Mutter-Repräsentanzen miteinander verschmolzen. Außerdem waren diese Selbst/Mutter-Repräsentanzen in zwei Gruppen gebündelt, von denen die eine alle guten Repräsentanzen umfaßte und die andere Gruppe alle schlechten. Dadurch aber waren im Kind die guten Selbst-Repräsentanzen von den schlechten getrennt, während beide Arten von Selbst-Repräsentanzen zugleich jeweils mit den entsprechenden Mutter-Repräsentanzen verbunden waren, die guten Selbst-Repräsentanzen also mit den guten Mutter-Repräsentanzen und die schlechten Selbst-Repräsentanzen mit den schlechten Mutter-Repräsentanzen.

So wurden zwei Entwicklungsschritte notwendig: Der erste fand im zweiten Lebensjahr statt und bestand darin, daß sich die Selbst-Repräsentanzen jeweils zunehmend von den Mutter-Repräsentanzen getrennt haben. Auf diese Weise gab es nun vier Gruppen von Repräsentanzen: die Gruppe der guten Selbst-Repräsentanzen, diejenige der schlechten Selbst-Repräsentanzen, die Gruppe der guten Mutter-Repräsentanzen und diejenige der schlechten Mutter-Repräsentanzen.

Der zweite Entwicklungsschritt steht nun im dritten Lebensjahr an: Jetzt geht es darum, daß sich die guten und die schlechten Selbst-Repräsentanzen zu einer übergeordneten Repräsentanz verbinden, also zu einer umfassenden, integrierten Selbst-Repräsentanz, die sowohl die angenehmen Seiten der eigenen Person darstellt als auch ihre unangenehmen Seiten. Indem die einzelnen Selbst-Repräsentanzen auf diese Weise zusammenwachsen, verbinden sie zugleich auch die bewußten Teilpersönlichkeiten miteinander, die von ihnen repräsentiert werden. Außerdem fügen sich in dieser Zeit die einzelnen Repräsentanzen der anderen Personen ebenfalls jeweils zu übergeordneten Komplexen zusammen, also beispielsweise die einzelnen Mutter-Repräsentanzen zu einem integrierten Mutter-Komplex. Jeder dieser übergeordneten Komplexe repräsentiert dann für das Kind sowohl die angenehmen Seiten der entsprechenden Person als auch ihre unangenehmen Seiten – zumindest insofern letztere nicht verdrängt wurden. Die Abbildung 10 auf der folgenden Seite veranschaulicht diese Entwicklung für die Selbst-Repräsentanzen und für die Mutter-Repräsentanzen.

Für die Entwicklung zu einem Individuum ist es wichtig, daß das Kind eine Mutter hat, die von ihm insgesamt gesehen eher als positiv erlebt wird, bei der also im eigenen Erleben des Kindes ihre positiven Seiten gegenüber den negativen vorherrschen. Wenn dies der Fall ist, dann kann das Kind jetzt in seinem Inneren eine stabile positive Mutter-Repräsentanz aufbauen, die ihm von nun an dabei hilft, in einer vertrauen Umgebung vorübergehend auch ohne die Mutter zurechtzukommen. Das Kind ersetzt hierbei die Mutter während ihrer Abwesenheit durch das positive innere Bild von ihr und tröstet sich selbst mit Hilfe dieses Bildes über ihre Abwesenheit hinweg. Je besser ihm dies gelingt, desto weniger benötigt es von nun an sein Übergangsobjekt, also beispielsweise seinen Teddybären oder seine Schmusedecke. Diese innere Entwicklung versetzt das Kind zunehmend in die Lage, Trennungen von der Mutter in einem Ausmaß zu akzeptieren, das sogar noch größer ist als zu jener Zeit, in der es sich selbst als eins mit der Mutter erlebt hat und die Welt als seine Mutter. So kann es nun seine Eigenständigkeit wiedergewinnen, die während der Wiederannäherungsphase bedroht war – und es vermag diese sogar weiter zu festigen. Allerdings bleibt das Kind auch jetzt noch eine Zeitlang ängstlich davor, daß es seine Autonomie doch wieder verlieren könnte und dadurch abermals vermehrt in die Abhängigkeit von seiner Mutter geraten würde. Obwohl der Kampf gegen den Drachen gewonnen scheint, ist sich das Kind doch noch nicht sicher, daß es den Schatz auch wirklich auf Dauer errungen hat. Dennoch erkennt und akzeptiert es jetzt mehr und mehr, daß es tatsächlich ein von anderen Menschen getrenntes individuelles Wesen ist. Es ist jetzt nicht nur körperlich ein selbständiges Lebewesen, sondern auch seelisch ein Individuum. Dadurch erlebt es sich nun nicht mehr als eins mit der Welt, sondern steht der Welt als getrennte Person gegenüber.

Das Kind kann jetzt auch zunehmend die Grenzen akzeptieren, die ihm selbst und seinen Eltern auferlegt sind. Es reduziert nach und nach die Größenphantasien, die es über sich und seine Eltern entwickelt hat. Damit wird auch in dieser Hinsicht sein Selbstbild sowie sein Bild von den eigenen Eltern langsam realistischer.

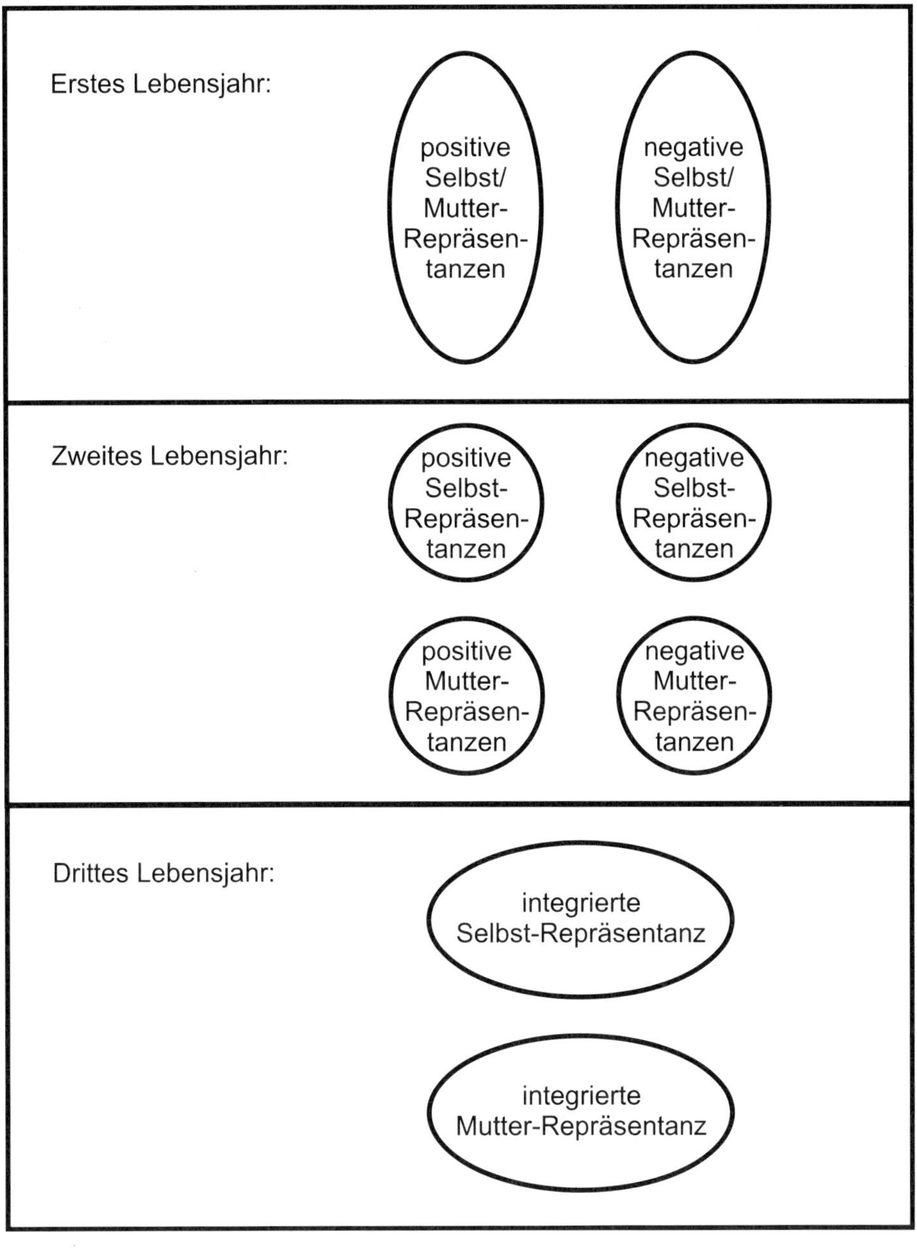

Abbildung 10: Die Entwicklung der Repräsentanzen in den ersten drei Lebensjahren

Im dritten Lebensjahr geht das Kind außerdem auch mehr und mehr dazu über, sprachliche Begriffe zu verwenden, um mit ihrer Hilfe aus seinen Erfahrungen Erkenntnisse zu gewinnen und aus seinen Erkenntnissen heraus Lösungen für Probleme oder neue Ideen zu entwickeln. Auf diese Weise lernt es jetzt eine neue Art des Denkens, nämlich das Denken in sprachlichen Begriffen. Dieses begriffliche Denken tritt jetzt neben das nonverbale Denken, welches bereits im ersten Lebensjahr die Grundlage der sensomotorischen Intelligenz bildete. Das begriffliche Denken hat gegenüber dem nonverbalen Denken einerseits den großen Nachteil, daß sich das eigene Erleben niemals wirklich angemessen in sprachliche Begriffe fassen läßt. Dafür enthält es aber auf der anderen Seite den Keim für die Entwicklung des Verstandes bis hin zum abstrakten logischen Denken, welches auf nonverbale Art niemals verwirklicht werden könnte.

Weiterhin beginnt das Kind im dritten Lebensjahr auch, für sich selbst das Wort „ich“ zu gebrauchen, statt sich mit seinem Vornamen zu bezeichnen. Auf diese Weise macht es mit seinem Sprachgebrauch gleichzeitig nach außen hin deutlich, daß es sich nun als ein Individuum begreift.

Das Kind erlebt sich im dritten Lebensjahr aber nicht nur tatsächlich als getrenntes Individuum, sondern es erweitert jetzt zugleich auch seine Fähigkeiten zum sprachlichen Austausch beträchtlich. Dadurch ergeben sich für das Kind neue Möglichkeiten der Verbundenheit mit anderen Menschen. Obwohl sich das eigene Erleben niemals wirklich adäquat in sprachliche Begriffe fassen läßt, so verhilft die Sprache dem Kind doch von nun an dazu, seine Erfahrungen und Erkenntnisse in einem weit größeren Ausmaß mitzuteilen, als dies auf andere Wegen der Kommunikation möglich ist, wie etwa über Gestik und Mimik oder über gemalte Bilder.

Die Entwicklung des Menschen enthält immer auch seine Sozialisation, also jenen vielschichtigen Lernprozeß, durch den er zu einer Person wird, die in der Gesellschaft handlungsfähig ist. In den ersten drei Lebensjahren findet dieser Lernprozeß hauptsächlich in der eigenen Familie statt. Zwei wichtige Bestandteile der Sozialisation sind in diesem Lebensabschnitt die Gewöhnung des Kindes an feste Essenszeiten und die Regulierung seiner Ausscheidung. Oft wird das Kind bereits im ersten Lebensjahr an feste Zeiten zur Nahrungsaufnahme gewöhnt: Es bekommt seine Nahrung schon bald fast nur noch zu bestimmten Zeiten, die von der Mutter festgelegt werden, und nicht mehr immer dann, wenn es gerade Hunger hat. Die Regulierung der Ausscheidung wird dem Kind im Rahmen der Reinlichkeitserziehung beigebracht: Hier erwarten die Eltern oft ebenfalls früher oder später, daß es sich seines Stuhls zu festen Zeiten entledigt. Beide Maßnahmen führen zugleich auch dazu, daß das Kind ganz allgemein lernt, die Befriedigung seiner Bedürfnisse aufzuschieben. Für die gesunde Entwicklung des Kindes ist es jedoch wichtig, daß es hierbei nicht in seinen eigenen Fähigkeiten überfordert wird.

Zwischen Mutter und Vater

Im Verlauf des dritten Lebensjahres erwirbt das Kind die Fähigkeit, kurzzeitige Trennungen von den Eltern zu ertragen. Dennoch braucht es auch in den nächsten Jahren seine Eltern sehr. Sie sind in der Regel weiterhin die wichtigsten Menschen in seinem Leben: Jedes Kind hat ein Bedürfnis danach, von seinen Eltern geliebt, verstanden und akzeptiert zu werden. Jedes Kind braucht Eltern, die Zeit für es haben, Zeit, um mit ihm zu spielen, und Zeit, um ihm zuzuhören. Es braucht Eltern, die auf seine Gefühle eingehen und seine Ängste, Hoffnungen und Sehnsüchte ernst nehmen. Es braucht Eltern, die ihm beistehen und die seine Wünsche respektieren – auch wenn sie diese nicht immer erfüllen können oder wollen. Es braucht Freiheit im Fühlen, Denken und Handeln, Freiheit, sich selbst auszudrücken und seiner Neugier zu folgen. Daneben braucht es aber auch Grenzen, und zwar solche Grenzen, die aus der Freiheit und den berechtigten Bedürfnissen der anderen hervorgehen: Die Freiheit des Kindes darf nicht dazu führen, daß die Eltern zu seinen Dienern werden und darüber ihre eigenen berechtigten Bedürfnisse, etwa nach Ruhe und Erholung, ständig ignorieren müssen.

Das ödipale Entwicklungsgeschehen

Gegen Ende des dritten Lebensjahres wird das Kind seelisch zu einem eigenständigen Individuum. So findet es sich nun im vierten Lebensjahr sehr deutlich zwischen Mutter und Vater wieder. Bisher erlebte es sich hauptsächlich in Zweierbeziehungen zu jeweils einer anderen Person, meistens zur Mutter, oft auch zum Vater oder etwa zu einem Geschwisterkind. Nun entdeckt es auf einmal, daß die Eltern untereinander ebenfalls eine Beziehung haben. So erfährt es sich selbst jetzt mit seinem Vater und seiner Mutter in einer Dreiecksbeziehung. Es spürt dabei nun sehr deutlich, daß die eigenen Eltern durch Gemeinsamkeiten miteinander verbunden sind, von denen es ausgeschlossen ist. Oft wird es darüber eifersüchtig auf sie. Außerdem wird in dieser Zeit sein Geschlechtszentrum aktiv und bewirkt, daß das Kind nun eine Anziehung zum andersgeschlechtlichen Elternteil verspürt: Das Mädchen fühlt sich jetzt zu seinem Vater hingezogen, und der Junge zu seiner Mutter. Er oder es will in die Beziehung der Eltern zueinander eindringen und würde am liebsten den andersgeschlechtlichen Elternteil ganz für sich haben. So entwickelt das Kind zärtliche, liebevolle Gefühle für diesen Elternteil und selbstbehauptende, wetteifernde Gefühle gegenüber dem gleichgeschlechtlichen. Die liebevollen Gefühle für den andersgeschlechtlichen Elternteil enthalten oft auch eine besitzergreifende Komponente, die beispielsweise in der Phantasie des Kindes zum Ausdruck kommt, es werde diesen Elternteil später heiraten und sein ganzes Leben mit ihm zusammen sein. Die wetteifernden Gefühle gegenüber dem gleichgeschlechtlichen Elternteil können beim Kind in Wut und Haß einmünden. Wenn dies geschieht, dann erlebt das Kind meistens auch Furcht vor Vergeltung durch jenen

Elternteil. Das Kind hat aber nicht nur wetteifernde Gefühle gegenüber dem gleichgeschlechtlichen Elternteil, sondern es liebt ihn zugleich auch und möchte von ihm ebenfalls geliebt werden. Im Grunde genommen würde es am liebsten den andersgeschlechtlichen Elternteil ganz für sich gewinnen, ohne die Liebe des gleichgeschlechtlichen Elternteils zu verlieren. Dieses emotionale Geschehen dominiert im Erleben des Kindes nun für die nächsten Lebensjahre. Das Kind erfährt dabei gegenüber seinen Eltern intensive Leidenschaften von Liebe und Haß, Sehnsucht und Eifersucht, Wut und Furcht.

Das bekannteste archetypische Motiv für diese emotionale Situation ist die griechische Sage von Ödipus. Hier werden wesentliche Elemente aus jener Situation des Kindes in verzerrter und dramatisierter Form dargestellt. Bei diesen Elementen handelt es sich erstens um die Tatsache, daß das Kind von wichtigen Gemeinsamkeiten der Eltern ausgeschlossen ist, zweitens um die wetteifernde Rivalität des Kindes mit dem gleichgeschlechtlichen Elternteil und drittens um sein Hingezogensein zum andersgeschlechtlichen Elternteil. Der Held jener Sage ist Ödipus, der Sohn des Königspaares von Theben. Schon vor seiner Geburt wird seinen Eltern vorhergesagt, daß er später einmal seinen eigenen Vater töten und seine Mutter heiraten werde. Diesen schrecklichen Orakelspruch nehmen seine Eltern zum Anlaß, um ihn als kleines Kind in der einsamen Wildnis aussetzen zu lassen. Ihre Hoffnung, er werde dort umkommen, erfüllt sich allerdings nicht. Statt dessen wird Ödipus gefunden und von einem anderen Königspaar großgezogen. Als Erwachsener gerät er auf einer Reise nach Theben in einen Streit mit einem alten Mann und tötet diesen. Ohne es zu wissen, tötet er damit seinen leiblichen Vater, den König von Theben. Schließlich erreicht er Theben und erfährt dort, daß ein Ungeheuer die Stadt bedroht und daß derjenige, der dieses Ungeheuer besiegt, zum neuen König ernannt wird und zugleich die Witwe des vorangegangenen Königs zur Gemahlin erhält. Ödipus gelingt es, die Stadt von dem Ungeheuer zu befreien. Er wird dadurch König von Theben und heiratet die Königswitwe, ohne zu wissen, daß es sich hierbei um seine leibliche Mutter handelt.

In dieser Sage spiegeln sich, wie gesagt, wesentliche Elemente der emotionalen Situation, in der sich das Kind im Alter von drei bis sechs Jahren befindet. Dementsprechend wird jene Situation auch als ödipale Situation bezeichnet. Alle Erfahrungen und Phantasien, die das Kind hier macht oder hat, gehen in einen Komplex ein, der von dem Begründer der Psychoanalyse, S. Freud, Ödipus-Komplex genannt wurde. Beim Mädchen heißt dieser Komplex manchmal auch Elektra-Komplex.

Die ödipale Situation endet nach einigen Jahren mit einem emotionalen Umschwung beim Kind: Es sieht schließlich ein, daß es den andersgeschlechtlichen Elternteil nicht für sich erobern kann. Diese Einsicht wird von Gefühlen der Enttäuschung begleitet. Oft erlebt das Kind jetzt sogar vorübergehend Wut und Haß auf den andersgeschlechtlichen Elternteil. Aus seiner Enttäuschung heraus wendet es sich nun wieder vermehrt dem gleichgeschlechtlichen Elternteil zu. Es geht ein Bündnis mit ihm ein und identifiziert sich wenigstens teilweise mit ihm. Dabei übernimmt es zugleich auch viele von dessen Wertvorstellungen.

Spätestens im vierten Lebensjahr werden die eigenen Geschlechtsteile für das Kind zur hauptsächlichen Quelle des Lusterlebens. Damit tritt die genitale Lust in den Vordergrund des Lustbedürfnisses: Die lustvolle Stimulation der eigenen Geschlechtsteile durch Masturbation wird nun zur wichtigsten und intensivsten Form, mit der das Kind sein Bedürfnis nach Lust befriedigt. Darüber hinaus kommt es jetzt beim Kind zu einer vermehrten sexuellen Neugier und zu einem gesteigerten Drang nach sexueller Selbstdarstellung: Es hat nun einen ausgeprägten Wunsch danach, die Geschlechtsteile von anderen Menschen zu sehen. Zugleich entwickelt es auch einen deutlichen Stolz auf seine eigenen Geschlechtsteile und will sie nun gerne immer wieder anderen zeigen.

Die Entwicklung der Geschlechtsidentität verläuft insgesamt gesehen in mehreren Schritten. Schon im zweiten Lebensjahr begreift das Kind, welchem Geschlecht es angehört. In dieser Zeit geht es bereits ein erstes Bündnis mit dem gleichgeschlechtlichen Elternteil ein, um dadurch seine eigene geschlechtliche Identität zu finden und aufzubauen. Dieser Prozeß ist eine wichtige Voraussetzung dafür, daß sich das Kind ungefähr zwei Jahre später auf seine ödipalen Erlebnisse einlassen kann, in denen es sich zu dem andersgeschlechtlichen Elternteil hingezogen fühlt. Den Abschluß der ödipalen Phase bildet wiederum ein Bündnis mit dem gleichgeschlechtlichen Elternteil. Die geschlechtliche Entwicklung des Kindes wird in jener Zeit aber nicht nur durch seine ödipalen Erlebnisse vorangetrieben, sondern auch durch seine sexuelle Neugier und Selbstdarstellung. Im sechsten Lebensjahr führt diese Entwicklung schließlich zu einer deutlichen Festigung der eigenen geschlechtlichen Identität: Das Mädchen erlebt und versteht sich nun eindeutig als ein weibliches Wesen, und der Junge eindeutig als ein männliches.

Die allgemeine Entwicklung zwischen dem vierten und dem sechsten Lebensjahr

Die Entwicklung des Kindes schreitet auch in anderen Bereichen in der Zeit zwischen dem vierten und dem sechsten Lebensjahr weiter voran: Das Kind lernt jetzt sich waschen und sich anziehen, malen und basteln, radfahren und im Haushalt mithelfen. Weiterhin beginnt es in diesem Alter damit, zielbewußt nach Leistung zu streben. Es ist jetzt in der Lage, seine Erfolge mit seiner eigenen Tüchtigkeit in Verbindung zu bringen und Mißerfolge mit eigenem Versagen. So übt es seine Fähigkeiten und erprobt seine Möglichkeiten. Außerdem erforscht es jetzt auch seine Grenzen, und zwar sowohl die Grenzen seines Leistungsvermögens als auch die Grenzen dessen, was ihm von den Eltern erlaubt wird.

In diesem Alter werden Rollenspiele für das Kind sehr wichtig: Hierbei handelt es sich um Spiele, in denen das Kind die Rolle von jemand anderem übernimmt und selbst ausgestaltet – also etwa die Rolle einer Prinzessin oder diejenige von Winnetou, dem großen Indianer-Häuptling. So spielt es beispielsweise mit einer Puppe „Mutter und Kind“, gestaltet zusammen mit anderen Kindern eine

Märchenszene oder erlebt sich selbst im Rollenspiel als Feuerwehrmann oder als Polizist.

Obwohl Spiele an und für sich durch Zweckfreiheit charakterisiert sind, hat das Spielen doch wichtige Funktionen in der Entwicklung des Kindes: So lernen Kinder im Rollenspiel beispielsweise, die Welt der Erwachsenen ein Stück weit mehr zu verstehen. Dabei können sie zugleich auch ihre Kreativität entfalten. Außerdem dienen Rollenspiele nicht selten zur Verarbeitung von emotional belastenden Erlebnissen, die hier dann immer wieder und stets etwas anders durchgespielt werden.

Andere Spiele haben andere Funktionen: Beim Fahrradfahren etwa trainiert das Kind seine Beweglichkeit, sein Reaktionsvermögen und seinen Gleichgewichtssinn; wenn es mit Bausteinen spielt, entwickelt es zugleich seine Erfindungsgabe und seine Fähigkeit zur schöpferischen Gestaltung.

Was die Sprachentwicklung angeht, so erfaßt das Kind im dritten und vierten Lebensjahr auf intuitive Weise die Grundzüge der Grammatik. Es erwirbt jetzt zunehmend die Fähigkeit, in seiner Muttersprache vollständige Sätze zu bilden, die auch grammatikalisch einwandfrei sind.

Im Alter zwischen drei und sechs Jahren entwickelt das Kind die Fähigkeit zum anschaulichen Denken: Es lernt, mit Hilfe von anschaulichen sprachlichen Begriffen und entsprechenden bildhaften Vorstellungen Zusammenhänge zu erfassen und das eigene Verhalten vorauszuplanen. Allerdings erlebt das Kind auch in diesem Alter die Welt noch als magisch: Es geht zwar schon längst nicht mehr davon aus, daß alle Dinge in magischer Weise miteinander verbunden sind, doch statt dessen erfährt es sie nun als in magischer Weise beseelt. So erscheinen dem Kind jetzt die Tautropfen auf einer Blume als Tränen, und der Wind weht, damit die Bäume tanzen können. Selbst Gegenstände wie Tische und Stühle haben für das Kind nun Gefühle und Absichten. In diesem Sinne erlebt es etwa den Tisch, an dem es sich gestoßen hat, jetzt als einen bösen Tisch, der ihm absichtlich weh tun wollte. So ist das anschauliche Denken des Kindes oftmals zunächst doch auch noch ein magisches. Darüber hinaus neigt das Kind in seinem Denken auch noch sehr dazu, seine Erinnerungen oder Erkenntnisse mit seinen Phantasien zu vermischen. So hat es etwa im vierten und fünften Lebensjahr die Vorstellung, daß Mädchen zu Jungen werden können und umgekehrt. Dies gilt auch für die eigene Person – die geschlechtliche Identität festigt sich ja erst mit sechs Jahren. Schließlich begreift das Kind im Alter zwischen vier und sechs den Tod ebenfalls noch nicht als etwas Endgültiges: Wenn jemand stirbt, dann versteht es dessen Tod eher als vorübergehende Abwesenheit, als eine Art Leben unter anderen Bedingungen, von dem der Verstorbene so, wie er war, jederzeit wieder zurückkehren kann.

Im Unterschied zum gewöhnlichen erwachsenen Menschen ist das Kind in den ersten sechs Lebensjahren noch deutlich an das innere archetypische Wissen angeschlossen. Dadurch wird ihm von dort her eine Weisheit zuteil, die den meisten Erwachsenen unzugänglich ist. Diese Weisheit findet manchmal ihren Ausdruck in den Aussprüchen, Fragen und Antworten des Kindes.

Im Alter zwischen drei und sechs Jahren erlangt das Kind zunehmend ein realistisches Selbstbild sowie eine realistische Vorstellung von seinen Eltern: Während des zweiten Lebensjahres hatte es sich selbst großartige Fähigkeiten zugeschrieben und auch seine Eltern idealisiert. Wie schon gesagt wurde, beginnt es bereits im dritten Lebensjahr damit, jene Idealisierungen wieder abzubauen. Es lernt in diesem und in den darauffolgenden Jahren, sich selbst zunehmend realistischer einzuschätzen. Dadurch wandelt es die Größenphantasien, die es über sich entwickelt hatte, nach und nach in ein angemesseneres Selbstbild um. Seine Eltern unterstützen diesen Prozeß, wenn sie ihm ein Gefühl für seine Stärken und Schwächen geben, so beispielsweise, indem sie ihr Kind darin ermutigen, diejenigen Dinge selbst zu tun, die es schon alleine machen kann, während sie ihm zugleich bei denjenigen Tätigkeiten helfen, mit denen es allein überfordert ist.

Weiterhin lernt das Kind jetzt auch, seine Eltern realistischer wahrzunehmen und diese ebenfalls nicht mehr so sehr zu idealisieren. Im Verlauf dieses Prozesses übernimmt es von seinen Eltern manche Verhaltensweisen, die es zuvor idealisiert hatte, in sein eigenes Handlungsrepertoire: Es identifiziert sich jetzt teilweise mit den Eltern-Repräsentanzen, durch die jene Verhaltensweisen in seinem Inneren dargestellt sind. Dadurch bildet es aus diesen Repräsentanzen heraus entsprechende Eltern-Ich-Teilpersönlichkeiten, die dann zu seinem eigenen Ich-Komplex gehören. So kann das Kind nun damit beginnen, jene Verhaltensweisen aus seinem Ich heraus selbst zu verwirklichen, statt sie immer nur bei seinen Eltern zu idealisieren.

Die Entstehung der Ich-Zustände in den ersten sechs Lebensjahren

Ganz allgemein betrachtet bilden sich sowohl die einzelnen Teilpersönlichkeiten des Eltern-Ich-Zustandes als auch diejenigen des Kind-Ichs hauptsächlich im Verlauf der ersten sechs Lebensjahre; die Erwachsenen-Ich-Teilpersönlichkeiten hingegen entwickeln sich erst nach dem sechsten Lebensjahr.

Was die Entstehung der Eltern-Ich-Teilpersönlichkeiten angeht, so bilden sich diese jeweils in zwei Schritten, und zwar durch Beobachtungslernen und durch Identifikationsprozesse: Der erste Schritt besteht hier darin, daß das Kind seine Eltern wahrnimmt und die entsprechenden Beobachtungen im Gedächtnis behält. Jene Beobachtungen fügen sich dort in Komplexe ein, durch die die Eltern des Kindes in seinem eigenen Inneren repräsentiert werden. Im zweiten Schritt identifiziert sich das Kind dann unbewußt oder auch bewußt mit verschiedenen Aspekten jener Eltern-Repräsentanzen und entwickelt auf diese Weise in sich entsprechende Eltern-Ich-Teilpersönlichkeiten. Statt der Eltern können dem Kind für dieses Geschehen auch andere Personen zum Vorbild dienen, und zwar besonders solche, die ihm gegenüber als Stellvertreter der Eltern auftreten. Hierzu gehören beispielsweise die Großeltern oder ein Kindermädchen.

Im einzelnen verläuft die Entstehung der Eltern-Ich-Teilpersönlichkeiten folgendermaßen: Das Kind nimmt zunächst ein bestimmtes Verhalten seiner Eltern wahr, so beispielsweise die Art, wie die Mutter es streichelt, um es zu trösten. Seine Beobachtungen speichert es dabei jeweils in der entsprechenden Eltern-Repräsentanz, also hier in der Repräsentanz seiner Mutter. So erhält es in seinem Inneren eine Abbildung von jenem Verhalten. Irgendwann identifiziert es sich dann mit seiner Mutter in bezug auf das tröstende Verhalten. Dadurch überträgt es in seinem Inneren die Abbildung des tröstenden Verhaltens von der Mutter-Repräsentanz in die Selbst-Repräsentanz. Es verbindet dieses Verhaltensmuster mit seinem eigenen Bedürfnis danach, sich selbst oder auch andere zu trösten. Auf diese Weise entwickelt es in seinem Inneren eine Teilpersönlichkeit, die sowohl jenes Bedürfnis verkörpert als auch jenes Verhalten. Je mehr das Kind das tröstende Verhalten nun auch selbst zeigt und damit einübt, desto weitergehend wird es zu einem festen Bestandteil seines eigenen Verhaltensrepertoires. So entwickelt das Kind durch Identifikation mit der Mutter in sich eine Eltern-Ich-Teilpersönlichkeit, die nach außen hin das von der Mutter übernommene tröstende Verhalten zeigt. Der Anlaß für die Übernahme eines Verhaltens und für die Entstehung einer solchen Teilpersönlichkeit ist dabei jeweils ein eigenes Bedürfnis des Kindes, in diesem Fall also sein Wunsch zu trösten. Die neu entstehende Teilpersönlichkeit entwickelt sich um jenes Bedürfnis herum. Auf diese Weise können auch Sekundärbedürfnisse von den Eltern übernommen werden, insofern sie sich mit den eigenen Bedürfnissen des Kindes vereinbaren lassen: So kann ein Kind beispielsweise von seinen Eltern durch Identifikation das Bedürfnis übernehmen, mit Geld sparsam umzugehen. Es entwickelt dadurch dann in seinem Ich-Komplex eine sparsame Eltern-Ich-Teilpersönlichkeit.

Einige Eltern-Ich-Teilpersönlichkeiten entstehen im Kind als Folge von traumatischen Erfahrungen. Hierbei kommen ebenfalls Identifikationsprozesse zum Einsatz, durch die aus Eltern-Repräsentanzen eigene Teilpersönlichkeiten gebildet werden. Der entscheidende Unterschied besteht jedoch darin, daß in diesem Fall die Identifikation mit den Eltern als ein Abwehrmechanismus auftritt, mit dem das Kind seine Angst vor ihnen zu bewältigen versucht. Als Folge hiervon übernimmt es dann in sein Eltern-Ich gezwungenermaßen Aspekte von seinen Eltern, die seinen eigenen Bedürfnissen widersprechen oder sogar direkt gegen diese gerichtet sind. Wenn die Eltern zum Beispiel ihr Kind ständig in sehr verletzender Weise kritisieren, dann entwickelt es schließlich als Reaktion auf diese traumatische Erfahrung in sich eine Eltern-Ich-Teilpersönlichkeit, aus der heraus es nun selbst sowohl mit sich als auch mit anderen Menschen in ähnlicher Weise umgeht. Haben die Eltern eines Kindes für dessen Sinnlichkeit nur Verachtung übrig, dann können entsprechende traumatische Erfahrungen hier leicht dazu führen, daß das Kind schließlich in sich gezwungenermaßen eine Eltern-Ich-Teilpersönlichkeit bildet, aus der heraus es seine eigene Sinnlichkeit ebenso verachtet, wie dies seine Eltern tun. Solche Eltern-Ich-Teilpersönlichkeiten werden auch Introjekte genannt. Bei den Introjekten handelt es sich zunächst einmal um Forderungen, Verbote und Bewertungen, die das Kind gezwungenermaßen und ungeprüft in sich aufnehmen mußte. Darüber hinaus werden mit diesem Begriff aber auch jene Anteile der eigenen Persönlichkeit bezeichnet, die solche Inhalte verkörpern.

Die Teilpersönlichkeiten des Eltern-Ich-Zustandes entstehen also beim Kind aus der Identifikation mit den Eltern heraus, und zwar entweder unter gutartigen Bedingungen oder unter traumatischen. Demgegenüber entwickelt es die Teilpersönlichkeiten seines Kind-Ich-Zustandes aus sich selbst heraus. Allerdings spielen hier ebenfalls Lernprozesse und Umwelteinflüsse eine wichtige Rolle, und zwar zumindest bei der Ausformung der einzelnen Teilpersönlichkeiten, oft aber auch schon bei ihrer Entstehung. Ebenso wie die Teilpersönlichkeiten des Eltern-Ichs bilden sich diejenigen des Kind-Ichs hauptsächlich während der ersten sechs Lebensjahre. Manche von ihnen sind bereits bei der Geburt vorhanden. Sie bestehen aus den angeborenen Bedürfnissen sowie aus den Empfindungen und den instinkthaften Verhaltensweisen, die mit diesen Bedürfnissen verbunden sind. Ein Beispiel hierfür sind etwa diejenigen Teilpersönlichkeiten, in denen sich das instinktive Bindungsverhalten des Säuglings ausdrückt. Andere Kind-Ich-Teilpersönlichkeiten entstehen hauptsächlich aus dem Kontakt des Kindes mit der materiellen Welt: So bildet sich im Säugling vielleicht eine Teilpersönlichkeit, in der er es genießt, auf der Decke herumzurollen, und eine andere, aus der heraus er gerne an der Decke kaut. Weitere Kind-Ich-Teilpersönlichkeiten erwachsen aus der inneren Entwicklung des Kindes: So entwickelt es mit der Fähigkeit zum anschaulichen Denken für gewöhnlich auch eine kreative, erfindungsreiche Kind-Ich-Teilpersönlichkeit, die immer wieder neue Ideen hat. Wieder andere Teilpersönlichkeiten des Kind-Ich-Zustandes bilden sich im Kontakt mit der sozialen Umwelt, etwa wenn das Kind mit seinen Geschwistern spielt oder sich mit ihnen streitet.

Die Forderungen und Verbote der Erziehungspersonen führen ebenfalls zur Entstehung von Kind-Ich-Teilpersönlichkeiten, wobei das Kind sich hier entweder diesen Forderungen und Verboten anpaßt oder aber gegen sie rebelliert: Auf diese Weise entwickelt das Kind angepaßte oder rebellische Teilpersönlichkeiten. Traumatische Erfahrungen mit den Eltern oder auch mit anderen Menschen schließlich können dazu führen, daß das Kind als Reaktion auf diese Erfahrungen Teilpersönlichkeiten ausbildet, die sehr ängstlich, resignativ, störrisch oder aggressiv sind.

Diejenigen Teilpersönlichkeiten innerhalb des Kind-Ichs, die durch Traumata entstanden sind, können auch als Ersatz-Teilpersönlichkeiten bezeichnet werden. Das gleiche gilt entsprechend für Eltern-Ich-Teilpersönlichkeiten, die sich aus traumatischen Erfahrungen heraus gebildet haben. Ersatz-Teilpersönlichkeiten ersetzen innerhalb des Ich-Komplexes in gewisser Hinsicht jene Teilpersönlichkeiten, die sich unter gutartigen Bedingungen entwickelt hätten.

Konditionierungsprozesse und hier besonders Belohnungen und Bestrafungen führen häufig dazu, daß sich bereits bestehende Kind-Ich-Teilpersönlichkeiten ändern. Die Verhaltensweisen von angepaßten Kind-Ich-Teilpersönlichkeiten beispielsweise werden durch die Eltern oft mit Hilfe von Belohnungen verstärkt oder auch ausdifferenziert. Als Folge hiervon tritt etwa die höfliche Teilpersönlichkeit eines Kindes noch häufiger in Erscheinung und lernt zugleich auch neue Formen des höflichen Umgangs. Daneben spielt das Beobachtungslernen ebenfalls eine wichtige Rolle bei der Entwicklung der Kind-Ich-Teilpersönlichkeiten: Indem das Kind andere Jungen oder Mädchen beobachtet und diese nachahmt, entwickelt es selbst seine eigenen Teilpersönlichkeiten weiter.

Die Entwicklung des Überichs in den ersten sechs Lebensjahren

In den ersten sechs Lebensjahren bildet sich das Überich des Menschen. Hierbei handelt es sich um einen Komplex aus moralischen Regeln, Normen, Verboten und Idealen. Dieser Komplex verzweigt sich sowohl in das bewußte Ich hinein als auch in den unbewußten Bereich der Persönlichkeit. Der unbewußte Teil des Überichs umfaßt alle diejenigen Moralvorstellungen eines Menschen, die der Verdrängung unterliegen. Der bewußte Teil jenes Komplexes wird auch als Gewissen bezeichnet. Er besteht aus den Werten, Regeln, Verboten und Idealen, die uns bewußt sind. Ein spezieller Teil des Gewissens wiederum ist das Idealich. Dieser Komplex umfaßt alle Vorstellungen, die ein Mensch davon hat, wie er selbst gerne werden möchte. Das Idealich wird oft auch als Selbstidealbild oder als Ichideal bezeichnet.

Das Gewissen einschließlich Idealich gehört zum Ich-Komplex. Es bildet sich dort zunächst innerhalb der Teilpersönlichkeiten des Eltern-Ich-Zustandes. Später befindet es sich dann auch in denjenigen des Erwachsenen-Ichs.

Andere Zusammenhänge bestehen zwischen dem Gewissen und der Selbst-Repräsentanz: Der Ich-Komplex setzt sich ja nicht nur aus den verschiedenen Ich-Zuständen zusammen, sondern er beinhaltet zugleich auch die Repräsentanz der eigenen Person. Während nun das Gewissen unsere bewußten Werte, Normen und Ideale umfaßt, enthält die Selbst-Repräsentanz unsere bewußten Vorstellungen von diesen Werten, Normen und Idealen: Wir haben in unserem inneren Bild von uns immer auch Vorstellungen darüber, welche moralischen Werte, Normen und Ideale uns viel bedeuten oder sogar verbindlich für uns sind. Auf diese Weise überschneiden sich das Gewissen und die Selbst-Repräsentanz in gewisser Hinsicht. Dies gilt nicht nur für das Gewissen im allgemeinen, sondern auch für das Idealich im besonderen: So befindet sich unser Selbstidealbild ebenfalls nicht nur in unserem Gewissen, sondern zugleich in unserer Selbst-Repräsentanz.

Das Überich einschließlich Gewissen und Idealich hat einen weitreichenden Einfluß auf unsere Gefühle, unser Denken und unser Handeln. Je nachdem, ob wir darin den Inhalten unseres Überichs entsprechen oder nicht, ruft es in uns solche Reaktionen hervor wie Eigenlob, Selbstkritik, Schuldgefühle, Reue, ein Bedürfnis nach Wiedergutmachung oder ein Verlangen nach Selbstbestrafung. Die Entstehung dieser inneren Reaktionen kann dabei sowohl bewußt ablaufen als auch unbewußt.

Zu einem großen Teil entfaltet das Überich seine Wirkung jedoch noch sehr viel hintergründiger: Es führt nämlich in unserem Erleben und Verhalten oft schon von vornherein zu Einschränkungen, die uns meistens gar nicht bewußt sind. Hier wird unser Erleben und Verhalten direkt vom Überich gesteuert und nicht erst im nachhinein etwa durch Selbstkritik oder Schuldgefühle bewertet. So werden uns zum

Beispiel einerseits viele Bedürfnisse, die durch unser Überich verboten sind, gar nicht erst bewußt. Andererseits leisten wir so manchem Gebot aus unserem Überich ganz automatisch Folge, obwohl es in einem deutlichen Widerspruch zu unseren ureigensten Bedürfnissen steht.

Die Inhalte des Überichs entstehen während der Entwicklung des Kindes auf verschiedene Weise: Praktisch von Geburt an wird das Kind mit elterlichen Verboten und Vorschriften konfrontiert. Diese Konfrontationen führen jeweils zu Konflikten zwischen Eltern und Kind: Das Kind will etwas tun, und die Eltern verbieten es ihm oder schreiben ihm ein anderes Verhalten vor. Spätestens im zweiten Lebensjahr beginnt das Kind damit, die elterlichen Verbote und Vorschriften in sich aufzunehmen und sich zu eigen zu machen. Dadurch verwandelt es die äußeren Konflikte in innere: Die Konflikte bestehen jetzt nicht mehr zwischen dem Kind und seinen Eltern, sondern innerhalb des Kindes zwischen seinen Bedürfnissen und seinem Überich. Viele der elterlichen Vorschriften und Verbote werden dabei alsbald zu selbstverständlichen Bestandteilen des eigenen Gewissens und damit zu Inhalten des Überichs, die dem eigenen Wachbewußtsein leicht zugänglich sind.

Später übernimmt das Kind von seinen Eltern nicht nur Verbote und Vorschriften, sondern auch viele Werte, Normen und Ideale. Dies gilt besonders für das fünfte und sechste Lebensjahr. Gerade in jener Zeit gehen in das Überich des Kindes viele derjenigen Ideale ein, die aus der vorangegangenen Idealisierung der Eltern und auch der eigenen Person stammen: Im zweiten Lebensjahr hatte das Kind sich und seinen Eltern großartige Fähigkeiten zugeschrieben. Im dritten und vierten Lebensjahr erkennt es langsam, daß weder es selbst noch seine Eltern diesen Idealvorstellungen entsprechen. Dennoch enthalten seine großartigen Vorstellungen von sich selbst und den Eltern wichtige Ideale. Aus diesen entwickelt das Kind nun im fünften und sechsten Lebensjahr sein Idealich: Zwar verfügen seine Eltern nicht wirklich über solche großartigen Fähigkeiten, und es selbst auch nicht – aber trotzdem möchte es später einmal jenen Idealvorstellungen doch wenigstens soweit wie möglich nahe kommen. Auf diese Weise erwirbt das Kind seine ersten bewußten Ideale darüber, welche Eigenschaften es entwickeln will oder sollte, um ein rechter Mensch zu werden. So entsteht in ihm das Idealich.

Das Ende der ödipalen Phase markiert einen weiteren wichtigen Abschnitt in der Ausbildung des Überichs: Im sechsten oder im siebten Lebensjahr nimmt das Kind durch Identifikation mit dem gleichgeschlechtlichen Elternteil noch einmal viele neue Inhalte in sein Überich auf, und zwar sowohl Ideale als auch Verbote und Vorschriften.

Nicht immer sind es gutartige Bedingungen, unter denen sich das Überich ausbildet. Viele Verbote und Vorschriften übernimmt das Kind auch durch traumatische Erfahrungen. Diese Inhalte bleiben oft unbewußt. Es lassen sich hierbei drei Formen von Verboten und Vorschriften unterscheiden, und zwar die direkten, die indirekten und die virtuellen. Direkte Verbote und Vorschriften sind solche, bei denen die Eltern dem Kind ausdrücklich sagen, was es zu tun oder zu lassen hat, und bei denen sie ihre Forderungen vermittels Bestrafung durchsetzen, also etwa mit Hilfe von Liebesentzug, durch Erzeugung von Schuldgefühlen oder über die Anwendung von körperlicher Gewalt. Das Kind muß hier in traumatischen Situationen die Verbote oder Vorschriften seiner Eltern übernehmen, um ihre Liebe zu erlangen, seine körperliche Unversehrtheit zu bewahren oder im Extremfall sogar, um überhaupt am Leben zu bleiben. Inhalte, die so in das Überich gelangen, werden auch als Introjekte bezeichnet. Die traumatische Erfahrung, die zur Aufnahme von Introjekten führt, wird immer verdrängt. Die Introjekte selbst fallen entweder ebenfalls der Verdrängung anheim, oder aber sie werden zu Bestandteilen von entsprechenden Eltern-Ich-Teilpersönlichkeiten. Im ersten Fall wirken sie unbewußt, und im zweiten bewußt.

Indirekte Vorschriften und Verbote sind Forderungen an das Kind, die seine Eltern ihm durch die Art vermitteln, wie sie sich ihm gegenüber verhalten. Solche Forderungen werden nicht direkt ausgesprochen, sondern dem Kind in traumatischen Situationen auf nicht-sprachlichem Wege mitgeteilt. Wenn die Eltern ihr Kind beispielsweise immer hart zurückstoßen, sobald es mit ihnen schmusen will, dann teilen sie ihm so auf nonverbale Art mit, daß es ihnen gegenüber nicht zärtlich sein darf. Durch diese traumatische Erfahrung entsteht schließlich in seinem Überich ein Verbot, welches ihm zärtliches Verhalten untersagt. Außerdem verdrängt das Kind durch jenes Trauma oft zugleich auch sein Bedürfnis nach dem Austausch von Zärtlichkeiten. Dadurch bleibt dann das entsprechende Verbot ebenfalls unbewußt: Der betroffene Mensch weiß später als Erwachsener nichts mehr von diesem Verbot, sondern er verspürt einfach nur kein Bedürfnis danach, zärtlich zu sein.

Virtuelle Verbote und Vorschriften entstehen auf doppelt indirekte Weise im Überich des Betroffenen: Indirekte Forderungen werden zwar nicht direkt ausgesprochen, sie ergeben sich aber doch mehr oder weniger direkt aus den jeweiligen traumatischen Erfahrung selbst. Virtuelle Vorschriften und Verbote hingegen resultieren nur indirekt aus den entsprechenden traumatischen Erfahrungen. Wenn ein Mensch beispielsweise als Kind immer wieder von seinen Eltern geschlagen wird, dann blockiert er schließlich in sich das Erleben von Körperempfindungen so weit wie möglich. Dadurch ist er jedoch später als Erwachsener auch in seinem Erleben von sexuellen Lustempfindungen stark eingeschränkt: Obwohl die Schläge in seiner Kindheit nichts mit Sexualität zu tun hatten, haben sie trotzdem letztendlich die gleiche Wirkung, als wäre ihm durch sie das Erleben von sexuellen Lustempfindungen verboten worden. Es gibt zwar in dem Betroffenen kein Verbot, welches ihm das sexuelle Erleben untersagt, aber der Effekt der Schläge ist letztendlich so, als würde doch eines existieren. Deshalb kann dieser Effekt auch als virtuelles Verbot bezeichnet werden.

Indirekte und virtuelle Verbote und Vorschriften entstehen manchmal bereits vor der Geburt. Wenn eine Frau beispielsweise ihre Schwangerschaft ablehnt und versucht, sie durch Hungern zu verbergen, dann teilt sie damit dem Kind in ihr zugleich auf nonverbalem Wege mit, daß sie es eigentlich loswerden will. Eine solche Botschaft kann von dem ungeborenen Kind zwar bei weitem noch nicht bewußt zur Kenntnis genommen werden, aber sie kann sich trotzdem bereits jetzt in sein Gehirn einnisten. So ist das Hungern der Mutter für das Kind in ihr ein schweres vorgeburtliches Trauma, das bei ihm leicht zu einem indirekten Verbot führt, überhaupt zu existieren. Außerdem kann durch jene traumatische Erfahrung in dem Ungeborenen auch bereits eine unbewußte Vorschrift entstehen, die ihm das Essen untersagt. Noch bevor ein solches Kind überhaupt geboren wurde entstehen in ihm hier also bereits die ersten unbewußten Inhalte seines Überichs. In der Kindheit setzt sich das Selbsterhaltungsbedürfnis normalerweise gegen solche unbewußten Inhalte des Überichs durch. Dennoch können sie besonders bei Mädchen in der Pubertät unter bestimmten Umständen aktiviert werden und die jeweils Betroffene dann in eine lebensbedrohliche Magersucht-Erkrankung hineintreiben.

Sowohl vor der Geburt als auch währenddessen und in der ersten Zeit danach sind es zunächst traumatische Erfahrungen, die zur Entstehung von Überich-Inhalten führen. Spätestens im zweiten Lebensjahr beginnt das Kind dann auch damit, unter gutartigen Bedingungen ebenfalls Werte, Normen und Vorschriften in sein Überich aufzunehmen, und zwar durch die Identifikation mit den Eltern. Gegen Ende des sechsten Lebensjahres haben sich die meisten unbewußten Inhalte des Überichs gebildet, und auch der bewußte Teil des Überichs, das Gewissen, stabilisiert sich in dieser Zeit und wird einheitlicher. Die Inhalte des Gewissens befinden sich dabei zunächst im Eltern-Ich-Zustand des Ich-Komplexes. Nach dem sechsten Lebensjahr entwickeln sich aber auch die Erwachsenen-Ich-Teilpersönlichkeiten. Besonders in seiner Jugend übernimmt der Mensch dann viele Inhalte seines Gewissens in diese Teilpersönlichkeiten. Außerdem bildet der Jugendliche nun aus seinem Erwachsenen-Ich heraus auch eigene Normen, Werte und Ideale, die dann ebenfalls zu Bestandteilen seines Gewissens werden. Auf diese Weise führt der Mensch von seiner Jugend an die Entwicklung seines Gewissen selbstverantwortlich weiter – im günstigen Fall das ganze Leben lang.

Der Aufbau des Gewissens in den ersten sechs Lebensjahren und auch darüber hinaus ist zugleich ein wichtiger Bestandteil der Sozialisation. Diese gehört genauso wie in der frühen Kindheit in den darauffolgenden Jahren ebenfalls zur Entwicklung des Menschen mit dazu. Etwa ab dem dritten Lebensjahr sind hier für das Kind nicht nur seine Eltern von Bedeutung, sondern auch die Spielkameraden, oftmals der Kindergarten und später dann auf jeden Fall die Schule. Neben der Ausbildung des Gewissens besteht ein weiterer wichtiger Inhalt der Sozialisation während der ersten sechs Lebensjahre im Erlernen der Muttersprache.

Heranwachsen und erwachsen werden

Auch nach den ersten sechs Lebensjahren hat der Mensch noch viele Entwicklungsaufgaben zu bewältigen, bevor er schließlich erwachsen wird: Seine soziale Entwicklung und die Ausbildung seiner Denkfähigkeit schreiten voran. In der Pubertät erwacht die Sexualität und stellt den Jugendlichen vor die Aufgabe, sie in sein Leben zu integrieren. Schließlich muß er sich von seinem Elternhaus lösen und sowohl arbeitsfähig als auch beziehungsfähig werden.

Die Altersstufe zwischen sechs und zehn Jahren

Ungefähr im Alter von sechs Jahren beginnt das Kind, sich aus seiner Einbindung in die Familie zu lösen. Es kommt nun in die Schule, Freundschaften mit Gleichaltrigen werden ihm immer wichtiger, und es will jetzt häufiger von den Erwachsenen allein gelassen werden.

Der Ich-Komplex des Kindes stabilisiert sich weiter und wird zugleich stärker. Das Kind lernt zunehmend, sich von den eigenen Wünschen und Bedürfnissen innerlich ein Stück weit zu distanzieren und souveräner mit ihnen umzugehen. So wird es nun mehr und mehr fähig, eigene Aktivitäten diszipliniert durchzuführen, ohne sich dabei von jedem Wunsch nach etwas anderem, der in ihm auftritt, sogleich ablenken zu lassen. Außerdem entwickeln sich jetzt in ihm die Anfänge dessen, was im dritten Kapitel als Trotzmacht des Geistes bezeichnet wurde. So kann es sich das Kind nun allmählich leisten, die eigenen Wünsche und Bedürfnisse nicht mehr als den Mittelpunkt der Welt ansehen zu müssen. Es ist jetzt dazu in der Lage, in Anpassung an eine gegebene Situation vorübergehend auf ihre Befriedigung zu verzichten. Weiterhin wird es nun fähig, bezüglich der eigenen Wünsche und Bedürfnisse mit anderen Menschen auch Kompromisse zu schließen.

Der Zuwachs an Ich-Stärke zeigt sich aber noch in einer weiteren Hinsicht: Das Kind hat inzwischen auch gelernt, sich selbst Ziele zu setzen, die es erreichen will, Pläne zu entwickeln, wie diese Ziele verwirklicht werden können, und sein eigenes Verhalten durch solche Pläne und Zielsetzungen zu steuern. Außerdem ist es im Alter von sechs Jahren grundsätzlich dazu bereit, auch solche Aufgaben zu bewältigen, die ihm von anderen gestellt werden – zumindest insofern diese nicht sein eigenes Leistungsvermögen überschreiten. Erfolg und Mißerfolg bei der Bewältigung von Aufgaben haben nun einen entscheidenden Einfluß auf sein Selbstwertgefühl – dies gilt sowohl für selbstgestellte Aufgaben als auch für fremdgestellte. So ist das Kind von diesem Alter an mehr und mehr bestrebt, angefangene Tätigkeiten auch mit ausdauerndem Fleiß zu vollenden. Außerdem wächst nun seine Bereitschaft, Verantwortung zu tragen.

In der Altersstufe zwischen sechs und zehn Jahren lernen Kinder, auf konkrete Weise logisch zu denken: Sie entwickeln jetzt die Fähigkeit, logische Schlüsse zu ziehen – jedoch zunächst nur in bezug auf Denkinhalte, die sie aus ihrer persönlichen Erfahrung kennen. So mag ein Kind in diesem Alter beispielsweise mit dem Satz konfrontiert werden: „Nur Menschen, die schlechte Augen haben, müssen eine Brille tragen." Wenn es nun selbst einen Menschen kennt, der eine Brille trägt, dann ist es alsbald dazu fähig, hier den Schluß zu ziehen, daß jener Mensch wohl schlechte Augen hat. In diesem Sinne beginnen Kinder im Alter zwischen sechs und zehn Jahren damit, das logische Denken einzusetzen, um konkrete Probleme zu lösen.

Außerdem interessieren sie sich jetzt zunehmend in einer tiefergehenden Weise für die konkreten Dinge des Alltags. So versuchen sie zum Beispiel zu verstehen, wie eine Uhr oder ein Auto funktioniert. Auf diese Art überwinden sie schließlich das magische Denken und entwickeln realistischere Vorstellungen von der Welt. Früher oder später lernen sie dabei auch, den Tod als etwas Endgültiges zu akzeptieren: Sie beginnen zu begreifen, daß das eigene körperliche Leben unausweichlich mit dem Tod enden wird.

Ungefähr im Alter von sechs Jahren wird das Kind reif genug, um Erwachsenen-Ich-Teilpersönlichkeiten zu entwickeln: Es vermag jetzt mehr und mehr die Realität mit seinem Verstand in unvoreingenommener Weise zu erfassen und zu prüfen. Außerdem wird es nun zunehmend fähig zu verantwortlichem Handeln. Dadurch wandeln sich viele der bewußten Teilpersönlichkeiten, die bisher in ihm entstanden sind, nach und nach in Erwachsenen-Ich-Teilpersönlichkeiten um. Außerdem sind die meisten neuen Teilpersönlichkeiten, die das Kind von nun an in sich entwickelt, ebenfalls Erwachsenen-Ich-Teilpersönlichkeiten.

Im gemeinsamen Spiel mit anderen Kindern erlangt das Kind im Alter zwischen sechs und zehn Jahren ein Verständnis für Regeln und Normen. Es lernt, vereinbarte Spielregeln einzuhalten, und es macht die Erfahrung, daß das Spiel nicht mehr funktioniert, wenn jemand aufhört, die Regeln zu beachten. Insbesondere Rollenspiele sind auch in diesem Lebensabschnitt weiterhin sehr beliebt: Das Kind erlebt sich im Spiel als Filmstar oder Lehrerin, als Cowboy oder Indianer, als Abenteurer oder Astronaut – und es lernt dabei zugleich, sich als soziales Wesen zu verstehen. Oft entwickeln Kinder jetzt in ihren Spielgruppen ihre ersten Geheimnisse, die besonders vor den Erwachsenen ferngehalten werden müssen, aber auch vor außenstehenden Gleichaltrigen. Die einzelnen Gruppen schaffen sich in ihren Spielen nun eigene Welten, in denen selbsterfundene Regeln gelten und in denen geheime Sprachen, Gesten und Schriften verwendet werden.

Was das Verhältnis der Geschlechter angeht, so kommt es hier in den folgenden Jahren häufig zu einer deutlichen Trennung: Jungen und Mädchen neigen jetzt mehr und mehr dazu, jeweils in eigenen Gruppen zu spielen. Weiterhin unterscheidet sich nun auch die Art und Weise ihres Spielens zunehmend voneinander. Die Gruppen der Jungen haben jetzt oft einen Anführer, der sich seine Position gegenüber den anderen erkämpft hat und der nun den anderen jeweils sagt, welches Spiel gespielt wird und wie es gespielt werden soll. Außerdem gibt es in den Spielen der Jungen fast immer Gewinner und Verlierer. In den Gruppen der Mädchen hingegen gibt es nur selten eine Anführerin, die den anderen einfach Befehle erteilt: Hier macht jedes Mädchen seine Vorschläge, und einer dieser Vorschläge wird dann von der Gruppe aufgegriffen und verwirklicht. Außerdem gibt es bei vielen Spielen, die Mädchen miteinander spielen, keine Gewinner und keine Verlierer.

Sowohl unter den Jungen wie unter den Mädchen gibt es stets welche, die stärker oder geschickter sind als die anderen, und dies wird natürlich auch in den gemeinsamen Spielen deutlich. Doch der Umgang damit ist unterschiedlich: Die Jungen prahlen oft untereinander mit ihren Fähigkeiten und streiten sich darum, wer von ihnen der Beste ist. In der Gruppe der Mädchen hingegen erwarten alle voneinander, daß keines von ihnen mit seinen Fähigkeiten angibt.

Besonders für das Mädchen wird nun auch die persönliche Freundschaft sehr wichtig, die enge Beziehung zu einer einzigen ausgewählten Person von ähnlichem Alter und des gleichen Geschlechts. So wählt sich beinahe jedes Mädchen jetzt ein anderes Mädchen zur besten Freundin und vertieft seine Freundschaft mit ihm, indem es ihm so manches Geheimnis anvertraut.

Innerhalb der Familie kommt es nun ebenfalls zu einer deutlicheren Trennung der Geschlechter: Hier entwickelt sich jetzt die Inzestschranke, jene innerpsychische Barriere, die letztlich darauf ausgerichtet ist, den Geschlechtsverkehr zwischen dem Vater und seiner Tochter sowie zwischen der Mutter und ihrem Sohn zu verhindern. Der Junge lehnt nun zunehmend alle Zärtlichkeitsbezeugungen seitens der Mutter ab, und das Mädchen weicht auf einmal vor allen Liebkosungen durch den Vater zurück. Die Bedeutung dieses Verhaltens liegt darin, daß so beim Kind die geschlechtliche Entwicklung in der Pubertät geschützt werden soll.

Zumindest in unserer Kultur kommen fast alle Kinder im Alter von etwa sechs Jahren in die Schule. Die erste Lehrerin oder der erste Lehrer wird jetzt für das Kind zu einer wichtigen neuen Bezugsperson. Die meisten Kinder lieben ihre erste Lehrerin und wollen von ihr ebenfalls geliebt werden. Darüber hinaus wird das Kind in der Schule sehr direkt mit den Anforderungen, Regeln und Werten konfrontiert, die in seiner Kultur vorherrschen. Die erste Lehrerin ist dabei immer auch eine Verkörperung dieser kulturellen Normen. Je mehr das Kind seine Lehrerin nicht nur liebt, sondern sich auch mit ihr identifiziert, desto leichter gelingt ihm die Anpassung an das Leben in der Schulklasse. Das Kind übernimmt auf diese Weise zugleich viele der neuen Werte, die es nun kennenlernt, in sein eigenes Gewissen. Außerdem entwickelt es jetzt ein deutlicheres Verständnis für seine eigenen Rechte und Pflichten: Es begreift allmählich, welche Stellung es in der Schulklasse innehat – oder auch beispielsweise im Familienverband. Nicht zuletzt erlernt das Kind in der Schule die Basisfertigkeiten seiner Kultur wie insbesondere Lesen, Schreiben und Rechnen.

Der Lehrplan der Schule ist normalerweise hauptsächlich ausgerichtet auf das Training des Verstandes und auf die Aneignung von Wissen. Dennoch übt das Kind hier zugleich auch neue Arten des sozialen Verhaltens ein: Je nach den konkreten Bedingungen, auf die es in seiner Schule trifft, lernt es dabei eher Kooperation oder eher Konkurrenz. Von seinen Lehrern erfährt es Zuwendung und Unterstützung oder aber Leistungsdruck, Schikanen und Kränkungen. Im Umgang der Schulkinder untereinander findet sich die gesamte Bandbreite sozialen und asozialen Verhaltens, von Freundschaft und Hilfsbereitschaft über Rivalität und Ausgrenzung bis hin zu Erpressung und körperlicher Gewalt.

Schließlich werden in der Schule auch diejenigen grundlegenden Fähigkeiten eingeübt, die der Mensch später einmal für die Ausübung eines Berufes braucht. Hierbei handelt es sich etwa um Disziplin, Ausdauer, Konzentrationsfähigkeit und logisches Denken. Indem der Schüler solche Fertigkeiten trainiert, erlangt er während der Schulzeit ganz allgemein die Kompetenz, später einmal durch Arbeit seinen Lebensunterhalt zu verdienen. Oft werden die genannten Fähigkeiten allerdings in den Schulen auf eine Art trainiert, die für die Entwicklung des Kindes insgesamt gesehen nicht nur förderlich ist, sondern zugleich auch schädlich: So lernen in unserer Kultur die meisten Schüler Disziplin auf Kosten von Bewegungsfreude, Ausdauer auf Kosten von Neugierde, Konzentrationsfähigkeit auf Kosten von Phantasie und logisches Denken auf Kosten von Kreativität.

Die Altersstufe zwischen zehn und sechzehn Jahren

Etwa ab dem Alter von zehn Jahren entwickelt das Kind die Fähigkeit zum abstrakten Denken. Es kann jetzt zunehmend mit Abstraktionen umgehen und ist dadurch in seinem logischen Denken immer weniger an konkrete Sachverhalte gebunden, die sich auf sichtbar und greifbar vorliegende Gegebenheiten beziehen. So können die meisten Kinder im Alter von zwölf Jahren beispielsweise mit folgenden abstrakten Sätzen etwas anfangen: „Alle A sind zugleich auch B" und „M ist ein A". Sie sind dazu in der Lage, aus diesen Sätzen logisch zu schließen: „M ist zugleich auch ein B". In den folgenden Jahren lernen Kinder außerdem zunehmend, mit sachlichen Problemen umzugehen. Sie können solche Probleme alsbald in Gedanken selbständig analysieren, zu den Problemen dann Vermutungen über mögliche Lösungen entwickeln und jene Vermutungen schließlich auf ihre Richtigkeit hin überprüfen.

Was die soziale Entwicklung angeht, so bilden sich bei den Jungen und Mädchen ab dem Alter von ungefähr zehn Jahren in den einzelnen Schulklassen jeweils differenzierte Rangordnungen: Hier nehmen bei den Jungen für gewöhnlich diejenigen eine Spitzenposition ein, die über die meiste körperliche Kraft verfügen, und bei den Mädchen diejenigen, die am schönsten sind oder sich am hübschesten kleiden. Darüber hinaus gibt es aber auch noch andere Eigenschaften, die den Jungen oder Mädchen ebenfalls zu einer hohen Position in ihrer Rangordnung verhelfen können. Hierzu gehören etwa Zuverlässigkeit, Hilfsbereitschaft und gute Schulleistungen. An die unteren Enden der Rangordnungen werden jeweils diejenigen Kinder gedrängt, die ängstlich, ungepflegt oder körperlich schwach sind, sowie diejenigen, die zu feindseligem Verhalten neigen oder nur schlechte Schulleistungen erbringen. Fast alle Schüler und Schülerinnen streben danach, eine möglichst hohe Position in ihrer jeweiligen Rangordnung einzunehmen und zu bewahren. Daher kommt es häufig zu Positionskämpfen, die bei den Jungen meistens durch Raufereien ausgetragen werden und bei den Mädchen eher durch Demonstration von Besitz oder Erfahrung. Manche derjenigen Schulkinder, die in solchen Kämpfen wiederholt verlieren, versuchen schließlich, ihren Rangplatz dadurch zu verbessern, daß sie die Aufmerksamkeit der anderen durch albernes oder tollkühnes Verhalten auf sich lenken.

Die Rangordnung selbst hat jedoch für Mädchen und Jungen jeweils eine ganz unterschiedliche Bedeutung: Für den gewöhnlichen Jungen ist der Status, der hohe

Platz in einer Rangordnung, bereits an und für sich etwas sehr Wichtiges und Erstrebenswertes. Fast jeder Junge strebt hier danach, möglichst vielen anderen Jungen überlegen zu sein. Für Mädchen hingegen ist die emotionale Nähe untereinander viel wichtiger. So gewinnt ein Mädchen bei den anderen schnell an Ansehen, wenn es hilfsbereit ist und vertrauenswürdig – und damit Eigenschaften zeigt, die es den anderen Mädchen leicht machen, in der Beziehung zu ihm emotionale Nähe zu verwirklichen.

Die meisten Jugendlichen verbringen in den folgenden Lebensjahren viel Zeit in Peergroups, also in den Gruppen der Gleichaltrigen. Die Gleichaltrigen werden für sie nun zu einer immer bedeutenderen Quelle von sozialer Anerkennung und emotionaler Unterstützung. In den Peergroups finden sich die Jugendlichen einerseits zusammen, um gemeinsam etwas zu unternehmen. Andererseits tauschen sie sich in diesen Gruppen auch über ihre Erfahrungen aus. Hier sprechen sie über die Themen, die ihnen wichtig sind, und hier setzen sie sich gemeinsam mit den Schwierigkeiten auseinander, die das Erwachsenwerden beinhaltet. Schließlich erproben sie in solchen Gruppen neue soziale Fähigkeiten, und sie beziehen von dort her auch neue Maßstäbe für ihr Verhalten. Es bildet sich dabei in jeder Peergroup eine Hierarchie von Werten aus, die für alle Mitglieder verbindlich ist. An der Spitze dieser Hierarchie stehen für gewöhnlich solche Werte wie Gerechtigkeit, Kameradschaft, Wahrhaftigkeit, Mut und Treue. Das emotionale Eingebundensein in die Peergroup befähigt die Jugendlichen dazu, sich gefühlsmäßig wieder ein Stück weiter von ihren Eltern zu lösen. Außerdem entwickeln sie jetzt auch gegenüber ihren Lehrern mehr und mehr eine distanzierte Haltung. Allerdings finden nicht alle Jugendlichen eine Peergroup für sich: Einige ziehen sich auch eher in die Einsamkeit zurück, als daß sie sich einer Gruppe von Gleichaltrigen anschließen. Sie werden einzelgängerisch und setzen sich hauptsächlich alleine mit den Schwierigkeiten und Problemen auseinander, die das Erwachsenwerden mit sich bringt.

Auch in den Peergroups zeigen sich einige wichtige Unterschiede zwischen Jungen und Mädchen: Den Mädchen ist hier das Gespräch miteinander viel wichtiger als den Jungen, während bei den Jungen in den Peergroups oft die Tat im Vordergrund steht, also das, was sie miteinander unternehmen. Außerdem ist die Gruppe der Jungen für gewöhnlich sehr viel deutlicher hierarchisch strukturiert: Es gibt dort in der Regel einen Anführer, dem die anderen zubilligen, daß er ihnen sagt, was sie zu tun haben und wie sie es tun sollen. In den meisten Mädchen-Peergroups hingegen herrscht eher Gleichheit: Hier macht jedes Mädchen einerseits Vorschläge und ist andererseits auch bereit, Vorschläge von den anderen aufzugreifen.

Ganz allgemein entwickeln Jugendliche im Alter zwischen zehn und sechzehn Jahren eine Vielzahl von Fähigkeiten, die sehr deutlich auf die äußeren Realitäten des alltäglichen Lebens bezogen sind: Sie erwerben jetzt die Kompetenz, langfristig zu planen, ihre Pläne mit Ausdauer zu verwirklichen sowie Schwierigkeiten vorherzusehen und zu überwinden. Auch sind sie schon bald dazu in der Lage, auf neuartige Situationen schnell und angemessen zu reagieren und aus ihren Fehlern zu lernen. Gerade für die modernen Industriegesellschaften gilt allerdings, daß die Jugendlichen in jenem Alter hier oft nur wenig Gelegenheiten erhalten, um solche Fähigkeiten auch anwenden zu können.

Die Pubertät

Irgendwann im Alter zwischen zehn und sechzehn Jahren beginnt die Pubertät. Hierbei handelt es sich um jenen Reifungsprozeß, durch den das Mädchen seine Fruchtbarkeit erlangt und der Junge seine Zeugungsfähigkeit. Dieser Prozeß wird vom Gehirn über verschiedene Hormone gesteuert und setzt beim Jungen im Durchschnitt etwa zwei Jahre später ein als beim Mädchen. Die Pubertät geht mit mehreren körperlichen und seelischen Veränderungen einher, die für beide Geschlechter unterschiedlich sind: Bei den Mädchen entwickeln sich zunächst die Brüste, während bei den Jungen als erstes der Penis und die Hoden größer werden. Außerdem kommt es bei den Jungen in dieser Zeit zu einer deutlichen Entwicklung der Muskulatur und damit zu einer entsprechenden Steigerung der körperlichen Kraft – die Jungen sind und bleiben von nun an den Mädchen an physischer Stärke überlegen. Die Mädchen hingegen gleichen ihre Unterlegenheit in der Grobmotorik durch eine Überlegenheit in der Feinmotorik aus: Sie sind und bleiben den Jungen deutlich überlegen, wenn es um ganz feine Handgriffe geht, die mit großer Genauigkeit ausgeführt werden müssen.

Viele Jungen erfahren am Anfang ihrer Pubertät nicht nur einen deutlichen Zuwachs an körperlicher Kraft, sondern zugleich auch eine gesteigerte Abenteuerlust: Sie verbringen nun ihre Freizeit vermehrt damit, auf Bäumen herumzuklettern, über Lagerfeuer zu springen, Äpfel zu stehlen und andere Streiche zu begehen. Besonders in den modernen Großstädten kann die gleiche Abenteuerlust den Jugendlichen allerdings auch zu Handlungen verführen, die an der Grenze zur Kriminalität liegen.

Mädchen geraten zu Beginn ihrer Pubertät leicht ins Schwärmen: Viele von ihnen verlieben sich nun in Schauspieler oder Popstars, die für sie unerreichbar sind, und geben sich innerlich immer wieder erotischen Tagträumen hin, die von ihnen selbst und ihrem auserwählten Idol handeln. Sie wissen dabei während solcher Schwärmereien in der Regel ganz genau, daß ihre Phantasien wohl nie Wirklichkeit werden.

Das Tagträumen ist allerdings in diesem Alter nicht nur eine Spezialität der Mädchen. Es tritt sowohl bei Mädchen als auch bei Jungen auf, und zwar jeweils besonders in solchen Situationen, in denen sich die Betreffenden einsam fühlen oder in denen sie sich langweilen. Doch während die Tagträume der Mädchen hauptsächlich von erotischen Sehnsüchten und deren Erfüllung handeln, beziehen die gleichaltrigen Jungen ihre Tagtraum-Themen zunächst vorzugsweise aus Kriminalgeschichten, Abenteuerromanen oder Science-Fiction-Filmen. Beiden Geschlechtern gemeinsam ist die Funktion, die das Tagträumen für die Betreffenden hat: Diese besteht in erster Linie darin, das eigene Selbstwertgefühl zu erhöhen. Die tagträumende Person kann dabei auf zwei verschiedene Arten in ihre eigenen Phantasien eingehen: Sie tritt dort entweder als sie selbst auf, nur eben mit besonderen Fähigkeiten und Möglichkeiten ausgestattet, oder aber sie identifiziert sich mit einer anderen Person, einem mutigen Helden etwa, oder einer schönen Prinzessin, und erlebt sich dann in deren Rolle.

Die Pubertät beginnt, wie schon gesagt, beim Mädchen zunächst mit der Entwicklung der Brüste und beim Jungen damit, daß sein Penis und seine Hoden größer werden. Etwa ein bis drei Jahre später bekommt das Mädchen dann seine erste Menstruation und der Junge seinen ersten Samenerguß. Alle diese körperlichen Veränderungen sind das Resultat einer Umstellung im Hormonsystem. Diese Umstellung zielt auf das Erreichen der Geschlechtsreife ab und verläuft über eine Aktivierung der entsprechenden Drüsen: Die Hoden und die Eierstöcke bilden ab der Pubertät sehr viel größere Mengen von Geschlechtshormonen als in der Kindheit. Auf diese Weise erwacht im Jugendlichen der sexuelle Fortpflanzungstrieb und damit zugleich das Bedürfnis nach Sexualität, also das Verlangen nach gegenseitiger sexueller Stimulation und nach sexueller Entladung im Orgasmus. Außerdem verändert sich durch die Umstellung im Hormonsystem auch die Qualität der Lust, die der Mensch über seine Geschlechtsteile erlebt: Sie verwandelt sich von der genitalen Lust zur sexuellen, die im Orgasmus ihren Höhepunkt findet. Die gesamte Entwicklung der Pubertät beginnt dabei für das Mädchen im Durchschnitt zwei Jahre früher als für den Jungen, und sie findet für das Mädchen auch zwei Jahre eher ihren Abschluß.

Das neu erwachende sexuelle Bedürfnis wird zunächst normalerweise weder vom Mädchen noch vom Jungen in seinem vollen Umfang verwirklicht. Es findet stattdessen vorläufig nur eine teilweise Befriedigung in der Masturbation, oder es bleibt sogar eine Zeit lang weitgehend unbefriedigt. Als Folge hiervon steigt zumeist im Inneren des Jugendlichen der sexuelle Bedürfnisdruck an und stellt den Pubertierenden vor die Aufgabe, das neu erwachte sexuelle Verlangen in sein Gefühlsleben zu integrieren. Diese Integration geschieht häufig mit Hilfe von sexuellen Tagträumen, die der Jugendliche jetzt in sich entwickelt. Die bereits geschilderten Schwärmereien des Mädchens und die damit verbundenen erotischen Phantasien sind für gewöhnlich schon ein Ausdruck des eigenen sexuellen Erwachens, das ja beim Mädchen etwa zwei Jahre eher stattfindet als beim Jungen. Damit dienen jene Tagträume dem Mädchen nicht nur der Erhöhung des eigenen Selbstwertgefühls, sondern daneben auch zur Integration seiner neu erwachten Sexualität. Sobald der Junge mit seinem sexuellen Verlangen konfrontiert ist, bekommen seine Phantasien ebenfalls zunehmend sexuelle Inhalte.

Die Integration der eigenen Sexualität kann zwar durch entsprechende Tagträume erleichtert werden, sie wird aber oft auch behindert durch strenge Anforderungen und Wertvorstellungen, die von den eigenen Eltern ausgehen, sowie auch von dem weiteren sozialen Umfeld. Außerdem erhalten viele Jugendliche nur wenig sachliche Informationen über Sexualität und finden keine Möglichkeit, über dieses

Thema mit Erwachsenen zu sprechen. Solche Umstände machen es den Betroffenen dann eher schwer, ihre sexuellen Bedürfnisse in die eigene Persönlichkeit zu integrieren.

Während der Jugendliche darum ringt, seine neu erwachte Sexualität zu integrieren, wird zugleich seine äußere Erscheinung für ihn sehr wichtig: Mädchen und auch Jungen experimentieren jetzt mit ihrer Kleidung und ihrer Frisur, mit Schmuck und Parfüm. Die richtige Wahl gewinnt hierbei schnell an Bedeutung: Sie hat in Übereinstimmung mit den ungeschriebenen Gesetzen der Peergroup zu geschehen, außerdem soll sie oftmals zugleich auch eine Abgrenzung gegenüber der etablierten Erwachsenenwelt ausdrücken, und nicht zuletzt hat sie die Aufgabe, die eigene Attraktivität für das andere Geschlecht zu erhöhen.

In dieser Entwicklungsphase entsteht im Jugendlichen nämlich auch das Bedürfnis zur erotischen Liebe: Jeder Jugendliche hat ein tiefes Verlangen danach, seine nun erwachte Sexualität nicht einfach nur mit irgendeinem Menschen des anderen Geschlechtes zu verwirklichen, sondern mit einer Person, die er zugleich auch liebt. Dieses Verlangen führt bei ihm erst einmal zu sehr ausgeprägten Sehnsüchten nach einem entsprechenden Partner. Hierbei handelt es sich um einen etwa gleichaltrigen Menschen, der nicht nur in der Regel vom anderen Geschlecht ist, sondern der darüber hinaus auch noch jeweils einem ganz bestimmten Typus angehört. Jeder Jugendliche entwickelt in seiner Phantasie ein inneres Bild, das den ersehnten Typus darstellt. Dieses Bild entspringt dem unbewußten Anima- oder Animus-Komplex des Betreffenden und wird dementsprechend auch als Anima-Bild oder als Animus-Bild bezeichnet. Es steht für gewöhnlich im Gegensatz zur bewußten Persönlichkeit des jeweiligen Jugendlichen. So entsteht beispielsweise, was den männlichen Heranwachsenden angeht, in einem kräftigen Sportler oftmals das Anima-Bild einer zarten Elfe, während sich der schüchterne Junge eher nach einer selbstbewußten Amazone sehnt und der intellektuelle Jugendliche nicht selten das Anima-Bild einer leidenschaftlichen Frau entwickelt. Das gleiche gilt in entsprechender Weise auch für das heranwachsende Mädchen und sein Animus-Bild.

Oft, aber nicht immer, verliebt sich der Jugendliche in einen Menschen, der von seinen Eigenschaften her dem eigenen inneren Anima- oder Animus-Bild ähnlich ist. Er projiziert dabei zugleich auch dieses innere Bild auf den betreffenden Menschen und wird dadurch von jener Person dann regelrecht fasziniert.

Die Sehnsüchte des Pubertierenden nach einem Liebespartner sind häufig keineswegs sofort auf Sexualität ausgerichtet. Dies gilt auch für die ersten Kontakte und Liebesbeziehungen, die aus jenen Sehnsüchten erwachsen: Der andersgeschlechtliche Partner ist zunächst hauptsächlich Bezugspunkt für die eigenen Liebesgefühle. Früher oder später bekommen die entsprechenden Liebesbeziehungen aber auch eine sexuellen Dimension. Die Partner verwirklichen und erforschen nun ihre Sexualität Schritt für Schritt. Hierbei liegen in der Regel mehrere Jahre zwischen den ersten Küssen, die der Jugendliche in einer Liebesbeziehung austauscht, und dem ersten Geschlechtsverkehr, der oft gar nicht in derselben Liebesbeziehung stattfindet, sondern in einer der darauf folgenden. Sowohl das Mädchen als auch der Junge brauchen diese Zeit, um mit den eigenen sexuellen Wünschen und Reaktionsweisen vertraut zu werden und auch diejenigen des Partners langsam kennenzulernen.

Allerdings gibt es hier auch einige Unterschiede zwischen den beiden Geschlechtern, die besonders dann deutlich werden, wenn der oder die Jugendliche den ersten Geschlechtsverkehr bereits vollzogen hat: Dem heranwachsenden Mädchen ist es nun für gewöhnlich auch weiterhin wichtig, daß seine zwischenmenschliche Sexualität jeweils in einer Liebesbeziehung stattfindet. Für viele heranwachsende Jungen hingegen wird der Geschlechtsverkehr mit einem Mädchen, und vor allem mit einem schönen Mädchen, alsbald auch zu einem Weg, um sich selbst in ihrer Männlichkeit zu beweisen und um bei anderen Jungen Anerkennung zu finden. So brauchen manche Jungen ein Mädchen überhaupt nicht zu mögen, um mit ihm schlafen zu wollen.

Während der Pubertät entwickelt der Jugendliche auch eine erste Weltanschauung, die ihm eine Orientierung in der Welt der Erwachsenen ermöglichen soll. Diese Weltanschauung kann mehr oder weniger differenziert sein und auch mehr oder weniger extrem. Ihr Schwerpunkt liegt meistens in der Politik, in der Philosophie oder in der Religion. Oft sind mit einer solchen Weltanschauung auch neue Werte verbunden, die sich der Jugendliche nun zu eigen macht – oder aber sie dient ihm dazu, bereits vorhandene Werte zu bestätigen und zu festigen. Je unsicherer der Jugendliche dabei in seinen neuen Überzeugungen ist, desto überheblicher vertritt er sie zumeist nach außen hin.

Die Ablösung von den Eltern schreitet in der Pubertät weiter voran und bringt hier oft Konflikte mit sich: Der Jugendliche möchte jetzt einerseits selbständig und unabhängig werden, andererseits aber nur ungern schon die Geborgenheit und Fürsorge aufgeben, die er in seinem Elternhaus findet. Die Ablösung von den Eltern macht es nun jedoch erforderlich, daß er besonders auch sein Bündnis mit dem gleichgeschlechtlichen Elternteil lockert, jenes Bündnis, das seit dem Ende der ödipalen Entwicklungsphase besteht. Außerdem sollte er spätestens jetzt sowohl die Fähigkeit als auch die Bereitschaft entwickeln, die Verantwortung für sich und sein Handeln selbst zu übernehmen. Es gilt nun für den Jugendlichen, innerlich so stabil zu werden, daß er unabhängig von der emotionalen Einbettung in seine Herkunftsfamilie leben und handeln kann. So steht der Mensch jetzt wieder einmal vor der Aufgabe, in der Stabilität seines Ichs eine höhere Stufe zu erreichen.

In vielerlei Hinsicht entwickelt der Jugendliche jetzt andere Ansichten und Wertvorstellungen und auch andere Verhaltensmuster als seine Eltern. Trotzdem bleibt er noch einige Jahre hin und her gerissen zwischen seinem wachsenden Bedürfnis nach Unabhängigkeit von den Eltern und seinem weiterhin bestehenden Verlangen nach Verbundenheit mit ihnen. Aus dieser inneren Zerrissenheit resultiert in vielen Fällen ein widersprüchliches Verhalten, durch das seine Eltern häufig irritiert werden: Es kommt jetzt zu ausgeprägten Spannungen zwischen dem Pubertierenden und seinen Eltern, die immer wieder zu gegenseitigen Kränkungen führen.

Die dargestellte innere Zerrissenheit des Jugendlichen hat in gewisser Hinsicht eine große Ähnlichkeit mit der Wiederannäherungskrise aus der frühen Kindheit. In beiden Entwicklungsphasen besteht ein starker innerer Konflikt zwischen dem Verlangen nach Nähe und dem Bedürfnis nach Eigenständigkeit. So ist das archetypische Motiv des Drachenkampfes nicht nur ein Symbol für die Wiederannäherungskrise, sondern ebenso eines für die Zerrissenheit des Pubertierenden. Der Held dieses Kampfes ist hier ebenfalls der betroffene Mensch selbst, in diesem Fall also der Jugendliche. Die von ihm zu bewältigende Aufgabe allerdings ist dieses Mal eine doppelte: Sie bezieht sich nicht nur auf die Ablösung von den Eltern, sondern auch auf die Integration der bereits erwachten Sexualität. Der Drache verkörpert auch hier die Unsicherheiten und Ängste, die für den Pubertierenden mit diesen Aufgaben verbunden sind. Der zu erringende Schatz besteht jetzt in einem stabilisierten Ich, das den Jugendlichen dazu befähigt, eine Liebesbeziehung mit einem gleichaltrigen Partner des anderen Geschlechts einzugehen und in dieser Beziehung die eigene Sexualität auf liebevolle Weise zu verwirklichen.

Die Adoleszenz

Zwischen der Pubertät und dem eigentlichen Erwachsensein liegt noch eine weitere Altersstufe, die auch als Adoleszenz bezeichnet wird. Das Ende seiner Jugend stellt den Menschen vor die Aufgabe, eine mehr oder weniger eigenständige Position innerhalb der Gesellschaft einzunehmen. Diese Position erwirbt der junge Mensch oft in der Weise, daß er einen bestimmten Beruf ergreift oder eine spezielle berufsbezogene Ausbildung beginnt, etwa eine Lehre oder ein Studium. Wenn der junge Mensch bereits in einer Partnerschaft lebt und beide Partner vielleicht sogar schon ein Kind haben, dann kann er sich seine gesellschaftliche Position auch dadurch schaffen, daß er in dieser Partnerschaft den Haushalt führt und für das eventuell vorhandene Kind sorgt.

Der anstehende Einstieg in das Berufsleben wird vom jungen Menschen meistens mit gemischten Gefühlen erlebt: Auf der einen Seite ist er begierig, seine Fähigkeiten in der realen Arbeitswelt zu erproben und dort allmählich als Erwachsener Anerkennung zu finden; auf der anderen Seite sieht er dem Schritt hinaus in die Arbeitswelt oft aber auch ängstlich entgegen.

Was die Wahl des Berufes angeht, so stehen einem großen Teil der Jugendlichen viele Möglichkeiten offen. Dies hat den Vorteil, daß der einzelne sich jeweils für denjenigen Beruf entscheiden kann, der seinen Wünschen, Neigungen und Fähigkeiten am ehesten entspricht. Zugleich bringt die Möglichkeit der freien Berufswahl aber oft auch eine Zeit der Unsicherheit mit sich: Der Jugendliche verfügt selten über ausreichend Informationen, um eine Entscheidung zu treffen, die auch nur annähernd sicher ist – und jede Festlegung auf einen Beruf schließt viele andere Berufsmöglichkeiten aus. Trotzdem oder vielleicht gerade deshalb wird die Berufsentscheidung von vielen unterschiedlichen Faktoren bestimmt: Hierzu gehören die eigenen Interessen und Fähigkeiten ebenso wie die zukünftigen Verdienstmöglichkeiten in verschiedenen Berufen, die Hoffnung auf Erfolg und die Angst vor Versagen, Erwartungen der Eltern und die Berufswahl von Freunden.

In nicht wenigen Fällen ist die Entscheidung für einen bestimmten Beruf oder für eine bestimmte Position innerhalb der Gesellschaft aber auch bereits mehr oder weniger vorgegeben, und zwar entweder durch die Erwartungen der Eltern oder durch gesellschaftliche Bedingungen: Von manchem Jungen wird geradezu verlangt, daß er später einmal das Geschäft seines Vaters übernimmt, und von vielen Mädchen wird wie selbstverständlich erwartet, daß sie später einmal heiraten und dann den Haushalt führen sowie Kinder bekommen und diese großziehen. Andere Jugendliche haben auf Grund der gesellschaftlichen Bedingungen nur wenig Chancen, eine Arbeit zu finden: Sie werden geradezu in die Arbeitslosigkeit gezwungen und damit oftmals gleichzeitig auch an den Rand der Gesellschaft gedrängt. Dies gilt besonders für jene Menschen, die in der Schule, aus welchen Gründen auch immer, versagt haben.

Neben der beruflichen Entscheidung steht am Ende der Jugendzeit ebenfalls die Entscheidung bezüglich eines Lebensgefährten an: Viele Jugendliche wählen sich früher oder später einen bestimmten Partner, den sie dann auch heiraten oder an den sie sich zumindest dauerhaft binden. Andere bleiben alleinlebend, oft mit wechselnden, vorübergehenden Partnerschaften; manche werden aber auch zu Einzelgängern, oder sie entscheiden sich für eine alternative Lebensform, beispielsweise für das Leben in einer Kommune.

Mit der Entscheidung bezüglich eines Lebensgefährten ist zugleich noch eine andere Entwicklungsaufgabe mehr oder weniger eng verbunden. Und zwar gilt es nun, die Fähigkeit zu tiefen und dauerhaften Bindungen zu verwirklichen. Hier geht es nicht mehr nur darum, eine Liebesbeziehung zu einen gleichaltrigen Partner des anderen Geschlechts einzugehen und in dieser Beziehung die eigene Sexualität auf liebevolle Weise zu leben. Sondern die entscheidende Aufgabe besteht jetzt darin, einer solchen Beziehung auch Tiefe und Dauerhaftigkeit zu verleihen. Hierzu muß der Jugendliche lernen, sich sowohl gefühlsmäßig als auch verantwortlich auf einen anderen Menschen einzulassen. Er muß fähig werden, diesem Menschen offen und vertrauensvoll zu begegnen und mit ihm auch schwierige Situationen gemeinsam durchzustehen. Außerdem muß er lernen, in einer solchen Beziehung nicht nur die eigenen Bedürfnisse und Wünsche einzubringen, sondern auch diejenigen des Partners zu berücksichtigen. Die Bewältigung dieser Entwicklungsaufgabe nimmt in der Regel viele Jahre in Anspruch und erstreckt sich für gewöhnlich bis in die Zeit des jungen Erwachsenenalters. Die Fähigkeit zu tiefen und festen Bindungen, die der junge Mensch so erwirbt, ist dabei nicht nur für das Gelingen von Liebesbeziehungen wichtig, sondern auch für die Aufrechterhaltung von engen Freundschaften.

Im Übergang zum Erwachsenenalter trifft der Jugendliche wichtige berufliche und partnerschaftliche Entscheidungen für seinen weiteren Lebensweg. Mit diesen Entscheidungen prägt er zugleich seine Identität. Doch auch darüber hinaus ist die

Auseinandersetzung mit der eigenen Person am Ende der Jugendzeit ein wichtiges Thema für den Heranwachsenden: Er steht nun ganz allgemein vor der Aufgabe, gültige und brauchbare Antworten auf die Fragen zu finden, wer er ist und welches sein Weg im Leben sein soll. Diese Auseinandersetzung mit der eigenen Identität wird oft auch als Selbstfindung bezeichnet. Sie wurde als erstes von dem Psychoanalytiker E. Erikson ausführlicher erforscht. In ihr geht es für den Jugendlichen darum herauszufinden, wer er selbst ist, welches seine Stärken und Schwächen sind, welche Wünsche er hat und an welchen Werten er sich orientieren will. Der Jugendliche muß sich nun zunehmend über seinen bisherigen Lebensweg klar werden und zugleich Erwartungen und Ziele für seine Zukunft entwickeln. Dieses Ringen um die eigene Identität beginnt in der Regel schon vor den beruflichen und partnerschaftlichen Entscheidungen, es schließt diese immer mit ein, und es erstreckt sich meistens auch noch darüber hinaus bis weit in das Erwachsenenalter. Oft findet der Jugendliche dabei zu seiner Identität, bevor er die Fähigkeit zu tiefen und dauerhaften Bindungen erwirbt, manchmal ist es aber auch gerade umgekehrt.

Ihren Anfang nimmt die Entwicklung der Identität im Grunde genommen bereits in der frühen Kindheit. So entdeckt der Mensch beispielsweise schon im zweiten Lebensjahr, welchem Geschlecht er angehört, und beginnt auf diese Weise bereits in jenem Alter damit, seine geschlechtliche Identität auszubilden. Dennoch liegt die entscheidende Phase der Identitätsfindung in der Adoleszenz, also am Ende der Jugendzeit.

Die wichtigste Voraussetzung für die Auseinandersetzung des Jugendlichen mit seiner Identität ist die Fähigkeit zur Selbstreflexion, also die Fähigkeit, aus einem inneren Abstand heraus kritisch über sich selbst nachdenken zu können. Diese Fähigkeit wird erst während der Pubertät entwickelt und kommt dann auch sogleich zur Anwendung: Die meisten Jugendlichen ziehen sich schon während der Pubertät und erst recht während der Adoleszenz immer wieder einmal zurück, um alleine zu sein und unbeeinflußt von anderen über sich nachzudenken. Viele von ihnen suchen hier darüber hinaus aber auch das Gespräch mit vertrauten Gleichaltrigen oder sogar mit ausgewählten Erwachsenen, deren Meinung ihnen wichtig ist.

Die konkreten Inhalte, um die es bei der Selbstfindung geht, sind vielfältig: Im Kontakt mit Gleichaltrigen wird dem Jugendlichen deutlich, welche Art von Beziehungen und Freundschaften er eingehen will und welche er vermeiden möchte. Das Erwachen der Sexualität konfrontiert ihn früher oder später mit der Frage, auf welche Weise er sie leben will und an welchen Moralvorstellungen er sich dabei orientieren möchte. Mit der Entscheidung für einen bestimmten Beruf bildet sich in ihm eine berufliche Identität heraus – er definiert sich selbst von nun an immer auch über seinen Beruf, zunächst etwa als Handwerks-Geselle oder als Medizin-Student und später dann beispielsweise als Schreiner oder als Arzt. Die eigene Geschlechtsidentität wird jetzt ebenfalls noch einmal in das Ringen um Selbstfindung mit einbezogen: Hier geht es nun darum, auf welche Weise und in welchem Ausmaß der angehende Erwachsene den geschlechtsspezifischen Erwartungen gerecht werden kann und will, die in seiner Gesellschaft an ihn als Mann oder Frau gerichtet werden.

Die Entwicklungsaufgaben der Jugendzeit zu bewältigen ist nicht leicht. Ganz im Gegenteil stellen diese Aufgaben den Jugendlichen sogar häufig vor ausgeprägte seelische Probleme. So treten in fast jeder Jugendentwicklung emotionale Krisen auf. Sie manifestieren sich oft in Leistungsstörungen oder Familienkonflikten, führen nicht selten zu starken Aggressionstendenzen oder zu Selbstmordgedanken, und sie haben manchmal sogar ein Abgleiten in Drogensucht, Verwahrlosung oder Kriminalität zur Folge. Meistens sind solche Krisen nur vorübergehend, doch in einigen Fällen halten sie auch über Jahre hinweg an.

Was die konstruktive Bewältigung der emotionalen Krisen angeht, so greifen Jugendliche hier auf unterschiedliche Strategien zurück: Die am häufigsten angewandte Bewältigungsstrategie besteht wohl darin, die eigenen Probleme mit Gleichaltrigen zu besprechen und gemeinsam nach Lösungen zu suchen. Viele Jugendliche denken aber zusätzlich oder statt dessen auch alleine über ihre Probleme nach und spielen in Gedanken selbst verschiedene Lösungsmöglichkeiten durch. Einige Probleme werden sogar mit den Eltern oder mit anderen Erwachsenen diskutiert. Manchem Jugendlichen hilft es, wenn er zunächst einmal seine Gefühle abreagiert, beispielsweise indem er laute Musik hört, wild tanzt oder rasant Motorrad fährt. Weitere Bewältigungsstrategien bestehen darin, sich von Menschen trösten zu lassen, denen es ähnlich geht, oder in Zeitschriften und Fachbüchern nach hilfreichen Informationen zu suchen. Auch das Tagebuchschreiben wird in diesem Alter nicht selten zur Problembewältigung eingesetzt: Besonders ein großer Teil der Mädchen greift nun mehr oder weniger regelmäßig zu einem Tagebuch, um die eigenen Probleme darzustellen und zu analysieren. Viele von ihnen haben dabei eine imaginäre Kontaktperson, der sie in ihrem Tagebuch schreiben. Diese Phantasiegestalt hat in der Regel einen eigenen Namen und sie leidet oftmals unter ganz ähnlichen Problemen wie die Tagebuch-Schreiberin selbst.

Wie auch immer der Jugendliche an die vielfältigen Entwicklungsaufgaben herangeht, die seine Altersstufe mit sich bringt, sie zu bewältigen ist letztendlich der einzige Weg, um erwachsen zu werden. Jeder Erwachsene ist nur in dem Ausmaß tatsächlich erwachsen, in dem es ihm gelungen ist, sich durch die Probleme und Krisen seiner Jugendzeit hindurch und über sie hinaus weiterzuentwickeln, sich von seinem Elternhaus zu lösen und sowohl arbeitsfähig als auch beziehungsfähig zu werden. Arbeitsfähigkeit bedeutet in diesem Zusammenhang, die Kompetenz zu besitzen, um eine berufliche Tätigkeit ausüben und auf diese Weise für den eigenen Lebensunterhalt sorgen zu können; Beziehungsfähigkeit heißt, eine vertraute und stabile Partnerschaft zu einem etwa gleichaltrigen Partner des anderen Geschlechts eingehen zu können.

Zusammenfassung

Die seelische Entwicklung des Menschen beginnt bereits vor seiner Geburt: Schon während der Schwangerschaft entwickeln sich bei ihm die einzelnen Sinnesfunktionen und die Bewegungsfunktion. Die Fähigkeit des noch ungeborenen Kindes, Empfindungen zu erleben, bildet sich nach und nach zu einer differenzierten Empfindungsseele aus.

Die Geburt selbst bringt weitreichende und unwiderrufliche Veränderungen im Leben des Kindes mit sich: Sie führt dazu, daß es körperlich ein selbständiges Einzelwesen wird. Der Ablauf der Geburt läßt sich dabei in vier Phasen unterscheiden: Während der Einleitungsphase verständigen sich das Ungeborene und seine Mutter auf hormonellem Wege darüber, daß nun die Zeit für die Geburt gekommen ist. Die Eröffnungsphase besteht darin, daß der Gebärmutterhals zunächst für die Geburt ausgerichtet und schließlich geöffnet wird. In der Austreibungsphase passiert das Kind den Geburtskanal. Die Abschlußphase umfaßt die Versorgung des Kindes in den ersten Stunden nach der Geburt. Die Erfahrungen, die das Kind während der einzelnen Phasen macht, führen in seiner Seele zur Entstehung von verschiedenen Komplexen, die auch als perinatale Matrizen bezeichnet werden. Diese Komplexe speichern jedoch nicht nur die individuellen Geburtserlebnisse, sondern sie haben auch einen bedeutenden Einfluß darauf, wie der betreffende Mensch in seinem späteren Leben fühlt, denkt und handelt.

Wird der Mensch durch die Geburt körperlich zu einem Einzelwesen, so besteht die wichtigste Entwicklungsaufgabe der ersten drei Lebensjahre darin, daß er sich nun auch seelisch aus der ursprünglichen Bindung an die Mutter löst und damit psychisch ebenfalls ein Individuum wird. Diese Entwicklung verläuft über eine größere Anzahl von Schritten. Sie enthält einerseits, daß sich das Kind zunehmend seiner Getrenntheit bewußt wird, und andererseits, daß es in seinem Inneren einzelne Selbst-Repräsentanzen entwickelt, die sich dann Schritt für Schritt zu einer übergeordneten Repräsentanz der eigenen Person verbinden. Damit verbinden sich zugleich auch die bewußten Teilpersönlichkeiten des Kindes zu einem einheitlichen, stabilen Ich-Komplex.

Während des ersten Lebensjahres entstehen im Kind aus den Erfahrungen mit seinen Eltern heraus zunächst einmal viele einzelne Erfahrungs-Komplexe, die sowohl Aspekte der eigenen Person repräsentieren als auch Aspekte der Außenwelt, und hier besonders solche der Mutter oder auch des Vaters. Diese Komplexe enthalten dementsprechend jeweils sowohl eine kleine Selbst-Repräsentanz als auch eine kleine Mutter-Repräsentanz oder eine kleine Vater-Repräsentanz. Jene kleinen Repräsentanzen stellen dabei allerdings stets nur Teilaspekte der beteiligten Personen dar. Dafür sind sie in ihren jeweiligen Erfahrungs-Komplexen miteinander zu Einheiten verschmolzen. Die meisten Erfahrungs-Komplexe enthalten hier kleine Selbst-Teilrepräsentanzen, die mit kleinen Mutter-Teilrepräsentanzen verschmolzen sind. Sie können dementsprechend auch als Selbst/Mutter-Repräsentanzen bezeichnet werden. Die einzelnen Selbst/Mutter-Repräsentanzen bündeln sich im Inneren des Kindes zu zwei Gruppen, von denen die eine alle guten umfaßt und die andere alle schlechten.

Im zweiten Lebensjahr wird sich das Kind nach und nach sehr deutlich seiner Getrenntheit von der Mutter bewußt. Dadurch trennen sich nun in ihm auch die Selbst-Repräsentanzen jeweils zunehmend von den Mutter-Repräsentanzen. So entstehen jetzt vier Gruppen von Repräsentanzen im Kind, und zwar die Gruppe der guten Selbst-Repräsentanzen, diejenigen der schlechten Selbst-Repräsentanzen, die Gruppe der guten Mutter-Repräsentanzen und diejenige der schlechten Mutter-Repräsentanzen. Außerdem gibt es hier auch noch die Vater-Repräsentanzen. Diese trennen sich nun ebenfalls von den Selbst-Repräsentanzen. Die innere Unterscheidung zwischen den Selbst- und den Mutter-Repräsentanzen ist dabei jedoch sehr viel schwieriger. Für diesen Prozeß erweisen sich nun die Vater-Repräsentanzen als förderlich – und zwar dadurch, daß sie zu den beiden anderen Arten von Repräsentanzen einen Kontrast bilden.

Im dritten Lebensjahr schließlich geht es darum, daß sich die guten und die schlechten Selbst-Repräsentanzen zu einem übergeordneten Komplex verbinden – und zwar zu einer umfassenden Selbst-Repräsentanz, die sowohl die angenehmen Seiten der eigenen Person darstellt als auch ihre unangenehmen Seiten. Indem die einzelnen Selbst-Repräsentanzen auf diese Weise zusammenwachsen, verbinden sie zugleich auch die bewußten Teilpersönlichkeiten miteinander, die von ihnen repräsentiert werden. Außerdem fügen sich in dieser Zeit die einzelnen Repräsentanzen der anderen Personen ebenfalls jeweils zu übergeordneten Komplexen zusammen, also beispielsweise die guten und schlechten Mutter-Repräsentanzen zu einem übergeordneten Mutter-Komplex. Jeder dieser übergeordneten Komplexe repräsentiert dann für das Kind sowohl die angenehmen Seiten der entsprechenden Person als auch ihre unangenehmen Seiten.

Im vierten Lebensjahr erfährt sich das Kind sehr deutlich in einem Beziehungsdreieck zwischen Mutter und Vater. Die entsprechende Beziehungssituation wird auch als ödipal bezeichnet. Sie führt normalerweise zu vielfältigen emotionalen Prozessen zwischen den Beteiligten: Das Kind verspürt nun eine starke Anziehung zu seinem andersgeschlechtlichen Elternteil und entdeckt gleichzeitig, daß die beiden Eltern Gemeinsamkeiten miteinander teilen, von denen es ausgeschlossen ist. Es will in die Beziehung der Eltern zueinander eindringen und würde am liebsten den andersgeschlechtlichen Elternteil ganz für sich haben. So entwickelt das Kind zärtliche, liebevolle Gefühle für diesen Elternteil und selbstbehauptende, wetteifernde Gefühle gegenüber dem gleichgeschlechtlichen. Dieses emotionale Geschehen dominiert im Erleben des Kindes nun für die nächsten Lebensjahre. Die Erfahrungen, die das Kind dabei jeweils mit seinen Eltern macht, gehen alle in seinen Ödipus-Komplex ein. Die ödipale Situation endet nach einigen Jahren mit einem emotionalen Umschwung beim Kind: Es erkennt schließlich, daß es den andersgeschlechtlichen Elternteil nicht für sich erobern kann. Diese Erkenntnis wird von Gefühlen der Enttäuschung begleitet. Aus seiner Enttäuschung heraus wendet sich das Kind nun wieder vermehrt dem gleichgeschlechtlichen Elternteil zu. Es geht ein Bündnis mit ihm ein und identifiziert sich wenigstens teilweise mit ihm. Dabei übernimmt es zugleich auch viele von dessen Wertvorstellungen.

Obwohl der Mensch bereits in seiner ödipalen Entwicklungsphase eine starke Anziehung zu dem andersgeschlechtlichen Elternteil verspürt, findet doch sein eigentliches sexuelles Erwachen erst während der Pubertät statt: Am Anfang der Pubertät beginnen die Geschlechtsdrüsen des Menschen damit, sehr viel größere Mengen von Geschlechtshormonen zu produzieren als in der Kindheit. Auf diese Weise erwacht im Jugendlichen der sexuelle Fortpflanzungstrieb und damit zugleich das Bedürfnis nach Sexualität, also das Verlangen nach gegenseitiger sexueller Stimulation und nach sexueller Entladung im Orgasmus. Außerdem verändert sich durch die Umstellung im Hormonsystem auch die Qualität der Lust, die der Mensch über seine Geschlechtsteile erlebt: Sie verwandelt sich von der genitalen Lust zur sexuellen, die im Orgasmus ihren Höhepunkt findet. Dieses innere Reifungsgeschehen stellt den Heranwachsenden jetzt vor die Aufgabe, die nun erwachende Sexualität auch in das eigene Gefühlsleben zu integrieren. Hierfür erweisen sich unter anderem die erotischen Tagträume als hilfreich, denen sich viele Jugendliche nun immer wieder hingeben.

Zu den wichtigsten Entwicklungsaufgaben der Adoleszenz gehört die Ausbildung einer Identität, also die Entwicklung von gültigen und brauchbaren Antworten auf die Fragen, wer man ist und welches der eigene Weg im Leben sein soll. Der Jugendliche muß nun herausfinden, welches seine Stärken und Schwächen sind, welche Wünsche er hat und an welchen Werten er sich orientieren will.

Die Entwicklung des Menschen enthält immer auch seine Sozialisation, also jenen vielschichtigen Lernprozeß, durch den er zu einer Person wird, die in der Gesellschaft handlungsfähig ist. Die Sozialisation findet einerseits über Umwelteinflüsse statt, sie verwirklicht sich jedoch andererseits letztendlich in der jeweiligen Person selbst. Die gesellschaftliche Handlungsfähigkeit des Individuums ist dabei jedoch nur das eine Ziel der Sozialisation. Auf der anderen Seite soll der Mensch hier auch genau jene Eigenschaften, Bedürfnisse und Fähigkeiten erwerben, die seine Gesellschaft braucht, um weiterhin in der bestehenden Weise funktionieren zu können. So geht es der Gesellschaft in erster Linie darum, daß der heranwachsende Mensch schließlich arbeitsfähig wird: Er soll im Verlauf seiner Kindheit und Jugend solche Fähigkeiten ausbilden und solche Fertigkeiten erwerben, die nötig sind, damit er in das Berufsleben der Gesellschaft eingegliedert werden kann. Für das persönliche Wohlergehen des Einzelnen ist es jedoch genauso wichtig, daß er schließlich beziehungsfähig wird: Deshalb sollte er am Ende seiner Jugend auch dazu in der Lage sein, eine vertraute und stabile Partnerschaft zu einem etwa gleichaltrigen Menschen des anderen Geschlechts eingehen zu können.

Anhang

Rechenschaft und Literaturempfehlungen

Dieses Buch handelt nicht so sehr von der akademischen Psychologie, also von jener Art von Psychologie, wie sie an den Universitäten gelehrt wird. Stattdessen besteht der Inhalt des hier vorliegenden Buches zu einem großen Teil aus den vielfältigen Erkenntnissen der unterschiedlichen Psychotherapie-Schulen. So ist vieles von dem, was in diesem Buch steht, bisher noch nie an irgendeiner Universität wissenschaftlich erforscht worden.

Fast alle Erkenntnisse und Konzepte, die in dem hier vorliegenden Buch vermittelt werden, stammen nicht von mir selbst, sondern hauptsächlich aus folgenden Quellen beziehungsweise von folgenden Autoren:

1. Tiefenpsychologie: Klassische und moderne Psychoanalyse, Analytische Psychologie nach C. G. Jung, Primärtherapie von A. Janov.
2. Körpertherapie: W. Reich, A. Lowen, M. Feldenkrais, G. Boyesen.
3. Humanistische Psychologie: F.S. Perls, C.R. Rogers, E. Fromm, E. Berne, A. H. Maslow, V. E. Frankl.
4. Transpersonale Psychologie: G. I. Gurdjieff, R. Assagioli, C. Tart, S. Grof.

Außerdem habe ich für dieses Buch immer wieder auch zurückgegriffen auf Konzepte aus der Integrativen Therapie von H. Petzold und auf den „Grundriß der Tiefenpsychologie“ von L. Schlegel.

Viele Erkenntnisse und Konzepte aus den genannten Quellen beziehungsweise von den erwähnten Autoren werden in dem hier vorliegenden Buch nicht in ihrer ursprünglichen Form vermittelt: Statt dessen wurden sie für dieses Buch aneinander korrigiert und miteinander verknüpft.

Ähnliches gilt auch für die Beispiele: Die meisten Beispiele in diesem Buch sind ebenfalls nicht von mir. Einen großen Teil der Beispiele habe ich aus den Büchern und Aufsätzen entnommen, die im Literaturverzeichnis angegeben sind. Viele dieser Beispiele habe ich jedoch aus didaktischen Gründen entweder vereinfacht oder auch erweitert.

Zu danken habe ich vor allem meiner Frau Andrea Zeugner, die mich bei der Arbeit an diesem Buch in vielfältiger Weise unterstützt hat. Außerdem bedanke ich mich bei meinem Verleger Werner Vogel für die fruchtbare Zusammenarbeit.

Rechenschaft und Literaturempfehlungen zu Kapitel 1

Obwohl dieses Buch insgesamt gesehen nicht so sehr von der akademischen Psychologie handelt, wurden durchaus doch auch Erkenntnisse aus jener Art von Psychologie mit eingeflochten. Dies gilt besonders für das erste Kapitel. Einen guten Überblick über die Erkenntnisse der akademischen Psychologie geben Legewie & Ehlers (1992) sowie Zimbardo (1992). Für die Beschreibung der vier Dimensionen der Existenz habe ich mich teilweise orientiert an der entsprechenden Darstellung von Juchli (1991).

Den Begriff der kognitiven Landkarte hat Tolman in die Psychologie eingeführt. In dem hier vorliegenden Buch wird jener Begriff allerdings in einem umfassenderen Sinne gebraucht als von Tolman selbst. Die Forschungen zum Gegenwarts-Gedächtnis beschreibt Pöppel (1985); der Begriff „Gegenwarts-Gedächtnis" stammt von mir. Was den Begriff des Kurzzeit-Gedächtnisses angeht, so verwendet der Biologe Vester diesen in seinem bekannten Buch „Denken, Lernen, Vergessen" (1975) anders, als es in der Psychologie normalerweise üblich ist. Und zwar unterschiedet Vester bei der Einspeicherung in das Langzeit-Gedächtnis zwei Schritte: Beim ersten Schritt handelt es sich um eine Kurzzeitspeicherung von etwa zwanzig Minuten Dauer. Hier werden die Gedächtnisinhalte sozusagen zwischengespeichert, bevor sie dann über den zweiten Schritt tatsächlich im Langzeit-Gedächtnis verankert werden. Den Zwischenspeicher, der sich daraus ergibt, bezeichnet Vester als Kurzzeit-Gedächtnis. Dasjenige Gedächtnis hingegen, das in dem hier vorliegenden Buch Kurzzeit-Gedächtnis heißt, wird von Vester als Ultrakurzzeit-Gedächtnis bezeichnet.

Für die Darstellung der verschiedenen Zentren habe ich mich hauptsächlich orientiert an Ouspensky (1981). Die graphische Darstellung der drei Hirne des menschlichen Gehirns basiert im wesentlichen auf einer Abbildung von MacLean, die unter anderem auch in dem Buch von Teegen (1987) zu finden ist. Der Gehirnforscher MacLean selbst bezeichnet das Körperhirn als Reptilienhirn. Das Phänomen der Emotionalen Intelligenz wird sehr ausführlich beschrieben von Goleman (1996). Der Traum von der Computerfachfrau ist dem Buch von Hark (1986) entnommen.

Eine gute Einführung in die Psychologie der Kommunikation bietet Schulz von Thun (1981). Wertvolle Hinweise für den Umgang mit Streß gibt Tausch (1993). Die Merkmale dessen, was umgangssprachlich als Nervenzusammenbruch bezeichnet wird, wurden insbesondere von der Psychologin Rapport erforscht; eine kurze Notiz hierzu befindet sich in der Zeitschrift „Psychologie heute", Nr. 11 / 96 (23. Jahrgang), Seite 10–11.

Gute Einführungen in die Lehre von den Archetypen geben Jacobi (1978) und Kast (1990). In der Theorie von Jung haben die Archetypen noch einen weiteren Aspekt, der in dem hier vorliegenden Band nicht erwähnt wird: Sie wirken nicht nur innerhalb der Seele des Menschen, sondern sie existieren nach Jung zugleich auch jenseits von Psyche und Materie und wirken von dorther sogar auf beide ein. Dieser Aspekt wird in Band 3 unter dem Begriff der Urprinzipien ausführlich behandelt.

Außer der bisher genannten Literatur liegen dem ersten Kapitel Bücher und Aufsätze von folgenden Autoren zugrunde: Barz (1987); Bennett (1984); Boyesen (1987); Bräutigam & Christian (1986); Dürckheim (1977); Faller (1984); Fast (1971); Feldenkrais (1994); Fromm (1975); Herzog-Dürck (1979); Janov (1981);

Janov & Holden (1977); Jantsch (1979); Jung (1988a, 1989); Jung u.a. (1980); Kurtz & Prestera (1979); Lowen (1976, 1981); Lukas (1983, 1984, 1988); Middendorf (1987); Mindell & Mindell (1997); Neumann (1974); Oesterreicher-Mollwo (1978); Orban (1988); Perls u.a. (1979); Rogers (1972); Schleip (1990); Schwäbisch & Siems (1976); Schwind (1985); Seifert (1981); Tart (1988); Teegen (1985); Upledger & Vredevoogd (1991); Watzlawick u.a. (1969); Wenk (1987); Zinker (1982).

Rechenschaft und Literaturempfehlungen zu Kapitel 2

Der Begriff des Komplexes wird in diesem Buch in einem umfassenderen Sinne gebraucht als bei Jung. Dieser spricht nur dann von Komplexen, wenn die entsprechenden seelischen Gebilde mehr oder weniger stark mit Emotionen aufgeladen sind. Gute Einführungen in seine Lehre von den Komplexen geben Jacobi (1978) und Kast (1990). In der Analytischen Psychologie von Jung ist auch das Konzept des Schattens nicht in der Weise mit demjenigen der Kindheitstraumata verknüpft wie in dem hier vorliegenden Buch. Außerdem stammen die Ausdrücke „Logos-Komplex" und „Eros-Komplex" ebenfalls nicht von Jung, sondern von mir – ich habe sie jedoch in Anlehnung an seinen Sprachgebrauch gebildet. Entsprechend der Darstellung von Jacobi (1978) handelt es sich bei dem, was hier als Logos-Komplex bezeichnet wird, um diejenigen Anteile der eigenen Persönlichkeit, die um den Archetypus des geistigen Prinzips herum angeordnet sind; der Eros-Komplex hingegen umfaßt alle Anteile, die zum Archetypus des stofflichen Prinzips gehören.

Weiterführende Erkenntnisse zu den Teilpersönlichkeiten findet der interessierte Leser unter anderem bei Ferrucci (1984) und bei Tart (1988). Die Ich-Zustände werden sehr ausführlich erläutert von James & Jongeward (1975). Abweichend von der Darstellung in dem hier vorliegenden Buch ist es in der Transaktionsanalyse nicht üblich, innerhalb des Erwachsenen-Ich-Zustandes noch einmal verschiedene Teilpersönlichkeiten zu differenzieren.

Der Psychiater Scharfetter (1990) bezeichnet diejenigen Faktoren, die hier Basisüberzeugungen genannt werden, als „basale Dimensionen des Ich-Bewußtseins". In der Psychoanalyse, besonders in der klassischen, gibt es keine Überschneidung von Ich und Überich: Dort gehört das Gewissen nur zum Überich und nicht gleichzeitig auch zum Ich. Eine gute Einführung in das psychoanalytische Modell der Persönlichkeit gibt Brenner (1967). Die verschiedenen Charaktertypen des Enneagramms erläutert sehr ausführlich Riso (1989).

Über die gerade erwähnte Literatur hinaus habe ich für das zweite Kapitel auch noch Aufsätze und Bücher von folgenden Autoren verwendet: Assagioli (1978); Dieckmann (1991); Drews & Brecht (1982); Feldhege & Krauthan (1979); Hurley & Dobson (1993); Jaxon-Bear (1992); Jung (1988a + b); Kepner (1988); Kernberg (1988); Keyes (1992); Mertens (1986); Rahm u.a. (1993); Riemann (1987); Schlegel (1972, 1973, 1979), Seifert (1981); Steiner (1982).

Rechenschaft und Literaturempfehlungen zu Kapitel 3

Die Darstellung der Grundbedürfnisse basiert einerseits auf der Bedürfnishierarchie von Maslow (1977), andererseits aber auch auf Erkenntnissen von Janov (1993) sowie von Fromm (1974). Der Begriff des Gemeinschaftsgefühls wurde von Adler in die Psychologie eingeführt.

Der wichtigste Pionier in der Erforschung des Lernens durch Einsicht ist Köhler. Rotter hat hier auf die Bedeutung der Erwartungen für die Motivierung des Verhaltens hingewiesen.

Weitere Erkenntnisse zu den Ersatzbedürfnissen findet der interessierte Leser bei Janov (1976, 1993). Die Phantasierollen werden von Taëni (1981) als Symbol-Ichs bezeichnet. Die Beispiele zu den Neuinszenierungen stammen hauptsächlich von Miller (1981). Berne beschreibt in seinem bekannten Buch „Spiele der Erwachsenen" (1970) sowohl äußere Maschen als auch manipulative Spiele – und zwar ohne zwischen beiden zu differenzieren. Erst später führte er die Komponente des „plötzlichen Rollenwechsels" in die Definition der Spiele mit ein, jene Komponente also, die den Unterschied zwischen den Spielen und den äußeren Maschen kennzeichnet.

Die Trotzmacht des Geistes erläutert Frankl (1975), und den menschlichen Willen analysiert Assagioli (1982).

Weiterhin liegt dem dritten Kapitel folgende Literatur zugrunde: Bräutigam & Christian (1986); English (1982); Ouspensky (1981); Perls (1976); Perls u. a. (1979); Rogers (1972); Schenk-Danzinger (1991); Schlegel (1979); Seifert & Seifert (1979); Shah (1985); Stewart & Joines (1990); Tart (1988); Weber (1982); Zimbardo (1992).

Rechenschaft und Literaturempfehlungen zu Kapitel 4

Eine gute Darstellung der Entwicklung des Kindes und des Jugendlichen aus der Sicht der akademischen Psychologie gibt Schenk-Danzinger (1991). Bei der Zuordnung von archetypischen Symbolen zu den einzelnen Entwicklungsstufen bin ich Neumann (1974, 1985) gefolgt.

Einen ausführlichen Überblick über die Erkenntnisse zur vorgeburtlichen Entwicklung gibt Gross (1982). Die vier Phasen der Geburt wurden hauptsächlich von Grof (1978, 1985) erforscht, sowie auch von Janov (1984, 1993).

Die Darstellung der ersten drei Lebensjahre beruht in erster Linie auf Erkenntnissen, die im Rahmen der Psychoanalyse gewonnen wurden, so unter anderem von Freud, Erikson, Spitz, Bowlby, Winnicott, Mahler und Stern. Hier hat beispielsweise Freud selbst die orale und die anale Phase beschrieben, Spitz die Achtmonatsangst und Bowlby das Bindungsverhalten.

Der Begriff Elektra-Komplex wurde von Jung in die Psychoanalyse eingeführt. Die Unterscheidung zwischen direkten, indirekten und virtuellen Verboten stammt von mir. Der wichtigste Pionier in der Erforschung der Entwicklung des Denkens ist Piaget.

Der Begriff „genitale Lust“ wird in diesem Buch auf eine andere Weise verwendet, als es der Sprachgebrauch der Psychoanalyse nahelegt: Gegen Ende des dritten Lebensjahres werden die eigenen Geschlechtsteile zur wichtigsten Quelle des kindlichen Lusterlebens. Damit beginnt für die Psychoanalyse die phallische Phase der psychosexuellen Entwicklung des Menschen. Diese Phase geht dann mit der Pubertät in die genitale über. Der Begriff der „genitalen Phase“ bezeichnet dementsprechend in der Psychoanalyse das Stadium der Sexualorganisation des Erwachsenen.

Über die gerade erwähnten Aufsätze und Bücher hinaus habe ich für das vierte Kapitel noch folgende Literatur verwendet: Asper (1990); Blanck & Blanck (1980); Brenner (1967); Dornes (1993); Faller (1984); Fromm (1981); Jacobi (1978); Jacobson (1988); James & Jongeward (1975); Janov (1975); Janus (1993); Kast (1990); Kohut (1981): Kummer (1989); Lay (1989); Lowen (1981); Mahler u. a. (1980); Mertens (1986); Miller (1981, 1988); Oerter (1981); Rahm u.a. (1993); Schlegel (1978, 1979); Stern (1991, 1992); Tannen (1993); Vogt-Hägerbäumer (1980); Volkan (1978); Zilbergeld (1994); Zimbardo (1992).

Inhaltsübersicht Band 2 und Band 3

Band 2

Band 3

Sachregister

Literaturverzeichnis

Asper, K. * 1990 * Verlassenheit und Selbstentfremdung * München * Deutscher Taschenbuch Verlag.

Assagioli, R. * 1978 * Handbuch der Psychosynthesis * Freiburg * Aurum.

Assagioli, R. * 1982 * Die Schulung des Willens * Paderborn * Junfermann.

Barz, H. * 1987 * Blaubart * Zürich * Kreuz.

Bennett, J.G. * 1984 * Die inneren Welten des Menschen * Südergellersen * Bruno Martin.

Berne, E. * 1970 * Spiele der Erwachsenen * Reinbek * Rowohlt Taschenbuch.

Blanck, G. & Blanck, R. * 1980 * Ich-Psychologie II * Stuttgart * Ernst Klett.

Boyesen, G. * 1987 (2. Aufl.) * Über den Körper die Seele heilen * München * Kösel.

Bräutigam, W. & Christian, P. * 1986 (4. Aufl.) * Psychosomatische Medizin * Stuttgart * Thieme.

Brenner, C. * 1967 * Grundzüge der Psychoanalyse * Frankfurt * S. Fischer.

Dieckmann, H. * 1991 * Komplexe * Berlin * Springer.

Dornes, M. * 1993 * Der kompetente Säugling * Frankfurt * Fischer Taschenbuch.

Drews, S. & Brecht, K. * 1982 * Psychoanalytische Ich-Psychologie * Frankfurt * Suhrkamp.

Dürckheim, K.G. * 1977 * Vom Leib der man ist in pragmatischer und initiatischer Sicht * in: Petzold (1977), S. 11–27.

English, F. * 1982 * Es ging doch gut – was ging denn schief? * München * Chr. Kaiser.

Faller, A. * 1984 (10.Aufl.) * Der Körper des Menschen * Stuttgart * Thieme.

Fast, J. * 1971 * Körpersprache * Reinbek * Rowohlt.

Feldenkrais, M. * 1994 * Der Weg zum reifen Selbst * Paderborn * Junfermann.

Feldhege, F.-J. & Krauthan, G. * 1979 * Verhaltenstrainingsprogramm zum Aufbau sozialer Kompetenz * Berlin * Springer.

Ferrucci, P. * 1984 * Werde was du bist * Basel * Sphinx.

Frankl, V.E. * 1975 * Ärztliche Seelsorge * München * Kindler Taschenbuch.

Fromm, E. * 1974 * Anatomie der menschlichen Destruktivität * Stuttgart * Deutsche Verlags-Anstalt.

Fromm, E. * 1975 * Die Kunst des Liebens * Frankfurt * Ullstein.

Fromm, E. * 1981 * Märchen, Mythen, Träume * Reinbek * Rowohlt Taschenbuch.

Goleman, D. * 1996 * Emotionale Intelligenz * München * Hanser.

Grof, S. * 1978 * Topographie des Unbewußten * Stuttgart * Klett-Cotta.

Grof, S. * 1985 * Geburt, Tod und Transzendenz * München * Kösel.

Gross, W. * 1982 * Was erlebt ein Kind im Mutterleib? * Freiburg * Herder.

Hark, H. * 1986 * Träume als Ratgeber * Reinbek * Rowohlt.

Herzog-Dürck, J. * 1979 * Leiden, Traum und Befreiung * Freiburg * Herder.

Hurley, K. V. & Dobson, T. E. * 1993 * Wer bin ich? Persönlichkeitsfindung mit dem Enneagramm * Augsburg * Pattloch.

Jacobi, J. * 1978 (2. Aufl.) * Die Psychologie von C. G. Jung * Frankfurt * Fischer Taschenbuch.
Jacobson, E. * 1988 (3. Aufl.) * Das Selbst und die Welt der Objekte * Frankfurt * Suhrkamp.
James, M. & Jongeward, D. * 1975 (2. Aufl.) * Spontan leben * Reinbek * Rowohlt.
Janov, A. * 1975 * Der Urschrei * Frankfurt * Fischer Taschenbuch.
Janov, A. * 1976 * Revolution der Psyche * Frankfurt * S. Fischer.
Janov, A. * 1981 * Gefangen im Schmerz * Frankfurt * S. Fischer.
Janov, A. * 1984 * Frühe Prägungen * Frankfurt * S. Fischer.
Janov, A. * 1993 * Der neue Urschrei * Frankfurt * Fischer Taschenbuch.
Janov, A. & Holden, E. M. * 1977 * Das neue Bewußtsein * Frankfurt * S. Fischer.
Jantsch, E. * 1979 * Die Selbstorganisation des Universums * München * Hanser.
Janus, L. * 1993 * Wie die Seele entsteht * München * Deutscher Taschenbuch Verlag.
Jaxon-Bear, E. * 1992 * Die neun Zahlen des Lebens * München * Knaur Taschenbuch.
Juchli, L. * 1991 (6. Aufl.) * Krankenpflege * Stuttgart * Thieme.
Jung, C. G. * 1988a (2. Aufl.) * Persönlichkeit und Übertragung * Olten * Walter.
Jung, C. G. * 1988b (2. Aufl.) * Grundfragen zur Praxis * Olten * Walter.
Jung, C. G. * 1989 (3. Aufl.) * Archetyp und Unbewußtes * Olten * Walter.
Jung, C. G., Franz, M.-L. von, Henderson, J. L., Jacobi, J. & Jaffé, A. * 1980 (12. Aufl.) * Der Mensch und seine Symbole * Olten * Walter.
Kast, V. * 1990 * Die Dynamik der Symbole * Olten * Walter.
Kepner, J. I. * 1988 * Körperprozesse * Köln * Edition Humanistische Psychologie.
Kernberg, O. F. * 1988 (3. Aufl.) * Borderline-Störungen und pathologischer Narzißmus * Frankfurt * Suhrkamp.
Keyes, M. F. * 1992 * Transformiere deinen Schatten * Reinbek * Rowohlt Taschenbuch.
Kohut, H. * 1981 * Die Heilung des Selbst * Frankfurt * Suhrkamp.
Kraiker, C. & Peter, B. (Hg.) * 1988 (2. Aufl.) * Psychotherapieführer * München * Beck.
Kummer, I. * 1989 * Wendezeiten im Leben der Frau * München * Kösel.
Kurtz, R. & Prestera, H. * 1979 * Botschaften des Körpers * München * Kösel.
Lay, R. * 1989 * Das Bild des Menschen * Frankfurt * Ullstein.
Legewie, H. & Ehlers, W. * 1992 * Knaurs moderne Psychologie * München * Droemer Knaur.
Lowen, A. * 1976 (2. Aufl.) * Bioenergetik * Bern * Scherz.
Lowen, A. * 1981 * Angst vor dem Leben * München * Kösel.
Lukas, E. * 1983 * Von der Tiefen- zur Höhenpsychologie * Freiburg * Herder.
Lukas, E. * 1984 * Logotherapie. Auf der Suche nach Sinn * in: Petzold (1984 a), S. 451–522.
Lukas, E. * 1988 * Logotherapie nach V. E. Frankl * in: Kraiker & Peter (1988), S. 113–121.

Mahler, M. S., Pine, F. & Bergman, A. * 1980 * Die psychische Geburt des Menschen * Frankfurt * Fischer Taschenbuch.
Maslow, A. H. * 1977 * Motivation und Persönlichkeit * Olten * Walter.
Mertens, W. * 1986 (2. Aufl.) * Psychoanalyse * Stuttgart * Kohlhammer.
Middendorf, I. * 1987 (4. Aufl.) * Der erfahrbare Atem * Paderborn * Junfermann.
Miller, A. * 1981 * Du sollst nicht merken * Frankfurt * Suhrkamp.
Miller, A. * 1988 * Das verbannte Wissen * Frankfurt * Suhrkamp.
Mindell, A. & Mindell, A. * 1997 * Das Pferd rückwärts reiten * Petersberg * Via Nova.
Neumann, E. * 1974 (2. Aufl.) * Ursprungsgeschichte des Bewußtseins * München * Kindler.
Neumann, E. * 1985 (3. Aufl.) * Das Kind * Fellbach * A. Bonz.
Oerter, R. * 1981 (2. Aufl.) * Entwicklung und Sozialisation * Donauwörth * Auer.
Oesterreicher-Mollwo, M. * 1978 (9.Aufl.) * Herder Lexikon Symbole * Freiburg * Herder.
Orban, P. * 1988 * Psyche und Soma * Frankfurt * Suhrkamp.
Ouspensky, P. D. * 1981 * Die Psychologie der möglichen Evolution des Menschen * Berlin * Edition Plejaden.
Perls, F.S. * 1976 * Grundlagen der Gestalt-Therapie * München * J. Pfeiffer.
Perls, F. S., Hefferline, R. F. & Goodman, P. * 1979 * Gestalt-Therapie: Lebensfreude und Persönlichkeitsentfaltung * Stuttgart * Klett-Cotta.
Petzold, H. (Hg.) * 1977 (2. Aufl.) * Psychotherapie & Körperdynamik * Paderborn * Junfermann.
Petzold, H. (Hg.) * 1984 * Wege zum Menschen. Band 1 * Paderborn * Junfermann.
Pöppel, E. * 1985 * Grenzen des Bewußtseins * Stuttgart * Deutsche Verlags-Anstalt.
Rahm, D., Otte, H., Bosse, S. & Ruhe-Hollenbach, H. * 1993 * Einführung in die Integrative Therapie * Paderborn * Junfermann.
Riemann, F. * 1987 * Grundformen der Angst * München * Reinhardt.
Riso, R. * 1989 * Die neun Typen der Persönlichkeit * München * Knaur Taschenbuch.
Rogers, C. R. * 1972 * Die klientenzentrierte Gesprächspsychotherapie * München * Kindler.
Scharfetter, C. * 1990 (3. Aufl.) * Schizophrene Menschen * München * Psychologie Verlags Union.
Schenk-Danzinger, L. * 1991 (21. Aufl.) * Entwicklungspsychologie * Wien * Österreichischer Bundesverlag.
Schlegel, L. * 1972 * Grundriß der Tiefenpsychologie. Band 1 * München * A. Francke.
Schlegel, L. * 1973 * Grundriß der Tiefenpsychologie. Band 4 * München * A. Francke.
Schlegel, L. * 1978 * Grundriß der Tiefenpsychologie. Band 3 * München * A. Francke.

Schlegel, L. * 1979 * Grundriß der Tiefenpsychologie. Band 5 * München * A. Francke.
Schleip, R. * 1990 * Der aufrechte Mensch * Basel * Sphinx.
Schulz von Thun, F. * 1981 * Miteinander reden: Störungen und Klärungen * Reinbek * Rowohlt Taschenbuch.
Schwäbisch, L. & Siems, M. * 1976 * Selbstentfaltung durch Meditation * Reinbek * Rowohlt.
Schwind, P. * 1985 * Alles im Lot * München * Goldmann.
Seifert, S. & Seifert, T. * 1979 * Ich – Du – Wir. Psychologie des Zusammenlebens * Stuttgart * Kreuz.
Seifert, T. * 1981 * Lebensperspektiven der Psychologie * Olten * Walter.
Shah, I. * 1985 * Wege des Lernens * München * Knaur Taschenbuch.
Steiner, C. * 1982 * Wie man Lebenspläne verändert * Paderborn * Junfermann.
Stern, D. N. * 1991 * Tagebuch eines Babys * München * Piper.
Stern, D. N. * 1992 * Die Lebenserfahrung des Säuglings * Stuttgart * Klett-Cotta.
Stewart, I. & Joines, V. * 1990 * Die Transaktionsanalyse * Freiburg * Herder.
Taëni, R. * 1981 * Das Angst-Tabu und die Befreiung * Reinbek * Rowohlt.
Tannen, D. * 1993 * Du kannst mich einfach nicht verstehen * München * Goldmann Taschenbuch.
Tart, C. * 1988 * Hellwach und bewußt leben * Bern * Scherz.
Tausch, R. * 1993 * Hilfen bei Streß und Belastung * Reinbek * Rowohlt Taschenbuch.
Teegen, F. * 1985 * Die Begegnung mit dem Schatten * Reinbek * Rowohlt.
Teegen, F. * 1987 * Ganzheitliche Gesundheit * Reinbek * Rowohlt Taschenbuch.
Upledger, J. E. & Vredevoogd, J. D. * 1991 * Lehrbuch der Kraniosakral-Therapie * Heidelberg * Haug.
Vester, F. * 1975 * Denken, Lernen, Vergessen * Stuttgart * Deutsche Verlags-Anstalt.
Vogt-Hägerbäumer, B. * 1980 (3. Aufl.) * Schwangerschaft * Reinbek * Rowohlt Taschenbuch.
Volkan, V. D. * 1978 * Psychoanalyse der frühen Objektbeziehungen * Stuttgart * Klett-Cotta.
Watzlawick, P., Beavin, J. H. & Jackson, D. D. * 1969 * Menschliche Kommunikation * Bern * Huber.
Weber, M. * 1982 * Mit sich selbst in Einklang kommen * Freiburg * Herder.
Wenk, M. * 1987 * Über die Bedeutung des Atems für den menschlichen Körper vom Anatomisch-Physiologischen und Biochemischen her gesehen * in: Middendorf (1987), S. 200–212.
Zilbergeld, B. * 1994 * Die neue Sexualität der Männer * Tübingen * dgvt.
Zimbardo, P. G. * 1992 (5. Aufl.) * Psychologie * Berlin * Springer.
Zinker, J. * 1982 * Gestalttherapie als kreativer Prozeß * Paderborn * Junfermann.

Weitere Bücher aus dem Verlag Via Nova:

Wandlung durch Einsicht

Die Enneagrammtypen im Leben, in der Literatur und in klinischer Praxis

Claudio Naranjo

Paperback, 416 Seiten – ISBN 3-928632-57-4

Claudio Naranjo bezieht sein Wissen über das Enneagram unmittelbar von Oscar Ichazo und hat auch die praktische Arbeit ein Jahr lang mit ihm erlebt. Er ist derjenige, der das Ennegramm in den Westen brachte und es auch zuerst unterrichtete.
Dieses Meisterwerk der Studien über das Enneagramm bietet eine großartige Integration von Charaktereinblicken aus Therapie, Literatur und historischer Biographie. Obwohl reich an Analytik, ist das Buch niemals schwer oder psycho-pathologisch. Naranjo ist, wie Sokrates, ein Geburtshelfer der Seelen, und er kombiniert klinische Klarheit mit einem seltenen Geschmack für die Leidenschaft und Poesie der Sprache. „Ich sehe Dr. Naranjos Buch als fruchtbaren Beginn einer neu entstehenden, charakterorientierten Psychotherapie.“ (Prof. Mirko Fryba)

Das Enneagramm der Gesellschaft

Die Übel der Welt, das Übel der Seele.

Claudio Naranjo

152 Seiten, gebunden, 10 Zeichnungen – ISBN 3-928632-37-X

Das Wissen um die Tiefenstrukturen der Seele mit Hilfe des Enneagramms führt zur Erkenntnis des eigenen Charakters mit seinen Stärken, Schwächen und verborgenen Potentialen. In diesem Buch weist Claudio Naranjo – Arzt, Psychiater, weltbekannter Bewußtseinsforscher und Therapeut – nach, daß die Mißstände der Welt in den Übeln unserer Seele begründet liegen.

Es werden dabei folgende Themen behandelt:

- Das Enneagramm als Landkarte der Übel, Sünden und grundlegenden Leidenschaften in der individuellen Psyche sowie die Beziehungen zwischen diesen Übeln und den Krankheiten der Seele.
- Eine detaillierte Beschreibung der Störungen der Persönlichkeit oder Charakterneurosen, die sich aus jeder einzelnen dieser Übel oder krankhaften Zuständen ableiten lassen.
- Eine Diskussion der Verwirrungen der Liebe, die jedem einzelnen dieser menschlichen Charaktere des Enneagramms zu eigen sind.
- Eine Betrachtung eines möglichen „Enneagramms der Gesellschaft“ als eine kurze sozialkritische Abhandlung aus der Perspektive der psychischen Krankheiten des individuellen Charakters.

Transpersonale Psychologie und Psychotherapie

104 Seiten, zwei Ausgaben: Frühjahr und Herbst

Transpersonale Psychologie und Psychotherapie ist eine unabhängige Zeitschrift. Sie verbindet das Wissen spiritueller Wege und der Philosophia perennis mit moderner Psychologie und Psychotherapie, leistet Beiträge zur wissenschaftlichen Fundierung des Transpersonalen.
Transpersonale Psychologie und Psychotherapie ist eine Zeitschrift, die sich an Fachleute und Laien wendet mit einem Interesse an transpersonalen Themen. Aus einem schulen-, kultur- und religionsübergreifenden Verständnis heraus bietet sie ein Forum der Verbindung von Psychologie und Psychotherapie und deren theoretischen Grundlagen mit spirituellen und transpersonalen Phänomenen, Erfahrungen und Wegen, Welt- und Menschenbildern. Sie dient dem Dialog der verschiedenen Richtungen, fördert integrative Bemühungen und leistet Beiträge zur Forschung und Theoriebildung. Sie bietet Überblick, Orientierung und ein Diskussionsforum auf wissenschaftlichem Niveau.

Der Weg durch den Sturm

Weltarbeit im Konfliktfeld der Zeitgeister

Arnold Mindell

248 Seiten, gebunden – ISBN 3-928632-29-9

Wie sollen wir Menschen an der Schwelle zum dritten Jahrtausend unsere gigantischen Probleme lösen? Ausgehend von seinen Erfahrungen in der psychotherapeutischen und supervisorischen Arbeit mit Einzelnen und Gruppen in vielen Teilen der Welt hat Mindell Ansätze für eine Methode entwickelt, welche Lösungen nicht von außen überstülpt, sondern Gruppen und Großgruppen dabei unterstützt, sich selbst kennenzulernen und bisher unterdrückte oder übersehene Teile als Ressourcen für den Umgang mit ihren Schwierigkeiten und zur Entwicklung von Gemeinschaft zu nutzen. Wie können Betroffene dabei unterstützt werden, aus ihrem Prozeß und ihrem jeweiligen Feld heraus Zugang zu den eigenen Potentialen von Führungskraft und Weisheit zu finden? Dieses Buch schildert Schritte auf dem steinigen Weg der Suche nach einer neuen „Weltarbeit", welche Erkenntnisse aus der Psychologie, den modernen Naturwissenschaften und den alten spirituellen und schamanistischen Traditionen zusammenbringt, um den Herausforderungen unserer Zeit zu begegnen.

Den Pfad des Herzens gehen

Traumkörperarbeit – Schamanische Praktiken und moderne Psychologie

Arnold Mindell

256 Seiten, gebunden – ISBN 3-928632-24-8

Jahrzehntelange Erfahrungen in der Prozeßorientierten Psychologie und intensive Begegnungen mit Schamanen, eingeborenen Heilern und Weisen in allen Erdteilen bilden die Grundlagen dieses Buches, das sowohl moderne Psychologie als auch schamanische Praktiken und Heilmethoden zu einer fruchtbaren Synthese verbindet, die Sie im Alltag nutzen können.
Sie werden in dem Buch mit mächtigen, unbekannten und heilenden Kräften konfrontiert, die den Weg des „Jägers" und des „Kriegers" begleiten. Um dem „Größeren", das der Verfasser Geist nennt, dem „Verbündeten" und dem „Doppelgänger" zu begegnen, werden die Erfahrungen, die aus Körperempfindungen oder Traumbildern auftauchen, bewußt gemacht und eine „zweite Aufmerksamkeit" entwickelt.
Jedes Kapitel schließt mit Übungen ab, die jeweils die persönliche Erfahrung des vorher beschriebenen Inhalts ermöglicht. Es werden praktische Methoden angeboten, wie Sie mit Ihrem Traumkörper in Verbindung kommen, ganz werden und zu sich selbst finden.

Die Weisheit der Gefühle

Metafähigkeiten – die spirituelle Kunst in der Therapie

Amy Mindell

192 Seiten, gebunden – ISBN 3-928632-45-0

Ein neues Verstehen der Wirkung von Gefühlen

Warum sind die einen Therapeuten erfolgreich, andere nicht?
Amy Mindell nennt das, was eine Therapie und einen Therapeuten erfolgreich macht, Metafähigkeiten (Metakills). Sie geht davon aus, daß unter allen unseren Verhaltensweisen gefühlsmäßige Einstellungen und Muster liegen, die nicht nur unser ganzes Verhalten im Alltag, sondern auch den Verlauf einer Therapie, ihren Erfolg oder Mißerfolg, bestimmen. Und weil sie nicht nur den Menschen prägen, der sich einer Therapie unterzieht, sondern auch den Therapeuten, sind sie für den Verlauf einer Therapie so entscheidend. Die Kenntnis dieser Zusammenhänge ist hilfreich für jeden zur Bewältigung des Alltags und zum Gelingen einer jeden Therapie.

Wenn es verletzt, ist es keine Liebe

Wege zu erfüllenden Beziehungen

Chuck Spezzano

416 Seiten, gebunden , **3. Auflage** – ISBN 3-928632-20-5

Dieses Buch verändert Ihr Leben. Ein Wissender zeigt den Weg, wie Sie ein Leben führen können, das erfüllt ist von Liebe und Verstehen, von Freude und Glück. Sie erfahren in 366 Kapiteln wichtige Lebensgrundsätze, die Ihre zwischenmenschlichen Beziehungen auf eine höhere Ebene heben.
Die Weisheit der Liebe, die der Verfasser in jahrzehntelanger Forschungsarbeit als Psychotherapeut, als weltweit bekannter Seminarleiter, als visionärer Lebenslehrer entdeckt und in klare Weisungen umgesetzt hat, verwandelt Sie und berührt Ihr wahres Wesen, das Liebe ist.
Durch die angebotenen Übungen, die das theoretisch Erkannte auch in den praktischen Alltag umsetzen, wird das Buch zu einem Wegbegleiter und Ratgeber in bedrängenden Beziehungsnöten. Sie reifen in Ihrer Selbsterkenntnis, können Ihre Beziehungen in Partnerschaft und Freundschaft neu ordnen, vertiefen und intensivieren.

Deine persönliche Friedensformel für ein neues Jahrtausend

Mansukh Patel

geb. Broschüre, ca. 152 Seiten, 2 Graphiken, 12 Fotos – ISBN 3-928632-55-8

Es wird Augenblicke geben, in denen der Mensch eine Gelegenheit erhält, den Verlauf seines Lebens zu ändern, einen Sprung nach vorne zu tun. Während des letzten halben Jahrhunderts hat die Welt so viele Veränderungen und Krisen erlebt, daß es sehr klar geworden ist, daß wir an einem Punkt angelangt sind, wo sich etwas ändern muß. Wenn wir uns als menschliche Wesen entwickeln und entfalten wollen, haben wir keine Wahl. Es muß eine Revolution geben – eine innere Revolution. Nur durch eine innere Transformation unserer selbst werden wir in der Lage sein, Veränderungen in der Welt zu bewirken.
Dieses Buch bietet faszinierende neue Möglichkeiten, die jedermann helfen, diese höchsten Träume und Potentiale zu verwirklichen. Es liefert einen einfachen Sieben-Punkte-Plan, um harmonische Beziehungen zu sich selbst und zu anderen aufzubauen, damit eine Welt des Friedens entsteht.

Die verborgene Blüte

Über die psychologischen Hintergründe der Spiritualität

Han F. de Wit

288 Seiten, gebunden
ISBN 3-928632-42-6

Warum strahlen manche Menschen Lebensfreude aus, andere aber Lebensangst? Warum wachsen die einen an ihren Leiden, während andere an ihnen zerbrechen? Wie kann ich ein glücklicher Mensch werden, zu mir selbst finden? Welche Hilfen bietet die Psychologie? Die Antworten darauf stehen im Zentrum der *kontemplati en Psychologie.* Sie beziehen sich auf eine verborgene Blüte, die sich tief im Kern unseres Wesens entfaltet. Ihre Früchte - Lebensmut, Lebensfreude, Erbarmen und Klarheit des Geistes - sind in diesem Buch gegenwärtig mit all unserem Handeln, im Umgang mit uns selbst.

Suche nach der Wahrheit

Wege – Hoffnungen – Lösungen

Willigis Jäger

232 Seiten, gebunden – ISBN 3-928632-41-8

Spirituelle Weisungen aus der Sicht des Mystikers

Wer bin ich? Woher komme ich? Warum bin ich? Welcher Weg führt zur Wahrheit? Welches Leben eröffnet Sinn? Nur in der Tiefe unseres Seins gibt es eine wahre Antwort auf diese bohrenden Fragen. Um sich dieser Wahrheit zu nähern, wurde dieses Buch geschrieben. Der Verfasser begleitet den Leser auf der Suche nach der Wahrheit. Alle wichtigen Themen des spirituellen Lebens werden behandelt und zur christlichen Mystik, zu den Erkenntnissen der Naturwissenschaften und der Transpersonalen Psychologie in Bezug gesetzt. Ein spiritueller Meister unserer Zeit hat den Mut, grundlegende Glaubensinhalte des Christentums aus der Sicht des Mystikers neu zu interpretieren. Er will die Erkenntnis vermitteln, daß allein die religiöse Erfahrung zu den Quellen der Religion führen und so mithelfen kann, daß das kommende „Jahrhundert der Metaphysik" für alle Religionen eine Zeit der Regenation wird.

Spirituelle Erziehung

Hilfreiche Ratschläge – Praktische Weisheit

Lee Lozowick

312 Seiten, gebunden – ISBN 3-928632-51-5

Praktischer Ratgeber für Eltern und Erzieher, die im Umgang mit Kindern ein größeres Maß an Bewußtheit, Freundlichkeit und Mitgefühl sowie mehr Ehrlichkeit im Verhältnis zu sich selbst in die Erziehung einbringen wollen. Das Buch will Eltern in ihrer wichtigen Erziehungsarbeit helfen und Kindern einen optimalen Start verschaffen.
Dieses Buch richtet sich an all jene, die für die Erziehung Weisung aus einer höheren Ebene empfangen wollen. Spirituelle und bewußte Erziehung könnte man zusammenfassen: Liebe und Zuneigung entwickeln, lebensbejahende Grenzen für unsere Kinder aufzeigen und Ehrlichkeit uns selbst und unseren Kindern gegenüber aufbringen. Hauptelement jeder Kindererziehung ist das Vorbild der Eltern. Da wir unseren Kindern nicht geben können, was wir selbst nicht besitzen, fordert der Autor Eltern und Erzieher dazu auf, die das eigene Leben beherrschende Ichbezogenheit, Ignoranz und mangelnde Bewußtheit genau unter die Lupe zu nehmen, weil sie das Glück und Wohlbefinden unserer Kinder gefährden.

Finde deine Ganzheit wieder

Mind Bridging – die Dynamik Holographischer Psychologie

Maria de Rocha Chevalley

ca. 376 Seiten, gebunden – ISBN 3-928632-58-2

Wir können unsere Ganzheit wiedererlangen, indem wir Teilstücke unseres Geist-Körpers wieder miteinander verbinden. Das geschieht durch den kreativen Umgang mit unseren Geist-Hologrammen, unseren Bewußtseins-Brücken. So stellen wir die Verbindung zu Unschuld, Spontaneität, Liebesfähigkeit, Mut und echter Lebensfreude wieder her. So entsteht wahrer Frieden in unserem Geist!
Indem die Verfasserin aus ihrer therapeutischen Arbeit heraus die Tiefe des holographisch-analytischen Geist-Körpers mit Hilfe ihrer intensiven persönlichen Erfahrungen durch zahlreiche praktische Übungen und hilfreiche Erklärungen auslotet, erklärt sie auf verständliche Art und Weise, was *Holographische Psychologie* und *Mind-Bridging-Dynamik* bedeuten. So ist dies nicht nur ein Buch für Psychologen, sondern für alle, die auf dem Weg zu sich selbst sind.